U0946418

中国文化企业报告2012

陈少峰 张立波 主编

主办

北京大学文化产业研究院

中国文化产业前沿网

浙商文化促进会

主编

陈少峰　张立波

副主编

夏宝君　王　鸿　陈晓燕

编委（以姓氏笔画为序）

王　鸿　王国华　王齐国　王　穗　安　冬　许晓峰

朱　嘉　李兴旺　向　勇　纪　青　陈清华　陈少峰

陈安娜　陈晓燕　张胜冰　张立波　花　建　肖永亮

郑　蕾　范　周　胡晓明　夏宝君　徐世丕　章　军

蒋山红　魏鹏举

《中国文化企业报告（2012）》为国家社科基金重大项目“我国文化产业发展战略研究”（批准号：10zd&021）之子课题“中国文化企业发展战略”的阶段性研究成果。

目录

前言

《中国文化企业报告2012》(以下简称《报告》)所涉及的“文化企业”，主要是指以文化、艺术、传媒等业务及其相关服务为核心，主营业务为文化内容生产、新闻与文化传播、文化产品生产制造为主的企业（有限责任公司和股份有限公司），也包括有限责任公司形态的文化项目策划机构以及艺术工作室。本《报告》主要致力于对我国文化企业的基本概况、发展环境以及国家相关产业政策等进行分析，特别是通过重点分析文化产业发展趋势和竞争实力，透视中国国内文化企业的运营状况、内在规律以及发展前景，以此为文化产业相关企业或机构、文化产业投资机构了解目前中国文化产业发展动态、把握企业发展定位、进行战略决策提供有益的参考。

作为核心思想，《报告》着重关注我国文化企业的现实经营状态和商业模式的改进。首先，《报告》从产业运行的格局出发，关注文化产业的产业变动及其对文化企业经营所带来的实质性影响。特别是对于技术变动领域较大的文化企业，文化产业的数字化和平台化变动趋势给其带来了巨大的影响。为此，《报告》以产业发展趋势预测为基础，对包括政策、措施、商机、对策等在内的企业需关注的问题做出相应分析，以帮助文化企业更好地把握文化产业发展的基本态势和焦点，从而克服企业经营管理中存在的盲点或偏颇。其次，《报告》关注文化企业的发展与实践问题，着重关注企业经营的发展模式和商业模式创新，其中特别注重企业整体价值和企业投资（含公司上市与企业并购）、企业品牌和产品品牌的发展、企业参与国际竞争和促进文化“走出去”的成效，以及如何通过履行企业的社会责任来实现企业的可持续发展等。

同时，《报告》也关注不同性质的文化企业及其在产业链中的地位和发展格局。按照产业链的形态，我们可以将文化产业细分为五个产业板块：文化内容产业、传媒与平台产业、文化服务与文化金融服务产业、艺术授权与延伸产品产业、一般的文化产品制造业。文化内容、传媒企业和文化服务企业是发展文化产业的主体，因而在本《报告》中，我们将着重分析前三大板块的文化企业发展格局。从总体上说，我国传媒和平台企业的实力比较雄厚，以国有企业为主。文化内容产业的生产或者内容提供商以民营企业为主，大多数企业的实力较弱，对我国发展具有竞争力的内容品牌具有不利影响。因此，《报告》更注重从不同侧面或角度来透视文化内容及服务企业的成长轨迹。

需要说明的是，本《报告》是在主编提出规划构想、并与执行主编共同厘定整体框架的基础上，各个部分由署名撰稿人独立完成并各负文责。在初稿统一修改之后，为了保持报告的整体系统和严谨，执行主编张立波博士又对《报告》各部分做了相应的修改润饰和内容调整的统稿工作。在这里必须说明的是，参与《报告》写作的人员所主笔的各个部分的内容，不同程度参考了有关领域已经发表的统计结果和有关专题报告的研究成果。除了特别加以注释或者说明之外，参考数据主要依据国家统计局、国家发改委、国家文化部、国家商务部、国家广播电影电视总局、国家新闻出版总署、中国期刊协会、中国行业研究网、中华报告网、国内外相关报刊杂志等的基础信息，所引述的内容主要采用已经在报刊上公开发表的相关文章或报告。在此，对于各有关机构和个人前期研究的辛勤付出及其对本《报告》所作出的基础性贡献一并表示诚挚的谢忱。

最后，需要稍作提醒的是，本《报告》属于分析型报告而不是一般意义上的调研统计型报告，其主要的特点和目标是进行对策性研究。在内容上侧重于对现有文化企业特点、问题进行相关分析，并根据文化产业发展趋势的特点，指出文化企业的商机所在和商业模式创新的方向，并针对文化企业存在的共性问题提出相应的改进对策和完善建议。《报告》已经采用或者即将采用当年度的文化企业的发展案例，随着我国文化企业日新月异的发展和本报告体例日趋规整,《报告》将每年发布并出版一次。欢迎各界人士提供优秀文化企业在本年度发生的各种突破性和新进展的案例，被录用的企业案例将在《报告》中以署名方式发表。此外，为了扩大《报告》的相关实用信息量，期望从下一年度开始,《报告》将增加系列化的文化企业发展的推荐榜单，并将与有关行业协会或机构进行深度合作，发布中国文化企业的竞争力动态信息。

第一章　总述

2012年，文化企业将获得更宽松的环境，并在已有的基础上加快速度；文化企业上市成规模化；企业资源整合和并购加速；文化产业金融业初步形成，文化金融服务企业得到一定程度的发展；数字文化产业在文化产业整体所占比重有较大幅度的提升；文化企业之间的竞争加剧，同质化更为突出，两极化即向大企业和小企业方向的分化将更加分明。

作为本书的一个总纲，本章主要包括对《报告》全部内容的概要交代和主笔者个人对中国文化企业发展特点的分析两个部分。对中国文化企业发展特点的分析主要是对2011年1月1日至2012年3月31日这个时间段内中国文化企业的现状、发展趋势与变动特点的分析。同时，在对一年多来中国文化企业存在问题的总体分析的基础上，本章还适时地提出部分具体的对策性建议。

一、产业趋势

2011年至2012年间，中国文化产业的内部结构正在持续发生着深刻变化，可谓商机与挑战并在。尤其是数字领域的产业发展既带来很多商机，吸引企业加入该领域，也对传统文化产业的门类带来很大的冲击。预计在2012年全年内，文化企业将获得更宽松的环境，并在已有的基础上加快速度；文化企业上市成规模化；企业资源整合和并购加速；文化产业金融业初步形成，文化金融服务企业得到一定程度的发展；数字文化产业在文化产业整体所占比重有较大幅度的提升；文化企业之间的竞争加剧，同质化更为突出，两极化即向大企业和小企业方向的分化将更加分明。

（一）基本格局

从总体上说，2011 年至 2012 年年初，文化企业的特点在四个方面的表现最为突出：其一是转企改制速度加快；其二是数字文化产业和艺术品交易领域发展迅速；其三是平台企业进一步壮大；其四是跟风和同质化竞争问题依然比较严重。其中非常突出的是，数字文化产业正在成为主流的产业形态之一，相应地，传统文化产业的各个领域都遭遇到了不同程度的挑战。

在 IT 技术与文化服务领域，娱乐内容消费及其宽带服务逐渐超过了传统的话音服务。2011 年的全球娱乐内容流量（数据流量）已经远远高于话音通信流量。而爱立信早在 2009 年年底就宣布，全球移动通信的数据流量已经超过语音流量。2011 年全年，全球智能手机销售 4.72 亿部，占手机销售总额比重的 31%，同比增长 58%。2011 年手机游戏用户 1.62 亿，预计 2012 年中国手机游戏用户将达到 2.15 亿。网络发展促进了网络零售业的发展。2011 年，中国网络零售业交易额为 7 700 亿元人民币。此外，已有的宽带和信息技术落后的现状进一步突出。全球通信协会 2012 年 2 月公布的数据显示，手机宽带连接速度最慢的两个国家分别是印度和中国（中国从 75 名下降到 80 名）。这也说明未来的数据流量（娱乐内容浏览和观影）的增长空间很大。再者，资源整合方面出现较大的突破。2012 年 3 月，工信部宣布对广电系统发放许可证。这预示着广电与电信网络的三网融合将取得突破性进展，即双方（广电与电信）可以进行三网的融合经营。

传统新闻出版业的增速放缓，并将持续放缓。民营书店倒闭的格局进一步加剧。与传统文化相关的文化产业如戏曲和光盘销售等也遭遇很大的挑战。此外，电视收视率出现下滑趋势。据埃森哲公司对巴西、德国、法国、美国、中国、印度、日本、南非、瑞典、俄罗斯的消费者调查显示，在典型工作日观看广播电视或有线电视的消费者已经从 2009 年的 71% 下降到 2011 年的 48%。他们转向在笔记本电脑、手机和平板电脑上读书或者观看电视。将近三分之一的消费者已经不再购买或者租赁 DVD。[①] 总之，传统产业包括传统文化的演艺、音像制品、民营书店、电视收视等业务都受到一定程度的冲击。

---

① 参阅《参考消息》，2012 年 1 月 11 日，转载《福布斯》双周刊网站文章。

（二）增长较快的领域

数字文化产业（含手机游戏、移动应用、网络广告、电子阅读、网络视频、3D 影视等领域）、影视、会展、艺术品交易、设计、农业文化创意产业等是已经或者即将呈现的增长最快速的领域。

数字文化产业的用户数量和企业收入快速增长。中国互联网络信息中心的报告显示，截至 2011 年 12 月底，中国网民规模达到 5.13 亿，全年新增网民 5 580 万，其中 2.5 亿人上微博。2011 年 11 月底移动电话用户 9.64 亿，3G 用户 1.18 亿，手机网民 3.4 亿，移动互联网用户 3.96 亿。艾瑞咨询的报告显示，2011 年网络广告收入 511.9 亿元，同比增长 57.3%，已经超越报纸广告。在线视频行业市场规模达到 62.7 亿元，同比增长 99.9%，用户规模达到 3.25 亿人，预计 2012 年达到 126.3 亿元规模。《2011 年度中国游戏产业调查报告》显示，2011 年全年该产业收入规模达到 446 亿元，同比增长 34%。手机网络市场 17 亿元，增长 86%，它将带来 1 200 亿的网络宽带消费和其他各类消费。游戏企业的竞争日益加剧，大型企业的收入增长幅度更大，如腾讯公司 2011 年全年游戏收入达到 158 亿元，超过网易、盛大、完美世界、畅游等公司的游戏收入之和，增幅达到 66%。

广电总局公布的数据显示，2011 年电影票房 131.15 亿元，同比增长 28.93%。其中，国产片票房占 53.61%；3D 电影的票房达到 50 亿元，而国内公司仅有 5 亿元。

据中国拍卖行业协会统计，2011 年艺术品拍卖交易总额为 576.2 亿元，比 2010 年增长 45.2%。截至 2011 年年底，艺术品拍卖企业数量达 308 家，比 2010 年增加 56 家。其中，最大的拍卖公司为保利，经手交易金额为 121 亿元人民币。不过，2011 年秋拍金额相比春拍有所下降，预计 2012 年拍卖市场会适当减缓增长幅度。另据我们初步研究，保守估计 2011 年艺术品总交易额为 3 000 亿元左右；按收藏者交易额一万元估算，收藏领域的整体交易额在上万亿以上。

其他如会展、设计、广告等领域也取得较快增长。初步估算 2011 年会展业收入达到 2 600 亿元；设计领域以小企业为主，估计年收入在 3 000 亿元以上。此外，航空公司的传媒服务如果采取措施，也是增长较快的领域。作为传媒的主要收入部分，2011 年中国广告业继续保持较快发展，刊例金额为 6 693 亿元，实际金额约为 3 000 亿元，同比增长 14.5%。预计 2012 年全年增长 13% 左右。

二、政策措施

自 2011 年年初以来，文化产业政策总体看好。特别是 2011 年 10 月召开的中国共产党第十七届中央委员会第六次全体会议对发展文化产业做了新的部署。十七届六中全会发布的《中共中央关于深化文化体制改革推动社会主义文化大发展大繁荣若干重大问题的决定》(2011 年 10 月 18 日通过)，以及 2012 年出台的《国家“十二五”时期文化改革发展规划纲要》等顶层设计的文件，对发展文化产业做了比较系统全面的规划。伴随着各地更加重视文化产业并提出相应的激励措施。就具体政策而言，中央进一步鼓励文化企业上市，加大市场化改革力度，推动金融领域扶持文化产业发展，以及各地政府采取的跟进政策和措施，将有助于文化企业的发展壮大。其中不利的一面在于，民营文化企业还受到一定的不公平待遇制约和投资门槛限制，没有作为国家重点扶持的龙头企业来同等对待。

(一)利好的政策因素

中央高度重视并指导出台推动发展的政策，有关部委出台加快文化企业上市的政策指导意见，金融机构更加积极地关注文化企业的融资问题和文化产权交易平台建设。这对于企业扩大融资渠道、并购发展带来十分积极的影响。

民营文化企业受到重视。中共十七届六中全会的决定对推进文化产业发展带来持续性影响。《中共中央关于深化文化体制改革推动社会主义文化大发展大繁荣若干重大问题的决定》提出“毫不动摇地鼓励和引导各种非公有制文化企业健康发展”的指导意见，对民营文化企业起到一定的保护作用。

文化产业纳入区域发展规划。2011 年开始的“十二五”规划发展时期，推动文化产业成为国民经济的支柱性产业。各级政府除了制定文化产业发展规划之外，还将出台一系列的扶持政策、措施和奖励基金，也包括成立文化产业投资公司。一些区域采取较大的扶持政策或措施，发展速度加快。北京市和广东省的文化产业发展最为引人注目，特别是北京市采取的各项举措，包括每年 100 亿元的文化发展基金的投入，将为文化企业发展带来深远的影响。

(二)对行业和民营文化企业不利的政策

政策多变状况没有根本上改善。2011 年对于电视的限娱令和 2012 年规定引进境外电视剧上限为50集的规定，将会导致电视节目的吸引力和收视率下降。加上网络视频产业的发展,收视下降趋势更加显著。据央视索福瑞调查数据显示，2011年电视收视率和收视时长均同比下降。

国企和民企地位仍然存在不平等。已有的国家各个部委所制定和实施的各类扶持政策及其政策性资源依然主要向国有文化企业倾斜。这对于最具活力的民营文化企业而言，不是一项利好的政策或者做法。

缺乏扶持和奖励优秀的有效措施。由于某些政策虽然希望扶持有关文化产业，但是却没有达到预期目标。例如，国外的评论认为，受政府振兴动漫产业政策的影响，动漫行业吸取国外精华的意愿反而越来越低。也就是说，必须鼓励和激励优秀，才能体现政策在引导文化企业做强做大中的作用，否则很容易将政策性资源分散浪费，没有达到推动文化产业大发展的效果。

三、企业变动

2011年，文化事业机构的转企改制工作持续推进，并取得相应的进展；在2012年上半年，转企改制工作进展速度加快。预计在2012年年底前即中共十八大之前完成多数文艺院团、出版、非时政类报刊及部分广电等多数文化领域的转企改制。在民营文化企业领域，不少行业的文化（传媒）企业取得较好的业绩并陆续上市，如姚记扑克、世纪佳缘婚恋网和影视公司上市等。一些领域的业务获得拓展的空间，如艺术品质押贷款业务在上海开始正式实施。

（一）转企改制

转企改制的进展速度明显加快。到2011年年底，在2 102家国有文化艺术院团当中，已经和正在改制、划转和撤销的有1 176家，另有300家已经确定了改革路径。各地已经组建50余家演艺集团。转企改制之后的企业,结果好坏参半，有些成功有些不成功。对于原来事业特征分明的转制企业，关键在于需要解决市场（比如有些传统戏曲等领域或者一些非时政类报刊没有市场）和经营人才的问题。当然，在过渡时期，适当的政策支持是必要的。

促进改制企业发展将成为工作重点。在2012年的转企改制相关工作进一步开展的同时，已经转企的文化单位（或文化企业）如何顺利发展并且实现稳定的可持续化经营，将成为以后文化体制改革和文化产业发展的重点工作领域之一。

（二）平台化趋势

以技术为支撑的平台化企业进一步凸显。2011 年，各类平台（含传统传媒和新媒体）企业的发展进一步加快，特别是互联网平台和娱乐终端平台的新媒体发展速度加快。如国内的网络大腕之一的腾讯公司加入到应用软件平台服务商行列，扩大平台应用内容经营的规模，并占领新的内容应用服务的平台地位。其他如图书出版业的并购速度也在加快推进，构建大型出版平台。

值得关注的是，电信运营商已经发展成为媒体企业。从主营业务和收入结构看，中移动、电信、联通三大电信运营商逐步成为媒体企业，其为文化产业服务的宽带服务和内容下载平台服务等进一步得到发展。三大电信运营商进一步通过媒体化平台和宽带服务获得高收益，与平台化相关的服务业务取得进一步的拓展空间。如掌趣科技公司在创业板上市，该公司主要从事移动终端游戏、互联网页面游戏及其周边产品的开发、发行推广和运营维护等。

（三）企业形态变动

文化产业金融服务领域的企业开始出现，艺术品质押贷款业务在上海试验运营。中国拥有 7 000 万左右的收藏爱好者，合计拥有价值几十万亿的各类收藏品。开放艺术品金融业务中的艺术品质押贷款是一个很好的开始，有助于形成规模庞大的文化产业金融领域。

各地文化产权交易所（公司）纷纷成立或者设立。在推进文化产权交易平台企业建设中也遇到了一些基础性问题，如缺乏建立在诚信基础上的交易制度、监管不力等。因为存在的问题很突出而引起高层的重视，并对其进行整顿。

社交网络文化平台企业持续扩展。如婚介平台公司世纪佳缘的上市，带来文化网络企业的新格局。2011 年世纪佳缘的净利润为 3 729 万元，同比增长 122.8%。考虑到江苏卫视《非诚勿扰》节目的收入超过 20 亿元，可以看到中国婚恋产业的企业具有较好的成长性。

企业进一步出现聚拢效应。在扶持政策的引导和激励下，许多其他行业的企业开始大举进军文化产业，包括房地产等领域的企业和投资公司进军文化产业，如恒大集团、万达集团等实力派公司进军体育娱乐和文化产业投资。

企业之间的合作进一步加强。如国际合作投资企业已经取得一定的进展，已有合资公司“广州天闻角川动漫有限公司”出版《天漫》杂志取得不错的业绩。曾在迪斯尼动画公司工作多年的凯文·盖格在北京成立“魔力饺子”工作室，也拟推出《豆腐男孩》。此外，过去十年间，IMAX把自己从一家博物馆里放科教纪录片的公司变成在全球拥有近600家影院的电影业巨头，它在中国的发展速度也很快。

行业协会纷纷成立。在各地政府的指导和引导下，各地区纷纷成立文化产业或者文化创意产业的行业协会，或者成立文化促进会等，并举办各类交流和争取企业权益的活动,如浙商文化促进会举办“文化新浙商”的评比和颁奖活动，对文化企业发展起到积极的激励作用，并在业界产生重要的反响。

（四）存在的问题

2011年至2012年年初,文化企业发展中存在的主要问题包括以下几个方面：

其一，从总体上看，文化内容企业依然偏小，实力偏弱，缺乏龙头企业的情况比较突出。一些服务性企业如设计、画廊、经纪公司等的规模偏小,能力不足，或者某些领域如明星与艺术家经纪业缺乏大型企业带动。

其二，部分企业过分依赖主力人员及其作品。如华谊兄弟前三季度中，冯小刚执导的《非诚勿扰》票房分账和版权销售收入、衍生品收入合计9 855.39万元，占比接近七成。葛优在2011年12月离开华谊兄弟，5个交易日内公司股票累计下跌11.4%；冯小刚2012年2月8日发微博谈对电影意愿下降，引起股票下跌。

其三，艺术品投资领域的企业发展速度与艺术品交易市场的格局不对应。缺乏具有规范经营并且可以上市的艺术品投资企业。多数画廊缺乏艺术家高水平经纪服务的能力。

其四,逐渐出现“王者通吃”的特点,小企业在寻找新的商机或者转型等方面，都面临着不少难题。例如，无论是传统出版社还是网络企业如当当网和京东商城等的图书销售,都遇到收入减少或者难以实现电子阅读盈利的难题。尤其后者，虽然一些网络公司先后启动电子书下载服务，但是它们比起盛大文学而言，已经落后了很长的距离。

四、投融资与企业上市

鼓励文化企业上市融资是2011年以来国家采取的最重要的政策。由于各类文化企业都可以顺利上市，使得对文化传媒的投资更加活跃，文化股权投资基金纷纷设立。据我们的研究预测，2012年全年将有50~60家的文化企业上市。

（一）投融资

股权投资持续活跃。据有关媒体统计，2004 年至 2011 年 11 月，共有 111 只文化产业基金，规模合计 1 298.95 亿元。2011 年 7 月，财政部、中银国际控股等公司成立中国文化产业投资基金，目标募集金额为 200 亿元。2011 年 8 月末，银行对广义文化企业贷款余额为 250 亿元。众多企业转向或者进入投资文化产业，2011 年合计成立的股权基金、风险投资和投资公司等的资金累积超过千亿元。

融资力度加大。文化产业的融资规模持续增长，单项投资金额也有突破，如民生银行为《金陵十三钗》提供了 1.5 亿元贷款。此外，截至 2011 年 10 月，各大银行支持文化产业的贷款余额约为 2 300 亿元。融资总量持续攀升。据了解，进入 2012 年，已经有多个国有文化企业获得很大的银行授信额度。

海内外合作投资，文化企业合作范围扩大。2012 年 2 月 16 日，上海华人文化产业投资基金宣布与动画电影梦工厂公司合作在上海成立合资公司。假如双方合作成功，将突破以往不同角度的单项合作，对公司积累、人才、经验等将产生积极的影响。其他风险投资领域的境外投资继续原有的走势。估计 IDG 投资中国公司在文化产业领域的投资仍将保持海外基金在中国的领先地位。

企业并购加速。赛迪顾问提供的报告显示，2011 年国内文化企业并购案例 32 例。游戏、广告和新媒体领域的并购数量较大。据《中国文化报》报道，法国阳师集团收购了最美时、ICL、际恒、网帆互动、古美互动等广告传播公司，在数字化传播方面扩张。2011 年，腾讯以 2.31 亿美元收购美国游戏开发商 Riot Games，完美世界以 3 500 万欧元收购美国网络游戏工作室 Cryptic Studios Inc，这是两个较大的对外并购动作。百度斥资 19.76 亿元收购“去哪儿网”，为国内并购单项案例金额之最。2012 年 3 月 11 日，优酷和土豆网进行换股合并。合并之后，优酷原股东占股 71.5%，土豆原股东占股 28.5%，合并后的新公司名称为“优酷土豆股份有限公司”。

（二）公司上市

文化企业上市成为大趋势。2011 年有数十家文化企业进入 IPO 的准备和排队阶段。2012 年初华录百纳、人民网、吉视传媒等公司陆续上市。其中，电子阅读企业上市具有重要象征意义。2012 年 2 月，盛大文学重新启动到美国上市。2011 年盛大文学营业收入 7.01 亿元，同比增长 78.4%；毛利润 2.12 亿元，同比增长 227.5%。其中，与电信运营商的合作使无线阅读收入达到 1.77 亿元，同比增长 188.2%。假如知识产权保护进一步到位，盛大文学将是一个推动原创文学和延长文学产业链的大平台，可以实现出版业的重大转型战略。

当然，当前上市文化公司的发行市盈率过高，是一个比较突出的问题。也就是说，上市企业的发行市盈率过高（虚高）或者可持续性发展不足的问题比较突出。2011 年 11 月 23 日，凤凰传媒以 8.8 元/股上市，市盈率 63.4 倍，成为 A 股市场出版传媒第一大股，且是江苏省非金融类企业规模第一大股，并于 12 月 26 日跌破发行价。2012 年 2 月 9 日，中国华录控股下属公司华录百纳在创业板上市，市盈率 82.46 倍，刷新创业板近 10 个月来的发行纪录。

（三）存在的问题

文化产业投融资从总体上处于初始阶段。股权投资过于偏向风险投资。尽管对成熟企业的风险投资、主要是针对比较成熟企业的股权投资的资金投入较多，包括中国文化产业投资基金也主要定位在投资拟上市企业。但是，相比之下，各地的创业投资明显不足。某些地区的孵化器概念只是最简单的企业创业的优惠措施，并没有对进入文化产业园的企业提供成长性的帮助。

上市公司存在规范性问题。一些国内企业上市的市盈率偏高，蕴含较大的市场泡沫。此前的影视公司华策影视的发行市盈率高达 85.43 倍。相比于美国苹果公司（市值世界第一，2012 年 3 月初市值达到 5 060 亿美元）10.5 倍的市盈率，可见股票泡沫比较严重。此外，随着在美国股市的上市企业的增多，有部分在美国上市的企业的业绩和诚信受到质疑，其中个别企业被退市。虽然其中也不乏国外投机性个人和公司做空中国概念股的情况，但是实质性的业绩不透明乃至造假的情况也时有发生。显然，诚信问题依然比较突出。特别是在财务领域出现的不少做假账或者不规范的情况，导致市场信心不足。如 2012 年 3 月，国内一家在香港上市的儿童用品企业的审计师辞任事件，造成该公司股价暴跌。一些企业涉及不诚信的做法或者不规范的做法也加大了道德风险及其扩散，甚至严重影响到那些诚信经营的企业的市场价值的真实体现。

五、企业发展战略与转型

2011 年，文化产业的产业变动对文化企业的战略发展带来了新的契机和挑战。从文化企业发展的角度来说，企业有时需要在对应竞争格局和适应产业变动的基础上在战略上进行转型，才能拥有合理可行的商业模式。2011 年，不少企业顺利实现了转型，也有一些企业因为行动滞后而遭到了市场的惩罚或抛弃。

（一）发展与转型

转型的压力或者必要性更为突出。例如，民营书店出现全面转型的压力，没有顺利转型的企业遇到破产风险。在实践上，文化企业的战略转型出现两极化。例如，一家名为 VeryCD 的公司的转型比较成功。该公司于 2011 年 1 月开始转型，放弃视频和影视下载业务，转做网页游戏。2012 年 1 月，该公司收入已经过亿，利润 4 千万~5 千万。按照该公司的说法，如果尽早得到融资，应该会顺利实现转型。又如，有些转型过程中存在比较严重的压力，如汉王 2011 年亏损 4.3 亿元，主要是由两个原因造成的：一方面在转型路径上缺乏深入探讨，一方面出现对转型的紧迫性把握不足的问题。因此，该公司在电子书城的转型努力，在经营领域并没有取得预期的进展。

部分知名企业处于战略转型期。包括盛大、新浪、优酷等在内的新媒体文化公司都处于战略转型期，需要探索新的战略定位和商业模式。有位行业内的人士谈到，2011 年，“所有大公司这一年里都在干吗？开会。业务讨论和 2012 年战略策略的沟通，成天成天的开。据我所知，大部分在讨论移动互联网，360、人人、新浪、腾讯，都是如此。所以说 2012 年是真正的移动互联网战略年。”① 此外，如盛大需要实现内容平台化转型，新浪需要实现社交平台化转型，优酷需要实现商业模式专业化及合理性的转型。在转型战略中，有时并购会起到积极的转型作用，如优酷网与土豆网的合并就是实现转型的重要步骤。

政策层面的要求促进战略转型。从国家的层面来看，总体上重视集约化经营的转型引导，如促进网吧连锁经营，以实现规模化的集约化经营的转型。截至 2011 年 10 月底，全国网吧 14.6 万家，全国连锁 4 家，省级连锁 232 家，区域连锁 343 家，连锁率已近 40%，从业人员 107 万人。

（二）不足和教训

普遍缺乏人力资源的战略支撑。无论是地方政府的扶持政策，还是转企改制后的企业和多数民营文化企业，都缺乏人力资源的战略意识，也没有完成人

---

① 参见《数字商业时代》2012 年 2 月，第 30 页。

力资源的必要积累和人才储备工作。特别是在动漫、游戏等内容生产领域，或者因为忽视人才培养，或者因为人员跳槽、流动的情况比较严重，导致多数企业的业绩不佳或者业绩不稳定。

多数文化企业缺乏战略经营的意识，或者缺乏从战略上思考创新发展的理念。有些文化企业缺乏创新发展的理念支撑与引导，在经历创业的成功之后就缺乏持续创新，特别是在战略指导下的商业模式的创新，结果逐渐被市场淘汰或者正在陷入困局，如不少音像制品连锁经营和图书连锁经营的民营企业，正在陷入业务萎缩的状态。以网络图书零售业务为主营业务的当当，近年来也逐渐陷入比较被动的状态。当当在美国上市之后，业绩持续下滑。2011 年当当亏损 2.29 亿元，第四季度亏损达到 1.3 亿元，显示亏损在扩大的趋势。当当是一个缺乏转型创新的例子，在今天实体图书网络销售竞争加剧、成本上升、电子阅读加速的环境下，当当的实体书销售的市场份额持续下降，其他业务没有转型的准备，因此，当当几乎把已有的优势丧失殆尽。

六、企业创新发展

2011 年,创新发展领域的整体格局不容乐观。虽然不少文化企业在产品创新、经营方法创新和商业模式创新等方面都取得了相应的进展，但总体上还存在比较严重的跟风情况，有些企业则在产业变动中因为缺乏商业模式的创新而陷于低迷或者被淘汰出局。其中，创新领域的许多做法值得企业借鉴。

（一）业务创新

提升创意价值。2011 年，风火公司更名为风火创意管理股份有限公司。风火从广告设计到创意管理，并不仅仅是对创意的认识加深，而是发展出更系统化的业务形态和服务方式。2012 年 3 月底，LBS 移动广告平台上海有的放矢广告有限公司联合腾瑞万里、deCarta、易图通等公司，发布了一款新移动广告形式——图钉广告（POIAD）；这些公司之间也是一种合作和资源整合的关系。

品牌专业化。2011 年,京东的品牌有更高和更精细化的目标。据《南方画报》2012 年 1 月 21 日报道,京东网站捆绑赵宝刚导演的《男人帮》,重视青少年群体。广告词是“要酷学《男人帮》,购物让京东帮”。其具体做法包括：在所有播出《男人帮》的卫视频道集中投放贴片广告；在线上播出《男人帮》视频网站同步投放贴片广告；在年轻人较多出没的地铁站集中投放平面广告；邀请与《男人帮》剧情有合作的品牌商和代理商登陆京东，同步售卖相关产品；在网站上开设《男人帮》专题，引导流量；在《男人帮》植入广告和请《男人帮》主演孙红雷代言贴片广告，等等。

扩展业务覆盖面。一些企业通过创新获得快速发展的机遇。2012 年年初，中国移动的多媒体广播、主要是手机电视网络（CMMB）扩展的多媒体资讯进驻东风汽车，可以移动接收广播电视节目和其他资讯服务。而艺谷文化产业集团通过与各界资源的联合，实现平台化的规模化经营，在 2011 年实现销售额 30 多亿元。民营电影公司华谊兄弟公司在 2011 年实现净利润 2.01 亿元，同比增长 34.97%，特别得益于其品牌授权。

把握新机遇。到 2012 年 3 月底，腾讯的微信用户突破 1 亿，它是创新并把握机遇的极好例子。又如，迪斯尼儿童英语在中国快速发展。在 2010 年至 2011 年的两年内，迪斯尼英语在中国已经超过 30 家。包括迪斯尼在手机应用领域开发的“鳄鱼爱洗澡”游戏作为教学平台，[①] 进一步形成已有卡通形象、内容和新媒体应用的统一模式，值得借鉴和关注。

提高技术含量。2011 年，结合技术发展的新趋势，一些内容产品更加重视数字技术的开发利用，比如动画电影《兔侠传奇》和真人电影《龙门飞甲》等都采用了 3D 技术。

（二）商业模式创新

局部性创新。基于文化企业发展的需要，商业模式创新是其中最重要的领域之一。在模仿国外和结合中国环境的过程中，对商业模式的某些领域进行创新，是这个时期文化企业创新的最大特点。例如，开发《武林外传》电视剧的母体公司和本山传媒都重视延长产业链的商业模式和促进资源利用效率的创新。不过，由于多数企业并没有确立企业整体价值最大化的经营模式，主要还是项目型的经营形态，因此，企业的创新主要是产品领域的形态、内涵或者技术表现等单个方面的创新为主，缺乏商业模式的总体创新思路。

传统企业的转型创新。在与商业模式相关的领域如业务模式转换等领域，国有传媒企业特别是报业集团和出版集团也在尝试多元化经营或者延长产业链。

---

① 引自《周末画报·财富》，2012 年 3 月 24 日，第 13 页。

电广传媒集团、南方报业集团、羊城晚报集团、杭州日报集团、江西出版集团等都做出了许多多元化的创新尝试，并通过拓展新业务分散了部分产业转型的压力。

七、平台与产业集聚

2011 年，平台企业继续发展壮大。不少文化企业家打造平台企业的意识更加强烈。在实践中，平台建设的效果可谓得失参半。成熟的平台企业继续发展壮大，而以网络购物为主的网络平台和文化产业园为主的平台建设，多数以效益不佳或者名不副实而告终。

（一）文化产业园

不少地区在文化产业园建设方面带有“大跃进”的弊端。按照我们的统计和测算结果，到 2012 年年初，各类文化产业园（含文化产业集聚园、主题公园、文化街区、艺术家村、创意园区、动漫基地、影视基地、休闲度假村、传媒企业的基地等），累积已达上万个。这些文化产业园多数为各类企业投资建设和主导经营。

多数园区的产业集聚度很低。园区主体公司和推动入园文化企业发展之间存在不对应性。易言之，园区主体公司并不积极培育和扶持文化企业，而是为了尽早获取更多地租现金收入而出现行为的短期化现象。如此，则文化创意产业集聚园就难以为区域发展文化产业作出实质性贡献，也难以帮助入园文化企业实现可持续成长。由于缺乏对内容产业发展的关注和短期利益的驱动，多数文化产业园区建设中存在地产化和商店街区化的现象。

（二）传媒与应用软件平台

各种传媒平台、特别是电子阅读的平台取得显著进展。盛大文学、当当、汉王等都在进一步扩展平台，或者尝试作为电子阅读的新平台。中国移动是最大的电子内容阅读下载平台之一；腾讯的社交平台进一步扩大；新浪的微博平台也进入到品牌扩张和商业化试验的新阶段。

已有平台进一步扩大。2011 年年底，中国移动的音乐平台产值接近 300 亿元人民币，在手机阅读、动漫、游戏和视频等多个平台领域做出新的安排，等待过渡到 4G 技术之后迅速壮大。已有的平台企业如腾讯等，更加专注于建立、完善或者扩大文化娱乐软件或者内容下载的应用平台。尽管谷歌开始打造更大的应用软件平台，但是目前仍然以苹果公司的 APP Store 为主要平台。除了开设中国的分支平台外，还有许多企业为该平台提供大量内容。2011 年合计国内软件和娱乐企业在该平台上的收入约为 20 亿元人民币。腾讯在 2011-2012 年期间持续扩大平台应用开发合作面，增大内容提供商的分成比例，具有积极意义。

内容需求和价格上涨。数字文化产业平台领域的宽带价格依然偏高。不过，内容成本的上升更加突出，这将对视频网络公司带来不利影响。例如，优酷网 2011 年的内容成本为 2.43 亿元，内容成本的占比加大 6 个百分点，升至 27%。①随着平台化的进展，数字文化产业缺乏精品内容的情形更加突出。

（三）平台专业化

当前，平台建设趋向专业化的特点更加突出。有些平台实现了产业集聚或者品牌领先的优势。例如，2012 年 2 月，新浪的微博平台开始尝试商业化运作。在亏损多年之后，这次商业化运作将尝试探索新平台的商业模式。2011 年，田面“设计之都”工业设计产业园的年产值达 50.8 亿，是灵狮文化传播公司主导运作的最大的设计产业园。成都传媒集团打造的“成都东区音乐公园”于 2011 年 9 月底开园，首周入园人次超过 100 万，成为以音乐产业链为核心的音乐体验、音乐产业平台运作合一的专业化文化产业集聚园。艺谷的艺术仿制品和艺术家签约产品（及其延伸产品）平台异军突起。

八、国际化

2011 年，我国总体文化产业的国际贸易处于较大的顺差状态。据海关总署统计，2011 年中国出口文化产品 187 亿美元，同比增长 22.2%，贸易顺差 137 亿多美元。其中，外商投资企业占 45.6%，私营企业出口 45.3%。从整体上看，中国文化企业的文化产品出口总额较大，其中以文化制造产品为主，而在内容知识产权领域的最终产品消费数量上存在很大的逆差。

（一）文化知识产权贸易

文化知识产权的贸易逆差或者实质性逆差，仍然比较突出。首先，出口基

① 引自《新世纪周刊》，2012 年 3 月第 11 期，第 55-56 页。

于文化内容企业实力弱、竞争力不足的特点，从总体上缺乏大制作和精品制作，缺乏具有产业化价值的知识产权和艺术授权活动，在国际文化知识产权贸易中处于弱势地位。[①] 其次，国外的畅销内容产品包括电影、图书和游戏等依然在中国具有较大的市场地位。[②] 例如，2011 年，在乔布斯去世之后，由艾萨克森所写的《史蒂夫·乔布斯传》成为畅销书，第一周的销售量在美国为 65 万册，在中国则为 67 万册。中信出版社经过多年的摸索，已经成为知名（版权类）财经和名人传记书的引进出版商。再次，虽然在个别领域取得一些新的突破，如完美世界公司的游戏出口额为 4 亿美元，但是也存在萎缩的领域，如国产电影中，55 部影片销往 22 个国家，金额为 20.46 亿元，比 2010 年的 35.17 亿元大幅度减少。总之，文化艺术知识产权贸易比重偏小，实质内容销售总额（如引进图书的总码洋或者海外影视的观影人次总计）贸易逆差比较严重。

（二）原因与后果分析

文化知识产权贸易逆差是长期发展滞后形成的结果。从 2011 年全年和 2012 年年初的结果来看，主要是我国在规模化的对外文化内容产品出口上存在明显不足，缺乏大企业和大品牌的格局还没有从根本上得到改观。这种趋势估计还将延续很长一段时间，需要引起各界的警觉。导致文化知识产权贸易逆差的深层次原因还在于，中国从事文化内容生产的企业以中小民营企业为主，这些企业缺乏整体的实力和国际竞争力；以及主要的文化内容和传媒企业缺乏国际化意识，也缺乏针对国际市场开发自主品牌产品的项目运作意识。

文化知识产权及其延伸产品贸易不对等的结果，是我国文化安全的问题极为突出。主要的特点是出现文化影响力不对等，特别是我国青少年的文化消费过于偏向或者依赖国外的文化产品和体育赛事产品，造成被洗脑的结局；与此同时，我国的民族文化产品对国外的精英和青少年缺乏吸引力和影响力。

---

① 今后在电子阅读和应用软件领域也存在可能的弱势状况。据美国出版商协会报告，美国 2011 年电子图书销量同比增长 117%，达 9.7 亿美元。

②《哈利·波特》在全球共售出 4.5 亿册，该系列图书于 2012 年 3 月底宣布退出网络版电子图书和有声读物。

九、总体上存在的问题

对于中国文化企业的发展而言，总体上一直存在着三个大类别的问题或者困难。这些问题和困难之所以在2011-2012年期间显得更加突出，或者是因为出现激烈的竞争，或者是因为其他行业的企业进入该领域等造成的。

（一）人才匮乏问题比较突出

文化企业人才问题表现在：一方面，缺乏一批有抱负的文化企业家。多数公司是项目型的企业而不是整体价值型的企业。只有文化企业家才能重视文化企业的可持续发展。而新进入文化产业领域的其他行业的人士，包括投资人等需要加快熟悉文化产业，成为有为的文化企业家。另一方面，缺乏高素质人才。很多文化投资、文化内容提供、经纪服务、传媒等企业都缺乏高素质的专业人士。特别是动漫企业，多数是技术出身的人士担任骨干，缺乏精通故事、编剧和产业运作的高素质人才。

（二）陈旧的思路与非专业化的做法

文化企业发展思路或者做法问题比较突出。其一，制造业思维严重。特别是经营文化园和文化产业园的企业，很多以地产作为主要收入，以传统的盖房子、招商引资等为主要经营手段，缺乏对于企业的引导和支持能力，缺乏产业集聚的整合与提升能力。其二，盲目跟风现象突出。无论是政府还是企业，都存在盲目跟风现象，表现在动漫产业、文化产业园和文化艺术产权交易所的设立等几个领域最为突出。其三，同质化竞争严重。企业之间的能力和产品缺乏层次性和档次差异，低端化和数量化情况突出，导致同质化竞争比较严重。存在低收入、跟风危机，中小企业承担内容服务的后果。其四，经营上缺乏专业化意识。尤其是有更多的其他行业企业不断进入文化产业（含投资），这些企业带着制造业的特点或者传统产业的做法，难以按照专业化方式运营，甚至严重扰乱市场秩序，如无视成本控制、抬高明星身价的做法，给产业健康发展带来了很大的负面效果。

（三）政策及其有效性问题

2011年，我国各级政府在文化产业扶持政策上存在针对性不足的问题。一些文化企业依赖政策扶持的情况比较突出。有些扶持的政策并没有用于实业发展，让投机性企业有机可乘或者钻空子。就是说，在获得政策支持的文化企业当中，有不少是一时投机性的做法，并没有真正的企业家抱负，也没有把资源用于主营业务上。因此，解决政策的有效性很重要。

此外，在总体上也依然缺乏统一的全国性税收优惠政策，已有政策偏向国有企业，并没有真正起到扶持民营文化企业的作用。而免税或者税收优惠对文化内容生产企业的影响最为突出。由此，在当前的情况下，需要各地政府转变扶持和奖励文化产业的政策方向或者采取政策措施，尤其需要采取若干向文化内容生产企业和大制作的内容产品倾斜的优惠政策。

十、相关对策与建议

针对以上总结的各个角度的特点，以及产业发展和企业经营中存在的问题，建议从 2012 年起，在以下一些领域采取必要的措施，促进转型与提升，完善经营模式和商业模式。同时，也需要一定政策层面上的支持或者在政策方面的改进与完善。

（一）转型和提升

在文化产业的各个领域都有必要实现转型和提升。其一，实现从数量到质量效益的转型。已有的文化产品数量化的特点极为突出。例如，2011 年暑假档期的五部国产动画电影，票房合计总收入只有《功夫熊猫》的五十八分之一，总收入只有国外制作的《功夫熊猫》的一百五十分之一。因此，质量上的改进当属必要。其二，实现向产业链的拓展经营转型。配套产业链，以区域的产业关联或者产业集聚园的产业结构为主。内容增值的产业链，以资源的多次利用即形成纵横交错的企业的产业链形态的拓展经营和扩展收入为主。延长产业链，以任何文化产业领域的企业扩展收入为主。其三，实现向跨界应用和扩展转型。跨界应用的领域不仅需要文化企业的拓展应用，也需要其他行业的企业广泛参与，如文化地产、工业设计和 IT 硬件企业向硬件与软件内容一体化拓展等。其四，实现向数字文化产业转型。特别是传统出版业和设计行业、传统音乐产业、动漫产业、营销公司等业务领域和企业，应当加快数字化发展，强化数字文化产业领域的研发和商业模式探索。

（二）瞄准和把握市场

研究并加强对消费者生活方式的理解和把握，尤其是增强对作为文化产业主流消费者的青少年群体的生活方式和消费文化的理解。加大细分消费群体文化特点和爱好特点的认识。例如，对青少年体育爱好者而言，体育领域主要属于体育娱乐或者体育表演业，而不是出于对健康的需求。因此，对于青少年消费者不能打健康牌，而是打娱乐或者快乐牌。此外，通过对文化产业整体发展趋势和技术领域变动趋势的把握，分析新的商机，避免盲目跟风。在数字文化产业领域把握企业发展走向大型化和小型化（即两极化）的趋势，确立自身的发展定位。注重与时俱进，把握新的营销模式和合作模式。

（三）培养企业家与扶持培育企业

首先，要重视培养文化企业家，重视对民营文化企业一视同仁。民营文化企业已经成为文化产业的市场主体，如北京市 2011 年文化创意产业的收入中，国有企业占 19%，民营企业占 81%。那么，今后的扶持资金也应当按比例配发比较合理，因为国有企业已经比民营企业享有了更多的政府资源和税收优惠的政策。其次，应当加大税收优惠的力度，特别是加大对内容产业企业的税收优惠力度。据王长田先生分析，“文化娱乐企业的所得税基本是 25%，超过 5 万元是 45%，这在全世界都属于最高的，国外大概是 15%~16% 的样子。……其实高新企业可以通过各种认证、几减几免，享受 15% 的税率。”[①] 再次，在政策和措施上，从采取扶持的做法到转变为奖励优秀的做法。同时要资金投入到人力资源开发上，投入到素质提升的培训上。最后，需要重视监管。例如，文化企业上市之前必须具有可持续的业务战略。由此，有关机构应该对上市企业的业务格局具有一定的分析判断力，包括能够洞悉企业近期存在的风险，才能判断该企业是否具有较好的上市资质，以此保证文化上市企业的素质。

（四）重视企业社会责任

文化产业应该优先考虑社会效益。虽然文化产业优先考虑社会效益并不等于把社会效益作为主要目标或者优先目标，但是要在策划产品的阶段就考虑到社会效益。“优先考虑社会效益”的意思并不是要以社会效益作为企业的主要目标，而是不能把违背社会效益作为优先考虑的原则。由此，企业从业人员的社

① 参见《21 世纪商业评论》，2012 年第 3 期（总第 91 期），第 96 页。

会责任意识和企业文化建设是支持文化企业履行社会责任的基础，也是中国文化企业获得政策支持的基础条件。通过严格履行社会责任，使文化企业获得广大消费者的支持和政策上的扶持。

十一、2012年的新动向

基于2011年的技术与文化融合的增强，以及文化企业的壮大和商业模式领域的探索，2012年已经或者正在呈现的文化产业的产业变动和企业发展模式的变动将会更加丰富，创新发展的意识会更加显著，预计主要的变动或者趋向包括以下几个比较大的领域。

（一）产业变动与商业模式新趋势

在产业发展格局上和经营模式、经营方向上将更加突出娱乐化、数字化、平台化、品牌化、集聚化、链条化、资本化、同质化、（消费者）年轻化等趋势。同时，商业模式领域出现专业化趋势。如2011年成功引入《乔布斯传》版权销售的中信出版社，其专业化商业模式体现出较好的成效。同时，各种专业化服务需求也对专业化的商业模式如艺术家经纪和明星经纪的商业模式提出更高的要求。当然，某些领域的商业模式依然处于探索阶段，如部分平台化网站依然缺乏可行的商业模式。

（二）技术升级带动平台扩大和新媒体快速发展

在数字文化产业领域，将出现三网合一、中国移动准4G、智能手机、平板电脑的快速发展。2011年思科公司发表的报告显示，2012年全球移动数据流量（很多为娱乐流量）预计将同比增长110%，已有商业模式的各类平台化企业的领先地位将更加突出。同时，技术与内容的融合将得到进一步的强化。在电子阅读等领域将出现快速发展的局面。同时，在电子阅读领域，将出现以网络为主的局面，传统的纸质媒体转型和在电子阅读领域的拓展将落后于网络公司。

（三）企业上市与竞争格局

文化企业两极化的趋势进一步加强，并通过部分文化企业上市及并购的途径出现分化。首先，文化企业上市将加快。由于将基本完成文艺院团、出版等领域的文化单位的转企改制工作，拟上市的企业将增多。改制后的文化企业上市将加快步伐，并将迎来国有文化企业第一波的上市高峰。其次，随着上市企业风险投资资金的退出和成熟文化企业的减少，创业投资将出现新契机，一些股权基金和政府将更加重视创业投资和辅导。再次，以中低端产品和服务为主的市场竞争格局更加激烈，低端的数量化为主的增长格局基本上没有改变，企业和产品之间的同质化竞争和投资过剩的情况将更加突出。

（四）存在商机的方向

当前，主要的商机围绕着专业化和文化的跨界应用领域。毫无疑问，数字文化产业领域依然是商机密集之所在。特别是应用型领域如数字应用动漫领域，以及为大型平台企业提供专业配套和定制服务领域，都将具有较为广阔的市场空间和商业机会。同时，文化产业金融方面和交易平台方面也将有较多的商机。包括艺术品抵押贷款、艺术品物流、艺术基金和文化保险等领域的拓展将出现更多的商机。文化产权交易所进一步规范，在整顿之后，经过探索和完善交易方式，将有业务创新模式出现。此外，在提升传统产业方面将有较多的商机。包括以文化和艺术的方式参与改造和提升传统产业，或者促进高端产业的发展。如在婚庆、时尚设计、工艺美术和非物质文化遗产现代化、农业文化产业、文化地产、文化事业的功能丰富化、奢侈品、品牌塑造、玩具、文化旅游等领域都可以实现专业化提升。

十二、2012年值得关注的领域

从企业竞争与发展的角度上看，2012年，文化企业的研究人员和文化企业的从业人员需要从总体上更加关注企业商业模式的实践和核心竞争力的提升，并重点关注产业环境的变动、政策的完善、知名企业的扩张和人才的培养与积累等要素。

（一）政策环境与产业环境

产业环境与政策环境的变化是最重要的基础性事项。首先，知识产权保护领域的进展值得关注。尽管知识产权保护的环境还不理想，但是，网络领域可接受监管的技术手段的增强和知识产权保护意识的增强，将对内容生产企业带来积极的、正面的影响。因此，电信（含移动）运营商是否对知识产权保护做出更多的承诺和努力，采取更严格的措施，值得特别关注。其次，企业在境外的活动与国家支持文化“走出去”的政策等环境都值得关注。在重视央企传媒海外设立据点的同时，怎样重视内容出口，也需要政策环境的配套。由此，文化内容产品和服务的出口企业的发展也值得关注。特别是中国文化企业的境外并购时机已经趋于成熟，在 2012 年是否有较大的品牌收购动作值得期待和关注。再次，国外许多企业的创新与发展构成了国际化的竞争环境，如脸谱网的发展将带来传媒界的洗牌和并购商机，也需要予以关注。另外，从 2011 年 7 月开始的著作权法修订草案将于 2012 年 10 月完成并上报国务院，文化知识产权保护法律的新动向和新内容值得文化企业关注。

（二）具体的政策措施

在各级政府的扶持和引导政策中，2012 年最值得关注的是具体的税收优惠政策。特别是针对一般文化内容生产企业的税收优惠政策。预计顶层设计方面需要制定一套文化企业认定办法，并比照软件企业的税收政策制定全国性的具体化的文化产业税收优惠政策。此外，在政策落实和实践方面，2012 年国企文化传媒和民营文化企业之间的博弈在政策上的体现值得关注。显然，在中央重点扶持国有龙头企业政策的指导下，国有文化企业将拥有更多的资源和拓展空间，这个趋势将对民营文化企业的发展带来很大的影响。因此，民营企业在上市公司总量中的占比将具有特别的意义。

（三）企业形态与人才需求的变化

作为集约化经营的典型形态，平台化企业的发展值得关注。例如，保利文化公司可能于 2012 年秋天上市，其中的拍卖佣金收入将成为主要利润来源。可以说，它将是中国拍卖第一股。又如，在已有的平台企业的基础上是否利用技术升级促进内容产业发展，如中国移动公司的平台（基地）建设进展值得关注。此外，正在上市和拟上市的文化企业都比较成熟，也都值得关注。“十二五”期间，预计有 230 家左右的文化企业上市。其中，2012 年预计有 50~60 家文化企业在境内外上市。上市之后的企业并购活动和资源整合过程值得关注。再者，文化企业的人才培养值得关注。包括文化产业的学科建设、政府资助人才培训和企业自主人才培训等在内的人力资源开发问题，是中国文化产业发展的核心课题，也是文化企业提升核心竞争力的关键因素。

（陈少峰、王鸿 主笔）

第二章　产业结构与产业趋势

作为贯彻落实十七届六中全会精神的重大举措，《国家十二五时期文化改革发展规划纲要》提出到2015年我国文化改革发展的战略目标，明确了若干重点工程，为文化产业发展做出了翔实的部署。

中国的改革是经济先行，然而当经济发展到一定程度，单纯地依靠经济本身推进已经动力不足，产业创新、产业转型迫切需要出路。国家确立文化立国的战略，文化从幕后走向前台，从边缘走到中心，将决定中国在未来世界的地位。文化立国的提出，是寻找中华民族的文化支撑，是确立大家共同仰望的星座。而对于敏锐、有责任感的文化企业家而言，拥有文化自觉，探寻文化产业发展的规律，积累文化提升传统行业附加值的方法，确立文化可以创造永久性财富的理念，参与推动我国的文化积淀、文化资源和文化创意转化为更多财富，无疑是自身和民族传承的大幸；而尊重文化发展自身规律，不像搞运动和发展制造业一样发展文化产业，实实在在地使得文化产业科学、健康、可持续的发展，需要企业家们正确地理解产业规律，把好产业发展的脉搏。①

① 宫秀川：《文化强国需要文化发展战略》，《学习时报》，2012年1月10日。

一、产业结构与产业特性综述

文化产业是一个产业族群的概念，由于缺乏产业的历史和管理经验，人们对文化产业的产业特性和产业源流还比较陌生，了解产业的结构与趋势才能更好地把握产业机会，指导文化企业有效开展经营。

（一）产业结构和产业特性

1. 产业背景

十七届六中全会的召开，各地推动文化产业大发展的要求迫切，全国文化产业发展的主动性、创造性空前高涨。对此，外电评论说：这是中国发展版图上的文化崛起。显然，这不是仅仅靠学者和文化人的呼喊、努力所能够形成的，而自有深刻的历史必然性。这种必然性深深地植根于我国的经济社会发展，是改革开放30多年来经济实力、综合国力增强之后的合乎历史发展逻辑的必然结果。

我国改革开放初期，整个社会处在脱贫致富、解决温饱问题阶段，文化的需求受到沉重压抑。如今，我们已经实现从温饱不足到基本小康的历史性跨越，正在向全面小康迈进。物质生活的改善和提高使得人们摆脱了贫困的重压，精神世界得到空前解放，求知识、求科技、求审美、求文艺、求娱乐、求健身、求旅游的各种文化欲望井喷般涌流，汇集成强大的文化需求之潮；与此同时，物质生活的厚实和财力物力的丰盈，为人们选择、参与、享受丰富多彩的文化生活提供了现实可能。

与人民日益增长的精神文化需求相比，我国文化的发展还不完全适应。一方面，改革开放以来，特别是党的十六大以来我们党的文化工作取得了巨大的成就。另一方面，我们又面临着一些突出的矛盾和问题，可以概括成“四个还不完全适应”：文化发展与人民群众日益增长的精神文化需求、与快速发展的现代传播手段、与不断扩大的对外开放、与推动我国经济社会又好又快发展的新形势还不完全适应。① 从总量来看，我国经济总量跃居世界第二，外汇储备世界第一，人均国内生产总值4 000多美元，据推算，在人均国内生产总值达到4 000美元以上时，社会文化消费应是4万多亿美元，而我国现在仅是1万多亿元。从深层次经济根源来看，伴随文化与经济的日益交融，文化的经济功能明显

① 蔡武：《全面认识六中全会提出强国之路背景》，人民网，2011年11月18日。

增强，经济的文化含量不断提高，文化产业对经济增长和转变经济发展方式的贡献越来越大。其能源、资源消耗少，环境污染少，附加值高这样的特性，理所当然会成为转变发展方式最理想选择，但如何促进文化消费，充分发挥文化产业在拉动就业方面的积极作用，积极推动文化产业与旅游、休闲、制造、电信、交通、房地产等产业相融合，提高其他产业文化含量和附加值，以文化产业跨越式发展为产业结构整体优化升级作出应有贡献是我们应思考的问题。现在我们有两亿多微博用户，等于有两亿多发布新闻或者舞台演出的平台，随着科技的发展，除了有网络电视、手机电视，还可能与新的科技手段结合创造出更多的新业态，我们如何与这种发展形势相适应。

除了深层次的经济根源，我国文化产业的崛起，还有外部的时代背景。从外部看，在世界经济格局中，主要发达国家进入了后工业化时代，即知识经济或信息时代，生产力的发展正从主要依靠资本、土地、矿山、资源等有形生产资料，向主要依靠知识、科技、信息、智力特别是人才而转变。生产力这种历史性变革的最大特征，就是文化和经济一体化，文化成为经济社会发展的重要支撑。一方面，网络信息、动漫影视、出版发行、广播音像、博览会展等文化产业如火如荼、形成引领未来的新兴战略性经济支点。另一方面，商品中的文化因素越来越多、越来越高，成为决定商品质量、信誉、价值、市场份额的核心要素。众多跨国公司依靠文化品牌和科技创新，分割占领市场，控制产业经营，巧取积累财富，已经证明了这一点。美国贸易出口排在第一位的是文化科技产业，超过了航空工业；日本、英国、法国同样有着发达的文化产业，产值远远超过很多传统工业。我国现处在工业化、市场化、国际化的进程中，但是在知识经济和信息时代的背景下展开的，这使得我们不能避开和疏离知识经济、信息化的时代潮流，必须把工业化和信息化结合起来，用信息化引领、推动我国的工业化，完成时代赋予的工业化和信息化同步进行的双重任务。

从内部看，改革开放30多年来带来经济社会快速发展的同时也面临着一些无法回避的严峻问题：资源短缺，环境压力加大，经济与社会、城乡、地区、人与自然之间不平衡、不协调的冲突和矛盾日益尖锐。从外部讲，知识经济的到来，彰显了知识、文化、科技、智力的强大威力，冲击着旧有的粗放型发展方式，加大了我国转变发展方式的外在压力。很显然，生产力的推进，已经从人的外部世界的资本、资源转向人的内部世界的知识和智力，从物理机械力量转向文化信息力量。一句话，人的内在素质的高低，影响、制约着生产力的发展。要解放和发展生产力，必须提高人的素质。素质提高归根结底要靠教育和文化，特别是靠“以文化人”的文化力量。文化是人的伴生物，围绕人而展开，为了人而发展。各种文化样式、文化业态层出不穷、快速发展，真谛就在于此。

总而言之，文化产业是经济崛起的新引擎，发展文化产业是社会主义市场经济条件下满足人民多样化精神文化需求的重要途径。[①] 按照全面协调可持续的要求，推动文化产业跨越式发展，使之成为新的经济增长点、经济结构战略性调整的重要支点、转变经济发展方式的重要着力点，为推动科学发展提供重要支撑。

2. 产业结构和产业特性

文化产业是一个约定俗成的表达，它是指称一个产业族群的概念。尽管“文化产业”和“创意产业”等概念已经逐渐成为时髦的概念，但是，由于缺乏产业的历史和管理经验，人们对文化产业和创意产业的概念以及产业特性还比较陌生。显然，只有深入了解文化产业的特性以及其他几个关联概念的特点，才能指导文化产业领域有效开展工作。

在我国，人们通常按照国家统计局的分类指导，将文化产业划分为“核心层”、“外围层”和“相关层”三个部分。对文化产业的产业结构的理解存在差异化的现象。国际上不同国家对文化产业的行业特点、范围界定和概念理解都不一致。从综合考察来看，联合国教科文组织的界定可以作为一般的概念来理解，其概念界定是“文化产业就是按照工业标准生产、再生产、储存和分配文化产品和服务的系列活动。”不过，其他许多国家更侧重于内容产业或者文化创意的特点。

为了更清晰地把握文化产业的产业特性，我们倾向于以价值增值实现的产业链为基础把文化产业的产业结构划分为三个部分，即文化内容产业（知识产权创造领域）、传播与平台文化内容产业（内容的传播渠道与传输平台）和文化产业衍生产品（以文化产业制造业为主的产品）等三个大的领域，并且每个领域都包含若干行业。[②]

文化内容产业即知识产权创造领域，包括图书、报刊、音乐、节庆活动、游戏、影视节目、图片、书画艺术、广播、明星、主题公园、卡拉 OK、体育赛事联赛；

① 参见报道《文化产业创新：文化产业 经济崛起的新引擎》，《甘肃日报》，2011 年 11 月 18 日。
② 陈少峰、张立波：《文化产业商业模式》，北京大学出版社，2011 年版。

新闻与信息服务；教育培训、商业艺术表演、艺术交流推介活动、会展、美术设计、古玩艺术品服务。传播与平台即内容的传播渠道与传输平台，包括平台的媒介、各类传媒载体的传播服务、广告、相关信息（网络）服务等。平台有媒体平台、渠道与终端（连锁等）平台、电子产品或者娱乐产品终端平台、交易平台、资源整合平台（以及后二者合一的平台）。文化产业衍生产品即以文化产业制造业为主的产品，如玩具、工艺美术品、乐器、数字娱乐设备与图书、艺术印刷等，以及结合知识产权的文化产业制造业，如迪斯尼的产品销售等。

把握文化产业区别于其他产业的特点，可以看出其中最关键的要素是在文化产业领域存在着特定创意内容的产业价值增值的产业链形态之特征，这也是文化产业的独特性所在。易言之，在其他的产业领域，某种资源或者创意是一种独立的价值结构，而文化产业的某些资源或者创意则可以在所有文化产业的门类中共享资源和创意。同时，该资源或者创意可以通过延长产业链来转变为附加价值的实现。此外，文化产业区别于其他产业的另外一个要素是产品的精神价值或者创意价值，即它主要是依赖于人力资源来创造价值，而不是主要依赖于自然资源和物质资源创造价值。就此而言，历史文化资源的旅游属于传统的旅游而非文化产业，只有通过创意和创新资源带来的旅游，如主题公园或者会展的旅游，才属于文化旅游或者文化产业。①

（二）文化产业政策解读与文化企业风向标

1. 十七届六中全会精神及产业趋势解读

十七届六中全会通过的《中共中央关于深化文化体制改革推动社会主义文化大发展大繁荣若干重大问题的决定》（以下简称《决定》）指出，加快发展文化产业，推动文化产业成为国民经济支柱性产业。发展文化产业是社会主义市场经济条件下满足人民多样化精神文化需求的重要途径。这是继 2010 年 10 月 18 日党的十七届五中全会通过的《中共中央关于制定国民经济和社会发展第十二个五年规划的建议》和 2011 年 3 月 14 日十一届全国人大四次会议通过的《国民经济和社会发展第十二个五年规划纲要》之后，又一次提出“推动文化产业成为国民经济支柱性产业”。而 2009 年 7 月 22 日，《文化产业振兴规划》由国务院常务会议审议通过，首次将文化体制改革和大力发展文化产业上升到国家战略。

① 陈少峰、张立波：《文化产业商业模式》，北京大学出版社，2011 年版。

政策的利好带来了文化产业发展的良机。十七大以来，我国文化产业进入快速发展的新时期，文化产业总体规模和实力不断提升，进入了又好又快发展的良性轨道。2011 年，一些省市文化产业增加值占地区生产总值超过 5 %，已经成为当地的支柱性产业。按照平均增速估算，2016 年我国文化产业的增加值占国内生产总值的比重要达到 5%，在全国范围内才可能实现文化产业成为国民经济支柱性产业的目标。当然，这个数字到 2016 年能达到，压力还是非常大的。

为了更好地完成这项任务，《决定》已经就推动文化产业成为国民经济支柱性产业做出四个方面的部署：一是构建现代文化产业体系，二是形成以公有制为主体、多种所有制共同发展的文化产业格局，三是推进文化科技创新，四是扩大文化消费。

对于落实《决定》的重点工作，文化部部长蔡武指出，要进一步优化文化产业布局，支持东部地区加快发展动漫游戏、艺术创意、网络文化、文化产品数字制作等优势产业。加快文化产业的特色县、特色镇、特色街、特色村的建设，加强文化产业基地、园区、特色产业群的规划和建设，要提高文化产业规模化、集约化和专业化的水平。要优化文化产业的投融资环境，促进社会资本、金融资本和文化资源的对接，加快构建以企业为主体、市场为导向、产学研相结合的文化技术创新体系，推动文化科技创新，实施一批文化创新项目，研发一批具有自主知识产权的核心技术，推广一批高新技术的成果，要大力促进文化产业与旅游、通讯、会展、商贸、教育、培训、休闲等产业的融合，引导文化企业开发适销对路的文化产品和服务，培育新的文化消费热点，培养文化消费的主体，要把引进来和走出去结合起来，积极借鉴国外文化产业发展的理念和经验，积极引进国外资金、技术和项目，精心打造我们自己的文化品牌，加强营销网络和进出口平台建设，增强文化企业的竞争力。①

2. 文化企业发展风向标

十七届六中全会后，发展文化产业成为名副其实的国家战略，它既是经济结构战略性调整的重要支点，又是国民经济新的增长点，更是转变发展方式的重要着力点。

2012 年我国各地政府对文化产业的扶持力度仍然维持在较高水平，不仅表

① 参见报道《文化部长蔡武解读六中全会》，人民网，2011 年 10 月 24 日。

现为文化产业扶持资金的规模扩大，很多地方还相继成立了资金规模更大、资金投放效率更高的文化产业发展基金，尝试用市场化的手段调配资源、扶持产业发展。文化产业与旅游产业、高科技产业乃至制造业的融合趋势表现得更加明显，文化产业的服务性功能更加突出，溢出效应开始受到更多重视，并由此带来了文化企业的升级改造和集约化发展。

2012 年，文化产业在保持较快发展速度的同时还应追求较高的发展质量，以下几个特色值得关注：①

“文化 + 市场”相结合，激发文化产业市场原动力。中华民族是世界上最大的潜在文化市场，如何使文化与市场机制有机结合，把极为丰富的民族文化资源转变为巨大的文化财富，需要我们进一步解放思想，遵循文化生产力的发展规律，通过体制机制创新，进行持续的改革和探索，让企业充分发挥市场主体活力。如深圳市福田区盘活国有资产，打破文化事业与产业分离的局面，引入雅昌公司将区文化馆彩田分馆改造成为文化事业与产业相结合的新型市场主体——雅昌艺术馆，使其在保证文化事业公益功能基础上，积极拓展文化产业市场。

“文化 + 科技”相结合，增强文化产业核心竞争力。“文化 + 科技”型文化产业项目将成为国家文化产业专项资金扶持重点。国家最新政策强调科技与文化交叉发展，重点扶持影视动漫、新媒体服务、网络游戏等科技含量较高的行业，关注新兴文化业态发展，并及时列入扶持范围。推动“文化 + 科技”文化圈建设，利用高新技术产业与文化企业相对集中的优势，通过文化产业专项资金引导及龙头文化企业带动，打造以现代文化与科技相结合的文化产业圈，形成品牌效应和聚集效应，发挥科技与文化产业相辅相成的优势，培育以软件开发、数码娱乐和网络游戏为主体，打造文化与科技结合为方向的文化产业圈。国家和地方积极搭建文化企业与创投公司合作平台，解决科技型文化企业研发期对资金的巨大需求，推动企业规模化发展。目前“文化 + 科技”型企业已经成为文化产业发展的重要力量。

“文化 + 品牌”相结合，提高文化产业品牌吸引力。品牌是文化企业的生命，真正有感染力的作品，抑或是重点培育的企业核心品牌，都将是文化企业

① 参见苗宁礼、林延岳:《文化产业的创新之道——以深圳市福田区为例》,《人民论坛》,2010 年第 17 期。

赖以立足的核心竞争力。品牌是文化的积累与结晶，品牌的强弱直接关系到文化企业的传播力和竞争力。潜心创作，精心培育，不断推出高品位、高水准的知名文化品牌，是带动文化产业发展的重要手段。只有以品牌为“龙头”，文化产业才能跻身国内、国际市场，实现“走出去”的愿望，从而增强文化的话语权，提升文化的影响力。如今国家和地方正积极推动企业品牌塑造工程，鼓励企业以精品塑品牌。目前创意设计、影视、新媒体服务都取得了较好的品牌效应。如万科影视拍摄的电视剧《地下地上》获中宣部“五个一工程奖”，“万科影视出品”已成为业界的“金字招牌”。新经典广告制片厂制作的电影《走路上学》获金鸡奖和华表奖等，受到中央领导高度评价。再如田面设计之都创意产业园连续获得第三、四、五届文博会分会场一等奖，被科技部认定为“深圳国家工业设计高新技术产业化基地”，其园区建设和开发模式受到中央领导的充分肯定。目前，该园区已有150多家优秀设计企业入驻，其中外资企业30家，推动了中心城区产业优化升级，共接待国内外考察团300余次，其品牌正向国内多个城市输出。世纪工艺品文化广场被广东省文化厅命名为“广东文化（创意）产业园区”，也是全国第一个被国家知识产权局授予“中国传统知识与民间工艺美术精品展示基地”称号的文化产业基地。

“文化＋总部”，提升文化企业高端影响力。各地政府在新一轮经济发展中，逐步认识到总部经济和高端服务业“双轮驱动”战略的重要性，将为总部文化企业提供良好的发展环境。如深圳市制定《深圳市福田区扶持总部经济发展实施细则》，通过总部企业认定奖励、纳税奖励、区财政贡献奖励以及相关配套资助等对总部文化企业开展“一卡通”式快捷办事服务，对具有重要影响力的文化产业项目和企业实施“一企一策”、“一项一策”和文化产业专项资金“一事一议”政策和资金服务。并积极引进国内外优秀文化企业总部入驻。福田区相关部门开展对接服务，并提供选址、落户等跟踪服务。目前，该区总部型文化企业不断聚集，国内外优秀文化企业纷纷在福田建立总部或区域总部，总部文化经济的效益也日益凸现。华视传媒、通产丽星、天威视讯、中青宝网等在福田成长壮大并设立总部，在全国不断发展分支机构，凤凰卫视在深圳建立内地总部，50%的节目在深圳录制。

二、2011 年盘点和 2012 年发展趋向

2011-2012 年文化产业的发展进一步得到各级政府的重视。我国各地召开的两会中，文化产业都成为重点和热点话题，大部分省区市都召开了由地方最高级别领导主持或参加的推动文化产业发展的专门会议，对各自区域的文化产业发展进行了资源梳理、特点总结和发展规划，体现出东部地区以大城市为中心、以新兴产业门类为主的文化产业发展特点，中西部地区以区域文化资源为基础、以特色为主导的跨越式文化产业发展路径。

（一）2011 年文化产业盘点及启示

1. 2011 年文化产业从容前行

（1）文化企业掀起“上市潮”

2011 年以来，我国又有一批文化企业实现了上市，股市当中的文化传媒板块已经形成,这些上市文化企业大都来自于文化与其他产业结合的“边缘”地带。2011 年 9 月 29 日，借壳白猫股份的浙报传媒集团股份有限公司在上海证券交易所挂牌上市，成为国内首个经营性资产整体上市的报业传媒集团，也是浙江省第一家上市的国有文化企业。2011 年 10 月 31 日，浙报集团发布全媒体战略行动计划，未来 5 年将以多种融资方法投入 20 亿元，实施全媒体转型，打造国内传媒行业首个孵化器——“传媒梦工场”。[①] 2011 年 12 月 15 日，股市六连阴，大盘跌破 2 200 点，但光线传媒、新华传媒、天舟文化等 15 只文化产业股却逆势上扬，原因在于一个利好消息出台——当天财政部公布了《关于继续执行宣传文化增值税和营业税优惠政策通知》，一些图书和期刊执行增值税 100% 先征后退的税收优惠政策。此外，各大网站及媒体纷纷传出上市的消息，2012 年 1 月 13 日证监会晚间发布公告，宣布人民网股份有限公司获通过。

（2）三网融合深入发展

2011 年，全国 IPTV 用户已超过 1 100 万户，手机视频用户超过 4 000 万户。12 个试点城市和地区已经基本完成了 IPTV 集成播控平台的建设，并实现与中央总平台对接。电信运营商、有线电视网络运营商也推出一系列三网融合产品：华数传媒与淘宝网合作推出了“淘花网”，成为中国第一家数字产品分享交易平

---

① 刘刚、吴妙丽 :《“浙报传媒”成功登陆沪市》,《浙江日报》, 2011 年 9 月 30 日。

台；又与百度合作推出了“电视搜索”；7 月 12 日，陕西广电联手创维联合推广创维一体机及陕西广电网络高清双向业务，这是国内首次电视终端厂商与广电网络运营商结成联盟；湖南、南京也全面推广云媒体电视；此外，视频网站牵手各大卫视启动“台网互动”模式；各试点城市积极探索多样化的融合模式。就广电系统而言，备受关注的各地有线网络公司区域整合也在推进中，目前已有 19 个省完成了“一省一网”的整合工作。12 月 31 日国务院办公厅发布了三网融合第二阶段试点地区（城市）名单，包括天津、重庆、宁波等 42 个城市入围。

（3）微博成为最主流媒体之一

截至 2011 年年底，我国微博用户数达到 3 亿。随着微博社会影响力的加强，微博已成为我国最主流的媒体形式之一。微博特殊的传播模式，赋予其强大的议程设置能力，意见领袖的力量得到凸显，网络的舆论动员能力迅速提升。政府开辟政务微博，形成了官民沟通的新场所；企业利用微博，构建营销和公关的新平台；传统媒体则与微博相互借力，竞合发展。

（4）市场内生力量得到激发

中国文化产业增加值在 2010 年超过 1 万亿元，达到 11 052 亿元，2011 年依然是个“丰收年”，影视、出版、发行、演出所带来的文化消费活力迸发：电影在 2010 年突破 100 亿元票房大关后，2011 年站上 130 亿元的新台阶。盘点 2011 年国内演出市场，《妈妈咪呀！》是不得不提及的一部戏。筹备一年、投资高达亿元的英国经典音乐剧《妈妈咪呀！》中文版，自 2011 年 7 月在上海首演以来，截至 12 月 25 日，在北京、上海、广州和重庆连续演出了 150 场，其中北上广三地连演 141 场，票房超过 5 500 万元，观众达 16.5 万人次，创造了中国音乐剧全国巡演记录的新高。收藏品市场上，徐悲鸿创作于 1951 年的《九州无事乐耕耘》，以 2.668 亿元的成交价被买家收入囊中，刷新徐悲鸿作品成交世界纪录，居中国艺术品秋拍单品成交价榜首。第七届深圳文博会更是中国文化产业的“集大成”——四天时间中吸引了 1896 家企业和机构来参展，总成交额达 1 245.49 亿元，比上一届增加 156.93 亿元，掀开了文博会历史的崭新篇章。增加文化消费总量，提高文化消费水平，让文化市场释放潜力，吸引并引导社会资本以多种形式投资文化产业——这是文化产业发展的内生动力。值得一提的是，按照六中全会提出的“推进文化科技创新”，新产业、新业态迅猛发展，成为 2011 年文化产业发展的新亮点。以网络游戏为例，截至 2011 年 9 月，经文化部门批准设立的经营性互联网文化单位达到1 560家，互联网上网服务营业场所14.4万家，网络游戏、网页游戏、手机游戏用户数量分别达到1.2亿、1.17亿和3 500万，中国网络游戏市场规模已经接近400亿元，动漫产业产值接近500亿元。

（5）政策引擎开足马力

2011年，文化产业利好消息频频传出。当然，最大的利好消息还是党的十七届六中全会定下“文化强国”的主旋律，进一步明确把文化产业培育成为国民经济支柱性产业，提出了文化产业的顶层思路：构建结构合理、门类齐全、科技含量高、富有创意、竞争力强的现代文化产业体系；形成公有制为主体、多种所有制共同发展的文化产业格局；完善管人管事管资产管导向相结合的国有文化资产管理体制。

在国家政策的感召下，2011年社会力量进入文化产业的热情空前高涨，各个部门也对文化产业发展频出实招，营造了良好发展环境。文化产业专项基金在2011年年底已累计安排60亿元，累计支持项目1 000多个。2011年7月6日，中国首只国家级文化产业基金——中国文化产业投资基金在京成立。该基金由中央财政注资，引导吸收国有骨干文化企业、大型国有企业和金融机构认购设立，主要以股权投资方式投资新闻出版发行、广播电影电视、文化艺术、网络文化、文化休闲等文化及相关产业领域。该基金成立的目的在于应对中国文化产业发展中面临的市场活力不足、企业融资困难、投资渠道不畅等问题。同时，也是中央财政提高资金使用效益的创新方式。该基金目标总规模为200亿元，首期募集60亿元。商务部本着“扶优扶强”的原则，进一步完善支持文化产品和服务“走出去”，新修订《文化产品和服务出口指导目录》，支持文化出口重点企业和重点项目，培育壮大一批具有国际竞争力的外向型文化企业和中介机构。

无论是六中全会纲领性的文件，还是各部门有针对性的扶持文件，都表明政策引擎开足马力，让今天的文化产业形成一种开放的发展格局，不再只是文化人的“产业”，不再只是文化部门的“独角戏”：科技加入进来，提高文化产业的技术装备水平，增强文化产业核心竞争力；金融参与进来，为文化产业破解“融资难”瓶颈；旅游融合进来，促进文化消费；制造业与文化相得益彰，提升中国制造的文化附加值。

（6）构建现代文化产业体系任重道远

2011年实体书店的危机、主题公园降温、文交所遇寒冬这些事件提醒我们：文化产业虽然在快速发展中，却更需要理性和科学。2011 年 6 月风入松书店歇业，11 月光合作用书店倒闭，此前还有第三极书局关门，面对网上书店的冲击，中国实体书店面临生存危机，只沦为网上书店的“展厅”。实体书店必须提供网上书店所没有的服务和内容，向着文化沙龙、书吧方向发展，以真实的人文气息、以丰富的特色服务抵挡网购的低价。2011 年 10 月下旬，广电总局下发文件，要求各地方卫视从 7 月起，在黄金时段，每周最多播出两档娱乐节目。随后，广电总局又下发了调整广告播出的相关通知。决定自 2012 年起，各电视播出机构不得在每集电视剧中间以任何形式插播广告。政策要求把社会效益放在首位，希望充分发挥广电业构建公共文化服务体系、提高公共文化服务水平、保障人民基本文化权益的作用。2011 年“遇冷”降温的还有遍地开花的主题公园。8 月 5 日，国家发改委、国土资源部、住房城乡建设部发出《关于暂停新开工建设主题公园项目的通知》，该通知明确表示：至国家规范发展主题公园的具体政策出台前，各地一律不得批准建设新的主题公园项目；已经办理审批手续但尚未动工建设的项目，也不得开工建设。此外，迎来“寒冬”的还有一哄而上的 30 多个文交所。11 月 24 日，国务院发布《关于清理整顿各类交易场所切实防范金融风险的决定》，规定不得等额拆分、不得公开发行、不得连续交易的“三不”原则，一批不具资格、不合规范的文交所将被清理整顿。在文化和金融对接的征程中，防范市场风险、保持市场稳定、合法合规将是一道永远并行的准则。

六中全会后，各地发展文化产业的热情高涨，但 2011 年这些“冷”思考告诉我们：构建现代文化产业体系任重道远，文化产业在快速发展中，“必须坚持社会主义先进文化前进方向，坚持把社会效益放在首位、社会效益和经济效益相统一，按照全面协调可持续的要求，推动文化产业跨越式发展。”[①]

2. 现状及关注点

可以说，在 2011 年当中，第一次出现了发展文化产业的热潮。产业发展出现了五个比较显著的变化。其一，各地发展文化产业的热情空前高涨，政府主导的文化产业投资公司纷纷成立，文化产业园的数量规模迅速扩大。其二，文化机构转企改制的工作加快推进，一些行业基本完成改制任务，其他行业也在地方政府和部委的主导下陆续落实改制任务。其三，数字文化产业快速发展，

① 张玉玲：《年终盘点：2011 年中国文化产业铿锵前行》，《光明日报》，2011 年 12 月 30 日。

网络广告业的增长格外突出。随着三大电信运营商成为文化产业的媒体和平台，媒体的产业结构出现了巨大的变化。其四，艺术品投资领域迅速发展，艺术品拍卖再创新高。其中，各地文化艺术产权交易所的艺术品份额化交易出现了勃兴与风险并重的格局，最终中央出台相关的整顿政策予以矫正和引导。其五，社会资本大举进军文化产业，各种文化股权投资基金风起云涌。

其中也存在着一些危机和挑战。首先，文化产品数量化的趋势、缺乏龙头企业的格局依然没有得到根本的改观，缺乏产业链的经营和品牌产品的局面仍在持续。其次，部分地产商将更多地以文化地产或者建设文化产业园的名义拿地，许多文化创意产业园还是以地产物业收入为主，缺乏内容产业的集聚化发展，各地跟风现象依然比较严重。此外，随着数字文化产业的快速发展和生活方式的变化，具有传统文化内涵和形式的文化内容产业和传统型的文化产业业态都受到了较大程度的冲击，如部分书店的倒闭对图书出版业的成长已经带来较大的负面影响。

总的来看，2011 年我国文化产业依然保持了高速增长的态势和较高的热度。与此同时，我们关注的新问题也浮出水面：未来，文化产业如何在保持较高增长速度的同时进入高质量增长期？中国文化产业发展的特色突破路径在哪里？文化产业在我国"四位一体"的总体发展布局中能发挥多大的作用？简而言之，中国文化产业的纵深化发展方向在哪里？

（二）2012 年中国文化产业发展趋势及建议

1. 2012 年发展走向

基于十七届六中全会的《决定》中十分重视文化产业在实现社会主义文化强国中的作用，并提出各级党委和政府应将发展文化作为一项政治责任，因此，可以预计，在 2012 年中，各地政府将更加重视文化产业，民间资本也将基于政策利好而积极进入到文化产业领域的投资和创业发展上。2012 年主要的变化和新气象体现在如下几个方面：

其一，按照中央的部署和计划，一些部委所属的文化传媒机构和各地政府的文艺院团、非时政类报刊单位等将初步完成转企改制任务。其二，中央和各级政府将加大对文化产业发展的政策支持和扶持力度，也将出现更大的财政投入和制定针对性的税收优惠政策。其三，文化传媒企业上市的步伐加快，特别是国有文化传媒企业将出现一批上市企业。此外，部分境外上市的文化传媒企业（含网络新媒体企业）将争取回归国内资本市场上市融资。其四，企业并购的速度将加快，特别是通过整合项目资源加快上市的步伐，以及初步开始实现跨地域和跨行业的资源整合运作。其五，文化产业金融领域，特别是文化产业创业投资和艺术保险业务等将有较大幅度的增长。其六，中央将加大对外文化交流和文化“走出去”的支持力度，并出台相关政策和措施以鼓励和奖励文化产品出口。

2. 文化产业的几个趋势与特点①

平台化：平台为王。以创意为基础的知识产权并没有占据核心的地位。相反，平台的收入一直处于独特的优势地位。可见，垄断性是这种市场结构最突出的特点。这些垄断性机构能够优先获得资质和资格，而且由于严格的监管和对于民营企业的不信任，民营机构更难以获得平台运作的机会。但是，从另一方面来看，一些企业和垄断资源结合或者善于嫁接，却取得了快速的发展，如“汉王”利用机构用户销售电子图书的做法以及音乐 SP 企业与中国移动合作就是典型的例子。文化企业主要以内容为主，提供内容产品是最重要的，应当排在传媒和平台企业之前。

数字化：迎合青少年消费者的生活方式，达到技术与内容的融合，媒体化即电信企业成为媒体公司。信息技术与内容融合推动四 C 合一，内容、计算机、通信、消费者电子（含家电）具有融合趋势，并且由内容驱动硬件增长，形成了巨大的数字文化产业领域。例如，在通信领域，内容驱动发展模式已经逐步成为主流的商业模式。可以说，电信领域已经逐渐转化为传媒产业，在数字文化产业领域需要适应技术的革新和生活方式的变化。

家庭化：文化产业对家庭文化既是挑战也是机遇。文化产业发展对教育和家庭文化建设的影响是多维度的。首先，家庭文化面临挑战，特别是当青少年成为主流的文化消费者时，这种挑战更加凸显。政府和企业都应当研究青少年文化娱乐的特点，特别是他们注重时尚性、互动性、体验性和参与性的特点。青少年文化消费如沉迷网络问题无疑需要引导，而这种引导的方法是需要着力研究的。其次，少儿教育和娱乐已经成为巨大的产业，这种产业又在快速增长当中。当然，产业的核心还是应试教育的辅导及其相关产品为主，缺乏品格塑

① 参见陈少峰、张立波：《文化产业商业模式》，北京大学出版社，2011 年版；以及《中国文化市场的特点与商机》，中国文化产业前沿网，2011 年 12 月 23 日。

造的文化精神提升。再次，家长教育是个崭新的领域，既需要重视综合素质的提升，也具有一定的产业价值。

娱乐化：有明星，娱乐无边界，内容娱乐综合化。娱乐无边界成为主流的娱乐形态，实现随时随地娱乐成为人们生活方式的重要组成部分。从产业链的角度说，内容是上游的部分也是最重要的一个部分，衍生产品是最下游的部分。从内容的构成来说，整个内容的构成包括音乐、新闻出版、娱乐等等，目前娱乐的比重越来越大，而新闻的比重越来越小，因为新闻在现在的市场需求中占比在下降，而且无偿提供的新闻越来越多。

品牌化：要有效创意，达到持续化，形成产业链。从近几年文化产业发展的整体情况来看，我国文化产品的品牌化程度不断提升，企业的品牌意识不断加强，文化艺术与文化会展活动项目趋向于大型化、品牌化。活动项目需要大型化、持续化，特别是会展、体育赛事、选秀等，应当保障持续化运营和溢价效果，这就需要自觉打造和形成具有知名度的品牌。这要求努力提升“软件”品质，“软件”越吸引人越好，而硬件越小越可以避免浪费。企业家要把无形资产做出来，要把品牌做出来，要把自己的能力做出来，积累出来，这是做大做强文化企业最关键的一个因素。

跨界化：用文化产业改造传统的制造业，以动漫等反向带动制造业。文化产业将推动传统产业发展，包括推动制造业和建筑业的升级改造。特别是创意设计产业蓬勃发展，将为制造业提升附加价值作出主要贡献，形成以设计、动漫等反向带动制造业的趋势。跨界化将提供给众多传统制造业企业新的出路，拥有重新塑造核心竞争力和品牌形象的新机会，把握住跨界趋势，文化产业可以为转变经济增长方式贡献更多。

集聚化：创建文化产业集聚园将成为各地发展文化产业的主要方式。当然，不是所有的产业集聚园都可以获得竞争力，产业集聚园需要打造内生和良性产业链才能获得可持续发展的空间，因此，各地政府和企业都需要避免产业集聚园的泡沫化，注重通过调整和引导来提升产业集聚园的集聚度和竞争力。产业集聚园强调可持续性和产业链。文化产业集聚园规划的六个基本指标指产业集聚与规模效益、企业为主体、具有成长性、园区与企业具有发展模式和商业模式、比较完整的产业链、资源整合与专业能力的提升。

资本化：包括创业投资、风险投资、收藏与投资、上市。只要是产业，一定会向资本化和证券化发展。文化是财富，和金融结合可能会放大，也可能会产生一些泡沫。国际上的大企业短短几年时间就会把价值提得很高。文化创造巨大财富，有精神的也有物质的，中国的财富释放才刚刚开始。我们要充分把文化财富价值和潜力释放出来，这需要通过文化资本化发展和证券化发展，国家政策在这方面是大力支持的。

三、产业形态分类趋势分析

纵览2011年文化产业发展进程，期待2012年迎来新的突破，细致思考文化产业属下门类的发展态势与业中翘楚的经验教训，反思和寻找可行的方向，将是我们做好企业下一步的基石。

（一）报刊出版业

2011年是我国“十二五”规划的开局之年，是中国出版业里程碑式的一年。这一年，经历了转企改制的中国出版业砥砺奋进，实现了产业持续发展、结构改变调整和不断满足人民群众的文化需求的目标。我国首家资产和销售收入双超百亿元的出版发行公司——江苏凤凰出版传媒股份有限公司11月30日正式挂牌上交所，由此成为目前我国规模最大的文化传媒类上市公司。而在6月3日，上海世纪出版集团、上海文艺出版集团宣布重组。7月19日，中国科技出版传媒集团有限公司暨中国科技出版传媒股份有限公司成立。10月20日，中国证监会有条件通过了长江出版传媒集团借壳上市方案。12月2日，中原出版传媒投资控股集团有限公司借壳焦作鑫安科技股份有限公司上市。兼并重组、上市融资无疑成为中国出版业做强做大的首选。

2011年1月18日，经新闻出版总署批准，国家数字出版基地项目在天津空港经济区落户。9月29日，华中国家数字出版基地揭牌。11月15日，中南国家数字出版基地揭牌仪式在长沙举行。由此，由新闻出版总署批复的国家数字出版基地已达到9家——上海张江、重庆北部新区、浙江杭州、陕西浐灞、广东广州、天津空港、南京雨花、湖北华中、湖南中南。这说明在全球出版格局发生深刻变化的今天，数字出版成为出版传媒的新兴产业和发展方向。企业应努力在新一轮的出版竞争中抢占先机，占据主动，推动传统出版向数字出版转型。

需要注意的是，数字化虽然发展迅猛，具有震撼、冲击、变革甚至颠覆性的影响，但数字化毕竟是技术而不是内容，是手段而不是主体。我们现在越来越清楚的是：数字化改变的不是阅读本身，而是阅读方式；冲击的不是出版内容，而是出版形式；提升的不仅是图书生产发行的业态，更重要的是图书内容的传播方式。数字化的本质不是数字技术的介入，而是数字内容的整合。基础是流程数字化，核心是内容数字化，关键是商业传播方式的数字化。出版数字化的现实途径是内容提供与科技手段的结合，这是一次内容与技术的新的融合，在这一融合的过程中，技术商在寻找内容资源，内容提供商也在寻找技术平台。现实的、经济的、有效的方法是内容提供商与技术服务商在资本层面、业务层面、市场层面的融合。数字化的方向一定是市场化，出版人才与技术人才、市场人才的融合是出版数字化取得突破的关键性因素。

研究文化资源如何转化为文化产业时，我们不能忽略一个根本问题，只有文本才是经济、产业、市场和法律意义上的文化资源，才是文化产业的核心资源，版权产业和版权贸易才是 WTO 规定的文化产业和文化贸易。现状是，我国的报刊出版业问题较多，比如，受牌照政策等限制，有能力的报刊业集团没有更多牌照资源，没有能力的组织却手握众多牌照，其中存在诸多寻租问题。最大的政策瓶颈是如何突破意识形态管理要求与产业化发展要求之间的矛盾。中国报刊业政策制定一直是要兼顾意识形态管理要求与产业化发展要求的。如何不将二者对立起来，形成共生共进的态势，尚需智慧及认识的提高。

报刊业未来最大的焦虑是如何迎战市场，以及应对新媒体技术的挑战。在这个过程中，大量的掉队者会死去，少量的先行者会得以涅槃。现在最需要给予报刊社向不同区域、不同媒体形态发展的政策支持，以及使其在一定时期内有走向资本市场的政策支持，以获得资本力量支持的机会。应按照《文化产业振兴规划》和《关于进一步推动新闻出版产业发展的指导意见》的部署，从产业规划、公共服务、人才培养等方面着手，大力发展民营新闻出版业，进一步巩固新兴数字出版业的领先优势。

（二）电影产业

2011 年，从票房营收、影片数、银幕数及影院数 4 个中国电影市场的关键权衡指标来看，中国电影市场快速发展是非常明显的。据国家广电总局数据显示，2011 年，中国电影总票房营收达 131.5 亿元，相比于 2010 年增幅近 30%；中国电影产量为 791 部，增幅超过 50%，其中，中小制作影片黑马不断，票房过千万元的影片中，中小制作影片占比较大，这也标志着中国电影产业格局正在由大片垄断向多层次、多类别、多样化发展转变，逐步走向丰富、合理、成熟的产品结构体系。

但是，与快速发展的电影产业不相称的是，投资事件数量并未出现显著变化。据清科研究中心最新数据显示，2011 年，中国影视制作与发行行业已经披露的投资事件为 9 起，投资金额总额达 1.36 亿美元。获投企业如建银国际财富管理、开信创投、信中利、汉理资本、清科创投联合投资的小马奔腾，新安财富创投、欧方德立投资联合投资的享弘影视，腾讯产业共赢基金投资的华谊兄弟等。尽管相比于 2010 年披露的 4 起影视产业投资事件而言，2011 年投资数量已经有所增加，但落寞之势难掩。

2011 年电影界依然弥漫着“资本盛宴”的气息。据悉，国内全年共新建影院 803 家，新增银幕 3030 块。在新建影院和新增影厅中，数字化技术得到普遍应用，90% 影院都已具备数字放映条件。而数字影院的高速建设还将一直持续下去。到 2015 年，全国将实现每个县级城市都建有数字电影放映场所、60% 的县级城市建有多厅影院、经济条件好的省份力争在 2012 年年底之前实现县级城市数字电影放映场所全覆盖的发展目标。

根据电影局计划，2012 年的工作重点之一为打击偷瞒漏报票房行为，并酝酿出台红、黄牌警告制度，严重者将取消执业资格。2011 年 12 月国务院法制办公布的《电影产业促进法》征求意见稿也提及，要加强对票房体系的监督管理。此外，电影局还表示要“加强票价体系、分账比例等方面的市场调研，适时出台相关规定或指导性意见，确保制片、发行和放映各环节的正当收益，把握市场分配机制的公正和平衡”。目前电影的票房分账比例大约是 43% : 7% : 50%。业内人士表示，今后制片方有望获得电影局的更多支持，进一步提高分账比例。

2011 年是中国纪录片的百年华诞。1911 年的纪录片《武汉战争》掀起了中国纪录片发展的序幕。百年来，纪录片在记录中国社会变迁、传承中华文明方面起到了不可替代的作用。而中央电视台纪录频道的开播是从国家层面首次正式搭建专业化的纪录片播出平台。其开播以来，收视率急骤攀升，在高文化层观众中颇受好评。紧随其后，其他的一些地面纪实频道，或继续领先，或起步上马，其影响力也正在逐步增强。早在 2002 年就首先开播的上海电视台纪实频道，在纪录片生产规模上一直领先。其他几家地面频道，如中国教育电视台第三频道、重庆科教频道、湖南金鹰纪实频道、辽宁北方频道、天津科教频道、北京电视台纪实高清频道也正在探索更加合理的制作、播出模式。

2011 年值得一提的是，在国产片影院表现乏力、近 4/5 电影无缘院线等依然没解决的产业弊端面前，网络电影弥补了这个缺陷，其中体例很小的“微电影”显示了巨大的“钱”景，“微电影”成为 2011 年最热门的产业词汇。2011 年 12 月 9 日之前，闭善益这个“85 后”青年，和其他北京电影学院毕业生一样，怀揣着导演梦想却无处安放青春。而在这一天，首届新浪微视频大赛颁奖典礼上，伴随着他的微电影作品《牛皮纸》获得一等奖，闭善益这个略显拗口的名字飞传媒体，闭导、10 万奖金、各大媒体约访、新锐文化人物海外推广、片约广告……不曾企及的梦想纷至沓来，甚至让这个青年有些招架不住。2011 年，众多草根网民及商家都纷纷加入这股微力量，这与产业环境的变化息息相关。前有商家借助微电影进行推广的成功个案，后有广电总局“限娱令”“限广令”的出台，“有钱没处投”的企业开始倾向包括“微电影”在内的网络内容。新浪依托在微博时代先声夺人的平台自然不会放掉微电影这块大蛋糕，腾讯接着又砸下 10 亿元投入影音部门，凤凰视频结合自身理念推出微纪录片，吸引了马爹利、一汽、张裕、东风本田纷纷加入。除此之外，百度奇艺、搜狐、土豆等公司皆有大动作，仅以上述 6 家中国网络龙头企业计算，市值合计近千亿美元。有业内人士据此估计，微电影市场规模将达百亿、甚至千亿元。作为新生的艺术形式，微电影产业能否健康发展是关键。在即将形成的产业链条中，写、拍、组织、传输方中，传输方通讯公司就像电视台一样盈利是必然的；必须要让创作、组织微电影的人从中获利，保证产业链的上下游都有收益，微电影才能良性发展。

从 2012 年开始，广电总局将每年拿出 3 000 万元向全社会征集、奖励好剧本，每个优秀影视剧本给予 100 万元~300 万元奖励。用五年左右的时间，每年选拔 100 名左右的编剧、导演等进行系统培训，扩大国际影响和竞争力。各种统计数据都表明，目前进影院消费的主要观众群体的年龄层为 15 岁~35 岁的年轻人。因此，不管是发行方，还是院线方，聚在一起评估一部影片的票房高低时，首要标准皆为这部影片有哪些卖点可以吸引年轻人进影院。随着微博营销的兴起，开启了电影营销的 web2.0 时代。《失恋 33 天》的成功证明了电影可以通过微博互动话题制造电影之外的卖点——在微博等社交平台网站的互动中不断拓展影片的内涵与外延，使得影片的内容不再局限于两小时左右的片中所包含的剧情，而是包括《失恋物语》短篇系列以及“失恋心情”“失恋博物馆”相关话题互动在内的各方面集成。在这种情况下，人人都是影片的创作者与解读者，噱头无处不在，也就没有理由不去影院一睹影片之本尊。有人说，国内影片从来都不缺有内容有卖点的好片，缺的只是二次包装与话题制造。因此，现在的发行方和院线在营销推广一部新片的时候也学得精明了，想尽各种办法利用微博等社交平台网站与观众互动，可以预见的是，未来将会有越来越多的影片在营销中采取微博互动营销，但这中间要把握好微博营销的尺度与力度，防止互动话题走向恶俗化、泛滥化，否则年轻人也会厌倦。①

（三）演艺产业

近年来，演出产业发展平稳，特别是国家对文化下乡事业的扶持和重视，到农村的演出场次迅速增加，2011 年突破百万场次。国内演出产业总票房都呈倍数增长，预计 2012 年仍旧保持较快增长，增长率约为 195.62%。

随着我国城市化进程的加快和经济的发展，我国演出由北京、上海、广州这样的一线城市，向二、三线城市扩展的趋势十分明显。与此同时，在一些地区，深具地方特色的民间表演也重新流传开来，受到观众的广泛喜爱。比如在东北，春节期间必会看一场精彩的二人转演出；而福建晋江小百花高甲剧团在城乡的巡回演出，也为当地老百姓带来一场“精品曲艺节目展演”。虽然这些地方演出市场中存在着剧目种类单一、文化底蕴不高、技术含量偏低的问题，但不可否认的是，是它们撑起了地方演出市场，也是它们在满足着当地百姓的基本需求。

2011 年对于中国话剧来说是意味深长的一年。国家财政对戏剧的资助逐渐增多，国营话剧院团的改制仍在进行，一批国有院团带着彷徨与犹疑，开始试水戏剧的市场经济，虽有《我们的荆轲》《爱情印象》《初恋》《黄粱一梦》《大家都有病》《报警者》等新创剧目的问世，但总体说来，在数量和质量上仍无法满足观众日益增长的观剧需求和希望。一些民营剧团则从中获益，演出迅猛增长，剧目形式多样，话剧、歌剧、默剧、舞剧、音乐剧、相声剧、双语剧、独角戏、肢体剧等不胜枚举。在先锋、探索戏剧不绝如缕之时，白领戏剧、减压戏剧、爆笑戏剧风头不减，《雷人晚餐》《爱·无能》《钱多多嫁人记》《闪婚》《找个老

---

① 弘毅：《越来越多的企业利用微博营销平台进行扩张》，《中国文化报》，2011 年 12 月 23 日。

婆先摇号》《李雷与韩梅梅》《不思议的旅程》等相继上演。民营剧团迎合大众消费心理和文化市场需求的演出，在一定程度上激活了演出气氛，但在质量上也参差不齐。需要关注的是，在音乐剧市场不景气的当下，中文版《妈妈咪呀》2011 年 8 月起在世纪剧院史无前例一连驻演了 80 场，票房达 2 900 多万元。该剧是首部通过"购买版权、中国制造"方式运作的世界经典音乐剧，它的成功，让许多业内人士把 2011 年称作"中国音乐剧元年"。

2011 年，当团购成为人们的一种生活方式之时，这一潮流也慢慢渗入到了演出市场，成为了部分票务公司新型的营销模式。而在 2012 年春节演出市场，许多演出剧场也明显感受到了这种风潮的涌入。从二三十元的小剧场话剧，到一两百元的明星演唱会，越来越多的观众从团购中得到实惠。

纵观 2011 年演出市场，我们注意到，首先应该拓宽经营思路，提升研发意识 。国际上发展较好的演艺产业，在长期的演出运营中，已经形成了较为成熟的模式。比如，它们不仅关注市场而且细分市场，市场定位准确、清晰，有专门的企划人员研究分析演出市场，制定中长期计划以避免短视行为，争取最大的演出利润；注重对受众市场的精细管理，一般会先对各地观众进行市场调研，以帮助制作人和演出者更好地适应当地观众的文化消费习惯和文化传统，实施人性化服务。其次应加快推进以演出剧场为中心的演艺产业链建设，链条效应可以建立在演出项目成功开发的基础上，然后全面有序地延伸到现代文化产业的各个领域，可以将上游的资源、向下游牵引和延续，利用品牌开发各种衍生品，获得更广泛的盈利空间。这个产业链应该围绕核心产品建设，以演艺产业为主导，与相关产业共同组成一个产业系统；价值产生于这个系统中的每一个产业项目，并且在产业链的开发中被逐渐提升，形成强大的价值链条。以演艺产品为中心，利用核心产品的建设去带动周边领域的发展，可以开发大量形式各异的周边艺术产品，包括唱片、卡带、音乐资料、剧本，以及海报、纪念册、T 恤、日用品等。

（四）动漫游戏产业

2011 年中国整个游戏行业（包括网络游戏、手机游戏、网页游戏、家用游戏、单机游戏、掌机游戏、大型游戏、人才培养所有种类）的生产经营总收入超过 1 158 亿元人民币。

网络游戏 2011 年经营收入超过 423 亿元人民币，约占整个游戏产业产值的 36.5% 以上。网页游戏发展很快，2011 年经营收入超过 50 亿元人民币，约占整个游戏产业产值的 4.3% 以上。手机游戏 2011 年经营收入超过 38 亿元人民币，约占整个游戏产业产值的 3.28% 以上。人才培训 2011 年经营收入超过 5 亿元人民币，约占整个游戏产业产值的 0.4% 以上。

游戏机是游戏产业中较大的种类，2011 年游戏机经营娱乐场所收入超过 524 亿元人民币，整个游戏机产业生产经营总收入超过 642 亿元，约占整个游戏行业的 55.44% 。

据粗略统计，全国的网络游戏开发运营企业约有 820 多家，手机游戏开发运营企业约有 250 多家，网页游戏开发运营企业约有 320 多家，游戏机类生产企业约有 1 200 多家，游戏机经营娱乐场所约有 31 000 个左右。全国游戏行业大小企业约有 33 590 家。全国纯动漫卡通企业（含工作室）约有 12 500 家。整个中国动漫游戏行业大约有 46 090 家企业，从业人数大约为 200 万人。

纵览中国动漫产业十年来的发展，毫无疑问，天津神界、广东奥飞、江通动画等动漫企业以及企业背后陈维东、蔡东青、朱佑兰等为代表的动漫企业家，① 他们从文化人转变为商人，从代工起步完成了资本积累，从模仿学习走向自主原创，借着政府扶持动漫政策的东风，和中国动漫产业一起步入成长期。

作为动漫产业主体的国内大大小小的动漫企业，其发展状况直接决定着中国动漫产业的兴衰走势。据文化部文化产业司动漫处处长宋奇慧介绍，目前国内已有近万家动漫类企业，其中民营企业是主力军，然而这些民营企业多数是中小企业，在发展过程中面临着资金、经验、人才等各方面的缺失，因此政府相继出台了一系列扶持政策，以期缓解这些民营中小动漫企业的难题。动漫企业可以根据政府的扶持政策调整和完善自身的发展战略和计划，逐渐摆脱模仿，创作出具有民族风格和时代特点的动漫作品。

而扶持政策的一个重要目标是扶持培养一批重点骨干企业，通过他们的引领示范效应来带动其他企业的发展和促进动漫市场的培育。为了加强对于重点骨干动漫企业的扶持，2008 年 12 月，文化部、财政部、税务总局联合出台了《动漫企业认定管理办法》(试行)。截至目前，已先后认定了三批，包括东、中、西部地区均有动漫企业申报并获得认定，在认定的企业中，既有央视动画、北京辉煌动画、天津神界漫画、浙江中南卡通、广东奥飞等国内较大规模的知名

---

① 参见杨浩鹏 :《从代工模仿走向自立原创》，中国文化传媒网，2011 年 12 月 7 日。

动漫企业，也有为数不少的新兴中小动漫企业。认定的结果是使数百家动漫企业拥有了一张“动漫企业认定证书”。据此，通过认定的动漫企业将获得增值税、企业所得税、营业税、进口关税、进口环节增值税等税种上的减免。此外，认定也传达出中央政府重视民族原创动漫，鼓励创作生产有中国文化特色动漫产品的政策导向。

在新形势下，文化部将从完善文化产业投融资政策体系等方面继续扶持动漫产业发展，并鼓励具备条件的动漫企业上市融资，发行企业债券，增强动漫企业的资金实力。近10年的时间造就的一批在国内外有影响的上市公司带动了整个行业的快速发展。与此同时，作为最需要资本支持的行业，动漫游戏企业资金缺乏、融资困难的瓶颈问题还有待进一步解决。2012年1月10日，国内第一家动漫游戏产业股权投资管理公司在北京成立，这标志着动漫游戏产业体系的关键基础平台正式启动。据介绍，中国动漫游戏产业股权投资管理有限公司将运营专项的私募基金。动漫游戏产业私募基金的基本思路是对社会投资者、机构投资者的大量资本进行打包并投资于具有发展潜力的动漫游戏产业资产或项目，尽可能地对冲单个项目的特定风险，从而实现较低平均风险和较高平均回报的投资目的。私募基金能够有效实现风险隔离，对于投资者权益提供基本保障，是最适合动漫游戏产业融资的有效工具。而在动漫企业看来，上市除了为了着力打造上游研发能力之外，做好产业整合很关键。如2009年上市的奥飞动漫，这个靠着区区800元在广东潮汕地区进行简单的玩具制作、代工生产而艰难起家，并从动漫玩具产业链条底端逐渐发迹的玩具业家族企业，正努力转型成以“动漫+玩具”为经营模式的现代文化创意企业。董事长蔡东青认为，将玩具与动漫相结合的产业运营模式，仅仅是他们事业发展的第一阶段。“我们已经完成了向原创动漫产业链运营商的转型，下一步我们要成为中国最大的动漫内容提供商，第三步是做好产业整合，打造世界一流的动漫文化产业集团。”

值得注意的是，动漫产品本身有巨大的市场空间，而动漫产品的衍生产品市场空间更大。全球动漫产业每年产值400亿美元，但是相关的衍生产品却达到4 000亿美元。动漫生产——动画片播出——衍生产品开发——衍生产品销售——收益——再生产，这是国外流行的动漫商业模式。但在我国，这一产业链往往呈“断裂”状况，国内的产业环节基本集中在“动画制作”及“电视播出”这两个环节上。中国目前儿童食品每年的销售额为人民币350亿元左右，玩具每年的销售额为人民币200亿元左右，儿童服装每年的销售额达人民币900亿元以上，儿童音像制品和各类儿童出版物每年的销售额达人民币100亿元……在某种程度上，这些行业今后的发展与营销都有赖于动漫产业的带动作用。从资金分配比例看，我国动漫企业绝大部分的资金使用量放在前期和中期，后期资金特别是在产品开发、品牌授权等环节中投入微薄。甚至有些公司几乎没有规划和安排后期所需要的市场运作资金，结果往往不得不依赖单一渠道与产品，产品影响力十分有限。

另一个值得关注的趋势是，无所不在的互联网以及“带体温的媒介”手机，为动漫产业的发展开辟了全新的盈利空间。百度旗下高清视频网站奇艺于2011年3月启动了中国首家原创动漫视频发布平台，国产原创动漫通过网络传播受到追捧，其中很多作品获得了上百万人次的点击率。相关数据统计，2011年年底我国3G用户数将达到1.5亿户，这必将为手机动漫业务提供强有力的市场支撑。尤其是随着三网融合进程的加快，以及移动互联网的发展和手机终端智能化的推进，各种动漫视频和以四格漫画为代表的系列漫画将在手机上加速流行。毫无疑问，作为新的媒体形式，移动互联网正在成为动漫传播的最新也是最便捷的途径之一。

对此，作为最早进入手机动漫产业之一的拓维信息系统股份有限公司董事长李新宇认为，动漫产业的未来在新媒体领域。爱奇艺（原奇艺视频）首席执行官龚宇也认为，相对于传统媒体，互联网采用点播的方式，存储成本、传输成本都偏低，成为原创动漫一个有效的传播途径。手机也满足了动漫消费者碎片式的文化消费需要，并带来互动分享以及轻松体验，这些都是新媒体在动漫传播上的优势。那么新媒体的发展是否会带来电视这样的传统动漫渠道的衰落？湖南金鹰卡通有限公司董事长雷瑛不以为然。金鹰卡通通过内容整合，将电视频道提升为内容提供商，并且以“家庭”这个观看群体来定位，雷瑛相信，传统媒体依然拥有固定的动漫消费者，而新媒体市场仍需要长期培育。

总体来看，我国新媒体动漫产业正处于高速发展阶段，但远未达到成熟期，尚有极大的行业拓展、开发与提升空间，可以说，在现有的新媒体动漫产业结构中，利弊兼有。无论是传统媒体还是新媒体，发展动漫产业仍要注重和保持动漫的艺术性，创作出人们喜闻乐见的具有民族风格与时代特点的优秀作品。

毕竟是只有好的内容，才会吸引更多的消费者。[1]

（五）数字文化产业

1. 数字文化产业成为最大的文化产业门类

网络、（媒体）、电信、数字技术与内容的合一，是数字文化产业最大的特征。例如,《卫报》评出的2011年100位媒体人物中,Facebook的扎克伯格第一，Twitter的联合创始人多西和谷歌的首席执行官分列第二位和第三位，乔布斯位列第五位（2010年乔布斯排在第一位）。中国电信多年来的固话业务收入在持续下降，而网络游戏、视频网站等宽带使用方面的收入持续增长。三大电信运营商都已经成为传媒企业。

2. 传统产业遭遇挑战

2011年，北美最大的连锁书店博得斯书店宣布破产。纸质媒体、传统戏曲（和部分曲艺）、光盘、非物质文化遗产、书店、无线电视、唱片等都将先后受到严重冲击。中国最大的民营连锁书店——光合作用书店的关门，为民营实体书店的前景蒙上了更加浓重的阴影。过去4年里,全国已有上万家民营书店倒闭。曾经被视为“城市文化名片”的民营实体书店接二连三“倒塌”，光合作用书店创始人孙池无奈表示，书店的房租、水电等成本急剧上涨，销售却连续4年下滑，导致“光合作用”的资金问题突出,拖欠了诸多供应商的款项。除受房租成本高、客户不稳定等压力外，随着数字化资源的日渐丰富，年轻读者阅读方式的改变成为压倒民营实体书店正常生存的“最后一根稻草”。在大陆民营书店都纷纷倒闭时，台湾诚品书店则以全球范围内少有的实体书店成功案例的姿态进军大陆。

如今，“枫林晚”已经开始尝试在书店举办讲座、沙龙等体验式活动，还和阿里巴巴等企业建立了合作关系，为企业建立图书馆，举办文化讲座等。以前是靠单一卖书赚取差价，现在基本上转型到以向大的企业提供文化服务，收取服务费的模式为主。

（六）艺术品经营

如果说，2010年的艺术品市场可以用进入“亿元时代”来概括的话，那么2011年艺术品市场的表现无疑昭示着资本时代的来临。这一年，资本与艺术全面联姻，越来越多的企业、机构和基金通过各种形式急速涌入艺术品市场，寻

① 于帆：《评价新机制，激励中国动漫再攀高峰》,《中国文化报》，2012年1月9日。

找财富增值的空间。

艺术品承载着资产保值与精神文化传承的特别属性，对于它的收藏正成为中国财富阶层热衷的资产配置方式之一。艺术品投资基金作为一个让高净值人群投资接触艺术品的新渠道，最本质的目的就是在风险可控的前提下，为客户构建一个了解艺术品、投资艺术品的平台。

依据“2011 中国艺术品基金排行榜”报告，截至 11 月 18 日，国内近 30 家艺术品基金公司已发行成立了超过 70 支艺术品基金，基金初始规模总计 57.7 亿元。其中，信托艺术品基金总额高达 49 亿元，规模最大、增长势头也最为强劲。

事实上，艺术品投资基金并不是艺术品金融化的唯一方式，各地文交所的艺术品份额化交易（艺术品“证券化”）在普通投资者中更掀起一阵投资热潮。自 2009 年上海文化产权交易所诞生后，各类文化艺术品交易平台在国内遍地开花。相关数据显示，截至 2011 年 7 月底，各地开业及筹备中的文交所总数已超过 30 家。由于这些文交所普遍存在仓促上马、交易制度不完善、监管缺失、虚假产品不时出现等问题，国务院 11 月份专门发布了《国务院关于清理整顿各类交易场所切实防范金融风险的决定》（38 号文），文交所首当其冲成为此次清理整顿的重中之重。

无论总成交额、还是单品拍卖价格都达到了历史的巅峰。这一年，中国艺术品拍卖市场创下历史最好业绩。由世界顶级艺术品与古董博览会——欧洲艺术品与古董博览会的承办方欧洲艺术基金会委托编写的《2011 年国际艺术市场：艺术品交易 25 年之观察》报告称，2011 年中国在全球艺术品市场所占的份额由 2010 年的 23% 上升到 30%，首次超越了此前多年居于冠军的美国，成为世界最大的艺术品古董市场。[①] 而在多方促成下，一幅分隔两岸 60 余年的《富春山居图》终于在 2011 年 6 月 1 日在台北合璧展出。两岸《富春山居图》实现合璧，由此又牵引出艺术授权话题，激活一个原本被忽略的大市场。艺术授权建立在艺术家、授权代理商和被授权厂商“三赢”的基础上，通过知识产权的保护赢得产品的附加值。厂商开发了艺术授权商品和艺术品牌的市场空间，找到了提升产品利润空间的一把钥匙。

值得关注的是，依据国务院关税税则委员会日前下发的通知，自 2012 年起，

① 参见邱家和：《中国超越美国成全球最大艺术市场》，新华网，2012 年 3 月 24 日。

油画、粉画及其他手绘画原件，雕版画、印制画、石印画的原本，各种材料制的雕塑品原件的进口关税税率将由12%降至6%（暂行1年）。分析人士认为，按照此前的交易量估算，此次政策调整将为北京市艺术品进口降低关税约7 000万元，降低进口环节增值税1 200万元，预计带动北京市2012年艺术品交易额30亿~50亿元。

统计数据显示，作为第五大投资渠道，中国艺术品市场财富效应凸显，投资年回报率高达26%，已超过风险系数较高的股票和房地产。但潜在问题与风险同样不容小觑。除了在艺术品市场上常见的“赝品”风险外，短期行为、竭泽而渔是当前艺术品市场的另一些致命伤。2012年艺术品市场前景可期，但风险也不容忽视。不少业内人士对2012年艺术品市场行情较为担忧，理由一是整体经济环境可能影响买家购买力；二是整体环境的变化可能会令货源剧减。

（七）文化旅游与地产

2011年，中国城市中心正从CBD中央商务区向CCD中央文化区这一趋势转型。如果说文化旅游综合体是从资源重新配置的角度影响中国城市，是一种横向的改变；那么文化旅游地产则是重新挖掘已有的城市文化资源，是在纵向的角度让城市更具发展内涵。从“人”的角度去考量城市中央文化区的文化配套设施的价值则会发现，全球多个文化品牌的进驻对于高层次企业管理者而言有莫大的吸引力，也符合他们的价值需求。文化成为商业运营结下的一个硕果，能够实现都市人生活品位的提升，而旅游则是对城市本身功能的进一步提升优化。

例如中国顶级城市运营商的万达集团抓住机遇，从第一代“沃尔玛＋万达”的订单地产，到万达广场第三代“城市综合体”模式，再到如今以武汉中央文化区为代表的“文化旅游地产”模式，其文化开拓之路实现了自身和中国城市的二次跨越。在武汉市的“十二五”规划中，六湖连通，实现江城水系“一脉贯通”的生态构想成为城市规划的重要组成部分，作为六湖连通工程的启动项目——万达“武汉中央文化区”更是肩负着开拓武汉城市文化潜力，吸引文化企业入驻，打造城市文化形象的重任。

文化旅游与商业地产并重，是文化旅游城市综合体的一个全新尝试。万达集团董事长王健林自信地表示，通过融入点点滴滴的文化元素，武汉中央文化区将最能代表武汉、最能代表楚文化，也最能代表中国文化旅游地产转型的方向。武汉中央文化区，目标就是要建设继曼哈顿、六本木之后的又一城市文化中心，集旅游、办公、居住、展览、餐饮、休闲、娱乐为一体的城中之城，投入80亿元巨资于文化建设，将“文化”力量注入于商务，赋予商务区全新的文化内涵。在谈及武汉中央文化区与其他的CBD有何不同时，一位武汉商业地产业内专家表示，“文化”（culture）是这里立足于武汉和全国商务竞争格局的核心竞争力，武汉中央文化区的8个世界级文化配套项目也将为该区域充实文化内涵。楚河汉街的意义不仅于此，更是改变了武汉的城市格局：一是让武昌变得更加繁华、更加文化，武昌从此有了“不夜城”，东湖从此融入了城市中心，与市民越来越近；二是渐渐超越了汉口“汉正街”和“江汉路”，外地游客到武汉从此有了比它们更好玩的地方；三是提升了区域的价值，也抬高了该地及周边的房价。

作为国内商业地产转型的一个实验样本，武汉中央文化区虽才刚刚起步，身为国内文化旅游综合体模式的创造者和领先者，万达集团对地产模式升级和创新付出了努力。在目前严峻的房政形势下，对于更多致力于转型商业地产的企业而言，是一种挑战，也是一种激励。

（八）时尚设计业

2011年，中国时尚产业“百花齐放”。国际大牌与小众品牌跨界，线上与线下融合，展现了一幅“落霞与孤鹜齐飞，秋水共长天一色”的时尚画卷。跨界设计，一浪更比一浪高。中国面孔，国际T台领风骚。

设计助力传统行业和产品，呈现水乳交融的趋势。我们以快速成长的洛可可设计集团为例，其对中国特色设计的探索，绝不是表层的对中国元素的使用。比如“上上签牙签盒”就是做了一个整体系统的设计，为客户打造了一个销售的商业模式：市场是怎么样的？销售地点在哪里合适？文化的含义是怎么样的？不仅仅是打造物质产品也是在打造精神产品，这个东西拿给我们之后，得让人有依赖感、归属感、有安全感以及连续使用的感觉，这就是我们未来要多打造的人们特别需要的精神产品，这就是工业设计未来的市场。

创意要产业化，就要将创意渗透到各个行业。跨界设计正流行：人们可以在内蒙古看到洛可可的创意庄园；在梅兰芳大剧院看到洛可可的创意茶馆，在后海边看到洛可可的创意酒窖；可以阅读洛可可设计的电子书，使用洛可可设计的电子产品和家电；也可能在乘地铁时用到洛可可设计的售票机和查询器；

佩戴着洛可可设计的水晶饰品等。这就是洛可可对创意产业化最形象的诠释。①

怎样将创意产业化？贾伟指出，单独的设计和创意不能成为一个产业，要将创意产业化，最好的办法是让创意渗透到各个行业，让其他的行业对创意产生依赖。创意只有不断地帮助其他产业创新才能产生经济价值和社会价值。举个例子，当 IT 产业在硬件、软件都面临瓶颈的时候，这就需要我们通过研究人们新的生活方式和消费习惯，为 IT 产品增加新的时尚和商业元素，然后将我们的创意和设计转化成商业价值。创意只有在与其他行业结合时，才能发挥创意的作用，才能看到创意产业巨大力量。洛可可创意农业就是一个好例子。洛可可设计了北京最大的创意农业庄园“番茄联合国”，并开创了番茄节。“番茄联合国”这个庄园的经济价值比农民简单的种植收获模式的经济价值大的多。

（九）会展业

2011 年，会展业作为文化服务业发展的一个载体，其重要性不言而喻。没有相当规模及配套设施齐全的会展场馆，就难以催生具有影响力的品牌展会。尽管我国的会展场馆总面积已经达到 400 万平方米以上，仅次于美国，排名世界第二，但却存在专业化、市场化水平偏低等实际问题，对服务业及国民经济发展的贡献率亟待提高。正视现实，面对差距，中国会展场馆发展任重而道远。以第七届文博会为例，主会场展览总面积达到 10.8 万平方米，设立文化产业综合馆、非物质文化遗产馆等 9 个专业展馆，并设 40 个分会场，来自全国各地的 1 896 家政府组团、企业机构踊跃参展，各种新鲜而具特色的文化创意产品在文博会上集中亮相。截至 5 月 16 日 12 时，此届文博会总成交额达 1 245.49 亿元，比上一届增加 156.93 亿元，同比增长 14.42%。文化产业核心层成交金额 417.69 亿元。本届文博会 89 个国家和地区参展，来自海外的采购商超过 12 000 人。而借助这届文博会，更多中国产品和产业正实现突围，走出国门走向世界，截至 5 月 16 日 12 时，本届文博会文化产品出口交易额达到 124.11 亿元，占总成交额 9.96%，比上一届增加 10.05 亿元。

喜人的交易成果，成为文博会助推文化创意产业强劲增长的生动体现。作为本届文博会唯一受邀参展文博会演艺馆的交易机构，广州文化产权交易所成功携手两家银行获取 40 亿元文化产业专项授信支持，促进了文化与资本的有效

① 参见《洛可可：中国智造的“创意芯”》，《中国企业家》，2011 年第 8 期。

对接。与此同时，广州文交所还首次引进国家级剧团，将中国歌剧舞剧院、中国儿童艺术剧院等近百个项目委托挂牌，交易金额近千万元。其中，由深圳保利剧院出品的《小平您好》已通过产权交易市场找到潜在买家。本届文博会“文化 + 科技”特色突出，4D 球幕影院、陪伴型小机器人、交互式翻书机等文化科技产品更是赢得国际采购商的青睐。文博会所展示的“文化 + 科技”这一新趋势，引起了立陶宛文化部部长阿鲁纳斯・盖鲁纳斯的关注。[①] 他表示，立陶宛的视觉艺术如建筑、时尚、家具、手工艺以及室内设计是传统的优势产业，但是随着全球高新技术的发展，很多传统文化产业都有了新的面孔，科技的发展为文化产品的生产、加工、复制、传递提供了更有效的技术支持，而创意产业的发展也对科技不断提出更高要求，推动了科学技术的进步。文化本身不能进行交易，但被赋予文化精神后的产品进行买卖，就成为一种精神传递的过程。

借文博会平台寻找发展方向，凝聚力量，开拓未来。文博会正在成为文化创意产业发展的倍增器，成为国际国内文化领域交流融合的加速器。

四、实践对策及建议

文化产业研究必须以实践为导向，以服务企业运作、建言政府优化政策为目的，接驳文化产业企业的迫切需要，因而从一开始企业报告就和实践紧密结合，以提供对策与思路，更好地解决应用中的实际问题。

（一）存在问题综述

近年来，我国文化产业快速发展，文化产业增加值在国内生产总值中所占比重逐步提高。但文化产业发展仍面临一系列不平衡、不协调、不可持续的问题。

结构不合理是我国文化产业发展面临的突出问题。其主要表现：一是我国的文化制造业存在着问题。我国文化产业结构的第三部分主要就是纯粹的文化制造业，比如说玩具、印刷、数字娱乐设备、工艺美术品等，文化含量不够高，以物质消费为主。真正好的产业结构应该是内容和传媒，就是第一部分和第二部分占的比重比较大，第三部分占 30% 左右，这样才是合理的一个产业布局。二是规模结构偏小，集中度低。我国文化企业规模普遍偏小，规模以上的企业

① 参见杨阳腾、李哲：《文博会：文化创意产业快速攀升的加速器》，中国经济网，2011 年 5 月 16 日。

屈指可数，经济实力和自主创新能力均较弱，知名文化品牌较少，缺乏市场竞争力。

区域发展不平衡。总体来看，我国区域文化产业发展格局与区域经济发展基本相同，呈现东高西低的不平衡发展态势。从文化产业单位和从业人员数量的地区分布看，东部地区占全国的2/3左右；从增加值看，东部占3/4左右。部分地区还存在发展思路单一、产业结构雷同的问题。往往出现的情况就是只要有一个成功的例子，或者只要国家提倡某一个东西，大家都会趋同。以前说主题公园好，所有人都搞主题公园，“三国城”、“水浒城”、“西游记城”，全国一弄数十上百个。

产业技术层次偏低。我国运用现代高科技手段开发文化资源、改造传统文化产业、创新文化表现形式的能力较弱，文化产业与数字网络技术融合不够，新兴产业发展不快，导致低技术含量文化产业比重偏大，文化产业增加值率不高。

文化产业生产结构与市场需求结构不适应。由于原创能力不足、优秀创意少以及技术手段不足，文化产业向市场提供的能够得到广泛认同的精品力作和拳头产品不多，而且，质优价廉的大众文化产品也不能满足需求。

（二）政府层面支持企业的方向

1. 政策应立体且注重实效

政府要进一步形成推动文化产业发展的政策扶持体系。“十二五”期间将启动国家文化科技创新工程，把重大文化科技项目纳入国家相关科技规划统筹安排，加强关键技术攻关，推进国家级文化和科技融合示范基地建设。有关政府部门出台与文化产业有关的政策措施和扶持手段，应注意改进，表现出定位清晰、方式创新，以及体系化建构的特点，即不再以单一的扶持手段为主，而是以构建全面的服务体系为重点，通过制定政策、创造环境、搭建平台相结合的方式，创新推动和扶持文化产业发展的手段。如在推动动漫产业发展的过程中，国家重点产业园区的建设和公共技术服务平台的搭建成为重点工作，继续通过动漫企业认定为相关企业减轻税负，通过创立动漫精品工程创新对动漫产业进行资金扶持的手段，如可以改补贴政策为奖励政策，既引导了创作方向，也为企业参与市场竞争创造了更好的环境。① 奖励政策有两个，一个扶持，一个奖励。对基础进行

① 参见祁述裕编：《中国文化政策研究报告》，社会科学文献出版社，2011年版。

扶持，对优秀进行奖励。另外，发展文化产业政府要注意改变理念，地方政府需要好好梳理发展思路，一方面要与传统产业提升要求相结合，另一方面也要与城市文化建设和当地老百姓的需求相结合。不能只是单纯地与制造业结合，如果只是这样，就算 GDP 上去，但没有高质量，经济价值和社会价值都不能长久。

2. 研究与实践相结合

目前国内文化产业研究还在初期阶段，不是特别规范，在理论上抽象出某些概念不太现实。现阶段的文化研究必须以实践为导向，以服务企业运作、政府制定政策为目的，和实践紧密结合，以解决应用中的实际问题为主。文化产业既是消费者服务业，其实它更是生产者服务业，它要服务于其他行业，我们国家的这方面数据研究也亟需跟上。

另外，我国文化产业可持续的快速发展对人力资源提出了许多新的要求。文化产业管理的学科建设和人力资源开发，将成推动我国文化产业持续快速发展的核心动力。文化产业人力资源开发不仅将促进文化产业的发展，也将推动其他产业的升级发展。政府尤其是教育行政部门应大力加强文化人才发展。总的来说，文化产业研究因为是跨学科的研究，目前学科定位不明确。在国家的学科设计系统里，很多二级学科都设有文化产业专业，但是这种现状可能还需要进一步探讨、改进。比如说文化产业专业现在比较多的设在文学院或历史文化学院，也有设在艺术学院，或者设在哲学学院，但设在经济学院或管理学院中的很少。文化产业研究分散设置于不同的二级学科下的局面，不利于文化产业人才的培养。对于一些研究实力比较强、学科配置比较完整的大学和研究机构，像北大、清华、人大、中国社科院这样的地方，应该适当地提升文化产业的学科级别，把它从二级学科提升为一级学科，适当地多设文化产业研究的博士点和硕士点，学科级别高一点，学校关注度就比较高，相关的资源配置也会比较好，这有利于文化产业研究的发展。

3. 加强文化产业关键技术的开发

从提高文化产业全行业生产力角度来看，有些技术仅仅依靠企业自身解决不了，必须有政府统筹的组织和帮助。比如，科技部依托国家科技支撑计划，支持数字技术、信息技术、网络技术在公共文化服务和新型文化产业领域中的集成应用。目前，《文化资源数字化关键技术及应用示范》《文化演出网络化协同服务及应用示范》两个项目已被确立为2012年度国家科技支撑计划项目。而在文化部实施的国家文化科技提升计划与国家文化创新工程中，文化与科技融合项目也是重点扶持的对象。其中，国家文化科技提升计划本身就定位于开展文化科技基础性研究和高新技术在文化建设领域的应用研究，重点解决一批具有前瞻性、全局性和引领性的重大文化科技问题。

（三）文化企业层面的选择

1. 企业战略决策

战略决策在文化产业的一些领域也将出现新的变化或者转折。一批国有文化传媒企业和民营文化企业的陆续上市和由此展开的新一轮的资源整合，将带来一种新的竞争格局。目前，中国文化产业开始走上一条以重大战略性政策推动为主线，以构建产业体系从而转变发展方式为主题的全新路径。

对于文化企业而言，首先应认识到，文化与资本的不可分性。没有资本的运作和推动，文化是形不成产业的。目前中央到地方都在推动资本与文化产业的对接。国务院批准并指示财政部成立 100 亿的“中国文化产业投资基金”，国家开发银行、中银国际、建银投资等都在相继设立文化产业投资基金，各地方政府也在酝酿成立文化产业投资基金，但远远还不够，如何调动民间资本进入文化产业才是最大的思路。除了基金，金融资本还有许多形式，金融租赁、金融担保、各种债券、中期票据、文化产业银行等等。引导什么样的资本，以什么样的形式参与投资对于文化企业来讲非常重要，要让资本在文化发展、文化创新方面起到施肥、灌溉作用，而不是榨取文化的价值。再者，在现行的世界实力格局中，文化企业更需要借助国际资本的冲击作用力和我国国力渐强的人民币资本的反作用力，才可能把我国具有强大生命力的五千年文明的文化成果，在世界范围内附上“人类文明”的显著标志。总之，我们应清楚地意识到文化与金融资本的有效对接才能形成真正的文化产业。同时，中国文化要“走出去”更需要国际资本的进入，以及这些国际资本所带来的国际运营机制和能力。

文化与科技的结合是现代文化产业的标志。美国文化霸权地位的取得，在经济和政治因素促成的基础上,科技含量占据很大的比重。尤其是大众传播媒介，它直接构成了美国文化产业的输出机。如果缺少了电视、电影、收音机、印刷新闻媒介和广告这些传媒的支撑，那么，至少美国文化的传播不会如今日这般普泛与深入。电子传媒是科技与文化结合最典型的例子现代文化是以电子媒介为主的现代科技传播手段，它在文化的发展过程中起到了关键的作用。并且电子传媒更重要的作用还在于使大众文化最终纳入到文化产业的模式之中。由于电子传媒是先进科学技术的结晶，它的工业化实体已成为文化的依托，使文化可以纳入社会化大生产的网络之中。电子传媒对全球的覆盖技术使得文化市场突破了狭小的地域限制，形成全球规模的文化市场。同时，在扩大文化影响的同时，全球市场使文化产业的投资者获得了丰厚的利润，这反过来又刺激了他们对文化产业的投资，从而进一步促进现代文化的发展。中国文化产业要进军世界市场，就需要不断将科技创新与文化产业紧紧结合到一起，这是另一种合力的体现，是文化人与科技人共同形成的合力。在中国，由于文化人和科技人的思维方式不同，往往互相排挤和蔑视，这种格局应迅速打破。现代人生活中与科技已密不可分，如果文化失去科技的助推力，不适应市场需求，在现代生活中，特别是快节奏的都市生活中，无论是纯文化艺术，还是大众文化艺术，都会很快就销声匿迹。

对企业的战略决策者而言，要突破目前对文化产业认识上的局限性和片面性，扩大产业发展的视野，要把文化产业置于文化和经济融合的大环境，充分发挥国民经济体系对文化再生产的支撑作用，可以在文化装备业、文化材料业、文化消费终端业等区域寻找机会，提升文化的表现力、传播力和影响力，加快提高文化产品和服务的供给能力，满足人民群众快速增长的文化消费需求；充分发挥文化渗透力极强的特性，让文化产业渗透于国民经济的各行各业、人民生活的各个方面，提升物质产品和现代服务业的文化含量、品牌价值和附加值，发挥文化产业在加快转变经济发展方式中的独特作用。

2. 竞争力探索及投资建议

政府积极鼓励大型文化企业，扶持产业基地建设，每个地方都有一个、几个、十几个文化产业聚集园，地方政府希望这些文化产业聚集园实现良性发展，出台许多相关政策，这里面就可能有很多商机。例如，现在政府鼓励动漫产业，出台许多支持发展的补贴或优惠政策，这里面有很多发展机遇，对外文化出口里面也有很多商机。具体从如下几个方面来看：①

城市文化发展和发展文化旅游带来的商机。每个城市在规划城市整体发展的同时也在规划文化旅游的发展。例如规划建设宜居城市、文化强市等，就促

① 参见陈少峰、张立波：《文化产业商业模式》，北京大学出版社，2011 年版。

进了文化地产及文化产业的发展。无论是打造城市形象、建设娱乐中心，还是打造品牌化的商业交流如论坛会展以及主题公园等，都可以给企业带来新的商机。

消费者本身的变化带来的商机。国外有一个调查显示，欧美等国家的奢侈品 70% 是由 40 岁以上的人购买的，而我们中国正好相反，70% 的奢侈品是由 40 岁以下的人购买的。我国现在青少年的消费能力非常强，他们是主流消费者，这些主流消费者一般都喜欢各种娱乐性强、体验性强的活动，喜欢高水平艺术设计的产品。

技术变动带来的商机。文化产业是内容和技术双驱动的产业，而文化产业的内容和技术都在不断变化。例如，下载音乐跟互联网的商机结合比较紧密。其中，苹果公司借助互联网的支持很会把握商机，苹果公司致力于超越索尼，一旦领先了之后就更好地把握了商机。再如，今后手机的视频产业会促进产业当中声光电组合式的技术，如中国对外文化集团和上海文广集团合作打造的“时空之旅”等，都是对新的商机的把握。

市场国际化带来的商机。国际化对于文化市场的推动是双向的：一方面，更多的投资者进入中国文化产业市场；另一方面，许多文化产品的出口让企业有更多的盈利。以电影商业大片为例，在境外的收入往往占到总收入很大的比重，并且比重还有继续提高的趋势。再比如，女子十二乐坊曾经在日本等国家取得空前的成功，姚明等加盟 NBA 也给经纪人和国内体育产业带来巨大的收入，都是与国际化运营密不可分的。

人力资源开发中的商机。无论是职业技术学院、企业家培训、文化产业领域的专业培训、中小学教育培训、各种应考培训、私立学校，还是企业内部的人力资源培训、境外中文系列教材和教育等，都是隐藏着巨大商机的领域。另外，随着文化产业人才需求的扩大和人才结构的调整，与之相关的人力资源开发也会拥有很大的市场规模。

其他的产业需求促生的商机。中国的经济发展会催生会展产业，城市的发展需要演艺酒吧娱乐，投资的增长会带动古玩、字画等艺术品产业的增长。其他产业服务，如制造业的工业设计和包装设计，营销服务中的促销娱乐活动、品牌设计和传播等都会蕴藏着很多新的商机。例如，有的赞助企业要求电视台创设一个娱乐体育的栏目并加以赞助，这就给协同组织活动的文化企业带来了新的商机。市场中的许多相关因素也决定了市场的差异。例如，随着国人留学和学习英语的需求变动，许多培训企业如新东方和专业化的出版社如外研社等，都取得了很好的业绩。针对企业家的国学培训的活跃也是体现独特商机的一个例子。

总而言之，在当前整个资本市场对文化产业偏热的情况下，投资文化产业需要冷静，但投资企业进入这个圈子很重要，一直以一个外行人眼光看产业是很有风险的。商业模式是重要考量因素。例如土豆网在微视频传播上提供了最优化的解决方案。对这种文化模式投资,更多考虑是对未来市场和解决方案的一种探讨，考虑这个市场本身到底有多大，用这种模式到底能不能解决问题。也可更关注文化产业给消费类产品带来的机遇，比如动漫给玩具业带来的机遇。①

最后笔者提两点具体建议供参考。一是不要盲目跟风，一定要有前瞻性的发展规划。可以做一个文化资源统一规划，做普查和梳理，避免重复建设，然后再做二次规划。要做重点项目的二次规划，比如成都市成华区建设东区音乐公园就是如此。文化产业规划必须要有可操作性，二次规划以中观为主，少部分微观。二是关于项目策划的建议。要对项目定位、顾客定位、顾客导向、亮点或者卖点等都要充分考虑。比如我们搞新都论坛，可以借鉴博鳌论坛或者青岛啤酒节这些以地名冠名的成功例子，以地名冠名对城市营销有很大好处，可以做一些吸引人的论坛，论坛本身就是文化交流项目。

（郑蕾 主笔）

---

① 参见土人：《2012，投资家“金手指”点向何方？》，中国文化传媒网，2012 年 1 月 30 日。

第三章　产业政策及相关扶持政策

2011年国家把文化产业上升为战略支柱性产业，从中央到地方出台了一系列的指导性意见、政策、法律和法规，形成多层次、全方位的文化产业政策支持体系：地域化、区域化的政策体系推动各区域文化产业、文化企业迅速发展；通过科技文化化、文化科技化的互动原则，推动传统产业的升级转换；深化文化体制改革，降低文化企业的人员数量和准备资金等准入门槛，扩大文化市场主体数量，活跃文化市场；充分发挥重点文化企业、重点文化园带动战略，带动区域和行业文化企业的迅速发展；大量政府财政投入以及受政策影响的社会资本流入，文化企业的发展获得了充足的“血液”；税收、金融方面新的扶持政策，为文化产业和文化企业的发展起了促进作用。这些产业政策和扶持政策将极大地助推文化企业的发展。

2011年是我国文化产业发展的关键性一年，国家的文化产业政策和对文化企业的扶持政策日趋完善，提出了“社会主义文化强国”的战略性要求，把文化产业上升为国家的战略性支柱产业、国民经济的支柱性产业，党和国家、地方政府出台了一大批促进产业发展、深化文化体制改革的指令性意见、决定、政策、法律和法规，从资金、税收、财政、金融、土地等方面提供了大量的支持，扩大了文化产业的市场经营性主体的范围，吸引了大量的非公有制经济，激发了文化产业市场的消费市场的活力，促进了文化产业的良序发展。

本章主要围绕如下三个主题进行分析：首先，介绍2011文化产业政策的总特征，从战略性、地域性、区域性、科技性、重点性角度做出分析；其次，论述 2011 年文化产业政策的分布情况，主要涉及转企改制、市场管理、财政投入、社会资本流入、企业准入门槛、税收、金融优惠等内容；最后，展望接下来国家在文化产业领域的政策趋势、现有文化产业政策框架下存在的问题以及对于如何应对这些问题的建议，尤其是文化企业的政策依赖问题。

一、文化产业政策的总体特征

2011 年 3 月，《国民经济和社会发展第十二个五年规划纲要》，提出“深化文化体制改革，推动文化产业成为国民经济支柱性产业”；10 月，《中共中央关于深化文化体制改革推动社会主义文化大发展大繁荣若干重大问题的决定》，进一步深化文化体制改革，第一次提到扩大文化消费，并提出加大财政、税收等方面对文化产业的政策扶持力度，对文化内容创意生产经营实行税收优惠；2012 年 2 月，《国家“十二五”时期文化改革发展规划纲要》发布，3 月，文化部印发《“十二五”时期文化产业倍增计划》，推动文化产业的发展。这些纲领性的产业政策和扶持政策的连续出台，突出地反映了文化产业在我国市场经济中的地位，以及党和国家对文化产业发展的重视。

中央各部委、各级地方政府在制定自己的五年规划时，都专门探讨了文化产业在本地社会、经济发展过程中的重要性，而且根据地域和区域特征提出了自己的发展战略。从中央到地方都重视科技对文化产业、文化产业对传统产业的提升作用，把文化产业领域的人才和人力资源政策推升到一个新的高度，采取重点企业、重点项目、重点产业园的发展战略推动文化产业的发展。

（一）文化产业上升为国家战略支柱性产业

2011 年，党和国家把文化产业定位为“社会主义文化强国”的基本要求、上升为国民经济和社会发展的战略性的支柱产业，宗旨在于满足人民日益增长的物质文化需求，把中国的文化产业做大做强，促进中国经济的新增长。把文化产业上升为战略支柱性产业在政策上主要体现为两点：首先，文化产业作为新的经济增长点，占 GDP 的比重日益提高；其次，推动文化改革发展成为官员的政治责任，成为考核官员执政能力的标准。这样的基本政策，将会使得文化产业获得自己独立的身份，在观念上强化了文化产业的重要性，改变了之前从属于传统产业的地位，随之而来的便是大量的支持政策和扶持政策。

1. 经济增长点

《十七届六中全会公报》指出，当今世界正处在大发展大变革大调整时期，文化在综合国力竞争中的地位和作用更加凸显，当下中国已经进入了全面建设小康社会的关键时期和深化改革开放、加快经济发展方式的攻坚时期。

加快发展文化产业，是推进经济结构战略性调整、加快转变经济发展方式的着力点，是社会主义市场经济条件下满足人民日益多样化精神文化需求的重要途径。根据学界的共识，当人均 GDP 超过 1 000 美元时，居民的消费结构开始发生转变，精神文化消费相对于物质消费的比重会不断增加，家庭收入在教育、旅游、休闲、娱乐等方面的支出开始增多；人均 GDP 超过 2 000 美元时，这种变化会进一步加快；人均 GDP 达到 3 000 美元时，文化产业将会得到高速发展。2010 年，全国人均 GDP 已经超过 4 000 美元，可以预见，未来的文化产业发展将成为经济增长的最重要引擎之一。从改革开放至今，传统产业的高速增长为文化产业的发展提供了坚实的物质基础，同时，传统产业固有的高投入、低产出、能耗大、污染环境等结构性问题进入临界点，迫切地需要新的经济因子注入。文化产业作为 21 世纪的朝阳产业，不仅仅能够推动经济发展，而且能够反馈传统产业，推动传统企业的战略改革和调整，提升竞争力。

在这样的时代背景和经济发展需要之下，党和国家做出了把文化产业上升为国家战略性支柱产业的部署。《中华人民共和国国民经济和社会发展第十二个五年规划纲要》（简称“十二五规划”）强调“推动文化产业成为国民经济支柱性产业，增强文化产业整体实力和竞争力”，主要从如下几个方面展开：首先，实施重大文化产业项目带动战略，加强文化产业基地和区域性特色文化产业群建设；其次，推动文化产业结构调整，大力发展文化创意、影视制作、出版发行、印刷复制、演艺娱乐、数字内容和动漫等重点文化产业，培育骨干企业，扶持中小企业，鼓励文化企业跨地域、跨行业、跨所有制经营和重组，提高文化产业规模化、集约化、专业化水平；第三，推进文化产业转型升级，推进文化科技创新，研发制定文化产业技术标准，提高技术装备水平，改造提升传统产业，培育发展新兴文化产业；第四，加快中西部地区中小城市影院建设；第五，鼓励和支持非公有制以多种形式进入文化产业领域，逐步形成以公有制为主体、多种所有制共同发展的产业格局；第六，构建以优秀民族文化为主体、吸收外来有益文化的对外开放格局，积极开拓国际文化市场,创新文化“走出去”模式,增强中华文化国际竞争力和影响力，提升国家软实力。

根据规划，在“十二五”期间，文化产业增加值年增长高于20%，2015年比2010年至少翻一番，实现倍增。[①] 各级政府也提出了文化产业发展规划和增长要求，比如，上海市确立以推进文化改革、2020年组建成国家文化大都市为核心，以创新、融合、提升、开放为主线，聚集重大产业项目，打造具有核心竞争力的龙头骨干企业，力争到2015年文化创意产业增加值占全市生产总值的比重由2010年的9.75%提高到12%，确立其支柱性产业的重要地位。在上海市“十二五”规划中，创意产业成为2015年重点服务业预期发展目标，借助电子商务贸易，实现社会消费品零售总额1万亿的目标；信息服务业经营收入达到6 000亿元，成为全国信息服务高地；国内游客人数达到2.4亿人次，入境游客人数超过1 000万人次，同时展会总面积达到1 500万平方米，到2015年基本建成国际会展中心城市，最后上海市将建设成为国际创意城市网络重要节点。这些规划和要求，实际上奠定了各地文化产业发展的基本格局，一方面，实实在在地推动了文化产业的发展，带来了大量的政策利好；另一方面，破除了对文化产业的误解与偏见，改变了其从属于传统产业的身份地位，有助于打破产业领域的硬件思维模式，传统产业的人文化将极大地推动传统产业的转型和提升。

2. 政治责任

发展文化产业，一是为了推动新的经济增长，二是为了满足人民日益增长的多样化精神文化需求，同时也可以维护国家文化安全，增强国家文化软实力、中华文化国际的影响力。可以说，文化越来越成为民族凝聚力和创造力的重要源泉，越来越成为综合国力竞争的重要因素，越来越成为经济社会发展的重要支撑。因此，深化文化体制改革，推动文化发展，建立市场化的文化产业体系，形成公有制为主体、多种所有制共同发展的文化产业格局，已经成为各级党委

① 文化部《“十二五”时期文化产业倍增计划》，http://www.gov.cn/zwgk/2012-03/01/content_2080081.htm。

和政府的政治责任。根据《十七届六中全会公报》，强调把文化改革发展的成效引入到科学发展考核评价体系。而且，也有迹象表明，文化 GDP 将会成为考核官员执政能力的标准之一，这将会使得文化产业成为政府行政领域的优先考虑对象。

加强和改进党对文化工作的领导，现在主要体现在两个方面：一是通过改进文化管理和转变文化管理方式促进文化创造，推动文化大发展；二是深化文化体制改革，推动建立市场化的文化产业体系。各级党委和政府确实需要加深对文化和文化产业的理解，改变管理和引导文化与文化产业的方式方法，在文化创作、生产、经营等各个领域遵循客观规律，[①] 与此同时，深化体制改革，扩大文化市场主体，充分发挥市场资源配置和竞争激励机制的作用，推动文化产业的大发展大繁荣。

（二）文化产业政策日益深化、覆盖地域更加全面

随着国家把文化产业上升为国家的战略支柱性产业，中央出台了一系列的产业政策和扶持政策，各地党委和政府为了实现本地的文化产业发展以推动经济的发展，根据十七届六中全会精神、"十二五"纲要的指导原则，都把文化产业的发展规划作为本地区规划纲要的重要内容和重要环节。这些政策日趋全面、细化，所涉及的文化产业领域日益深化，扶持政策更为强劲；而且每一省级行政单位、绝大多数市级行政单位都有自己的文化产业规划，形成了全国共同推进文化产业发展的新局面。

1. 产业政策日益深化

从 2003 年国务院办公厅发布《关于印发文化体制改革试点中支持文化产业发展和经营性文化事业单位转制为企业的两个规定的通知》，标志着全面深化文化体制改革的开始；2005 年中共中央、国务院正式颁布《关于深化文化体制改革作出的重大决策》，明确地划分了文化事业和文化产业的范围和界限；2009 年国务院颁布《文化产业振兴规划》，使文化产业成为战略性产业；2011 年"十二五"规划纲要的出台，使文化产业成为战略支柱性产业。这一系列的产业政策和配套的扶持政策的颁布，构建出日趋完善、全面、细化的产业引导政策。

① 参见 http://theory.people.com.cn/GB/15990975.html。

细化的引导政策不仅能够界定相关行业和产品的产业属性，比如，对文化事业和文化产业的进一步区分，能够使企业明确自身的社会属性，同时，也能够为相关企业享有政策优惠提供稳健的基础，而且也能为政府管理文化企业和推动文化产业发展提供必要的认知前提条件。

比如，2011 年 5 月，北京市统计局颁布了一份新的《文化创意产业分类标准》，这是在 2008 年北京市《文化创意产业分类标准》基础上的修订版。这一修订版为北京文化创意产业界明确各个产业的属性、制定各项政策，为统计部门核算北京文化创意产业 GDP 提供最权威的依据，为地方政府颁布第一部关于文化创意产业分类细化的标准。从如上的利好情况来看，这是完善北京文化创意产业标准体系的第一步，可以预期，未来还将有多个业内相关标准出台，建立起一整套文化创意产业标准体系。

根据文化创意产业标准化委员会的调查显示，企业（经营者和管理者）最在意的是对企业产业属性的明确界定。只有在企业的产业属性界定之后，企业（经营者和管理者）才能够充分地思考自身的商业模式、核心竞争力和发展战略。换言之，缺乏对自己产品和服务的社会定位，很容易丢失掉相关的发展机遇。此标准的颁布深化了文化产业所涉及的领域，为进一步认识和更好地发展文化创意产业提供了有效的帮助。

2. 政策覆盖地域更加全面

各级地方政府按照中央的部署，从省、直辖市、自治区到副省级城市、到县级市，都出台了符合地方特点的文化产业振兴规划，覆盖了所有的省、直辖市、自治区、所有的副省级城市以及大部分的县级市和一部分地级市，各地文化产业政策数量之多、覆盖的领域之广蔚为壮观（见表 3-1）。全方位覆盖地域的文化产业政策，将弥补之前各省市政策的缺陷与不足，便于资金、人才的就近流入与开发，比如，之前没有自己规划的省份，大量的资金、人才流失到其他省份、其他行业，同时也有利于构建本地的文化市场，提升各地的经济水平。

表 3-1 十五个副省级城市文化产业发展规划示意图（2011-2015）①

城市名称	主旨	发展目标（2015 年）
哈尔滨	文化强市	占 GDP6%，年均递增 25%，增加值达到 400 亿，成为东北地区文化资源集聚中心、文化产业创意设计中心和文化产品生产流通中心
青岛	加快建设文化青岛	占 GDP10%，实施“创意青岛”计划，形成十大文化龙头企业（集团）和 100 家重点文化企业
济南	提升城市文化实力	文化强市战略，打造“齐鲁创意设计之都”，打造国家级动漫游戏产业基地等
南京	文化创新核心城市	占 GDP5% 以上，从业人员占全社会从业人员比重达 8%，城镇居民人均文化消费占总消费支出 25% 以上，出口总额年增 15%，若干成功的文化企业进入股票市场或进入上市辅导期
成都	成都市文化品牌	培育一批品牌产品、品牌企业、品牌园区和品牌活动，构建成都文化产业品牌发展体系，塑造具有国际知名度和影响力的成都城市文化品牌
西安	调整优化产业布局	根据不同的旅游线路和形式，形成多核心的旅游业发展布局；形成以曲江新区、黄城区、临潼区为主体的文化产业发展布局
宁波	从“文化大市”到“文化强市”跨越	打造 10 个文化发展集聚区，培育 20 个重点文化品牌，扶持 50 家重点文化企业并推动 6~8 个企业上市，重点建设文化项目 30 个，总投资 420.88 亿元，“十二五”期间投资 316.63 亿元
杭州	杭州的“第四产业”、“品质产业”	占 GDP17%，建成为中国电子商务之都、中国动漫之都、中国女装之都、中国艺术品交易中心、中国旅游演艺中心和中国重要的设计研发基地，打造成以文化、创业、环境高度融合为特色的“国内领先、世界一流”全国文化创意产业中心，步入“文化融入经济、经济体现文化、经济文化一体化”的互动高级发展阶段；跻身全国文化创意经济发展的第一方阵，成为全国文化创意产业中心
沈阳	文化强市	年均增速 20%，“一轴、两翼、三中心、四大集聚区、五大交易市场”的空间布局，使沈阳成为东北亚地区文化产业研发与交流中心、文化产品生产与流通中心、文化娱乐休闲与消费中心
广州	提升文化软实力，世界文化名城	深化文化体制机制改革创新，加快建设传统文化与现代文明交相辉映、文化与经济科技融合发展，具有高度包容性、多元化和竞争力的文化强市和世界文化名城，不断增强国家中心城市文化软实力
武汉	推进文化强市，提升文化竞争力	积极推进文化发展方式转变，优化文化产业结构，培育文化市场主体，扩大文化消费；推进文化展示区建设，弘扬武汉特色文化，力争建成中国“文谷”

① 此表的内容源于笔者对各副省级城市文化发展规划纲要的总结和归纳。

续 表

城市名称	主旨	发展目标（2015 年）
厦门	增强城市文化软实力	重点发展影视动画、创意设计、文化旅游、数字内容与新媒体、工艺美术、演艺娱乐、古玩与艺术品、印刷出版等产业，高标准建设一批新兴、专业化的文化产业园区和聚集区；对接台湾文化产业，加强厦台在动漫网游、影视、创意设计等方面的产业合作，建设两岸文化产业合作园区，培育两岸文化交流合作新品牌，打造海峡两岸文化产业合作示范
大连	现代文化名城	积极推进国有文化企事业单位改革，合理整合文化资源，建立具有知名品牌的出版、传媒、演艺等大型文化集团；鼓励非公有制经济参与发展文化产业和文化事业；积极推进文化创新；培育城市文化，塑造城市精神，打造“现代文化名城”
长春	东北亚现代文化名城	增加值达到 1000 亿；培育 20 个国内知名品牌和 5 个国家知名品牌，培育 2~3 个大型文化企业集团；旅游会展相关收入达到 1 400 亿元；推动传统演艺产业和出版印刷业的发展，同时大力扶持职业培训业
深圳	文化立市	以“文化 + 科技”“文化 + 时尚”为特色，重点发展创意设计、动漫游戏、数字视听、数字出版、新媒体、文化旅游、影视演艺、高端印刷、高端工艺美术等行业；加快建设华侨城创意文化产业等集聚区，打造特色优势文化创意产业集群。到 2015 年，文化创意产业规模超过 2 500 亿元

（三）地域化、区域化特征日益明显

为了更好地发展本地的经济、丰富本地民众的精神文化生活，各级地方政府充分发挥地域特色，围绕本地的历史、文化、艺术等人文因素，以及地形、山水等自然因素，充分发挥本地的文化资源、地理区位优势，出台了一系列具有地域性、具体性的文化产业政策。而且，为了提升整体的文化产业竞争能力，不同省份、地级政府之间在推动文化产业发展方面相互联合、相互扶持，并呈现区域化的趋势，带有本土化特征的政策。这在一定程度上影响着各地文化企业的主打产品、产业规模、发展潜力和战略定位，甚至影响着相关的资金流入、人力资源和市场规模等情况，最终将影响着文化企业的核心竞争力和商业模式的选择。

1. 地域化与本土化

在“十二五”纲要中，要求“加强文化产业基地和区域性特色文化产业群建设”。地域化、区域化，已经成为各地制定文化产业政策的指导方略，秉承实事求是的科学态度，才能够充分挖掘本地域的文化产业资源、提升竞争力。

比如，在《广西壮族自治区文化发展“十二五”规划》中，广西省提出了“建设北部湾文化产业圈以及中国——东盟文化产业发展聚集区”“中国——东盟文化交流合作实践区和千里边境文化带”“中国与东盟文化交流枢纽以及中国文化走向东盟的主力省区”的战略口号，广西提出自己的文化产业政策的支撑点在于，充分发挥广西省作为中国走向东南亚的门户的地理位置优势。在《北京十二五时期人文北京发展建设规划》中，北京充分借用其作为元明清三朝古都的历史优势，作为国家的政治中心、文化中心、科技中心、人力资源中心等现实优势，提出了建设“全国文化中心”的战略目标，全力把北京建设成为“国家演艺中心”“国家出版中心”“国家影视中心”“全球中国艺术中心”“世界设计之都”“全国动漫游戏产业中心”“中国新媒体产业中心”“东方影视之都”等等，同时利用北京庞大的金融资源，提出了“构建发达的文化投融资服务体系”的目标。

对本地域文化产业资源的发掘、挖掘，不仅能够让新生的企业站稳脚跟，而且也能够为已有的企业提供再次创新的素材和资源。不过仍然需要注意的是，这些已有的文化习俗和自然环境等区位优势仅仅是一种潜在的资源，对于新生的和发展初期的文化企业而言重要性更大，因为这不需要深厚的文化创意和长远的品牌发展战略；随着文化企业的发展，这些潜在的资源在发展中的重要性将会越来越弱，仅仅作为文化创意的某类素材和某种资源。依赖资源区位优势发展起来的文化企业，需要转型到依靠丰富的创意理念、完善的人才结构、自足的品牌发展战略上来。换言之，这类文化企业需要从文化产品初级形态提升到高级形态。

2. 区域化

2011年10月18日，北京、天津、河北、山西、内蒙古五省区市党委宣传部长在京共同签署《华北五省区市文化发展战略合作框架协议》，按照此协议，推动五省区市文化企业跨区域发展、做大做强，探索建立五省区市院线联盟；建立文化投融资服务体系、跨区域的文化产业园区平台、文化贸易和服务平台；建立知识产权评估体系和中小文化企业信用互联互通机制，共同打造文化产品和服务的综合展示交易平台，建立相对集中的文化出口贸易基地；建立文化市场综合管理和执法联防协作机制等。

此类协议的出台标志着文化产业的区域一体化趋势已经成为各地发展文化产业、制定文化产业政策关注的重要因素，区域一体化不仅仅能够激发本地区的文化产业的动力，而且也能够增强本地区文化产业的竞争力。对于文化企业而言，借助区域一体化的政策，打破地方贸易壁垒，共享彼此的文化资源和政策优惠，有利于弥补各自资源的不足，同时有利于整体竞争力的提高。

（四）文化产业的科技化、信息化要求

十七届六中全会明确把推进文化科技创新作为当前和今后一个时期文化产业发展的重大任务之一，科技创新不仅仅改变了文化产品的生产、传播和消费方式，而且还赋予文化产业新的内涵、功能和形态，为文化的产业升级和健康、有序的发展提供了持久的动力。

1. 科技化

2011 年 11 月，科技部联合文化部、国家广电总局等相关部门开始研究启动文化科技创新工程，提出重点做好以下几个方面工作：一是开展战略研究，做好顶层设计，制定技术发展路线图和切实有效的发展战略；二是开展科技攻关，突破一批核心关键技术，提高科技对传统文化产业形态的提升和对新兴文化业态的创新能力；三是大力培养人才，增强集成应用能力，加强对先进技术在文化产业领域中的转化和应用；四是建设有利于文化和科技融合的文化科技创新体系建设。

最早提出“文化 + 科技”口号的深圳，把文化产业的科技化作为本地文化产业发展的基本特色和基本路径，提高了文化产业的科技含量和文化产品的附加价值，让文化以更快的速度、更新的内容、更活的形式、更广的受众得以传播，抢占经济制高点，培育了一大批文化科技企业，比如腾讯网、迅雷下载软件、A8 音乐网，雅昌集团、华强集团、深圳研祥集团等等。其中，以深圳华强集团有限公司坚持以自主创意、自有知识产权为理念，以数字影视、数字动漫、数字游戏、文化产品等为核心内容，以文化产业主题公园、数字 4D 影院、网络、电视、出版物为市场平台，努力打造集创意、设计、生产、研发、销售、人才培养于一体的产业链。通过建设文化科技产业园，充分发挥产业链的集聚效应，提升整个产业链服务于全球文化市场的水平，因此，华强集团在 2011 年和 2012 年蝉联了“中国文化企业 30 强”以及“十大最具影响力国家文化产业示范基地”，在 2011 年 8 月和 11 月，胡锦涛总书记、李长春常委先后来到华强集团参观，并鼓励华强集团发展成为中国文化产业的领头羊。

“文化 + 科技”的模式，实际上是文化企业经营者和管理者需要慎重对待和

重新认识的跨界思维，科技带来的不仅仅是工具上的效应，而且还有生活方式、生活观念、消费方式、娱乐习惯和体验方式的转变和变革。在以“内容为王”和“平台为王”的文化产业领域，需要对文化与科技的关系进行重新认识，绝不能忽视科技的影响。既然党和各级政府在推动文化产业发展的过程中，强调科技对文化、文化对科技的作用，文化企业在这一良好优势政策条件之下，应当调整自己的企业产品结构、产品开发、投放和销售模式、企业的人力资源结构、产业链的布局、企业发展战略和商业模式的选择等等，占据文化产品和服务的高级形态市场，实现文化科技化、科技人文化的时代理念。

2. 信息化

这里的信息化主要指文化企业的创意资源获取、产品存储、产品销售、经验分享等过程中体现出来的网络化要求。2011 年，随着风入松、第三极以及光合作用等实体书店倒闭，在业界成为共识的是，传统书店受到网络书店的挤压。传统书店纷纷倒闭，但是购买图书者的人数和图书销售额并没有因此锐减，当当、卓越、蔚蓝、京东等网络书店的销售额却极大地增长，这种现象出现的原因不仅仅是因为网络书店价格竞争的优势，还在于网络书店利用网络这一平台，利用网络信息化所带来的便捷、高效服务。

众所周知，传统的企业在开拓市场、分享经验的过程中已经日趋信息化，那么，对于文化产业这一特殊的产业类型而言，信息化更是必不可少的要素，尤其是文化产业领域中带有娱乐性、体验性、视觉性的网络文化产品。

文化创意商业中的新闻出版、广播、电视、电影、软件、设计服务、广告会展等领域，都会涉及科技化、信息化的问题，甚至一些文化创意产业本身便是科技与信息为载体而发展，随着文化产业的发展，文化产业发展的推动力和竞争领域将会转向科技、信息、技术领域的动力和竞争，只有在科技、信息、技术等领域的文化创意不断推进和发展，才能够稳固和扩展文化市场的份额，才能够抢占新兴的文化产业市场。

（五）人力资源政策的配套日趋完善

人才是文化产品的创造者、经营者，是文化产业发展繁荣、做大做强的最重要因素，重视和发展文化创意产业的人力资源，促进文化创意产业人力资源的开放、管理和提升，已经成为文化产业领域备受瞩目的热点。由于我国的文化产业起步较晚、发展滞后，文化创意产业缺乏有效的人才自我培养和管理机制，文化创意产业逐渐从初级产品上升到高级产品需要大量的创意性强的人力资源，造成了时下中国缺乏大量的创意人才，极大地制约了文化产业的发展。文化产品和文化公司之间的竞争，日益转变为企业人力资源的竞争。

从2011年开始至今，从中央到地方，文化创意人才的培养、管理和激励政策，日益成为各级地方政府制定文化创意产业政策的关注焦点。在产业发展的自身要求和国家人才原则的支持下，各地在制定文化产业政策时，都强调文化创意人才的引进和培养。

比如，北京市要求，在落实市政府关于鼓励和吸引海内外优秀文化人才的优惠政策之下，加大高端文化人才引进力度，引进一批熟悉国内外文化创意产业运作的优秀人才和创业团队，培养一批跨行业复合型人才，巩固扩大北京文化人才资源优势。在新近召开的北京市第十三届人民代表大会第五次会议上，北京市市长郭金龙指出，在2012年，北京将制定高端文化人才引进、培养和使用的优惠政策，完善文化人才激励机制。再比如，在公布的《深圳文化创意产业振兴发展政策》中，强调将文化创意产业高层次人才纳入到深圳市高层次人才支持体系，研究制定文化创意产业高层次专业人才认定标准，按照有关规定享受优惠政策。还比如，杭州市为达到2015年文化创意产业增加值占全市GDP的比重达到17%的目标，要求实现“创意人才集聚”，吸引一批业内领军人物和创业团队，汇聚一大批创新与创意人才，就业总人数以年均10%的速度递增。

因此，在今后的一段时期内，政府的文化产业政策将会为文化产业吸引大量的人才资源和人力资源，将从根本上推动文化体制的改革和文化产业的创新、发展和竞争，为文化企业的发展注入持久的生命力。另外，各地文化产业之间的人力资源政策的竞争，将会随着各地文化产业的发展而激烈。文化企业在这一双重因子之下，应该重新调整自己的人力资源结构、完善管理结构、制定符合企业发展战略的人才发掘、培养、开发和储备模式，同时还需要建立完备、公平的薪酬体系，培养员工的职业道德和对企业的忠诚，建立优势公司之间的人才竞争机制。比如，2011年12月16日，上海德必文化创意企业发展有限公司组织下属园区内的文化创意企业，组团进驻由五大高校联盟的“名校名企优才”招聘会，这是上海首次由文化创意园区组织的文化创意企业高校专场招聘，这样的招聘会不仅仅给文化创意者提供了一个平台，而且也为文化产业培育、发展自己的人才资源和人力资源指出了一条有效的路径。

（六）推动重点文化企业的发展

各级政府在部署和规划文化产业、推动文化产业的发展过程之中，都采取重点文化企业、重点文化项目、重点文化产业园带动相关企业的发展路径和发展模式。采取这样的方式，一方面可以充分地配置政策资源、发挥整体性优势；另一方面可以发挥重点文化企业、重点文化项目、重点文化产业园的引领性作用，构建行业模式和确立行业文化。

比如，浙江省提出的文化产业发展的“122”战略工程，[①] 首先是“百强振兴计划”，即在全省范围内，遴选并重点培育100家以上文化企业，扶持这些文化企业做强做优，成为引领浙江文化产业发展的“领头雁”；其次是“重点园区拓展计划”，即遴选和培育20个以上重点文化产业园区，促进这些园区拓展空间，做大做强；最后是“上市助推计划”，即通过三年时间的培育扶持，促成20家左右成长性好、发展潜力大的文化企业上市或进入上市辅导期。

随着文化产业上升为战略支柱性产业，各级政府所扶持的重点文化企业、重点文化项目、重点文化产业园，享有着更多的政策优惠，比如国家资金的注入、快速的融资框架、稳定的保险结构、优质的人力资源和人才资源、土地的供应、厂房的配套和便捷的物流等等。虽然这样的资源分配将引起一些文化企业的不满，但是这样的政策确实能够快速地构建我国的文化产业体系和文化产业格局。对于国家推动的产业发展路径，文化企业应该从两方面来利用这一政策：首先，对于那些资金雄厚、规模大、人力资源丰富的文化企业，应该利用这些优势，完善和创新自己的商业模式，开发新的产品和市场，增大市场份额，延长产业链，发挥聚集效应、规模效益，完善管理结构，确立整个行业的发展方向，同时参与国际竞争，实施“走出去”战略；其次，对于那些没有或者很少享受到这些整体优惠的企业而言，应该调整自己的产品结构和发展战略，借用这些优惠政策的带动效用来发展自己，分享这一政策的整体红利的一部分，比如可以参与到这些重点企业的产品开发、宣传和销售的具体环节中去，制作宣传广告、形象设计、代工、网络销售等等，或者通过文化企业的兼并和重组，成为重点企业的子公司、分公司，也能够分享到政策优惠。当然，分享这一政策红利，同时促进企业核心竞争力的转化、创新，将会使得文化企业获得良好的发展前景。

---

① 李思屈：《浙江文化产业的“122 工程”》，《光明日报》，2011 年 11 月 4 日。

因此，文化企业应该敏锐地区分这一产业发展路径所带来的政策优惠的整体红利、部分红利或者附带红利，认清自己企业的发展优势和地位，选择适宜的发展战略，培育出具有核心竞争力的商业模式。

二、相关具体政策分析

文化企业以及文化产业的发展，不仅仅要看整体性的宏观的政策环境，还需要审视细节性的具体的政策要素。具体的政策要素实实在在地影响着文化企业的创立、发展和飞跃，对于想要进入或者已经进入文化产业的企业或者个人而言，洞悉和把握它们，能够借用这些利好因素，开发出符合市场需要的文化产品和服务，寻找到属于自己的商业模式和企业发展方向，开拓新的市场，增大市场份额，做大做强，才能够建设和提升企业的核心竞争力，更好地推行“走出去”战略且进行全球战略布局。本节主要从如下四个方面来把握这些政策要素：文化市场的规范与管理，政策驱动下的资金流入，文化企业的准入标准，文化企业的税收优惠与金融扶持。

（一）文化市场的规范与管理

文化市场的规范与管理，是构筑自由竞争与公平有序的文化市场的内在需求，是文化企业健康发展的外部必要条件，没有文化市场的规范与管理水平的提升，文化企业很难获得实质性的发展，即使获得了相对充足的前提资源扶持，也终究缺乏足够的市场竞争力，尤其是在中国时下存在大量的经营性文化企业属于国有企业序列的背景之下，如何让这批企业参与到市场竞争、与民营企业共同分享资源，将会影响到文化市场是否能够得到规范化的管理水平的提升。2011 年的文化产业政策中，涉及文化市场规范与管理的主要表现为两个方面：文化体制改革深化、转企改制进入最后攻坚阶段与文化市场综合管理体制和机制的初步建立。

1. 转企改制

文化体制改革从 2003 年开展试点，到 2005 年点面结合，再到 2009 年全面展开。2011 年 10 月，十七届六中全会通过的《中共中央关于深化文化体制改革推动社会主义文化大发展大繁荣若干重大问题的决定》，把文化体制改革推向了高潮，强调转企改制、建立现代企业制度，完善统一、开放、竞争、有序的现代文化市场体系，促进文化产品和要素在更大范围内合理流动。

按照中央制定的2012年文化体制改革的基本任务，到2012年上半年，所有国营性文化事业单位基本完成改制任务，基本完成一批国有骨干文化企业建设，基本完成有线电视网络整合任务，基本完成文化市场综合执法改革任务。可以说，2011年是国有企业转企改制的关键性一年。2011年7月21日，新闻出版总署署长柳斌杰在全国新闻出版局长座谈会上表示，新闻出版体制改革已进入深水区，推进非时政类报刊出版单位体制改革，是2011-2012年新闻出版体制改革的核心工作，并明确提出在2012年9月底前全面完成转企改制任务。为保证转制工作顺利进行，2011年8月，非时政类报刊出版单位体制改革工作联席会议办公室制定出台了《中央各部门各单位非时政类报刊出版单位转制工作基本规程》，供中央各部门各单位非时政类报刊出版单位转制工作参考。根据国家2012年2月15日公布的《国家“十二五”时期文化改革发展规划纲要》，经营性文化事业单位将于2015年前全部完成转企改制。

据不完全统计，[①] 截至2011年6月底，中央各部门各单位出版社体制改革任务如期完成，全国出版发行、电影电视剧制作等领域基本完成全行业转制，国有文艺院团完成转制590家，非时政类报刊完成转制595家，22个省区市实现省内广电传输网络整合。随着中央各部门所属文化事业单位转企改制的完成，将会带动地方文化事业单位转企改制的推进；随着大批国有经营性文化单位完成企业工商注册登记，事业单位开始面向市场，相应地，“事业人”变成了“企业人”。

转企改制的推进和完成，对于文化产业市场主体的扩大、促进文化市场的公平竞争具有非常重要的作用。现今推行的转企改制政策，对文化企业的影响可以从两类市场主体来认识：转制后的文化企业和民营文化企业。转制后的文化企业，充分利用政府提供的针对性的政策优惠，首先，应当确认“企业”的身份，积极主动地进入市场、了解市场、开发市场和创新市场；其次，构建具有市场化特征的企业管理组织结构、人才和人力资源框架、财产管理体系；第三，寻找到适合企业特征的商业模式，确立产品（品牌）战略、市场战略、发展战略；第四，在企业的转型和发展过程中，推动市场竞争体系，需要重视企业合理的

① 转引自http://news.xinhuanet.com/politics/2011-10/14/c_122158419_2.htm，《我国文化体制改革的实践与反思，文化复兴的历史方位》，《人民日报》，2011年10月14日。

社会责任的担当；最后，对于转制成为公益性的企业而言，需要按照国家政策方针提供基本的文化产品，保障人民的基本文化需求。当然，转制后的文化企业需要注意国家政策的针对性，主要是指产品内容和政策时间上的针对性，国家对于不同的产品内容的优惠政策是不一样的，而且按照《国家“十二五”时期文化改革发展规划纲要》，转企改制类文化企业的优惠政策再延长五年，至于是否还有另外五年的优惠政策，将是极不确定的，因此这批企业需要慎重地看待政策的针对性问题。对于民营文化企业而言，应该为良序的市场竞争体系的逐步形成而欢呼。

2. 文化市场管理和建设

2011 年，在推行国有企业转企改制的同时，我国的文化市场体系的建设和管理也上了一个台阶，最具代表性的便是 12 月 6 日文化部颁布的《文化市场综合行政执法管理办法》，该办法于 2012 年 2 月正式施行。此外，国家在具体行业的管理措施对相关文化企业影响很大，比如限娱令，电视剧、电影引入数量限制，对网吧、网络的管理等等。

从 2004 年起，文化市场综合直达改革工作在北京、上海、浙江等 9 个文化体制改革综合性试点地区开始试点，2009 年全面启动、加快推进，到 2011 年年底，综合执法改革任务全面完成，文化市场管理执法体制和运行机制初步形成，“统一领导、统一协调、统一执法”的文化市场综合执法工作机制逐步建立完善，已初步建立起权责明确、保障有力的文化市场综合执法体制，标志着我国文化市场管理执法体制初步形成。文化市场管理体制的形成，一方面减少了对文化企业的行政干预，另一方面有助于良序竞争的文化市场的形成。

推动文化市场管理和建设，基于双重因素的影响：首先是确保社会核心价值观的确立，其次是推动市场主体的公平竞争。社会核心价值观一般包括普世价值和国家所倡导的特殊价值，带有基础性、重要性、引导性特征，所以，文化企业在产品和服务的内容、形式以及生产、流通和销售过程中，都不应该违背核心价值观，而且还应该去推动和提升自己文化产品和服务的价值内涵。比如，电影制作公司应该满足人性化的要求，不宜过多地宣扬暴力、黄色等题材；网吧等游戏运行平台，应该限制青少年的进入和游戏时间；很多广告公司、门户网站借用自己的平台优势，做环保、扶贫、支教方面的公益项目，同时也提升了企业的知名度，带来了企业的整体利益收入；随着国家推行儒家文化，大批的文化企业跟着推出了自己“走出去”的产品和服务。文化企业的产品和服务蕴含着普适性的认知和价值，有助于企业迅速打开国际市场；参与到全球市场的竞争体系中去；提升整体性的全球性的竞争力。公平竞争的市场主体关系，关键仍然在于文化企业在产品战略、发展战略上遵守市场经济时代的公平竞争理念。比如尊重知识产权，这对于国内的印刷业、连接下载业、广告业等文化企业是一个重要的信号，这些企业应该改变以往的盗版、复制等违法行为，确立自己的产品和服务内容，寻找自己的发展战略，这将是这些企业重生的关键所在。

（二）政策驱动下的资金流入

2011 年中央首次明确提出“加快发展文化产业，推动文化产业成为国民经济支柱性产业”；与此同时，近几年来我国文化产业发展总体速度较快，文化产业增加值占 GDP 比重逐年提高，其中 2010 年全国文化产业的增加值突破了 1.1 万亿元，占国内生产总值的比重为 2.78%。在这双重有利情况下，2011 年的文化产业资金总量和规模，一方面从中央、地方财政支出、投入而言，增幅日益加大，超过了同期财政收入平均水平；另一方面在相关政策措施的引导下社会资金大量流入，投融资资金流入迅速，规模庞大。充足的财政投入，以及政策支持下的社会资金涌入，一方面对那些想要进入文化产业领域的个人和企业提供了必要的资金扶持；另一方面对那些已经进入文化产业领域的企业的转型、提升、优化战略，提供了充足的资金来源。

1. 财政的投入

根据财政部 2011 年预算，中央财政对文化体育以及传媒的支出，相比较于 2010 年，增长 18.5%，从 2010 年的 316 亿上升到 2011 年的 374.43 亿。① 随着文化产业上升为国家战略支柱性产业之后，2011 年中央财政实际投入达到 416 亿元，增长 32%。2011 年全国公共财政文化体育与传媒共投入 1 890 亿元，完成预算的 110%，执行数比上年增加 348 亿元，增长 23%。② 在公共财政投入之外，各级政府的文化产业专项投入和专项资金项目也如雨后春笋般地发展起来。

对于文化企业而言，企业的创业者、经营者和管理者，需要从两个层面来利用财政在文化产业方面投入所带来的利好：首先，财政投入的一部分是用来

① 参见 http://yss.mof.gov.cn/2011zhongyangyusuan/201103/t20110325_515996.html，中国财政部 2011 预算。

② 参见 http://finance.eastmoney.com/news/1355,20120224193072859.html，《上海证券报》，2012 年 2 月 24 日。

支持公益性文化事业，对于一部分新生的或者成长的文化企业而言，采取依赖政策性的商业模式是可取的，政府为公民提供的基本文化产品和服务，很多时候都会采取外包和订购的形式，对很多文化企业而言，能够把握住这一市场份额，将会保证企业发展秩序的稳定、利润的增加；其次，对于财政投入的剩余部分和各种专项资金和专项投入而言，文化企业要懂得如何申请、如何获得。比如文化企业想要获得某项文化产业专项资金，便应该懂得中央和地方所颁布的多层次的文化产业专项资金管理办法，注意各专项资金的支持重点和扶持方向。值得注意的是，即使没有获得各类专项资金和专项投入，文化企业也应该跟紧专项资金和专项投入的行业，改变自己的商业模式，利用资金的带动效应，推动企业的发展和提升。

2. 社会资本的流入

将文化产业定位为支柱产业，意味着在“十二五”的末期，文化产业规模将由目前占 GDP 2.78% 的比重上升至 5% 以上，文化产业中发展比较成熟的行业将进一步得到强化与支持。这样的发展战略吸引了大量的社会资本流入。

比如，2011 年的文化产业基金发展，呈现出地域广、规模大、种类繁多、发展迅速的特征。根据 ChinaVenture 投中集团旗下金融数据产品 CVSource 的统计显示，2011 年至今，共有 15 只文化产业投资基金设立，总募资规模达 381.5 亿元，平均单笔基金规模达 25.43 亿元[①]（见表 3-2）。由财政部、中银国际、中国国际电视总公司及深圳国际文化产业博览交易会有限公司等联合发起，并计划吸收国有骨干文化企业、大型国有企业和金融机构筹集资金，总规模为 200 亿元的中国文化产业基金是迄今为止规模最大的文化产业基金，主要投资新闻出版发行、广播电影电视、文化艺术、网络文化、文化休闲及其细分文化等相关行业领域。在政策引导下大量社会资金的流入，对于文化企业而言，将是难得的盛宴。

① http://report.chinaventure.com.cn/r/f/449.aspx，在这里必须指出的是，“投资中国”出的这份报告没有包含 2011 年 11 月、12 月份成立的文化产业基金。

表 3-2　2011 年中国股权投资市场募集文化产业投资基金①

时间	基金名称	募集状态	完成 / 目标规模	管理机构
2011-1-15	浙江文化产业基金	首轮完成	1 亿元	天堂硅谷
2011-1-22	大摩华莱坞基金	募资完成	16 亿元	摩根士丹利
2011-2-23	华映东南文化产业基金	开始募资	2 亿元	华映光辉
2011-3-17	广东文化产业投资基金	开始募集	50 亿元	工银国际
2011-3-29	南京文化创业投资基金	募资完成	1 亿元	南京创投
2011-4-14	腾讯影视投资基金	募资完成	5 亿元	腾讯
2011-4-23	建银国际文化产业基金	募资完成	20 亿元	乾信文化
2011-5-14	中国文化产业投资基金	开始募集	200 亿元	中银国际
2011-6-30	湖南富坤文化传媒投资基金 I 期	募集完成	3 亿元	湖南富坤
2011-7-12	无锡华映文化产业基金	首轮完成	10 亿元	华映光辉
2011-8-6	河北省旅游文化产业股权投资基金	募集完成	5 000 万元	玄元投资
2011-8-22	云南省文化（旅游）发展基金	开始募集	50 亿元	工银国际
2011-10-20	盛典文化基金	募集完成	3 亿元	盛联投资
2011-10-31	海峡文化产业投资基金	开始募集	10 亿元	中科招商
2011 年内	山东省文化产业投资基金	开始募集	10 亿元	山东文化基金
2011-12-16	中科・安广股权投资基金 I 期	开始募集	10 亿元	中科招商
2011-12-19	天津文化产业股权投资基金	开始募集	20 亿元	北方文投

（三）文化企业的准入标准

2011 年，一方面，随着转企改制的深入推行，大量的经营性事业单位转变为文化企业，扩大了文化产业的市场主体；另一方面，随着党和国家把文化产业发展作为国家的战略性支柱产业，各级政府降低了文化企业的准入门槛，催生了大量小型的、微型的文化企业。

① http://report.chinaventure.com.cn/r/f/449.aspx，本表中 12 月份的统计，为作者收集，详见 http://www.tj.gov.cn/zwgk/zwxx/zwyw/201112/t20111219_149747.htm，http://www.ahradio.com.cn/news/system/2011/10/13/001831006.shtml。

1. 改制下的企业准入

国家在推动经营性文化事业单位转变为文化企业的过程中，推动一批具有优势资源、市场战略和整体竞争力的事业单位转变为文化企业，与此同时，注销了一批资源薄弱、发展潜力不够、缺乏市场竞争力的事业单位。

这样的双重指导原则，目的在于甄选一批能够适应市场竞争的事业单位转变为企业，给予其市场主体的身份，在转型过程之中能够享用大量的资源优势和政策利好。比如，非时政类报刊社、一般国有文艺院团、新闻网站等转变为文化企业时，工商行政部门给予了前移登记窗口，提供政策服务、咨询指导和便捷登记等措施。以重庆为例，文艺院团、非时政类报刊、电影发行放映机构等经营性文化事业单位向企业转制，在符合企业名称登记管理规定的情况下，允许转制后的企业继续沿用原单位名称，或在原单位名称后缀"有限公司"、"股份有限公司"。这些具体的利好措施，将为延续企业原有商誉、扩大社会影响创造有利条件，推动企业迅速地进入市场竞争的角色。

这样的双重指导原则，对于还未完成转企改制的经营性文化事业单位而言，需要慎重地对待，因为双重指导原则的标准在于是否具有市场竞争力，将决定着事业单位是改制还是注销的命运。这些文化事业单位首先需要重新审视自己的产品内容和服务、管理结构、人才资源以及财政状态，是否能够面对市场的竞争；其次，短期战略和长期战略相结合；最后，做好一次性改制的准备，比如妥善地解决职工再就业问题、养老金问题等。

2. 民营文化企业的门槛

对于计划进入文化产业领域的公民和企业而言，2011 年中央和地方对于准入的门槛在资金规模、人员数量上的要求都有实质性的降低；同时在产品内容和服务内容上，不再受到过多的限制，只需要满足法律（精神）的要求即可。民营文化企业的门槛降低还可以表现为，积极地引导外资进入文化产业领域，降低外资进入的门槛，甚至也可以表现为准许知识产权、债券股权等财产性资产进入文化产业享有同现金一样的资本待遇。

（1）鼓励创业

2011 年 12 月 11 日，国家工商总局企业注册局在接受电视台采访时表示，"在注册资本规模上，除了法规另有规定的以外，对文化企业按照最低资本 3 万元执行"，催生了大量的中小文化企业、甚至微型企业，这对于很多具有创意才能的公民，尤其是具有创意且愿意自己创业的大学生而言，是一个最大的利好政策。

比如，重庆市工商局出台“22 条”新政扶持文化产业，强调“十二五”期间将发展文化微企万户以上。按照这一规定，创办微型文化创意企业的条件极大地降低，比如，用工人数方面：政策出台之前，创办微型文化创意企业需要工人数在 4 人以上，今后，对一些从事传统手工艺类的文化企业，用工人数调低到 2 人；经营场所及面积方面，投资者利用自有房屋从事计算机系统服务、软件开发、动漫游戏开发、广告策划、工程管理服务、装饰设计等行业的，可使用家庭住所作为办公场所，经营面积也不再限制在 40 平方米以上。以四川美术学院在校大学生欲创办文化微企为例，只需向学校创业指导站提出申请，获批即可获 5 万元补贴，接受培训后便可办理工商手续，开门营业。

对于居住于农村的公民而言，这也是发家致富的有效途径。比如，重庆在支持农村文化旅游产业方面，对农民利用庭院、湖泊、塘堰、果园、林地等自然条件，从事农家乐旅游服务的，可以农民的居住地点作为住所办理工商登记。允许农家乐登记为公司、合伙企业、个人独资企业、个体工商户、农民专业合作社等各种组织形式。

与此同时，内资文化企业集团注册资本以及母、子公司注册资本总额都有所下降、子公司数量的最低数量也有所降低。以海南公布的工商政策措施为例，建文化企业集团的，母公司注册资本由 5 000 万元放宽到 2 000 万元；母、子公司注册资本总和由 1 亿元放宽到 5 000 万元；子公司由 5 家放宽到 3 家；放宽股东人数、注册资本比例限制；鼓励文化事业单位内部职工参与转企改制，对改制后的股东人数，有限公司可以突破 50 人，股份有限公司可以突破 200 人。

（2）引导外资

积极支持外商投资文化领域鼓励类项目，扩大其进入相关行业领域的范围。比如，按照国家关于外资进入文化产业的有关规定，对外商投资文化领域鼓励类项目及在华进行文化科技研发、服务外包的外商投资企业，可以在企业名称和经营范围中使用能够体现其功能特点的文字表述，其中使用外国（地区）出资企业字号的外商独资企业、外方控股的外商投资企业，注册资本达到 3 000 万元人民币的，可以在名称中间使用“(中国)”字样。这将极大地提升我国整体的文化市场的竞争力。

（3）版权融资

国家工商行政管理文件《关于认真学习贯彻党的十七届六中全会精神，积极促进社会主义文化大发展大繁荣的意见》要求，促进以知识产权出资，促进文化科技成果转化为现实生产力，大力培育新兴文化产业市场主体。根据文化企业的特点，投资人按照货币出资以外，也可以拿文化的知识产权来出资，以体现投资人的文化知识的含量，还可以拿股权来出资、把债券转变为股权，把财产性的权力转化为资本，也就不要那么多的资金以缓解现金流的困难。

（四）文化企业的税收、金融扶持

2011 年，是文化企业和文化产业发展利好的一年，从中央到地方，都出台了相应的税收、金融方面的优惠和扶持政策。

1. 税收优惠政策

2011 年的税收优惠政策主要体现在如下几个方面。

首先，小型微型企业（一部分文化企业属于此类）将减免企业所得税。11 月 29 日，财政部、国家税务总局发文，即财税【2011】117 号，对年应纳税所得额低于 6 万元（含 6 万元）的小型微利企业，其所得减 50% 计入应纳税所得额，按照 20% 的税率缴纳企业所得税，而按照《中华人民共和国所得税法》规定，企业所得税的税率为 25%。众所周知，存在一批小型微利的文化企业，这样的优惠政策，将保证这批企业更具市场竞争力。

其次，继续对转企改制企业进行税收优惠政策。财政部、国家税务总局、中宣部 3 月 16 日发布《关于下发红旗出版社有限责任公司等中央所属转制文化企业名单的通知》（财税【2011】3 号），4 月 27 日发布《关于下发人民网络股份有限公司等 81 家中央所属转制文化企业名单的通知》（财税【2011】27 号），12 月 31 日发布《关于下发世界知识出版社等 35 家中央所属转制文化企业名单的通知》（财税【2011】120 号），都强调按照《财政部国家税务总局关于文化体制改革中经营性文化事业单位转制为企业的若干税收政策问题的通知》（财税【2009】34 号）的规定享受税收优惠政策，经营性文化事业单位转制为企业，自转制注册之日起免征企业所得税。

第三，对宣传文化事业的企业实行增值税和营业税的先征后退政策。12 月 7 日，财政部、国家税务总局发布《关于继续执行宣传文化增值税和营业税优惠政策的通知》。

第四，对特定类型的文化企业实施优惠政策。1月19日，财政部、海关总署、国家税务总局发布《关于第三届亚洲沙滩运动会税收政策的通知》(财税【2011】11号)，对组委会取得的电视转播权销售收入及来源于电视、因特网等媒体的收入，以及国内外赞助收入、宣传推广费收入、销售门票收入等等，免征应缴纳的营业税。10月13日，财政部、国家税务总局发布《关于软件产品增值税政策的通知》(财税【2011】100号)，对自行开发生产的软件产品，按照17%税率征收增值税后，对其增值税实际税负超过3%的部分实行即征即退政策。12月27日，财政部、国家税务总局发布《关于扶持动漫产业发展增值税营业税的通知》(财税【2011】119号)，对自主开发生产的动漫软件，按17%的税率征收增值税后，对其增值税实际税负超过3%的部分，实行即征即退政策；动漫软件出口免征增值税。

这一系列的税收优惠政策目的在于扩大微型文化企业的数量、推动转企改制的发展、提升文化产品的市场竞争力，活跃文化市场，完善文化市场体系。在这样的利好政策之下，文化企业应该根据资金数量、人才现状等方面做出调整，积极地开拓新的市场领域。

2. 金融扶持政策

2011年国家对文化企业和文化产业的金融扶持政策，主要是对2010年扶持政策的延续和提升。2010年3月19日，九部委发布《关于金融支持文化产业振兴和发展繁荣的指导意见》(银发【2010】94号)，确立了中国人民银行、银监会、证监会以及保监会等部门从如下六个方面对文化企业和文化产业的扶持：积极开放适合文化产业特点的信贷产品，加大有效的信贷投放；完善授信模式，加强和改进对文化产业的金融服务；大力发展多层次资本市场，扩大文化企业的直接融资规模；积极培育和发展文化产业保险市场；建立健全有利于金融支持文化产业发展的配套机制；加强政策协调和实施效果监测评估。

(1)银行业的扶持

在十七届六中全会以后，银监会不断推动银行业加强和改进对文化产业的金融服务，积极引导银行业不断推进适应文化产业的信贷管理制度创新，推动适应文化产业特点的金融产品创新，在这一过程之中，国有商业银行做出了积极的表率和引导作用。据不完全统计，[①] 截至2011年9月末，工商银行、农业银行、

---

① 参见 http://tv.people.com.cn/GB/166419/16566247.html。

中国银行、建设银行、交通银行五家银行支持文化产业贷款余额共计2 306.7亿元：工商银行贷款余额611亿元，新增投放92亿元，增幅17.71%，超过全部贷款平均增幅10个百分点，该行“版权质押＋实际控制人连带保证”产品与3 247户文化企业建立了信贷关系；农业银行贷款余额472亿元，37家一级分行与当地文化厅（局）建立合作关系；中国银行创新推出“影视通宝”、“西冷通宝”等融资产品，支持文化产业贷款余额250亿元；建设银行近三年文化产业信贷投入平均增速超过30%；交通银行文化类中小企业贷款余额67亿元，涉及新闻出版、广播影视、网络文化等领域。对金融产品的创新，将极大地化解文化企业资金少、融资难的问题，将对创意企业的文化版权价值评估体系的建立起到推动作用。与此同时，其他商业银行根据自身的业务范围提出了不同的路径来支持文化企业和文化产业，比如上海银行与知识产权局搭建了知识产权质押贷款的平台，与东方惠金文化产业担保公司合作搭建了专项融资担保平台，通过“风险投资＋担保”两种方式，为本市文化产业提供融资支持。上海农村商业银行与普陀区政府合作设立了2 000万元的互助担保基金，已经为3家文化信息企业贷款900万元。宁波银行上海分行携手盛大集团上海全资子公司推出B2C业务，为汇通卡及盛大用户提供安全、便携的在线支付业务。在2011年11月19日，央行党委会议上，做出了新阶段银行业对文化产业的扶持政策基调[①]：人民银行要坚决贯彻执行党中央、国务院的战略部署，深入推进金融改革创新，引导商业银行开发适合文化企业特点的信贷产品，加大金融业支持文化产业的信贷投放；建立健全多层次的贷款风险分担和补偿机制；进一步拓宽多元化融资渠道，支持文化企业通过银行间债券市场融资，鼓励各类资金支持文化产业发展，扩大文化企业直接融资规模。

（2）证券业的扶持

证券行业对文化企业和文化产业的支持、发挥资本市场对文化发展繁荣的支持服务功能，主要体现为，支持符合条件的文化企业发行上市，鼓励文化类上市公司进行并购重组，稳步扩大文化企业债券市场融资水平，推动完善经营性文化单位转企改制的配套制度，促进文化企业和文化产业充分利用资本市场做大做强。根据新闻出版总署的统计，截至目前为止，一共有49家出版企业上市，

---

① http://epaper.gmw.cn/gmrb/html/2011-12/07/nw.D110000gmrb_20111207_6-03.htm,《光明日报》,2011年12月7日。

涉及报业、出版、期刊、印刷、数字产业等各个方面，已上市的出版企业涵盖了现有的所有出版企业的经营项目。这些上市企业总体表现比较好，通过 WIND 数据统计显示，在整个 A 股中，包括传播与文化产业类上市公司总共有 30 家，其最新市值合计为 1 957 亿元。根据最新公布的《国家“十二五”时期文化改革发展规划纲要》，从如下四个方面利用上市这一工具来推动文化产业的发展：首先，有计划、有重点地推进核心企业上市。经过一个严格的程序让其上市，以保证文化企业在文化市场、股票市场有出色的表现，来增进股民信心，让更多的人关注文化、投资文化；其次，实行重大项目带动，要把文化的新的增长点、一些代表国家水准的重要项目纳入到上市竞争的项目之中，因此，在“十二五”规划发展纲要中确定了一大批有战略性、引导性和前瞻性的重点项目；第三，加快国家级出版产业园区、产业集群、产业基地的建设，使产业基地、产业规模和产业园区和上市融资有机结合起来；第四，企业上市要有好的技术支撑，要使企业代表产业发展的方向。

（3）保险业的扶持

2011 年，是文化产业保险的破冰年。1 月，文化部与保监会联合启动保险支持文化产业试点工作，正式公布了第一批 11 个文化产业保险试点险种和 3 家试点保险公司，试点经营期限为两年。截至 2011 年年底，人保财险承保的文化主体新增 4 906 家，保费收入增加 1.03 亿元。到 2011 年年底，人保财险共承保文化主管机构和文化产业企事业单位等相关文化主体 11 365 家，覆盖全国各省、市、自治区、直辖市，签单数达到 38 312 笔，累计承担风险保障 21 636 亿元，保费收入 3.96 亿元。试点公司先后与部分省市政府的文化主管部门签订战略合作协议，发挥金融保险业务优势，帮助当地政府培育骨干文化企业，建设文化产业园区、基地及区域性特色文化产业集群，加强文化基础设施建设，加快文化产业结构升级，全面渗透到文化产业链的每个环节。另外，还依托高校和研究机构对文化行业风险基础领域开展研究，如人保财险灾害研究中心发表的《文化产业风险管理与保险》报告，帮助业务部门深入掌握文化产业风险规律，总结借鉴先进经验，支持产品开发。

三、趋势、问题与建议

既然文化产业上升为国家战略支柱性产业，根据现有的指导文件、方针政策，在接下来的一段时期内，国家在现有政策框架之下，将会出台一系列具有方向性、针对性的政策鼓励文化企业的创设、发展、转型和提升。对于文化企业而言，现有的政策并不一定是完善的，而是存在诸多争议性的问题，比如传统文化和文化产业的对等处理、政策资源偏向不公平、管理程序亟需完善等等，使文化企业陷入了政策困境。当然，文化企业的创立者、经营者、管理者和所有者，应该根据自身的特点，审时度势、审慎辨证地看待这些政策，不能仅仅依赖政策（变成政策的附庸），而应该寻求到自主性的商业模式、核心竞争力和发展战略。

（一）趋势

随着党和国家把文化产业上升为国家发展的战略支柱性产业，各级政府已经把文化产业的发展上升为政治责任，这是史无前例的。根据现有的政策资源和发达国家发展文化产业和文化企业的经验积累，有充分的理由设想，从2012年开始的一段时期内，中央和地方政府无论在产业政策还是扶持力度上都会出台一系列的导向性文件、政策、法律与法规，支持和引导资金流入、完善市场管理与促进公平竞争、推动文化企业的上市与融资、鼓励文化产品和服务的国际化竞争等等，将会呈现出全局性、系统性、深化性、具体性、新颖性的特征。

根据2012年2月16日公布的《国家“十二五”时期文化改革发展规划纲要》，国家力推在五个方面的政策保障：首先，政府投入保障政策。加大对文化产业的投入，扶持文化企业的发展。其次，文化经济政策。加大财政、税收、金融、用地等方面对文化产业的政策扶持力度，对文化内容创意生产、非物质文化遗产项目经营实行税收优惠；落实和完善金融支持文化产业发展政策，加强和改善对文化企业的金融服务；发挥文化产业投资基金的引导作用，吸引金融资本和其他社会资本进入文化产业；完善文化市场准入政策，吸引社会资本投资文化产业；加强对原创性作品的政策扶持和创新型人才的培养。第三，文化贸易促进政策。加大已有支持对外文化贸易各项优惠政策的落实力度，进一步完善有关财税政策，支持文化企业“走出去”。支持文化企业在海外投资、投标、营销、参展和宣传等市场开拓活动，为文化企业“走出去”提供通关便利。对符合条件的文化企业发展海外业务给予账户开立、资金汇兑方面的政策便利。

第四，版权保护政策。建设涵盖文学艺术、广播影视、新闻出版等领域的版权公共服务平台和版权交易平台，扶持版权代理、版权价值评估、版权质押登记、版权投融资活动，推动版权贸易常态化。加强版权行政执法和司法保护的有效衔接，严厉打击各类侵权盗版行为，增强全社会的版权保护意识。第五，法制保障。建立健全文化法律法规体系，加快文化立法，制定和完善文化产业振兴、文化市场管理等方面法律法规，将文化建设的重大政策措施适时上升为法律法规，加强地方文化立法。

在这些具体的政策方向中，需要注意两点：首先是一个趋势，即文化与科技融合的趋势，其次是一个中心，即文化创新，包括文化产品创新、企业文化创新和文化市场创新。文化与科技的融合，是时代的需求，是生活方式和消费方式所带来的必然性要求，国家出台的几部纲领性的关于文化产业的指导文件都强调文化科技化、科技人文化，相关的文化企业不仅仅能够从这一基本的市场价值判断获益，同时能够真正地享有政策所带来的实惠。国家制定文化产业政策的目的在于推动文化产业和文化企业的发展，文化企业的发展主要体现在具有核心竞争力的商业模式的选择，而这一选择是以文化创新为基础的。也就是说，文化企业只有不断地创新、提升，才能够享有这一政策利好，否则会成为阻碍企业发展的绊脚石，比如，一些企业没有形成自己的核心竞争力，政策资源停止时，便是企业倒闭之时。

（二）问题及建议

由于中国的文化产业发展起步较晚、整体性处于滞后状态，这样的状态是一把双刃剑，一方面能够带来巨大的产业驱动、规模效益、经济提升；另一方面整个产业的发展面临诸多不确定性因素。

这些不确定因素反映在中央到地方的产业政策导向和扶持方针上，主要表现为：对文化产业认识不够，制定的政策缺乏针对性，限制了文化产业的发展；行业、地域竞争日趋激烈，复制模式日趋严重，缺乏统一有效的文化产业格局，各地的文化产业政策相互复制、各地文化产业园相互同质竞争，缺乏有效的文化产业发展模式；创意人才的培养机制和激励机制，并不能有效地输出优秀的人力资源；长期存在的版权保护力度问题，对于文化创意产业的发展尤其重要；文化产业内部企业存在分享国家政策资源不合理的现象，一些小的文化企业在多大程度上能够得到扶持还需要进一步的政策说明，等等。对于文化企业而言，容易形成政策依赖，陷入政策困境：一方面构建的商业模式直接依赖政策，另一方面被政策的一些不确定因素引入歧途。

1. 对文化产业的认识误区

在制定文化产业政策之前，我们需要对文化产业进行全面而深入的认识。按照我们通常的理解，[①]文化产业指代一组产业，包括图书、杂志、报纸、广播、电影、音乐、游戏、会展、博彩、互联网与手机中的新闻娱乐、主题公园、历史文化旅游、文艺演出、广告、艺术设计、古玩艺术交易、明星经纪、娱乐竞技体育、玩具、工艺美术以及文化事业中与文化艺术、信息和文化娱乐相关的产业。

从定义中，我们可以归结为两个方面的内容：首先是内容为主的产业，具有内容性，其次是内容和平台都是构想出来的，具有创生性。许多文化产业政策的制定者和享有者缺乏对文化产业的内在特性深入了解：首先，混淆了文化产业基础设施和文化产业内容为主的界限，错把前者当成后者，换句话说，硬件思维严重；其次，混淆了历史文化与文化产业，把前者等同于后者，换句话，历史性思维严重。

文化产业是定位在“产业”，是工业，是大批量流水化的生产，因此，它是一种市场经济行为，是追寻经济利益的。在这样的基本认识之下，我们便可以做出如下区分：文化产业需要生产出满足大众化消费的文化产品，其主要的内容应该是娱乐和媒体，不宜都是提升审美艺术情趣的艺术品；文化产业的内容主要是通过创新而制造出来的，它需要创新，以内容为王，重视内容故事、不断创新，因此不能是简单地历史文化的还原和复制；文化产业是一组产业，聚集在一起形成产业链，寻求规模效益、避免企业发展风险；文化产业是娱乐性、体验性、参与性、时尚性的产业，其消费所涉及的对象主要是青少年。因此，文化企业是以创造和生产具有娱乐性、体验性、参与性、时尚性的大众消费的文化产品，不断创新，追求经济利润的经济行为主体。

很多文化产业政策的制定者，并不能清晰地认识文化产业的内容是什么、标准是什么、特征是什么、指向对象是什么，因此，制定出来的文化产业政策和扶持措施，往往不能很好地引导文化企业进入良序发展的轨道，造成政策资

---

① http://finance.eastmoney.com/news/1350,20111020170330985.html，《证券日报》，2011 年 10 月 20 日。

源的浪费、文化产业的低水平、单一模式的发展。比如，一些地方政府主导建设的文化产业园，规划和引进文化企业时，并没有考虑到文化企业之间是否协调、是否能够构筑产业链形成规模效益、规避发展风险，而仅仅是一堆文化机构的堆积，最终并不能分享规模效益；一些地方政府在制定文化产业政策时，偏向于历史文化，重点在于古迹和习俗的保护，修复古城墙、搞一些传统礼仪的表演等，这样的产业政策并不能推动文化产业的发展，即使在一定时间之内能够吸引一批游客的到访、带动相关产业的发展，这样的产业定位仅仅是对文化产业的粗浅理解；一些地方以为在国外办几场演出、参加几次会展，便是文化产业"走出去"的内容，这是对文化交流和文化产业的误解，文化产业强调商业利润的流入，没有商业利润的流入，称之为文化企业和文化产业便是错误的认识。

这些不适宜的文化产业政策之所以出现，一方面是因为政策的制定者缺乏对文化产业的深入了解，另一方面还在于文化产业的创立者、经营者、管理者和所有者对于企业的定位缺乏足够的重视。文化产业是以内容为王、符合大众消费的产业。想要文化企业、文化产业更好地发展，从业人员和政策制定者都需要不断提升对文化产业的认识。需要指出的是，由于文化产业生产的产品具有双重属性，因此，也不能一味地追求商业利益而与社会核心价值观、基本人权相冲突。比如，引诱青少年玩色情游戏，不仅仅危害了青少年的健康成长，也触犯了社会伦理的底线。因此，考虑到文化产品的双重性，在不与社会核心价值冲突的情况下，文化产业政策应该在具体环节上鼓励文化企业追求商业利润，因为文化产业实质上是一种市场经济的活动。

2. 政策复制，区域竞争激烈

随着党和国家把文化产业上升为国民经济和社会发展的支柱性产业，各省市自治区都出台了自己的文化产业发展规划，一部分省市自治区在推动文化产业发展方面，并没有寻找到属于本地域的发展模式，处于彼此复制和模仿的状态，存在大量跟风的政策内容。比如，一些地方政府财政投入建设主题公园，公园的建筑风格、工艺礼品、主题内容、运转方式等都是相类似的，如果游客去过一个公园，便不会去第二个公园，即使入园也不会参与到其他的活动中，比如购买工艺礼品、享受娱乐设施等。大量复制的文化产业政策，不仅仅阻碍了本地域寻找属于自己的发展模式，而且造成了不同地域的文化企业和文化产业的恶性竞争，扰乱了文化产业的合理布局，浪费了大量的政策性资源。各区域制定文化产业政策时，不仅仅要求其是可操作性的，而且还要具有科学性、合理性、可持续性的特征，只有在做出深度、科学、合理的发展规划之下，才会寻找到可持续的、好的发展模式。

具体内容相互模仿的产业政策，对于想要进入文化产业、或者已经进入文化产业的从业人员和企业而言，都面临巨大的发展和转型压力。如果政策性的资源优势缺失，一部分企业可能面临失去资金、市场的危险。这种现象出现的最重要原因在于，我国的文化产业正处于起步阶段，面临很多的不确定因素，需要不断地探索。既要借用政策性的优势资源，又要学会不断创新、提升自已，只有找到好的商业模式和发展模式，文化企业和文化产业才能够做大做强。

3. 滞后的市场秩序

文化创意产业，是一种内容为王、满足大众消费的产业，创意作为商业模式的中心、一直处于文化企业和文化产业的核心位置。创意作为一种商品，在交换的过程中，如何保护创意者的利益，将会成为衡量整个产业是否良序发展的关键因素之一：一方面，要尊重和保护创意人和创意企业的版权，打击非法利用创意牟利的经济行为；另一方面，维护创意（产品）购买者的利益，惩罚欺诈等不符合市场原则的社会行为。这需要政府不断提升管理水平、深化管理政策，提出符合市场经济原则的前瞻性的政策措施，构建出尊重创意、公平竞争的市场体系。近年来出现的天价文物造假事件层出不穷，对拍卖市场形成了巨大的冲击，使得文物所有者、拍卖公司、文物鉴定家与文物购买者处于相互失信的状态，这对于拍卖行业而言无疑是发展的绊脚石，为了能够有效地约束造假者及其利益链条，需要加强市场秩序的构建和管理，做到有法可依、依法而治。

创意（产品）版权如何保护是一个复杂的问题，问题的难点不在于辨别出谁侵犯了版权，而在于如何在法律上补偿被侵犯的版权利益。如何鉴定创意（产品）的价值是多少；如何保证交易环节中，作为商品的创意不会被人侵犯，尤其是把创意作为公司入股资本而发生的产权纠纷；如何避免恶意注册商标事件，等等。这些问题的处理，一方面在于创意（产品）所有者加强自身的权利保护意识，比如在游戏软件创意交易活动中，切勿把独特性的核心创意（产品）泄露出去，可以在交易活动之前彼此签订多项保密协议，约束对方的行为而达到保护自身权益的目的；另一方面，对这类经济行为和社会行为，需要得到政府有效的制度化管理，而且还需要前瞻性的政策指引。

如何对文化创意（产品）行业进行管理，如何提升管理，对于文化企业和文化产业的市场管理体系而言，是一个基础性的问题。为了吸引更多的资本、人才，创造出更大的市场，需要各级政府不断具体化各种管理措施，深化自身的文化市场管理水平，这也是推动文化企业和文化产业做大做强的内在要求。

4. 政策依赖困境

上述三个层面更多的是针对整体性的政策问题，这一小节主要关注文化企业面对政策优惠时可能出现的政策依赖困境问题。

上面已经提到，政策依赖困境主要是指商业模式、发展战略上的政策依赖和政府的不确定性因素所带来的误入歧途。一些文化企业在创设阶段或者发展初期、甚至发展盛期都可能依赖政策的资源创建自己的商业模式，一方面可以让企业迅速地步入正轨、发展起来；另一方面这些政策也能够让一个企业固化起来，比如缺乏有效的人才和人力竞争政策、完善的管理结构、品牌发展战略等。随着政策的取消，这样的企业便会倒闭、或者陷入巨大的动荡之中。前面已经提到过政策的不确定性因素导致文化企业陷入困境，可以划分为两个层面：首先是政策本身认识的缺陷所带来的文化企业发展的困境，其次是政策本身的模糊性让文化企业对战略的设想出现了问题，可能后续的政策会阻碍相关战略的施行。

在这样的情况之下，一般认为，文化企业，首先，应该坚持自力更生的发展战略，确立市场主体身份意识，增强市场竞争能力；其次，在独立的商业模式和发展战略基础上，有针对性地利用政策优惠，与此同时，处理好短期利益和长远利益、短期战略和长期战略的互动关系；第三，文化产品和服务的属性要具有普世价值的理念，突破历史性和硬件性的双重思维桎梏，强调友好、有趣和美感的时代理念。

5. 加深对文化产业的认识

正如前面所提到的那样，文化产业落实在产业，是符合市场经济原则进行交易以获取利益的经济产业。在进入崭新的产业领域之前，需要对其有初步的了解；对于那些已经进入该领域的企业，不断地加深自己的认识，摸索出产业发展的规律，寻找到能够配合自己发展战略的商业模式，才能够在激烈的竞争之中处于健康的发展状态。对于文化产业的政策制定者而言，加深对文化产业的理解，才能够制定出与之相适宜的具体的政策内容，才能够加强对文化市场的监督、提升其管理水平。

加深对文化产业的认识，是时下推动文化产业发展的关键，也是文化企业发展成功与否的基础。推动文化产业的发展，重点需要放在主动创新的文化而不是历史积淀的文化，放在大众文化而不是精英文化，放在文化而不是艺术。对于具体的文化企业的扶持，不应仅仅局限于历史古建筑与名人故居的修复、旅游休闲、艺术品等初级文化产品，需要不断利用现代科技提升原有文化产品的创意水平、创造出更多的创意（产品），而且要充分利用文化企业之间的内在联系，形成文化产业聚集，形成自己的品牌，以达到规模效益、规避发展风险。加深对文化产业的认识，文化企业才能够寻找到具有竞争力的商业模式，各地才能够找到属于自己的发展模式，才能够把文化产业上升为国家战略支柱性产业的目标，实现社会主义文化强国的目标。

（李兴旺 主笔）

第四章　文化内容企业发展

目前我国文化内容的生产和激励存在结构性问题，已经成为制约文化内容企业发展的瓶颈：一方面是内容上重数量而轻质量的局面尚未从根本上得到改善，从总体上缺乏市场化程度高的品牌化精品，尤其缺乏具有国际竞争力的文化内容产品；另一方面则是中小企业作为文化内容提供的主体，一般缺乏较好的利润收入，难以满足打造产业链的要求和制作精品的实力。增强文化内容企业的竞争力，需要企业和政府双管齐下，以推动内容创新为中心，最大限度地提升文化内容的创造力和表现力。

从产业链的结构和形态来看，当前我国的文化产业可以细分为五个产业板块：文化内容产业、传媒与平台产业、文化服务（及文化金融服务）产业、艺术授权与延伸产品产业和一般的文化产业制造业。其中，前三个产业板块是当前我国发展文化产业需要重点关注的部分。文化内容产业主要集中在影视、动漫、音乐、游戏、图书报刊、文化艺术等知识产权创造领域；传媒与平台产业则包括广播电视等平台媒介、各类传媒载体的传播服务、相关信息服务等传播渠道与传输平台领域；文化服务产业包括经纪代理、广告、会展、文化金融服务、艺术品拍卖、网络文化服务、文化休闲娱乐等文化综合服务领域。当然，由于文化产业本身具有跨界融合的特性，因而以上三者之间也必然会有某些交叉和重叠的部分。

从本章开始，我们将选择某些有代表性的行业门类，对文化内容、传媒与平台、文化服务三个产业板块所对应的文化企业的发展现状、存在问题、趋势以及对策思路等进行分析。具体来说，本章主要以影视和动漫企业为例，简要分析文化内容企业的发展情况，第五章则重点关注传媒与平台企业（包括新媒体企业），第六章再分门类分析文化服务企业的发展状况。为了节约读者阅读时间，这三章具体探讨的行业门类尽可能避免交叉和重叠。

一、文化内容企业发展的基本状况
——以影视与动漫企业为例

文化内容企业主要是以影视、动漫、音乐、游戏、图书报刊、创意设计、文化艺术等为主营业务的企业。由于当前国内文化企业大多附着于传媒企业、文化服务企业或者文化制造企业，以内容为主营业务的所谓“典型”的文化内容企业相对较少（并且规模也较小），因而我们选择具有代表性的影视、动漫两类企业为例，进行以面带体的分析。

（一）影视企业发展概况及特点

影视行业是我国文化内容产业中实现产业化运营相对较早、市场化程度相对成熟的行业。2011 年至 2012 年初，我国影视企业生产能力和平台建设不断提升，产业链也有所扩展，在产品制作、运营模式创新、融资等各方面都有较大推进。

1. 影视市场持续繁荣

在电影方面，从票房营收、影片数、银幕数及影院数四个电影市场的关键权衡指标来看，2011 年我国电影市场快速发展是非常明显的。据国家广电总局统计数据显示，2011 年我国电影总票房营收达 131.15 亿元，相比于 2010 年增幅近 30%；中国电影产量为 791 部，增幅超过 50%；中国电影银幕数达 9 296 块，增幅超过 48%；中国影院数量为 2 803 家，增幅达 40%。截至 2011 年年底，我国新建影院 803 家，新增银幕 3 030 块，平均每天增长 8.3 块银幕；全国城市影院数量突破 2 800 家，银幕总数达到 9 200 多块。与此同时，我国农村已组建农村数字电影院线 246 条，数字放映队 47 692 支，农村观影人次超过 17 亿人次，遍布全国农村的数字电影放映新格局已经形成。全社会对投资电影的热情和信心继续高涨，比如 2011 年 4 月底首届北京国际电影季在京举办，“电影洽商”签约总额达到 27.94 亿元，创下了中国电影节展历届交易额最高。

在电视剧方面，随着中国电视剧行业的相关政策放宽以及各种扶持政策的出台，电视剧产业得到了迅速发展。2011 年，我国实现电视剧交易总额 76 亿元，同比增长 28.37%。2011 年我国生产完成并获得《国产电视剧发行许可证》的剧目共计 469 部约 1.5 万集，较 2010 年产量上涨 1.75%，再创历史新高。① 国内现有电视剧制作机构高达 4 500 家，电视剧制片业规模稳居世界第一。

2. 影视产品呈现多类别、多层次、多样化

总的来讲，2011 年电影产品无论从内容还是形式上，都在向着多元化的方向发展。2011 年中国内地共生产故事影片 558 部，中国国产电影持续保持着快速发展的势头。以《建党伟业》《辛亥革命》等为代表的一批爱国题材的电影，在一定程度上突破了献礼影片的传统思维，为繁荣主流电影的创作提供了经验；以《杨门女将》《金陵十三钗》《龙门飞甲》等为代表的国产商业大片渐趋成熟，艺术质量和制作水准显著提高；以《失恋 33 天》《将爱情进行到底》《钢的琴》等为代表的中小成本影片则冲破了市场经济背景下对中小成本影片在投资规模、市场认可、商业附加值等方面的制约，逐渐成长为国产电影的重要力量。

最值得关注的是，票房过两千万元的影片中，中小制作影片所占比例较大，这也标志着中国电影产业格局逐步走向丰富、合理、成熟的产品结构体系。2011 年票房过亿元的影片中不乏《失恋 33 天》《将爱情进行到底》等传统意义的小制作影片。据娱乐咨询公司艺恩数据统计，截至 2011 年 12 月 11 日，由北京华美时空文化传播有限公司、完美世界影视文化有限公司等联合出品的《失恋 33 天》累计票房达 3.5 亿元，引领国内中小成本电影票房收入，它在一定程度上改写了国产中小成本电影没票房的历史，成为 2011 年电影市场的最大赢家。2011 年由女导演李玉执导的《观音山》也较为引人注目，影片从头到尾都文艺气息十足，并最终创下了文艺片的票房佳绩，为越来越多的中小成本影片提供了生存模式。

在电视剧方面，2011 年，从革命历史剧、都市情感剧、青春时尚剧到穿越剧，各种“类型剧”大行其道，不同年龄的观众从中各取所需。如《永不磨灭的番号》《中国 1921》等一批红色电视剧接踵而来；《裸婚时代》等直面都市年轻人现实生活的都市情感剧，牢牢接着社会现实的“地气”，成为 2011 年荧屏上的绝对主流；

① 陈少峰：《文化产业读本》，金城出版社，2009 年版，第 179 页。

《宫锁心玉》《步步惊心》等“穿越剧”炙手可热。穿越剧的风生水起，根源于一头连接着网络文学的旺盛创作，一头连接着“80后”、“90后”强大的娱乐消费能力。

3. 影视企业持续进行运营模式创新

随着文化体制改革的不断深入，国家对影视行业的管制日趋宽松，民营影视企业发展壮大，逐渐成为国内影视市场的重要组成力量。在国务院颁布《文化产业振兴规划》之后，国家对民营影视企业的扶植力度加大，影视行业竞争格局日渐优化，市场化水平不断提高，民营电影企业的竞争地位不断加强。2011年，华谊兄弟、华录百纳、华策影视等有实力的民营影视企业在市场需求的带动下，通过制作模式、营销模式等方面的创新，有效地提高了公司盈利水平。

华谊兄弟公司是国内最具竞争力的综合性影视内容提供商，形成了包括电影、电视剧、艺人经纪等业务在内的综合娱乐架构，各项业务发展均衡。得益于在电影领域积累的综合娱乐平台优势，公司逐渐成为在电影、电视剧领域脱颖而出的行业领军企业。2011年该公司在电视剧业务上进一步完善了为业内其他公司所仿效的工作室模式。当前该公司拥有12家电视剧工作室，并吸引了业内知名导演、制作人的加盟，电视剧制作资源得到充分的优化。华谊兄弟所采用的工作室模式运转灵活自如，在迅速扩大生产规模的同时有效提升了电视剧质量。在营销环节，华谊兄弟坚持定向输出的营销策略，同时积极开拓海外市场，为公司开拓新的利润增长点。

华录百纳公司是国内相对领先的影视制作公司，电视剧是公司主要的收入和利润来源。该公司现在位列中央电视台、华策影视、华谊兄弟之后，是国内领先的电视剧制作企业，也是电视剧行业最有可能胜出的王者。有别于华谊兄弟在电视剧业务上的工作室模式，华录百纳采取的是模块化模式，分别成立剧本研发、内容拍摄、后期制作、市场推广等部门，使得公司对单个导演或演员的依赖程度降到最低，并有助于成本及质量控制，因此公司在题材把握能力、资源（演员、导演等）整合能力、制作全面控制以及立体化的发行渠道等方面具备显著的竞争优势。

华策影视公司是国内产量及收入相对领先的影视内容提供商，优秀的市场营销推广能力推动公司电影、电视剧业务持续成长。华策影视在制作环节引入剧本为核心创作模式和开放式制作模式，保证了所产电视剧的观赏性及市场适应性，引进剧成为公司业绩重要推动力。在营销模式方面华策采取地面和卫星普发、独家或几家卫星买断、卫星加地面买断、预购发行、定制合作等各种创新营销模式。

此外，海润影视将在北京、上海、青岛建设影视基地，同时设立演艺培训学校，向产业链上游延伸，提升公司盈利水平。

4. 企业之间的竞争格局进一步调整

2011 年中国影视产业呈现出良好发展态势，但也存在一些深层次问题需要在发展中逐步解决。当前，中国电影的产业化改革迈进第十一个年头。国产电影经过十来年的奋战，已经显示出勃勃的生机与广阔的前景，同时也暴露出产业化进程中的一些不足。特别是在电影产业链的建构过程中，仍存在许多阻碍电影健康、持续发展的问题甚至顽疾。2011 年 12 月国务院正式下发《电影产业促进法（征求意见稿）》，从降低电影产业的市场准入门槛，到减少电影生产和发行的行政审批，再到明确财政、税收、金融等扶持政策，可以看出，此次立法将利好中国电影企业走向在竞争基础上的整合发展。因此，2012 年将会是中国电影产业化改革的结构调整和产业升级之年。

2011 年广电总局针对电视台广告播出、综艺节目、电视剧题材等连续发布了多条限令。在限娱令影响下，2012 年国内电视剧行业，将会发生许多变化，特别是电视剧产量将出现大幅度回落。同时，广电总局提出将限制电视剧穿越题材和名著翻拍等题材的管理政策频繁出台，多项管理意见不仅影响到电视台的格局变化，也影响到影视内容生产企业进一步向集聚方向发展。2012 年影视企业面对这种态势，有必要理性地对待我国影视产业发展中的薄弱环节，尽快在调整中练好内功，提升自身的核心竞争力。

（二）动漫企业的发展概况及特点

从行业性质来看，动漫产业（特别是动画）与影视产业应当具有一体化的运作结构。但在我国当前阶段，动漫产业却呈现出别具一格的发展态势。特别是在政策的扶持下，我国动漫产业保持着迅猛发展的良好势头，成为文化内容产业最活跃的领域，也是拥有文化内容企业最多的领域。

1. 动漫产品数量大幅度增长

国家广电总局统计显示，2011 年，我国原创漫画精品力作不断涌现，影响日益扩大，优秀漫画刊物月发行量上百万册；电视动画播映体系日益完善。

2011 年，我国动画制作机构自主生产的动画片数量大幅提高，全国制作完成的国产电视动画片共 435 部 261 224 分钟，比 2010 年增长 18%，共有 21 个省份以及中直有关单位生产制作了国产电视动画片。其中，国家动画产业基地自主制作完成国产动画片 276 部，190 290 分钟，约占全国总产量的 72%，比 2010 年增长 10%。[①] 据艺恩咨询预计，到 2012 年市场规模有望突破 320 亿元。2011 年 7 月，文化部、国家广电总局、新闻出版总署联合启动了“2011 国家动漫精品工程”，最终评出 37 个动漫产品和 40 个动漫创意，涵盖了动画电影、动画电视、漫画、动漫出版物、动漫演出、新媒体动漫、动漫形象等动漫产业中各主要环节。

2. 政策扶持力度加大

动漫产业作为一个新兴产业，其蓬勃发展离不开国家政策的大力支持。2009 年至 2011 年期间，财政部、国家税务总局发布《关于扶持动漫产业发展有关税收政策问题的通知》《关于扶持动漫产业发展增值税、营业税政策的通知》，财政部、国家税务总局、海关总署发布《动漫企业进口动漫开发生产用品免征进口税收的暂行规定》等。进入 2012 年以来，在税务总局对宣传文化事业增值税和营业税优惠政策发布后，再次将减税的指针指向动漫企业。对属于增值税一般纳税人的动漫企业销售其自主开发生产的动漫软件，按 17% 的税率征收增值税后，对其增值税实际税负超过 3% 的部分，实行即征即退政策。动漫企业为开发内容的，减按 3% 税率征收营业税。减税政策的出台，对动漫企业来说无疑是利好的消息。

3. “大动漫”拓宽了企业发展空间

“大动漫”是基于传统动漫产业概念提出的一种更为广阔的动漫产业观。它主要体现在三个方面：传统意义上的动漫、应用动漫、动漫与相关产业的融合。传统的动漫产业以动画、漫画为主要表现形式，进入新世纪，“动漫”从漫画（书、报、刊）、动画（电视片、电影）到新媒体、舞台剧，再延伸至服装、文具、主题公园、电子游戏等 4 000 个种类、近 10 万个品种的动漫衍生产品。当今，动漫创意和技术广泛应用于社会生活各个方面，包括教育、科普、广告、建筑、核电、安全生产、灾害防控、展览展示、国防航天、医药卫生、海洋石油、艺术设计等领域，拓展了动漫产业发展的新空间。

---

① 国家广电总局：《关于 2011 年度全国国产电视剧发行许可证颁发情况统计结果的通告》，转引自《齐鲁晚报》，2012 年 2 月 4 日。

动漫是艺术与科技融合发展的产物。科学技术的升级换代不仅提升了动漫核心产品的质量和创意能力，如以百视通、星星国等为代表的跨平台、跨网络、跨产业的少儿教育娱乐产业链和以爱奇艺为代表的少儿新媒体产业链，也使得动漫进入了更为广阔的社会应用空间，如动漫在海洋石油、核电仿真、音乐可视化等领域的应用。估计 2012 年，网络动漫、手机动漫、动漫演出、动画电影等方面投资将升温，相关企业业绩将取得重大突破。

4. 短线经营成为多数企业的生存选择

当前，做原创动漫的企业基本上是中小型或者微型民营企业，整体盈利情况并不乐观。普遍估算，中国的动漫企业特别是原创动画企业亏损比率达到七成以上。就行业现状来看，发行动画成本约在一分钟一万元，而电视台平均收购价格在一分钟 500 元左右，如此大的差距，单靠发行动画片，只能是赔钱赚吆喝。

动漫企业普遍盈利不高，甚至难以盈利，造成动漫企业为支撑自己的生存更偏向经营短期产生经济效益的业务。因为潜心做原创精品动漫，需要雄厚的资金作为支持，而行业内的绝大多数动漫企业普遍不具备这样的实力，因此，为求生存，短期效益业务就逐渐成为了主流。比如经营品牌授权，然而目前的行业产业链还有待完善；广告形象植入，设计合适的动漫形象植入广告中等等，诸多类似短效见利的业务都已成为当下动漫企业经营的主流。例如，华漫兄弟（天津）互动娱乐有限公司提出了动漫营销前置的理念，在动漫影视作品上映之前就完成动漫品牌授权、动漫衍生产品开发、动漫产业合作等营销战略布局。

当然也有相反的情况。动漫企业设计一款动漫形象，然后渗透到衍生品中，衍生品积累了一定的资金后，再推出合适的动漫作品。衍生品的收益约占整个收益的 70% 左右。例如，奥飞动漫 2011 年上半年，公司实现营业收入 47,802 万元，同比增长 54.66%，实现净利润 5,934 万元，同比增长 30.22%，目前，奥飞动漫主打“动漫 + 玩具”的商业模式，核心价值在于动漫内容，利润主要来自动漫玩具的销售。

5. 跨界整合逐渐成为优秀企业的发展趋向

文化内容产业的特点决定了动漫企业需要具备一种跨界整合的能力，将创意转化为产品，实现“一意多用、一干多枝”的内在产业链扩展。比如，当前，炫动传播公司整合了上海东方传媒集团有限公司（SMG）全部动漫资源，并负责运营SMG旗下哈哈少儿频道、炫动卡通卫视、SITV动漫秀场频道三大频道。2011年11月，炫动卡通卫视通过歌华有线的数字整转频道正式落地北京，成为广电总局同意开办卡通专业频道后落地北京的第三家卡通频道。此外SMG动漫创投、高端CG制作，以及两本动漫杂志、动漫衍生业务、卡通体验乐园等资源和销售渠道也被纳入炫动传播。2012年，已有的媒体平台将成为炫动传播公司发展的加速器。炫动传播将通过哈哈少儿频道着力打造“儿童教育”品牌，目标人群设定为14岁以下受众及家长；而炫动卡通频道则更偏向强调“动漫卡通”，支撑动漫全产业链价值释放,目标人群设定为7~24岁,成为全龄动漫内容提供者。目前炫动传播已经基本完成三大中心式的产业布局设计，其中原创投资中心负责所有动漫类内容（电影、电视、漫画等）的创造生产，媒体运营中心负责传播和推广相关作品，而产业中心则负责销售作品和衍生品。炫动传播正在积极对动漫产业上下游各个模块进行整合，未来很有可能成为国内首个覆盖整个产业链的动漫上市公司

奥飞动漫公司也在跨界经营，通过整合动漫内容、渠道，以及传统行业资源，加速企业发展。2011年3月，奥飞动漫参股了内容制造商北京潘高文化传媒有限公司，收购了播出渠道商广东嘉佳卡通影视有限公司股权。该公司的发展方向是构建从内容创作、媒体播放、品牌授权、产业运营的纵向一体化的动漫全产业链运营模式。其中，内容是产业链中的核心，通过培育有影响力的卡通形象形成对动漫玩具的支撑。着眼于全产业链,奥飞动漫的兼并重组主要针对内容、播出渠道、衍生产品及终端几大板块。与此同时，视频网站土豆网2011年年底也宣布加大在国产动漫领域的投入，以打造中国首席国产动漫视频平台，同时成立了北京提线数字科技有限公司，原创动漫的衍生价值正在日益提高。

二、文化内容企业发展的制约因素

从影视和动漫企业发展状况的分析中可以看出，当前我国文化内容企业是以中小民营文化企业为主体，数量庞大但集约化程度不高。截止2011年年底，中国共有影视剧制作机构4 678家，其中前十名影视剧制作机构影视剧产量仅为11%。而各种动漫企业及动漫工作室等超过2万家。而在自上而下重视扶持龙头企业的大背景下，各级政府对于文化产业的支持主要集中在大型传媒企业，因

而大多数文化内容企业往往处于十分尴尬的生存境地。

（一）文化内容生产和激励存在结构性失衡

目前，对于我国文化内容企业的发展而言，文化内容的生产和激励存在结构性问题，已经成为制约文化内容企业发展的瓶颈。其突出表现为：一方面是内容上重数量而轻质量的局面尚未从根本上得到改善，在总体上缺乏市场化程度高的品牌化精品，尤其缺乏具有国际竞争力的文化内容产品；另一方面则是中小企业作为文化内容提供的主体，它们一般缺乏较好的利润收入和盈利能力，也难以满足打造产业链的要求，这不能不说是我国文化产业发展面临的一个非常大的困境。[①] 从动漫企业不得不寻求短线经营的无奈选择可以看出，中小文化企业提供文化内容，存在着心有余而力不足的情况，因为内容需要品牌的支撑，而品牌需要持续化经营，需要产业实力和创意能力的长期积累。

（二）文化内容精品偏少、表现力孱弱

还是以影视剧为例来分析。目前，一方面中国影视剧整体供大于求；另一方面精品剧依然供不应求，价格节节攀升。虽然当前上映的影视作品很多，但是能够真正打动观众的作品不多。在国产影视片中，真正能够获得观众好评、满足市场需要和观众文化需求的精品力作明显不够，特别是立足当下、肩负责任的现实题材作品仍处于弱势。此外，翻拍经典旧作的现象仍然比较突出，鲜有翻拍的电影或电视剧能够让观众认为是可以超越经典旧作。

电影的数字化进程愈来愈快，3D 和 4K 等高新技术正广泛应用，而我国影视企业在这方面还有不小的差距。由于《阿凡达》《泰坦尼克号 3D》等影片的刺激，世界 3D 影视蓬勃发展。在美国，3D 电影产业链已经形成，迪士尼、梦工厂、狮门影业、二十世纪福克斯、新线等电影公司都在制作 3D 电影。国内虽在 3D 电影上进行探索，但总体不尽如人意。4K 电影方面，美国和欧洲正加速对影院实施 4K 数字化升级改造，而我国只有少数几块 4K 银幕。面对这样一种形势和挑战，如何积极应对，变被动为主动，尽快赶上世界电影技术发展新潮流，成为中国电影科技发展不可回避的问题。

（三）版权保护明显不力、相关法律不健全

在欣欣向荣的影视、动漫等产业发展背后，盗版、侵权以及融资困难等问

---

① 参见陈少峰：《促进文化内容产业发展的对策思考》，《中国海洋大学学报》，2012 年第 1 期。

题都是值得我们思考的，而这些问题的解决在很大程度上取决于立法和行业管理能力的提高。例如，国产影片和电视剧的盗版问题相当突出，一些电影电视剧刚上映，市场上就有高清盗版碟销售，这种状况对我国影视市场监管体系建设提出了严峻的考验。同时，与大型文化企业相比，中小文化企业可依赖的核心资产（甚至唯一资产）就是文化内容以及由此构成的知识产权。文化内容是民营文化企业的核心资产，也是其获得融资的基本依托，因此亟需政府基于文化内容和版权，扶持建立相应的文化资产价值评估公共服务平台和担保机制。

（四）文化内容的传播渠道有待扩展

在动画片、电视剧播出方面，电视台依然是主要播出渠道，其市场份额超过90%，在各级电视台中省级卫视逐渐超越央视成为实力最强的动画片、电视剧买家。但是，在播出平台总体上处于垄断经营的状态下，文化内容企业往往处于十分被动受制的地位，其基本权益根本无法得到保障。

当然，随着国内网络视频服务水平的提高，网络视频已经发展成为人们获取影视、动漫资源的重要平台。视频网站不仅成倍地推高着电视剧的版权价格，同时也在向电视剧制作的上游延伸,为“网络观众”度身定制剧集。随着“限娱令”和“限广令”的施行，包括电视剧在内的更多娱乐节目将转向视频网站，而这些网站所投资制作的电视剧在未来几年也有望逐渐走向成熟。视频网站等新媒体所占市场份额较低，但发展速度很快，已进入寡头垄断竞争阶段。2011 年优酷、土豆和搜狐视频市场份额名列前三，同时部分视频网站开始涉足电视剧制作领域，向产业链上游延伸。另外，中国移动预测，到 2013 年，该公司的手机视频用户将达到 4.42 亿。手机视频的快速发展，亟需提供大量适合手机用户的影视内容。相比互联网、手机等渠道的发展速度，影视内容企业还有不小的差距，尤其是传统影视企业规模较小、业务单一，适应新媒体、新技术的能力还有待提升。

三、促进文化内容企业发展的基本对策

促进文化产业的良性健康发展，丰富、发展和提升文化内容的意义是不言而喻的。增强文化内容企业的竞争力，需要以推动内容创新为中心，最大限度地激发和提升文化内容企业的创造力和表现力。当前文化内容企业的发展中，

存在着文化内容创作与内容经营主体激励不足的难题。除非采取一些新的、有效的对策，否则文化内容创作生产和提供的核心领域将处于长期虚弱化的困局。

（一）文化内容企业需要实现转型发展

解决文化内容精品不足和企业盈利乏力的难题，作为经营主体的文化内容企业首先需要思考如何在经营战略、商业模式、传播手段等方面进行改进和转型。

1. 文化内容的丰富性和拥有品牌化精品内容并重

文化内容产品的创作和生产要体现引导性、提升性、满足性、竞争性的不同要求，要照顾到不同的受众或者消费者层次，包括精英与大众、城市与乡村、成年人与未成年人，尤其是要提供满足青少年（含儿童）需求的文化内容产品。此外，个性化的大众是一个需要重视的概念。所谓个性化的大众，就是大众的选择可能属于同一种类别或者风格，但选择的内容可能是不一样的。

在满足多样化需求的同时，企业要重视内容精品生产。例如，对精品影视剧的把握，使得华录百纳公司从容享受行业成长带来的机遇。电视剧、电影制作与发行是公司的主要业务，构成了公司收入和利润的主要来源。从市场趋势来看，电视剧行业未来产品结构将会发生显著变化，普通剧价格基本稳定，而精品剧价格有3~4倍的成长空间，华录百纳公司对精品剧的把握能力和历史上的成功经验有助于保持公司在优质内容上的领先地位，这受益于行业成长及结构变化。该公司上市之前年产量保持在7部左右，成功上市获得资金优势后，公司产能以及抗风险能力都将会得到大规模的提升。在精品剧价格持续走高的情形下，该公司的毛利率及盈利能力将会有显著的提升。当前，各大文化内容企业逐渐开始走精品路线。如华谊兄弟从市场化竞争更为充分的电影市场介入B2B模式的影视剧行业。2012迎来电影大年，该公司逐步会推出《一九四二》《太极》《画皮2》《十二生肖》等大片，预计电影票房有望突破20亿，超过十年历史高点16亿，版权价值提升推动电视剧业务收入同比增长50%以上。

文化内容精品生产，要求企业中的动漫创作者、影视编剧、艺术家要能创造出有新意、有思想内涵、有丰富的现实生活气息的作品。创作者除了要加强自身的创新能力，还要能够深入生活，将现实真实的一面展示给大家，传递作品希望观众看到的以及领悟到的东西。同时，企业需要处理好艺术家与企业家之间的关系，以企业家作为产业运作的主要决策者。要转变观念和认识，在重视产品艺术性的时候，应该明确艺术产品和艺术的区别，文化艺术产品需要获得艺术家、艺术批评家和消费者一致的肯定性评价。

2. 重视以商业模式为主导的创新

文化内容企业在创新的方法上，不是仅仅重视一般的原创，而是要重视能够带来品牌效应和产业链开发价值的核心资源的原创，即重视有效的创意或者能够实现产业链经营的创意，重视以商业模式特别是注重可复制性的商业模式来实现内容更大规模的盈利。通过内容知识产权不仅可以延长产业链，而且可以通过如艺术授权等做法，来带动文化产业制造业乃至其他制造业的提升。

以动漫为例来看，与相邻国家日本和韩国相比较，我国的动漫企业发展还有相当大的距离。在日韩，动漫衍生品的开发和销售，已经成为主导整个消费市场的支柱，而我国的动漫产业虽然近几年呈现出快速发展的势头，但是总产值并不高。因此，我国动漫企业的未来成长空间，不仅局限在动漫产品的本身，更有各种各样的衍生品。动漫企业向产业链上下游延伸，随着动漫的数字化趋势，好的动漫内容能够延伸到出版、影视、手机等多个媒介，最终渠道和平台也会走向融合，从而扩大市场领域或者改变原有的商业模式；动漫与消费品、旅游、早教等传统行业相融合，则能创造出很大的衍生价值，并转化成为相对刚性的需求。

3. 拓展文化内容传播的渠道

文化内容企业要能够同时面向国内和国外的市场。解决中国文化内容产品的竞争地位和实质性消费，国内国外的消费市场都很重要。例如，面对电影技术与科技创新的问题，我国影视企业需要考虑解决怎样实现融合创新或者保持中国传统文化内容生命力的问题，需要加大与国外先进科技的接口，加强合作关系，共同发展，提高影片的质量的同时也增加影片的科技含量，让电影带给观众更好的视觉冲击和心灵震撼。

让更有内涵的文化内容产品进行传播并产生更大的影响力，这里就涉及到平衡传统媒体和新媒体之间的关系。例如，新媒体动漫是我国动漫产业未来发展的重要突破方向。新媒体动漫，可以通过互联网、手机、数字阅读器等现代数字接收终端及传播平台，表现和传播具有新媒体特性的动漫产品和内容。手机动漫和网络动漫具有各自的创作流程，传媒企业基于 3G 移动互联网技术应用的新媒体动漫业务“爱动漫”，以及通过“一站式接入、一点结算”可以为动漫原创作者提供商业模式、技术支持和平台服务。

（二）政府需要建立文化内容创新激励机制

无论从国内的需求还是从国际竞争的角度来看，解决文化内容创作的激励机制问题，尤其是解决市场化的内容精品制作动力机制问题，是推动文化产业发展、繁荣文化内容的关键。

1. 通过政策引导企业实施内容创新

既然重视内容创新，为构建保护知识产权的良好氛围，政府应当进一步完善有关知识产权保护和资助（如专利申请费补贴、产业化设施的优先提供等）制度，加大对自主知识产权的保护力度。同时，引导鼓励核心技术、关键技术、共性技术攻关，以先进技术支撑文化装备、软件、系统研制和自主发展，加快科技创新成果转化，提高出版、影视、演艺、网络、动漫等领域技术装备水平，全面增强文化企业的核心竞争力。

通过必要的公共财政投入和税收减免，为文化内容企业发展提供必要的资助和帮助。公共财政投入重点应落实在基础设施建设、各类公共服务平台建设，以及必要的部分税收减免。税收的减免对文化内容企业来说尤为重要，相比其他国家，我国文化内容企业的税收还有进一步的减免空间，应当参考高科技企业的税收和财政政策，制定相应的支持体系。

2. 明确鼓励与支持的方向

建立文化内容创作的激励机制，应当更加重视支持优秀的文化内容产品和具有可持续战略的文化内容提供的企业，奖励在市场竞争中做出"双丰收"贡献即内容健康和产业价值大的产品、项目和企业。

在扶持和奖励方面要体现具体化和突出重点的要求。必须在政策上鼓励扶持以制作内容为主的有竞争力的文化企业，鼓励开发原创的、大制作的、在国际上有影响力的精品文化项目。在部分扶持政策中包含促进竞争和优胜劣汰的机制，重点在奖励优秀。将有限的扶持资金用以奖励优秀企业和优秀项目，而不是将资金做平均化的分配。必须鼓励和激励优秀，才能体现政策在引导民营文化企业做强做大中的作用，否则很容易将政策性资源分散浪费，没有达到推动文化内容企业发展和培育龙头民营企业的积极效果。

3. 加快文化内容企业上市的步伐

积极支持企业上市，通过资本市场手段来整合资源，提升文化内容企业的竞争力，是政府应关注的重点。从影视领域来看，近年来，华谊兄弟、华策、光线传媒等多家影视公司上市成功。2011 年光线传媒上市，2012 年初华录百纳上市，一时之间，国内较有实力的影视公司都争相迈入资本市场。目前，海润、唐德、金英马影视、慈文传媒、小马奔腾、大唐辉煌、长城影视、东阳青雨、响巢国际等数十家影视公司也在筹划上市，为后续发展积累实力。但是，由于上市后的多家影视公司表现并不是特别突出，以至影响到如今民营影视公司上市的步伐，这些因素的阻碍或许会放慢影视公司上市的步伐，这需要从政策上进一步规范程序、注重培优和引导发展。

4. 增强对文化内容“走出去”的支持

文化企业的内容生产能力将对我国的文化软实力产生直接而深远的影响。激励内容创新，还要建立以民营文化企业为主体的文化“走出去”扶持机制。因为国有文化企业大多数是平台企业，而平台企业是没有“走出去”的资格的，“走出去”的只能是拥有知识产权的内容企业，因此民营文化企业的内容创新能力对我国的文化“走出去”产生直接的影响。要加大民营企业文化内容“走出去”的支持和推广力度，促进对外文化竞争、媒体覆盖和文化传播的有效性。文化内容出口工程可以由国家每年重点在国内民营文化企业中招标采购，并予以相应的扶持和资助。

（张立波 主笔）

第五章　传媒企业（含新媒体企业）发展

2011年，传媒企业加快了发展步伐。传统媒体行业在新媒体行业的冲击下不断尝试融合发展，在运营机制、盈利模式方面寻求新的突破，探寻整合、重生之路。新媒体行业则突飞猛进，微博、网络视频、社交媒体等新的媒体业态迅速普及。传媒企业以数字平台、网络平台、电信平台和广电平台为主要依托，三网融合的实践不仅是对内容的整合、渠道的整合、平台的整合，也逐步实现商业模式的整合。2012年，传媒企业的产业化特征将更加明显，整个行业的内容、服务、渠道、资源整合将持续增强，以互联网、电信、移动终端为代表的平台类传媒企业将进一步强势发展。

2011年3月通过的《中华人民共和国国民经济和社会发展第十二个五年规划纲要》明确提出要"加强重要新闻媒体建设，重视互联网等新兴媒体建设、运用、管理，把握正确舆论导向，提高传播能力""推动文化产业成为国民经济支柱性产业，增强文化产业整体实力和竞争力"，该纲要明确了"十二五"期间我国社会主义文化建设的目标与重要任务。在国家大力推进文化产业成为支柱性产业的大背景下，传媒产业作为文化产业的重要行业，在新形势下强势突击，传统媒体与新媒体各寻机遇、竞相绽放。

一、2011年传媒企业发展概况

传媒产业在新、旧媒体的交互竞争中持续以较强的态势上涨，以网络为代表的新媒体产业作为新兴产业，进入快速发展时期，而传统媒体在面临挑战的同时，也开始探寻多元化、融合发展的机遇。传媒产业成为我国扶持文化产业政策的最大受益者之一。

1. 新媒体产业迅速扩张

十七届六中全会决议提出，要“支持重点新闻网站加快发展，打造一批在国内外有较强影响力的综合性网站和特色网站，发挥主要商业网站建设性作用，培育一批网络内容生产和服务骨干企业。发展网络新技术新业态，占领网络信息传播制高点”。在我国对文化产业大力扶持的背景下，新媒体产业迅速扩张，其业务范围涵盖了以往的新闻发布、信息传播等，还出现了许多新型的业务形态，如网络社群的形成、社交媒体的深入发展等，都成为新媒体产业发展新的增长点。

比如，2011 年 9 月 27 日，人人网公司宣布将以 8 000 万美元全资收购中国视频分享网站 56 网，56 网成为人人网公司的全资子公司，这是人人网上市以来的首次重大战略收购。2011 年 11 月 2 日，搜狐视频与 MSN 中国联合宣布，正式达成视频业务战略合作伙伴关系，搜狐视频将负责 MSN 中文网视频业务的内容和运营，此次合作将结合搜狐视频和 MSN 中国在各自领域的强大竞争优势，全面整合双方的平台及产品。① 以上这些合作，都可视作网络社交平台在商业模式方面的探索。

2. 传统媒体企业加速向新媒体进军

新媒体发展势头正酣，传统媒体也不甘落后，针对新媒体的全面冲击，不断尝试与新媒体的融合发展之路，在市场模式、赢利模式中寻求新的突破。有的媒体机构试图往全媒体发展。目前，传统媒体正经历着艰难的转型和探索。传统的报纸媒体、出版产业、影视制作产业等，纷纷实现产业内部和产业之间的数字化合作，着力开发多媒体、多平台、多终端的新型业务形态，以期完成与新媒体的对接。未来传统文化企业要实现做大做强，实现跨区域跨行业并购，进入新媒体领域是必经之路。

3. 科技进步助推新媒体产业迅速发展

新媒体是新的技术支撑体系下出现的媒体形态，新媒体以数字信息技术为基础，借助网络和移动媒体迅速拓展，科技对新媒体的助推作用显而易见。随着

---

① 参见《2011 中国在线视频行业三大盘点》。

移动互联网的发展，智能手机终端的普及，LBS（Location Based Service）和AR（Augmented Reality）技术的广泛使用，在多媒体信息交换的基础上对地理位置等维度的导入，实现了现实和虚拟之间更广泛的叠加。3G网络的铺建和4G网络的展开，以及IPTV等技术的日益成熟，都为新媒体的发展提供了更强大的技术支撑。

4. 传媒平台企业发展迅速

传媒平台企业在技术的支撑下发展迅速，如腾讯已经先后开放了腾讯朋友、Qzone等业务，越来越多的传媒企业加入到平台建设中。DCCI Web App调查数据发现，[①]受调研的开发者中，已加入开放平台的比例为59%；而最受欢迎的平台是：新浪微博（61.7%）、百度（55%）、腾讯社区/Q+（41.7%）、360（20%）、淘宝、人人，且Web App开发者多以国内开放平台为主要开发对象。

5. 三网融合取得实质性进展

2011年我国的政府工作报告中指出，要积极发展新一代信息技术产业，建设高性能宽带信息网，加快实现“三网融合”。中共十七届六中全会也明确提出，要推进电信网、广电网、互联网三网融合，建设国家新媒体集成播控平台，创新业务形态，发挥各类信息网络设施的文化传播作用，实现互联互通、有序运行。根据工信部发布的消息，[②]2011年我国三网融合实现突破，第一阶段各项试点任务圆满完成，广电业务取得进展，企业合作模式创新力度加大，新业态逐步形成，三网融合基础设施建设加快推进，向用户提供业务条件已经具备，配套产品研发，产业支撑能力不断提高，网络信息和文化安全监管得到加强。目前三网融合的第二阶段试点已经全面展开。

三网融合试图打破此前广电在内容输送、电信在宽带运营领域各自的垄断，使每一个网络运营商都成为多业务运营商。在三网融合政策和机遇推动下，湖南电广传媒股份有限公司发布公告，将通过换股吸收合并的方式，深度整合湖南省内97家地方有线电视网络公司的资产，以实现湖南有线电视“全省一张网”，重组所涉资产约14.1亿元。根据广电业的调查数据显示，至今完成挂牌的省网有25个，其中基本完成整合的有15个左右，其余10个省的整合依然在推进中。海南、陕西等省已基本完成了省网的整合，山西、四川、浙江、辽宁、黑龙江

① 详见《2012中国互联网及互动营销如何重构？》，中国经济网，2011年12月1日。

② 参见工信部总工程师王秀军在“2012年ICT深度观察大型报告会”发表的讲话，工信部网站，2012年2月23日。

等省目前则仍在整合过程中。

三网融合实现了数据、声音、图像三种业务共用一个网络、一种平台进行服务，为业务创新提供了空间，为产业发展带来新的经济增长点。三网融合将为已经具备这种融合形态的新媒体提供广阔的发展机遇，推动新媒体业的有线、无线和互联网视频业务的整合，引进新的商业模式。

二、传媒企业的行业分析

2011年，传媒行业可谓几家欢喜几家忧，既有传统媒体行业前途未卜的忧愁，又有新媒体行业势如破竹的喜人景观，而这并不能阻止整个传媒行业的良好态势，喜忧参半的局面使得传统媒体更加反观自己，加速内容、平台的创新，新媒体则更加寻求自我突破，不断探寻多种商业模式。

（一）出版业

面对数字出版的兴盛和民营书店的重创，传统出版行业开始探索创新之路，合作、整合，甚至从头再来。

1. 民营书店因多重压力而陷入绝境

2011年，许多知名民营书店因不敌强大的压力，纷纷倒闭。7月，拥有17年历史、曾被誉为“北京三大民营书店”之一的风入松书店关门停业，在业内引发了一场“飓风”；9月，广州三联书店陆续关停5家店面，退出广州市场；10月，国内最大的民营连锁书店——光合作用书店高层集体辞职，大量加盟店关门，在业内又引发一波震荡；11月底，上海最大的旧书店——小朱书店因为拆迁问题不得不关门歇业。中国的民营书店迅速衰退。

目前，民营书店面临着两面夹击：一方面，房租成本不断上涨，书店利润很难承受高额租金；另一方面，网络购书对于实体书店的冲击日益严重，不少实体书店的营业额出现了大幅下滑，新兴购书渠道对图书市场造成强大影响。图书市场研究咨询公司Codex Group在一项调查中表示，2011年9月份有过网上购书行为的读者中，有24%的人表示他们是在实体书店先看到书之后才上网下单。而在亚马逊买书的消费者中，也有39%的人表示是先在实体店看到书之后再上网购买。实体书店沦为网络图书的展示橱窗，而书店本身的效益也随之急速下降。

2. 出版集团破茧成蝶

2011 年是新闻出版体制改革逐步深化的一年，新闻出版业的集团化建设正在加快。2011 年 12 月 28 日，以中国出版集团公司为主，中国联合网络通信集团有限公司、中国文化产业投资基金及学习出版社参与发起的中国出版传媒股份有限公司在北京正式成立。中国出版传媒集团股份有限公司作为中央国有大型文化企业，以图书、期刊、音像电子制品、数字出版物的出版发行为主业，集中了丰富的出版资源，在传统出版、数字出版以及专业人才等方面有着很大优势，旗下拥有人民文学出版社、商务印书馆、中华书局、中国大百科全书出版社、中国美术出版总社、人民音乐出版社、三联书店等众多知名品牌出版社。

根据《中国新闻出版报》的报道，[①] 截至 2012 年 2 月份，全国已经组建了包括报业、出版、发行、印刷等各类新闻出版企业集团 120 余家，形成了一支多门类的集团军方阵，有 48 家涉及新闻出版业务的企业集团上市。中央充实了中国出版集团，并先后组建了中国教育出版集团和中国科技出版集团；同时，各地出版集团也加快了联合重组和上市融资的步伐，出版传媒、时代出版、新华传媒、新华文轩、皖新传媒等一批出版发行集团通过 IPO 及借壳等方式登陆资本市场，发展成为文化产业的战略投资者。

（二）广电业

广电行业并未完全实现企业化转变，其事业化倾向明显，是文化产业中受政策影响最大的行业之一。

1. 限娱令、限广令规范电视媒体播出

2011 年年底，国家广电总局先后发布了《关于进一步加强电视上星综合频道节目管理的意见》（简称《意见》）与《〈广播电视广告播出管理办法〉的补充规定》（简称《规定》）。两条“限令”皆从 2012 年 1 月 1 日起生效。

《意见》敦促各电视台限制黄金时段播出的综艺节目数量，每周不要超过两个，而且不要在黄金时段播相亲类、情感类、竞技类等综艺节目。《规定》则明确要求电视台在播电视剧时，不得于每集中间插播任何形式的广告。不仅如此，实际上，广电总局在 2011 年先后下达了 6 条针对电视节目的“限令”，内容分别为：电视剧中间不得插播广告、省级卫视削减娱乐节目、电视剧片头片尾禁止用贴

---

① 详见中国新闻出版网：http://www.chinaxwcb.com/2012-02/20/content_238014.htm。

片广告、时政新闻节目禁用企业冠名、四大名著翻拍被叫停、影视作品中吸烟镜头被严控。

为了响应广电总局的号召，中国多家卫视停播了超过三分之二的相亲和真人秀等黄金档娱乐节目，以便满足政府新出台的严格限制，多家卫视将黄金时段播出的娱乐节目从 126 档减至 38 档。根据 2012 年年初开始实施的一项新规，电视台每周播出的娱乐节目不得超过两档，在每晚 7 点 30 分至 10 点的时段，娱乐节目播出时间不得超过 90 分钟。这些限令虽然对电视广告的发布、电视节目的制作和播出带来了强烈的冲击，但对规范电视剧内容和播出，以及电视娱乐节目、广告播出等问题，都起到了显著的规范化效果。

2. 电视剧市场或重新洗牌

继娱乐节目限制令、电视剧广告插播禁令之后，广电总局针对电视剧题材的《省级卫视电视剧播出管理意见》对电视剧市场提出了诸多指导意见。此前，我国的电视剧制作市场发展呈现供需不平衡状态。2011 年全国电视剧制造剧集数量将超过 1.5 万集，但是电视台的电视剧播出时间并没有相应的调整和增加，这使得原本已经严重过剩的电视剧市场可能出现进一步的过剩。

广电总局对过去两年各电视台播出比例最高的宫廷、穿越和谍战、警匪题材的电视剧提出要加强管理，要求各省级卫视加大现实题材电视剧的播出比重，到 2013 年这一比例将提升到 40% 以上，而历史题材电视剧一定不能随意篡改历史，同时要大力扶植少儿、农村、少数民族等题材，2013 年播出占比为 15%。

同时，关于电视剧制作机构的年度考核细则也正式公布，细则指出，2012 年 3 月之前要完成电视剧制作机构 2011 年度审核，对存在严重违规，没有制作经营业绩，股东中有境外机构或人员的机构将给予“不合格”评级，严重的将取消节目制作许可证，2012 年考核中也将增加现实题材电视剧的制作比例的指标。这些规定将在一定程度上改变电视剧大量过剩、投资与收益失衡等状态。

3. 类电视媒体的发展机遇

广电总局“限娱令”“限广令”等“限令”接二连三的出台，主要针对的是电视剧和娱乐节目，而类电视媒体则不在此列。类电视媒体的播放模式以 VOD（点播）为主。以 IPTV 等数字电视为例，其非线性播出的特点和点播等收看形式令其不在此次限令范围内，而且回看功能可以打破时间的限制，观众可以在黄金时段收看电视台非黄金时段播出的节目。因此，对于观众而言，IPTV 其实增加了对电视节目的可控性选择。

第三方广告技术公司秒针的 MixReach 系统显示：北京、上海、广州等一线城市新视频媒体综合到达率已达 94%，超过传统电视 2 个百分点，在杭州、南京等二三线城市，新媒体综合覆盖率也超过传统电视 3~5 个百分点。对于不同特征的目标受众，MixReach 数据显示，38 个城市的新视频类媒体综合收视时长已超过传统电视，月均超过 20 小时。以电视机为终端的 IPTV 数字电视使用模式比网络视频更适合家庭整体的收看。此外，类电视媒体除了传统的插播广告形式外，还可以根据企业不同的需求进行广告的定制、包剧、专区、植入等等，也可分流一部分原来用于传统电视的广告费用。

（三）互联网新媒体

互联网技术创建了一个全新的互联网产业，随着网络基础服务的逐步成熟，互联网各类应用服务市场呈现出旺盛的活力。2012 年 1 月 16 日，中国互联网络信息中心（CNNIC）在京发布《第 29 次中国互联网络发展状况统计报告》，《报告》显示，截至 2011 年 12 月底，中国网民规模达到 5.13 亿，全年新增网民 5 580万；互联网普及率较2010年提升4个百分点，达到38.3%。尤其值得关注的是，中国的网站数在 2011 年下半年实现止跌，并快速回升（见图 5-1）。

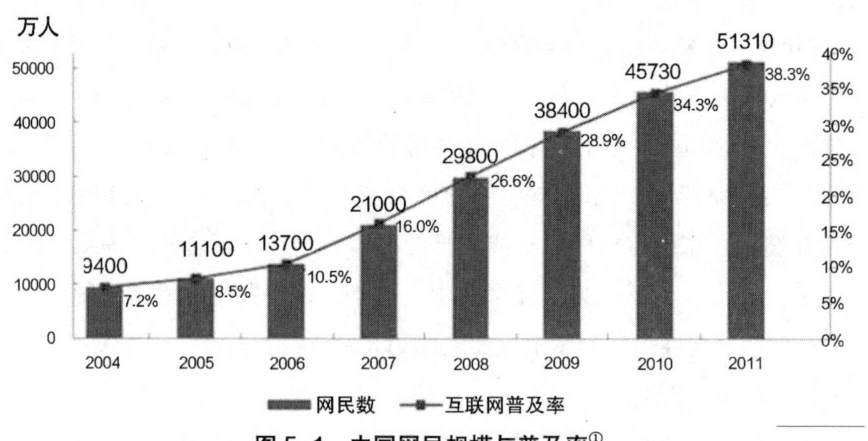

图 5-1　中国网民规模与普及率[①]

① 资料来源：中国互联网络信息中心（CNNIC）《第 29 次中国互联网络发展状况统计报告》。

1. 微博的大时代

从“动车追尾”到“关爱小悦悦”，从“密码疑云”到“某牛危机”，微博的巨大力量早已凸显，2011 年更是微博的大时代。在这一年，我们的生活时时被微博影响着。微博带来了许多信息，也带来了许多思索。人们不仅围观，而且参与甚至深入探寻微博事件的背后故事。微博似一把锐剑，披荆斩棘，赤裸裸地剥开各种包围，试图将真相还原。

截至 2011 年年底，我国微博用户数达到 3 亿。如今，微博的社会影响力与日俱增，微博也成为公众使用频率最高、最为主流的媒体形式之一。微博凭借特殊和多元的传播模式，赋予传播者强大的议程设置能力，意见领袖的力量和气场得到前所未有的追捧，在社会公共事件中，网络舆论的动员能力成为不可忽视的力量。任何个人、企业、组织都无法忽视微博的强大能量，纷纷建立与公众沟通的新场域，搭建个人或组织信息传播的新平台，以期借力微博，实现竞合发展。

2. 互联网交流的实名制

2011 年 12 月 16 日，北京市发布《北京市微博客发展管理若干规定》，规定任何组织或者个人注册微博客账号要用真实身份信息，否则只能浏览不能发言，相关网站须在公布之日起 3 个月内完成对用户的规范。随之，广东省也出台管理规定，广州、深圳实行微博实名制，在腾讯网、金羊网、大洋网、深圳新闻网、奥一网、嘀咕网和饭否网等七家试点网站实行实名制。此后，几大门户网站相继启动微博实名认证。

目前，新浪微博所有的 180 万认证用户全部实现了身份实名制，还有 50% 左右的非认证用户也实现了间接实名。尽管各大网站对实名的具体措施各有不同，如腾讯对微博用户实行真实身份信息注册，目前只在新用户中进行，对以往注册的用户暂时没有要求，用户提供的个人身份号码和组织机构代码，由微博客网站向国家权威机构比对认证。虽然实名制的实行对规范微博的言论行为起到了一定的约束作用，但这种“有限发声”在一些微博用户中也引发了争议。

3. 社交媒体空前繁荣

以开心网，人人网等基于“关系”的社交媒体（Social Media）正引领着互联网产业新的增长势头，人们在社交网络上停留的时间大大增多。社会化网络媒体开创了以个人传播为主的媒介时代，在网络上，人人都是新闻传播者，都是话语权的所有者。社交媒体凭借其交互性、自主性的特征，使得新闻自由度显著提高，传媒生态发生了前所未有的转变。从门户网站到搜索引擎再到今天的社会化网络，互联网一步步改变和优化了人们的生活习惯和上网模式。以社会化网络为核心的新型互联网服务模式不断发展壮大，并且已经融入主流生活模式。

4. 新媒体促进政务服务创新

网络的普及和数字技术的进步，加快了新媒体的社会化过程，而新媒体在政府进行公共决策、处理公共事件中扮演的角色也日益重要。如今，政府和相关领导与网民的互动频繁。国家领导人通过网媒与网民在线交流，带动了网民通过新媒体与政府互动的热情，在参政议政方面发挥了新媒体的作用；在网络舆论引导和舆情研判方面，互联网也进行了大胆探索；在关注民生问题方面，新媒体对社会安定和发展建设作出了巨大贡献。

在经历 2010 年“微博元年”之后，2011 年我国政务机构和官员微博开始高速攀升，增长率超过 200%。2011 年是政务微博发展全面推进的一年，目前，通过新浪微博认证的各领域政府机构及官员微博已近 2 万家，其中政府机构微博超过 1 万家，个人官员微博近 9 千个；省部级以上政府机构微博 35 个，省部级以上政府官员微博 14 个；厅局级以上政府机构微博 429 个，厅局级以上官员微博 268 个。2011 年，微博在政府治理中的作用凸显，许多民众通过微博围观公共事件，监督政府作为。2011 年年底，北京市人民政府新闻办公室、北京市公安局、北京市通信管理局、北京市互联网信息办公室制定了《北京市微博客发展管理若干规定》，希望以此规范微博的发展。2012 年，微博将继续发挥其在推动公共决策民主化、传播政府信息、推进政务创新等方面发挥积极作用。

5. 开放平台成趋势

社会化网络的发展热潮推动着开放平台成为中国 SNS 网站（Social Networking Services，即社会性网络服务）的新一轮发展趋势，开心网、人人网、腾讯等多家社交网站争相对第三方开发者开放平台，试图通过资源共享、利益分成的模式，吸引第三方应用入驻以丰富网站功能，实现价值增值、建立良好的互联网生态环境。社交网络成为如今互联网业务中占主导地位的数字化沟通平台，网络虚拟关系建立在真实社会关系的基础上，增强了互联网沟通功能的有效性，并将影响和主导未来互联网业态的发展方向。

（四）网络视频业

DCCI 互联网数据中心针对 2011 年中国互联网用户行为的调查显示，网络视频是英超受众通过互联网关注赛事的最重要渠道。这种现象已经越来越普遍，越来越多的用户离开传统的电视机，选择通过网络电视获取资源。

1. 视频网站强势崛起

互联网的发展改变了人们的生活方式，人们的娱乐方式突破了传统的框架，迎来了新的变革。作为新媒体的典型代表，视频网站经过了近几年的力量聚集之后，其产业能量和用户群体在短时间内形成并瞬间扩大。2011 年，几大视频网站在竞争、整合中强势崛起。

根据 CNNIC 发布的《第 29 次中国互联网络发展状况调查统计报告》显示，2011 年，网络视频的使用率呈逆势上扬的态势，网络视频行业的发展势头相对良好。2011 年网络音乐、网络游戏和网络文学等娱乐应用的用户规模有小幅增长，但使用率均有下滑。相比之下，网络视频的用户规模则较上一年增加 14.6%，达到 3.25 亿人，使用率提升至 63.4%。

根据艾瑞咨询最新的行业数据统计预测，2011 年中国在线视频行业市场规模 62.7 亿，同比增长 99.9%。2011 年中国在线视频广告收入 42.5 亿，同比增长 42.5%。以腾讯视频为例，其广告收入，从 2011 年 3 月底以网页版 + 客户端整合上线以来，进入第三季度后，较上季度增长近一倍（见图 5-2）。

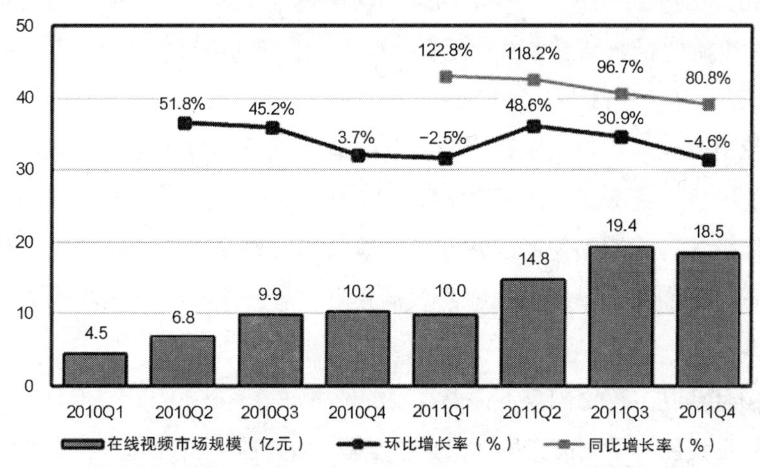

图 5-2　2010-2011 年第 1~4 季度中国在线视频行业市场规模[①]

① 资料来源：艾瑞网：http://news.iresearch.cn/Zt/161269.shtml#a3。

2. 网络视频业走向深度合作

2011年中国网络视频行业走向合作化、创新化的道路。例如，2011年11月22日，搜狐视频正式对外公布与中国移动达成深度战略合作，成为国内在线视频领域针对iPad用户推出中国移动WiFi认证视频客户端的视频网站。其主要业务是在国内有移动WiFi覆盖地区，用户搜索到CMCC等网络接入点，就能使用搜狐视频客户端来进行验证。经历了商业化与正规化市场调整之后，大部分视频网站试图通过互相合作、整合资源的方式达到双赢的局面，以期改变行业布局。同时，在传统商业模式趋于饱和的情况下，寻求创新性发展模式成为网络视频行业发展的新方向，许多视频网站试图涉足社交与移动领域，探寻新的发展机会和发展模式。根据艾瑞网的消息，美国视频广告服务商Tubemogul和视频网站Brightcove在2010年12月发布的美国网络视频研究结果显示，Facebook已经超越雅虎，成为全球第二大媒体网站视频流量来源，这显示了社交网站已经成为视频行业最大的第三方视频网站，社交网站正逐步向视频行业渗透，社交媒体与视频行业之间的融合趋势成为视频行业发展的新商业模式。

目前，尽管网络视频行业的市场规范尚未完全确立，竞争空前激烈，但不同的视频网站纷纷立足本企业，选择不同的发展战略，视频行业向细分化市场发展的趋势也日益明显。这一举动会推动视频行业多元化、细分化发展，也会将一些中上游的企业推上水面，而中小视频企业则面临日益复杂的竞争环境。

3. 版权内容之战持续上演

版权内容问题目前是困扰视频行业的最大阻碍。2011年，视频行业关于版权内容的纷争一直不断，视频网站盗版口水战逐步升级为正版“抢权战”，搜狐视频、优酷等各大网站纷纷表示出重金购入影视作品，而近日的优酷和土豆网互相指责对方盗播自己拥有独家版权的视频内容并进行巨额索赔也是版权之争的典型事件之一。

2010年年初，网络独家首播电视剧的价格每集不过1万元，但到了下半年每集的价格已经涨到了15万元。2011年，这一增长速度更为惊人，平均每月都以数十倍的价格翻倍增长，《浮沉》单集售价过百万，《宫2》的单集价格更是超过了150万，一年之内价格翻了100倍，令人咋舌。版权之争的最大受益者是版权方，可以将一部电视剧既卖给电视台又卖给视频，一箭双雕，坐收渔利。

目前，网络视频行业的版权费用和带宽支出成为视频企业的巨额负担，视频网站之间的竞争也在逐步向资本市场渗透，而视频企业之间的合作是大势所趋。根据艾瑞网的分析，[①] 以土豆网和乐视网为例，土豆网的流量规模和用户规模整合乐视网完善的正版视频版权库，既能降低高昂的版权成本，又能将海量视频内容最后变现获取收益，这样的整合模式成为了 2011 年视频行业最具特征的现象。艾瑞网分析认为，视频大企业之间的合作背后展现的是企业布局视频行业的运营能力，充分利用相互的优势，减少开支，扩大市场占有率，在行业环境中占据更有利的优势，将直接影响到视频行业的地位。

（五）移动媒体行业

全球移动广告市场在 2011 年以出人意料的速度发展，有超过一半的成年手机用户在商店内使用智能手机来辅助购买决策，这股热潮在中国市场持续蔓延，移动用户数量的迅速增多也带动了各种创新商业模式的发展。

1. 移动广告市场发展迅速

根据 LBS 移动广告平台 Vpon 发布的数据显示，LBS 移动广告受众在 2011 年总体呈现增长趋势，受众的总体接受度逐步提高，全年平均增长率达到 66.75%；一线地区的移动广告受众覆盖密度较高，东部沿海地区以及部分内陆省份用户的规模日渐庞大，如江苏、浙江、山东、四川、福建等。北京、上海、广州、深圳各行政区域独立用户主要分布在中心城区，其周边地铁沿线受众活跃度也相对较高。目前，餐饮业、快速零售业、金融行业以及汽车等行业纷纷尝试移动广告的投放模式。

2. 移动互联网市场规模大涨

2011 年，中国移动互联网步入快速发展轨道，用户规模持续快速增长。据 CNNIC 数据显示，截至 2011 年 12 月底，中国手机网民规模达到 3.56 亿，同比增长 17.5%。根据艾瑞咨询机构发布的数据显示，2011 年中国移动互联网市场规模达 393.1 亿元，同比增长 97.5%。其中，移动电子商务增长迅速，在整体移动互联网市场规模中的占比增至 30.5%，成为第二大细分行业；移动营销行业发展良好，广告主对移动营销理念的增强有助于行业的稳定发展（见图 5–3）。

3. 移动互联网产品和应用服务类型不断创新

移动互联网市场的发展，一方面要依赖技术创新，另一方面则是要力求更

---

① 资料来源：艾瑞网：http://news.iresearch.cn/Zt/161269.shtml。

好地推广平台。除此之外，借助智能手机和平板电脑的普及，一些以前用途并不广泛的技术开始大派用场，比如二维码技术及AR技术。从应用的类型来看，很多服务为传统互联网相关应用服务在移动互联网的延伸，但同时也出现了一些移动互联网的特有应用，移动互联网创新应用层出不穷。移动互联网是传媒产业发展的新经济增长点，涉足新型领域显示了企业长远的战略目光，通过新领域发现新商业机会，许多大企业纷纷抢夺市场占有率，通过开发移动应用程序、与移动运营商合作等方式来抢占先机。

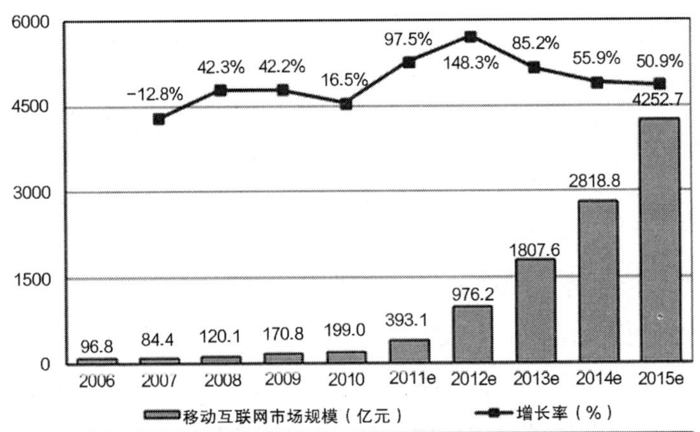

图5-3　2006-2015年中国移动互联网市场规模预测①

（六）电子商务行业

中国网民的迅速增长，给电子商务提供了巨大的空间。2011年，电子商务吸引投资近300亿元，在热钱的投资下，中国电子商务队伍如雨后春笋般发展壮大起来。

1. 电子商务大洗牌

从2011年年初的千团大战，到年中的万团混战，团购行业已经遍体鳞伤。

① 资料来源：艾瑞网：http://news.iresearch.cn/Zt/161269.shtml#a3。

截止到 2011 年 12 月 31 日，全国共诞生团购网 5 877 家，但运营中的团购网站数量已由 7 月峰值数量 5 188 家减少至年末的 3 909 家，全国范围内已有 1 968 家团购网站在激烈的竞争中关闭、退出团购市场，占所有运营团购网站总数量的 33.5%。[①] 同时，B2C 商城则纠纷不断，时有亏损、倒闭消息传出，比如 2011 年凡客诚品巨亏 6 亿陷入危机，麦考林和当当网前 3 季度财报亏损，聚品网、网易尚品、蚂蚁汇等纷纷终止服务。电子商务企业面临市场的重新洗牌，各种网络购买行为和购买模式的出现或衰落，都掀起电子商务市场的一波波热潮。

2. 电子商务营销大战频频上演

过去的一年，国内几家大型网上零售商大打价格战的报道频现报端，价格之战几乎天天上演。在众多电子商务企业中，当当网、卓越网和京东商城是最大的竞争对手。当当网、卓越网虽已是老牌电子商务零售商，但近年来后来居上的京东商城，自从 2010 年制定了全品类战略之后，其产品线就开始不断地扩张，首先进入日用百货，然后是图书音像，最近还开通了酒店预订业务、电子书频道，甚至还尝试卖汽车。凭借其对电子产品、电器产品等优势项目的经营，以及良好的通路建设和服务口碑，迅速树立了市场地位。而苏宁电器的网上商城“苏宁易购”的开放，也凭借其强大的企业背景和已有的品牌资产，在电子商务销售中分得一杯羹。凭借各种线上业务的开通，各大电子商务网站纷纷发起价格攻势，各种促销活动接连不断。

2011 年，除了传统的节日，电子商务抓住一切可以利用的特殊日子大肆进行促销。如“11. 11”、“12. 12”等民间发起的节日，这些节日成为电子商务网站的狂欢节，他们纷纷实行折扣、促销活动，将这些原本平常的日子演变为网上购物的庆典。

3. 移动电子商务异军突起

2011 年也是移动电子商务异军突起的一年，移动电子商务终端设备的普及，电子商务之间的激烈竞争，以及对商业模式的新探索等，都促成了移动电子商务的迅速崛起。根据艾瑞网的数据显示，2011 年移动互联网市场的细分格局发生了进一步的变化，移动电子商务的占比进一步增加，所占比重为 29.2%（见图 5-4）。

---

① 数据引用：http://syue.com/Owners/Business/61956.html。

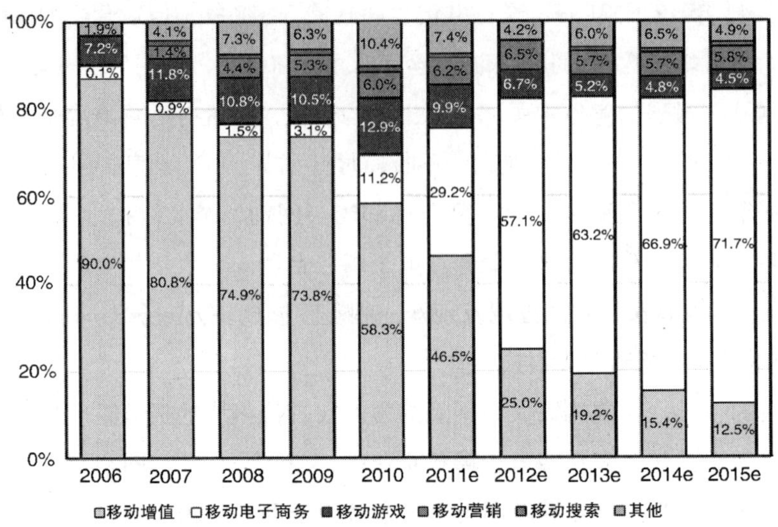

注：2011年中国移动互联网市场规模为393.1亿元。其中，移动电子商务统计的市场规模为交易规模。

Source：根据企业公开财报，行业访谈及艾瑞统计预测模型估算，仅供参考。

图 5-4　2006-2015 年中国移动互联网细分行业结构占比①

（七）广告业

广电行业的广告限令将广告行业推向了新媒体的怀抱，广告行业在各种媒体之间探寻新出路。相对于传统媒体，投入更小、传播更精准的网络平台和移动平台得到更多广告主的青睐，微博营销、社区营销、移动平台营销等新模式获得较大发展。

1. 广电双限令下的广告新招

广电总局在 2011 年发布的“限广令”和“限娱令”分别禁止电视台在播放电视剧时插播广告和限制每周播出的娱乐节目数量。这对电视广告来说无疑是一记重棒。但各大电视台为此各出奇招，通过加长各剧集间的广告时间、举办抽奖活动等形式，纷纷寻求减少广告损失的对策。

尽管多数电视台根据条例要求对节目进行了调整，但许多电视台在每集电视剧之间播放的广告时间更长了，从以往的 5 分钟左右延长至 10 分钟，甚至 20

① 资料来源：艾瑞网：http://news.iresearch.cn/Zt/161269.shtml#a3。

分钟；有的电视台干脆省略了电视剧的片尾曲，直接跳入广告，或以滚动字幕形式，在电视剧播出时于荧屏上下方打广告。而作为以娱乐节目著称的湖南卫视，受“限娱令”打击较大，在两条“限令”的压力下，于夜间添加了一档由赞助商进行冠名的“金芒果剧场”播放电视剧，每集电视剧结束时播放的下集预告片也都加入“××（广告商）提醒您收看下集”的字眼。广电总局政策的下达要求电视台探索更为合适的渠道、时段、栏目和方式进行广告投放，而如何平衡电视台、广告公司、制片方以及观众的利益，形成多方共赢的局面，是眼下各大电视台关注的重要问题。

2. 互联网营销革命

社会化媒体的浪潮席卷而来，以 Facebook 和 Twitter 为代表的社交网络引领了互联网发展最强劲的增长势头，这也引发了互联网营销的革命。从 2011 年起，社会化媒体的跨界整合开始成为一种新的尝试，社会化媒体的迅猛发展和网络口碑的重要性显而易见，通过广告、公关、市场、销售、客户服务等环节，不仅全面改变着品牌和消费者的关系，也引发了巨大的商业变革。

“限娱令”“限广令”的下达和三网融合的加速，使互联网在广告营销中的商业价值更加凸显，甚至呈现超越电视媒体的趋势，广告营销、自制内容、版权内容、热播剧、融资上市以及多屏合一的推进，为互联网提供了绝好的机会，跨媒介整合营销是业界面临的迫切问题。

三、传媒企业发展所面对的挑战

2011 年，传媒企业在内容、形式、业态和平台等方面，都面临着很大的挑战。

（一）新旧媒体的共存问题

根据中国互联网络信息中心公布的统计数据显示，2011 年中国网民规模超过 5 亿。其中，仅 2011 年上半年，我国微博用户数量就从 6 311 万快速增长到 1.95 亿，增幅高达 208.9%。此外，在全部 18 种网络应用中，网络新闻的使用率达 74.7%。新媒体在传播模式、传播效果和传播特点等方面的优势强烈冲击着传统媒体，新媒体传播的精准性、互动性和有效性也引起越来越多投资者、广告主的关注，这对传统媒体的商业价值也产生了很大的影响。在互联网的冲击下，报纸、杂志等传统媒体如何突破既定模式，从整体上提升发展战略，从根本上提升传播水平，进而提升核心竞争力，是面临的重要问题。

同时，新媒体也存在诸多不足，如由于网络可控性差，许多网站由于管理疏松、审查不严密，导致虚假新闻得以发布，网络新闻的真实性难以分辨，影响社会稳定。在信息传播深度、内容价值等方面，新媒体也需与传统媒体展开多角度的合作，借助传统资源提高新媒体的价值，同时也共享传统媒体的渠道。如何在内容分享、监管技术、广告投放等方面深入合作，是新媒体和常规媒体共同努力的方向。

（二）民营书店探寻重生之路

互联网对传统书店的影响主要表现在两个方面：一是数字出版业的兴盛对传统的阅读习惯带来冲击，纸质媒体面临媒介转型的挑战；二是网络书店发展迅速，低廉的价格和便捷的服务赢得了大量消费者，大大蚕食了传统书店的市场。网络书店购书的便捷性，超低的折扣和时常出现的限价抢购、节日秒杀、团购等促销形式都是其可望而不可及的。

2011 年以来，由于物业成本大幅上升，实体书店图书销量下滑 20%~30%。除去高额的房租成本、人力资源成本、仓储成本，民营书店难以获得众多优惠政策的支持，税收负担也成为实体书店失去竞争力的压力所在。国有书店享受税收返还、免除房租和教材销售的优势；网络书店拥有仓储量大、折扣诱人、进货优惠的便利；加之愈演愈烈的数字出版蓬勃发展，多重压力下，民营书店生存很艰难。

面对网络书店的低折扣营销策划、电子出版的蓬勃发展、日益上升的成本投入和国家扶持政策的缺失，实体书店如何在接受橱窗效应的前提之下改变经营策略，扩大盈利渠道，才是当务之急。

（三）限令下的广电广告重压

广电总局“限广令”和“限娱令”推出，是为了确保每集电视剧剧情的完整性和观众收视的连贯性，避免节目低俗化，符合观众利益和愿望，也便于更好地体现广播电视公益文化服务的职能。但对于广电广告来说，这无疑是一枚重磅炸弹。据业内人士推算，单是《〈广播电视广告播出管理办法〉的补充规定》就可能导致中国的电视台损失近 200 亿元人民币。各大广告主在广电媒体减少的广告预算，很大一部分分流到网络媒体。各大电视台为此各出奇招，通过加长各剧集间的广告时间、举办抽奖活动等，力挽收入。电视台既要保证对国家政策规定的遵守，又要想尽办法保证广告收入，避免广告费用的大量分流，这也让各电视台面临着两难的选择。

（四）网络视频江湖厮杀依旧

网络视频产业日渐成熟，行业竞争日益白热化。由于视频网站的经营方式相对单一，对影视剧版权资源的争夺是网络视频行业竞争的焦点。由于网络视频的剧集成本一路攀升，许多视频网站不得不拿出巨额资金用于购买剧集。数据显示，酷6网拿出数亿元购买正版影视剧，优酷网每年的投入将超过6 000万元，56网把每月收入的1/3都投在了购买版权上。尽管2012年的一些热播剧已经被高价购买，版权价格也有所回落，但视频剧集的整体价格必将会越来越贵。

在影视剧版权价格突飞猛进之际，各家视频网站成本居高不下，而这种比拼的行业竞争难以持久，尤其是影视剧的广告价值衰耗很快，很难形成长期的口碑和品牌。为了解决发展困境，有的视频网站开始选择自创名牌栏目，试图以内容取胜、细水长流，也有的网站采取自主投资拍摄制片、加强社交网络建设等措施，在此基础上找寻新的发展道路，实现差异化竞争优势。

（五）网络媒体内容缺乏规范化、法制化

截至2011年6月，中国微博用户数量达1.95亿，半年内新增用户数量绝对值达1.32亿，增长率达互联网之最，为208.9%，使用率达40.2%，而手机网民使用微博的比例也达到了34%之多。截至2011年12月的数据，新浪微博一周热议话题榜首话题热议次数达十万量级，腾讯微博热门广播24小时转发近十万，搜狐微博转发人气总榜榜首用户转发总数达百万量级，网易微博热门话题1小时相关微博上万。

用户基数的不断攀升和用户活跃度的稳定，一方面证明了微博的商业价值；另一方面，由于微博内容交互、内容分享和用户互动的门槛相对较低，使得互联网用户的信息获取渠道开放而多元，对于媒体监管者来说，网络具有较多的不可控性。网络代写、网络水军等诸多不规范的网络行为频频出现，相比较于传统文学创作，网络文学因其创作环境宽松、监管不严、新人走红快等特点，代写问题已经成为一种公认的“潜规则”，但因为受制于取证难、法律法规缺失等问题，这一潜规则开始成为一条“隐形产业链”，影响着互联网行业的健康发展。近年来日益凶猛的网络水军，被一些不良企业或个人利用作为网络宣传的工具，或者作为社会公共事件中的不安因素，直接扰乱了互联网的市场秩序和舆论引导方向。

四、传媒企业的发展趋势

传媒企业在国家文化产业振兴策略的扶持下，必将呈现蓬勃发展的趋势，特别是网络产业和移动媒体产业将会呈现多元化的发展态势。

（一）新媒体企业迎来发展的黄金时期

2011年，党的十七届六中全会明确提出“文化强国”的长远战略，要求从几个方面大力扶持文化产业：完善市场准入制度，消除壁垒；鼓励产业并购重组，文化企业上市；要加大政府投入，落实优惠政策；加快完善版权法律政府体系、提高版权执法监管能力；鼓励新兴业态、发展创业文化；打造精品文化品牌,积极进军国际市场。这些有力政策将成为新媒体产业千载难逢的发展机遇。

部分机构针对细分行业进行了预测。互联网方面，据高华证券预计，到2012年年底我国网民人数将接近6亿，互联网普及率达到43%。到2012年年底宽带接入用户数将接近1.9亿，宽带普及率达到49%。互联网的影响力将进一步提升，对传统媒体的冲击将逐步从平面媒体延伸到电视媒体。预计2012年互联网广告同比增值40%，电视广告同比增值13%，报纸广告基本持平。渤海证券则认为,伴随社会生活的互联网化,我国网络经济市场规模仍将进一步扩大。预测2012年至2013年网络经济市场规模将保持50%~60%的增速，预计将达到3 901亿元和5 647亿元。互联网将持续展现强大经济利益和社会渗透力。

新媒体的强大社会影响力引起了企业和广告主的持续关注，社会化营销悄然兴起。针对微博的商业价值，新浪CEO曹国伟曾经预言了六种可行的微博商业模式：互动精准广告、社交游戏、实时搜索、无线增值服务、电子商务平台以及数字内容收费。新浪和腾讯都曾融合互联网精准广告和电子商务平台，分别推出了类似的“微商城（新浪微博）”和“微卖场（腾讯微博）”模式，将之与主流电子商务企业的官方微博打通。在增值服务、内容收费等领域，新浪微博也不断做出尝试。由于融合了电子商务、社交应用以及其他新媒体元素，新的商业模式在社会化营销布局中将会越来越受重视。

在探索新型商业模式的同时，新媒体企业的上市计划也加快了脚步。其实早在2009年，国务院就已经通过文化产业振兴规划。规划指出，要降低准入门槛,吸收更多的社会资本和外资进入政策所允许的文化产业领域。2012年新华网、人民网计划在上海交易所 IPO。此外千龙网、北方网、东方网、大众网、浙江在线、华声在线、四川在线等十大新闻网站将陆续登陆 A 股。通过整合资本市场的资源优势，关注传统媒体与新媒体的融合，保证主流媒体在网络环境中的舆论引导能力，是许多主流媒体的发展趋势。

（二）传统媒体与新媒体内容整合速度将加快

影视企业加强与网络文学的联姻是这一趋势的典型代表。2011 年多部热播的电视剧如《裸婚时代》《千山暮雪》《步步惊心》《后宫甄嬛传》《倾世皇妃》等，都改编自网络小说，网络小说已经成为影视剧创作素材的重要供应方。据不完全统计，目前有超过 20 部在 2013 年正式发行的电视剧改编自网络热门小说，2012 年，网络小说改编电视剧热将持续。继电视连续剧《裸婚时代》爆红后，《我的极品婆婆》《懒得结婚》《婚姻守卫战》等多部现实题材的网络小说都已相继被影视公司买走版权。由于广电总局对宫斗穿越剧的限制，现实题材的网络小说成为改编热门，而且其主题和素材大多贴近生活，描述的是现实社会发生在人们身边的真实情景，因此，这些作品更受群众追捧，容易引起共鸣，也得到诸多电视台的青睐。

同时，视频网站的内容整合也是大势所趋。此前，国内近二十家视频网站公司为了争夺电视剧视频版权，不得不采取高价竞争的方式，而随着价格战的愈演愈烈，多家视频网站现金流吃紧，视频网站对网络版权的争夺成为严重阻碍视频网站发展的绊脚石。而在 2012 年，由于管理政策的多变和版权价格的疯涨，多家成熟的视频网站将会考虑暂停购买电视剧版权，实行交换剧目播放的策略，也就是说，视频网站拿到了某个热播剧的独家网络视频权之后，用这个剧再跟其他视频公司换取其他剧的分销权，几大视频网站共享资源，以降低投资成本。

（三）网络媒体对广告主的占有率将会提高

“限娱令”“限广令”的颁布，使得不少广告份额从电视台流失到视频网站，两条“限令”下的挤出效应日益显现，广告主可能会将更多广告预算投放到在线视频网站。2012 年 2 月 6 日，搜狐视频宣布与伊利、拉芳两大知名品牌达成深度战略合作；此前，优酷、土豆、爱奇艺等也传出消息，获得了广告主的“新年大单”。另外，社会化媒体的发展，迎来大量消费力较强的网民的参与和互动，更加赢得广告主的青睐。如何利用微博等社交媒体进行社会化营销，是广告业务正在探索的重要领域。在这波广告主阵地的大转移中，已经有越来越多的传统行业广告主加入进来。

（四）"云计算时代"到来将会创造新的商机

随着国内3G市场的开放和相关技术的进步，移动互联网的发展环境将更加成熟，2012年移动互联网市场仍将继续保持快速增长的趋势，创新应用将大量涌现，盈利模式也会更加多样化。2011年，微软、苹果、惠普等国外高科技公司相继发布云计算产品，酷盘、盛大云平台、阿里云OS等国内云计算产品也获得较好反响，在政府政策对云计算的大力支持下，各大运营商纷纷尝试云计算数据中心的建设，移动互联网云端时代即将到来。移动互联网拥有更为庞大的用户基数，为手机厂商、内容供应商、无线运营商等提供了巨大的市场，面对发展机遇的同时，如何实现互联网市场的规范化，保证移动互联网健康、快速发展，是2012年的发展重点。

（五）网络平台与政府联手合作将成为一大方向

微博的迅猛发展不仅深刻地改变着传媒生态，也推动了政府治理的创新和网络媒体与政治的联姻。全国各地的政府机构、政府官员积极利用新媒体技术提升社会服务水平，尝试通过新媒体不断探索社会化管理新模式。微博具有信息公开、即时互动、快捷简明等特点，是政府2012年通过新媒体创新执政方式的突破口。

2011年11月28日，上海市人民政府新闻办公室发起的"上海发布"官方新浪微博正式上线。"上海发布"旨在及时发布权威的上海政务信息，努力提供涉沪实用资讯，积极与网友开展互动，回应群众话题。上海市依托拥有2.5亿活跃用户的新浪微博平台，力图打造对外宣传平台和现代化国际都市的形象宣传阵地，树立服务型政府形象。2011年12月12日，"2011政务微博年度高峰论坛"在北京举行，人民网舆情监测室联合新浪微博在会上发布《2011年政务微博报告》，报告对2011年新浪微博平台政府机构和官员微博成功运营案例进行研究和总结，是我国首次就政府机构以及政务人员微博运营情况发布年度报告盘点，标志着我国将政务微博的发展跨上了新的台阶，围绕政务管理社会化、公开化、网络化的政府执政新格局就此开启。2012年，中国政府利用新媒体进行现代化政府形象、城市形象的宣传将进入一个全新的网络时代。

（六）传媒企业融资能力将进一步提升

党的十七届六中全会审议通过的《中共中央关于深化文化体制改革、推动社会主义文化大发展大繁荣若干重大问题的决定》，为我国文化产业大发展大繁荣提供了战略指引。该决定的颁布，使得传媒板块逆市飞扬，整体涨幅将近25%。其中，新媒体概念个股走势值得关注，乐视网（300104）自2011年10月以来累计上涨40.72%，从传统媒体转型新媒体的广电信息（600637）也累计上涨30.57%，各大媒体拉开了上市序幕。

在这一洪流中，全国重点新闻网站A股IPO大幕拉开，人民网独占先机。随后，新华网、央视网等多家网络媒体以及中国教育出版集团、中国出版集团等众多文化类企业也在加快步伐进军资本市场，将陆续“抢滩”A股市场。传媒资本市场呈现“蓄势待发”的繁荣景象。在2011年最后两个月，凤凰传媒正式挂牌上交所，中原出版传媒集团则借壳入主ST鑫安而“变身”大地传媒，这些将在2012年继续掀起文化传媒板块的投资热潮，迎来文化传媒类公司上市高潮。

附一：【盘点2011传媒业十大新闻】①

1. 国家形象片在纽约播出：让世界感受中国

由中国国务院新闻办筹拍的《中国国家形象片人物篇》17日在美国纽约时报广场大型电子显示屏上播出，中国各领域杰出代表和普通百姓在片中逐一亮相，让美国观众了解一个更直观更立体的中国国家新形象。有分析称，当西方观众看到这则中国国家形象宣传片的时候，他们会发现很多中国面孔对他们而言很陌生。不过，这或许也是中国希望提醒他们的：“你们对中国的了解还太少。”

2. 江南春推LBS互动广告模式：重新定义数字媒体

分众传媒第四季前正式推出基于LBS的互动广告新模式，分众LCD屏和手机用户将实现互动，广告模式或从单纯的广告展示过渡到用户实施购买。董事长兼CEO江南春表示，“相信这个模式的创新，改变的不仅是分众，希望重新定义数字媒体而不是户外媒体。”

① 资料来源：梅花网：http://www.meihua.info/today/post/post_54d1e12f-29ea-4cb1-9b3c-c9c92e035c8d.aspx。

3. 盘点广电总局2011年六大电视禁令

2011年，广电总局先后下达了6条针对电视节目的禁令。具体内容为：电视剧中间不得插播广告、省级卫视削减娱乐节目、电视剧片头片尾禁止用贴片广告、时政新闻节目禁用企业冠名、四大名著翻拍被叫停、影视作品中吸烟镜头被严控。此次广电总局重拳出击，可谓一拳狠似一拳。据业内人士估计，仅“限广令”一项实施，全国各电视台损失就不少于200亿。

4. 光线传媒上市

国内娱乐企业光线传媒2011年8月在深交所上市。发行价52.5元的光线传媒开盘就超过70元，最后报收74元。相比华谊兄弟和华策影视，光线传媒有后来居上之势。与此同时，业内人士并不认为这是娱乐传媒上市饱和的一个信号，相反认为其有很多上升空间。

5. 广电总局将力推三网融合，不允许搞整体上市

国家广电总局在京召开2011年全国广播影视工作会议，研究部署2011年工作。国家广电总局局长王太华强调，2011年要着力做好九方面的重点工作，其中一项工作重点就是加快科技进步，推进三网融合。其中规定：改革中，不允许搞跨地区整合，不允许搞整体上市，不允许按频道频率分类搞宣传经营两分开，不允许搞频道频率公司化、企业化经营。

6. 黎瑞刚去职，上海文广改制“棋至中局”

2002年10月至今，在SMG内部被称为“黎叔”的黎瑞刚，主导了SMG的“制播分离”改制，在他的一手推动下，SMG与湖南广电一起，成为了全国地方广电机构制播分离与转企改制的标杆。但“棋至中局”，黎瑞刚的离开，让“SMG改制”的前景陡然生疑。

7. 腾讯启动Q+策略QQ将向第三方开放

2011年是开放平台的元年。随着众多互联网企业的加入，开放平台也得到了飞速的发展，其中已拥有6.7亿活跃账户的即时聊天工具腾讯QQ，将对第三方开放。腾讯向外界解读了其“Q+”开放策略。截至目前，腾讯已经先后开放了腾讯朋友、Qzone等业务。

8. 光合作用关张：电子商务夹击，纸书民营之殇

北京第三极书局、风入松、淘书公社等大型民营书店相继关门后，全国最大的民营连锁书店——光合作用仍未逃脱行业“魔咒”。最终，号称“拥有全国

最大连锁渠道”的民营连锁书店光合作用书店也走上了不归路。志鸿教育集团董事长、中国书刊发行协会非公有书业工作委员会主任任志鸿称，虽然中国目前在大力推动文化产业的发展，但在图书出版乃至发行领域，国营和民营企业享受的是不同的待遇。

9. 四大网站微博全部实名

继在北京运营的新浪、搜狐、网易三大门户网站启动微博用户实名认证之后，昨日，总部在广东深圳的腾讯微博开始实名制认证。与新浪、搜狐、网易不同的是，依照当地规定，腾讯只需对新用户执行实名制，对以往注册用户暂时没有要求。

10. 土豆网 IPO 发行价 29 美元登陆纳市

土豆网确定了在美国纳斯达克市场首次公开招股的发行价。招股说明书显示，该公司将使用募集到的资金用于技术升级、带宽扩展以及购买视频版权。值得注意的是，由于之前土豆上市时机意外推迟，加之近期美国资本市场对中国概念股的热度退潮，使得土豆上市过程扑朔迷离。

附二:【2011 年新媒体领域七大标志事件】[①]

1. 互联网电视正式启动

2011 年 10 月底广电总局下发了规范互联网电视发展的 181 号文件。这个文件宣告了中国互联网电视的正式诞生，有了合法的市场运营主体，互联网机顶盒可以合法进入市场，7 家互联网电视运营商可以正式开展互联网电视商用服务。随即百视通和华数在 12 月初举办了盛大的联合机顶盒厂商的合作仪式。从电视机终端厂商的互联网电视机为主导、视频网站的进军电视屏幕战略到 7 家互联网电视运营商的正式亮相，中国互联网电视开始步入正轨。

2. IPTV 进展缓慢

笔者估计 2011 年年末国内 IPTV 用户规模在 130 万以内，这一数字大大低于年初的预期。自从三网融合新政确定 IPTV 播控权属于广电，国家广电总局确立了 CNTV 建立中央集成播控平台、12 个三网融合试点地区建立二级播控平台的政策，并于 2010 年年底完成了播控平台建设。12 个三网融合试点城市 IPTV

---

① 资料来源：新媒体传播网：http://www.xmtcb.com/xmt/dt/2011/1230/9159.html。

的政策松绑了，电信运营商可以放开手脚大规模开展 IPTV 业务了。但是，失去 IPTV 播控权的电信发展 IPTV 的热情不再高涨，转身全力投入宽带和移动互联网等基础网络建设和运营。

作为本地化业务的 IPTV，当地广电却失去了主导权和利益分配权，IPTV 直接影响到当地有线网络运营商，而很多地方的电视台是有线网络的大股东，CNTV 凭借政策直接掠食也不受地方广电欢迎。更重要的是，百视通可以在全国各地和电信运营商合作开展 IPTV 业务。按照广电总局的规定，百视通只可以保留上海、大连、哈尔滨、厦门四个城市的 IPTV 播控平台，其余的都要按照二级播控平台的规定执行。但是这一规定似乎并没有生效，百视通继续和电信运营商合作在全国大部分地区开展 IPTV 业务，其范围远远超过 CNTV。最大的看点是 CNTV 和百视通正在进行合作谈判，2012 年也许会有一个统一的广电 IPTV 播控平台和电信谈判。

3. 电视台集体投身网络电视台

当电视遇到互联网，除了电视台的频道，用户可以看视频网站的节目，可以看互联网电视的节目，OVP 上可以随意搭起任一个电视台。电视台的收入虽然增长稳定，但是网络视频的冲击还是让电视台坐立不安。2011 年，全国成立了 15 家网络电视台，还有 4 家在审批之中，电视台的“全媒体”战略在 BIRTV2011 上已经显山露水。BBC、CNN 等国际广电传媒大鳄的新媒体战略，成为包括央视在内的国内电视台紧盯的方向。2011 年大家终于按捺不住了，开始集体下水涉网，打出全媒体的旗号，建设网络电视台。

4. 三屏融合获得实质进展

移动智能终端的普及大大超出预料，上网本迅速死去，ANDROID 和 IOS 迅速崛起。智能手机和 PAD 屏幕成为电视、电脑之外的第三和第四屏幕，到 2011 年年底国内便携智能设备已经近 6 000 万台，是移动互联网的终端，也是视频的终端，电视无处不在变成了现实。视频网站、有线电视运营商、电视台在 2011 年都认识到了便携屏幕的重要，全体都在发力。随着移动互联网络的带宽提升、资费下降，智能移动终端会占得半壁江山甚至更多。

5. 社交电视浮出水面

微博的火爆是 2011 年互联网行业的最大景观，几乎是无人不微博，据称仅新浪微博的注册用户已经达到 4 亿。如何把微博、社交网络和电视结合起来，国内外都在进行着探索。视频的互联网化、社区化也许是电视行业的发展方向。新浪基于微博推出了社交电视“新浪看点”，凤凰新媒体也推出了社交电视试验产品“卫视通”，此外还有很多企业推出了各种社交电视的尝试。

6. 互联网、IT 企业发力视频行业

2011 年联想、腾讯、同方、百度都开始涉水视频行业。广电总局 181 号文件终于打开了一道政策窄门，跟在国有互联网电视运营商的后面才可以合法。问题是互联网电视运营商们如果无法打开市场，机顶盒产业在后面也是干急无汗。而且，他们是不是会拉着机顶盒下水？利润微薄到味同鸡肋？虽然 OTT 机顶盒新产业开始启动行业壮大之旅，但是互联网机顶盒产业还是应该着眼未来，做好两手准备。

7. 视频网站融资上市，囤积版权内容、开展自制节目、多屏分发

2011 年的视频网站不再是让人鄙视的相互攻伐、口水横飞，从大手笔的私募融资到海外上市，从大手笔的购买版权内容到自制节目做得有声有色，从电脑屏的深耕到三屏融合，广告收入和用户量也在快速增长，2011 年的视频网站表现得可圈可点。但是烧钱圈地的竞争仍旧，2012 年有着带宽提升的利好，多种商业模式不断探索前进，应该是盈利的年份。

（夏宝君 主笔）

第六章　文化服务企业发展

随着我国文化产业的发展，诸如广告、会展、演出经纪、艺术品交易、艺术设计、体育赛事等文化服务业，已成为初具规模的新兴产业，并逐步成为拉动经济增长的着力点。各种文化服务企业纷纷建立，并积极探索适合自身发展的途径。

文化服务企业在文化产业的发展中发挥着至关重要的作用。在某种意义上说，文化服务企业的发展状况直接反映了文化产业的发展状况，文化服务企业是否繁荣，直接反映着文化产业是否繁荣。当前，我国文化服务业正处于高速发展时期。改革开放以后，特别是进入 21 世纪以来，我国文化服务业发展迅速。统计显示，2005-2009 年，文化服务业增加值分别比上年提高了 26.2%、21.5%、25.2%、19%、10.1%。自 2009-2012 年的三年当中，国内文化服务业的增加幅度也会不小于以往增速。在十七届六中全会精神的指导下，相信在自 2012 年后的未来几年内，增速有望进一步提升。

本章将从大的外部环境和行业特点入手，着重分析演出经纪类、金融服务类、会展类、设计类、体育中介类等五种文化服务企业，分析它们各自的行业特点、发展现状、遇到的问题等，并对其做出具体指导、行业趋势预测，试图从中探索出整个文化服务业的发展趋势。下面我们首先分析演出经纪企业。

一、演出经纪类企业发展现状、特点与趋势

随着我国文化产业的不断推进，演出经纪企业也在不断增多，并有向多个层面发展的趋势。从世界范围来看，进入21世纪以来，文化赖以发展的物质基础、社会环境、传播条件正发生着深刻的变化，全球演艺市场一体化趋势日益明显，竞争日趋激烈。

（一）演出经纪企业的发展现状与特点

从市场化的发展程度到经营业务，我国演出经纪行业的规模无论是国有经纪机构还是民营演出经纪公司都处于较低层次，其主要现状和特点有：

1. 市场化程度较高，但规模较小

目前，演出业的经营主体主要有三大类，一是演出经营场所，二是演出团体或个人，三是演出经纪机构。在演出业三类经营主体中，演出场所和演出院团的政府色彩极浓，并不是严格意义上的市场主体。相对而言，自2005年《营业性演出管理条例》取消涉外审批门槛以来，演出经纪机构的市场化程度已经达到了很高的程度，以往在演出经营业务范围、地域范围上的限制条款已全部取消；演出经纪机构的民营化程度也非常高，国有演出经纪机构在市场优胜劣汰中大大减少，所占比例呈下降趋势。而民营演出经纪公司规模普遍较小，注册资本和公司人数都与市场化程度不相符。

2. 经营业务以商业演出为主

据统计，北京演出经纪机构的主要业务集中在大型商业演出领域，运作的演出项目主要集中在歌舞类、音乐类和演唱会类演出，分别占总数的29%、25%和24%。如成立于1992年的新丝路模特经纪公司，目前来看，在中国属于成立最早、规模最大的模特公司，其主要经营业务——商演也占到了相当大的比例。“新丝路”曾为“商务通”做表演秀，通过模特的表现把“商务通”的功能、作用、形象以及整个产品的内涵展示出来，让人们感觉到“商务通”和人的现实生活很近，取得了很大的成功。这是一次成功的介入商业表演领域的案例。此后，其又与中国联通CDMA合作，成功举办了“CDMA联通之夜”，反响也非常好。

3. 绝大部分演出经纪机构属于项目型公司

据统计，全国演出经纪公司90%以上属于项目型演出公司，即以操作具体

演出项目作为重要的运营方式。项目型演出经纪公司经营灵活、适应性强、运营费用低，具备一定的优势。但也正是由于这些优势导致进入门槛较低、竞争激烈、抵御风险能力差，因而目前大多数演出经纪公司的运营方式都还处于较低层次，属粗放型经营。

4. 对市场反映敏感，波动较大

以北京市为例，据道略演出数据库的监测数据显示，2009 年北京演出经纪机构达 677 家。从 2003 年到 2007 年，平均增速保持在 60% 以上；2008 年受经济危机影响，演出中介机构增长速度逐渐放缓，2008 年和 2009 年分别为 27.4% 和 16.5%。由此可见，北京演出中介机构对市场反映敏感，波动较为显著。

（二）演出经纪企业的发展前景

虽然整体演出经纪企业发展还不是很强势，但从未来趋势来看，随着我国重视文化产业发展，演出经纪会具有较好的发展前景，预计将来会在现在的基础上，迈向一个新的层次。

1. 经营模式由粗放型向集约型转变

近年来，演出业等文化产业迅速发展，一些风险投资资金逐步转向文化产业，转向演出业；另外，文化产业领域的一些龙头企业开始加快上市引资的步伐，如北京木偶剧院，已经明确了上市时间安排，目前正在进行剧院股份制改造和财务、法律、券商等上市前辅导工作，计划于 2012 年登陆创业板。这意味着北京演艺行业正逐渐走向成熟，也催生了稳定成熟的经纪公司商业运营模式。演出经纪公司的经营模式由以项目操作为主的粗放型经营向以品牌打造为主的集约型经营转变已成为一种必然。演出经纪公司将介入除演出场所以外的整个演出产业链，对单纯从事中介业务的经纪公司形成冲击。可以预见，未来演出经纪机构将面临一次巨大的重新整合和调整，固守项目型经营的传统经纪公司将逐步退出市场。

2. 项目型公司将向品牌型公司方向发展

在一个行业做过一段时间，大概掌握了行业发展的规律，就应该逐步摆脱低水平的经营模式，逐步探索更为先进、更符合市场发展方向的经营模式。品牌型公司体现在几个方面：（1）形成自己的品牌产品，创作推销自己的品牌产品和品牌艺人，在源头上控制整个产业链。如美国百老汇，长期授权经营自己的品牌剧目，年复一年地收获品牌产品的收益。再如韩国艺人经纪公司；近几年来大举进军艺人培养业，在韩国本土培养艺人取得巨大成功的基础上，开始进军我国内地选拔培养艺人新秀，抢占品牌艺人生产的制高点。（2）形成自己的品牌营销模式，创作标准化的演出项目，实行规模化营销。如杭州金海岸公司、刘老根大舞台，在多家剧院不断复制销售自己的演出节目，实现利润的最大化。（3）将自己做成品牌企业，在行业内独树一帜。凡业内的超大型项目、重大事件，品牌企业不参与其中则难以完成，或难以达到人们预期。如张艺谋，只要是国内的重大展演项目，非他领衔不行。目前在演出界，类似的品牌企业和领军人物还没有形成。（4）链接上下游产业，做产业链条。如新丝路模特经纪公司，目前已经成为中国最大的模特品牌企业，其发展经营模式已由传统的单一模特代理、模特培训转向多元化经营模式发展，现已领军时尚行业，并有扩大之势。特别是随着西方一些商业意识和营销理念的进入，新丝路模特经纪公司开始围绕自身行业做产品经营延伸，逐步进军整个产业链，如公关策划、品牌推广、广告创意、表演制作、舞美设计施工、网络信息发布以及组织承办大型系列文化推广活动等。至此已发展成为具有资深运作经验的国际化、现代化综合型文化服务企业，并成为中国时尚产业发展的风向标。

3. 商业模式更加稳定成熟

无论是风险投资还是长期投资，投资人首先要看的都是这个行业的长期发展，看的是这个行业是否能够形成稳定的盈利模式，是否能够为投资人带来稳定的投资收益。一个不能吸引外来资金进入的行业是没有发展前途的行业，也是很难发展壮大的行业。近年来，已有一些风险投资资金逐步将目光转向文化产业，转向演出业。另一方面，一些文化产业公司也开始主动走出去，加快上市引资步伐，从传统的生产营销领域进入资本领域，一些演出业公司也将上市融资确定为近期发展目标。如杭州金海岸公司已进入上市辅导期，计划在2~3年内实现上市计划，筹集更多资金实现更快发展。

无论是成熟的商业模式，还是品牌化的建立，未来演艺纪经企业的盈利模式不会单一，而是向着多元化的盈利方向发展。如新丝路模特经纪公司，其除了在模特的上下游建立盈利模式外，还通过兴办模特专职院校、培育后备力量等方式积极探索其他的盈利渠道。随着模特行业专业化的要求和发展，模特的职业教育也被“新丝路”吸纳进来。新丝路模特学校设立有模特职业技能培训、高考培训、学历教育等多种学制的模特培训体系，通过对学员系统的培训，使学员掌握模特职业所涵盖的包括服饰理论、模特表演、模特经纪、时装编导、个人形象发展等在内的一系列技能，为学员从事模特职业打下坚实的基础。在中国北京、大连、上海、哈尔滨都可见到新丝路学校的身影；先后培养出了包括莫万丹、赵晨池、汤天奇、赵京南、高健等数十位中国名模，成为“制造名模的摇篮”。除了教育外，还有品牌代言、多元化营销策略。“新丝路”随着介入模特行业领域愈久，越能洞察整个行业产业链。从最开始的服装表演，到后来的服装推广，再到广告创意、表演制作、时尚培训、媒体整合传播等相关产业，其完成了自身的完善，开始覆盖模特产业的上下游以及整个模特文化的相关产业链。新丝路汇聚了国内超过90%以上的超级名模和一流精英，他们在服装服饰、汽车、电子、电信、珠宝首饰、化妆品、房地产、IT、城市广告、影视娱乐等各经济领域均大放异彩，担当着诸多知名品牌的形象代言人。

二、综合服务类企业发展现状、特点与趋势

综合服务类企业主要指进行文化艺术相关交易的平台，包括各类文化艺术品产权交易所、文化艺术品网上交易平台等。

（一）综合服务类企业发展现状与特点

对于综合服务类企业，做出一个比较详细准确的分析，目前看来，存在一定的难度。但总的来看，综合服务类企业目前有几个特点：

1. 艺术品交易逐步增长

根据2010年年度报告统计，2010年中国艺术品市场交易总额达到了1 694亿元，其中艺术原创作品和古董艺术品交易总额为989亿元，占全球市场份额的23%，已经超过英国，居世界第二位。同时中国艺术品拍卖市场在2010年也实现了跨越式增长，全年拍卖艺术品30万件，成交23万件，总成交率75%，总成交金额达到589亿元，比2009年增长了177%。所有证据表明中国已成为美英之后的第三大艺术品交易强国。2009年，我国艺术品市场的整体规模为1 200亿元。而2010年以来我们艺术品市场总体规模继续快速增长，2010年市场交易总额达到1 694亿元，年增长率为41%。2011年，交易规模大概为2 000亿元左右。从2009年到2011年的数据来看，交易规模呈递增模式，确实是实现了跨越式的增长。在2010年我国艺术品市场规模位居全球第二，纯艺术

品拍卖收益位于世界第一，艺术品价格增长幅度位居世界前列。特别是百万美金的单价作品增长率为490%，列世界首位。百万美元作品成交的增长率，标志着高端艺术品成交的市场活跃度，所以这也是一个很重要的指标。

2011年我国艺术品市场的整体情况良好，艺术品拍卖市场仍然保持旺盛的增长。同时，画廊市场，也就是一级市场的经营机构数量正在增长，经营情况也普遍良好。艺术品的展会市场也是成交比较好，形式更趋多样化。春季拍卖的前十位主要如齐白石的《松柏高立图》4.255亿等。从各大公司的拍卖总成绩来看，中国书画仍然是这一拍卖季的重中之重，行情价格仍然在高位运行，如王蒙的《稚川移居图》，拍下了4.025亿成交价。而近现代书画继续领涨。2011春拍中国书画成交价超过千万元的229件拍品中，近现代书画占据大半江山。在成交价排名前十名里，近现代书画则占据了8个名额。近现代名家作品作为书画市场的蓝筹股，近几年市场行情一直处于上扬状态，2011年春季拍卖均取得了不错的成绩，甚至有不少刷新个人拍卖纪录，如由新加坡藏家送拍的吴冠中的《狮子林》，以1.15亿元成交价创下其个人画作的最高拍卖纪录；张大千的《嘉耦图》，以1.91亿港元天价打破其画作的最高拍卖成交纪录。

随着近现代名家书画市场的持续火热，近现代书法作品也水涨船高。比如，时值辛亥革命一百周年纪念之际，2011年春拍北京保利和北京匡时分别设立了“纪念辛亥革命100周年名人墨迹”和“辛亥百年名人书画专场”，两个专场成交率均在90%以上。北京匡时的专场成交总额达到9 704.16万元。预计近现代名家书法市场将继续上涨，成为极具发展潜力的拍卖板块。

2. 以艺术品交易为依托的文化金融模式成为潮流

我国文化产业正处于市场化转型阶段，产业与企业规模偏小、集中度低、抵押担保品不足、产业链条不完整；其中，融资难是文化产业发展面临的最主要和迫切的问题。业内人士表示，经过20多年的发展，产权市场正在成为银行信贷和证券市场之外的企业融资新平台，并逐渐具备股权投融资的软硬件条件和相当数量的投资人群体；各类私募基金、金融机构与产权市场合作正在日益密切，广泛的中介机构和会员网络，也在产权市场周围形成服务于产权投融资的基本力量。

产权市场不仅为企业提供资金支持，拓展企业直接融资渠道，同时还为企业提供前瞻性、战略性的指导和关键阶段的咨询服务。此外，产权市场还为各类投资人的资本退出提供高效率、低成本的市场化渠道。目前，许多产权交易机构都在建立文化产权交易所，随着产权市场在推进文化体制改革方面的功能日益显现，相信这将是产权市场发展的又一大业务领域。

3. 艺术品占据产权交易市场大额

目前来看，多数文交所以艺术品权益分拆和份额交易为主要模式；今后，文交所应在文化企业资产权益的市场化配置方面发挥更突出的作用。“文交所是文化产权交易所，但是各地文交所都把这个做窄了，做成了艺术品交易所，过份强调艺术品的份额化交易。”科瑞集团监事会主席彭中天强调，艺术品其实是文化中很小的一块，应该将交易范围扩大到整个文化的产权层面来思考，将它的价值充分放大，让文化作为一个横切面和各个产业进行嫁接，从而提升各产业的文化价值含量，这才是它的重要使命。 现在艺术品拍卖市场全年的交易额加起来也难敌股市一天的成交额，这就表明艺术品交易对于我国经济的拉动系数其实是很小的。“我们应该丰富文化资产交易产品，除了书画和珠宝工艺品之外，文交所今后应该让资本投入到那些对于文化创新、文化生产有意义的资产领域中去推动文化资产的发展。”丰富文化资产的品种，积极推动有利于文化传承、创新的文化资产进入文化资产市场才是文交所需要发挥的积极作用。

（二）综合服务类企业的发展趋势预测

1. 文化艺术平台交易市场将趋向良性发展

2012年2月2日，全国整顿各类交易场所的部际联席会议第一次会议的召开，意味着各地清理整顿文交所工作终于出现实质性的进展。会议对文交所清理整顿限期的规定，让一直处于“水深火热”、艰难维权的投资者看到了维权成功的曙光，相关部门的整改政策也终于从“怎么做”的状态升级到了“何时做”。自从国务院《关于清理整顿各类交易场所切实防范金融风险的决定》（以下简称“38号令”）和《关于贯彻落实国务院决定加强文化产权交易和艺术品交易管理的意见》（以下简称“49号令”）发布之后，不少进行艺术品份额化交易的文交所开始寻求交易模式转型。

从2000年到2010年整个中国大陆艺术品市场实际增长了353%，而即使在未来经济不好的情况下，金砖之国或者说金砖五国，这几个新兴经济体的艺术品市场增长率仍然会继续保持，未来五年大概在69%左右。党的十七届六中全会强调推动文化大发展、大繁荣，可能会对未来五年的文化艺术品市场产生深远影响，中国现有国有文物类博物馆美术馆 2 252 家。“十二五”期间，在博物馆美术馆收藏经费增加后，估计将形成大约每年近 50 亿左右的潜在购买力。

目前来看，金融化和证券化将成为艺术品市场的新热点。文交所及其艺术理财产品、银行的投资产品等热点领域，在未来的五年当中，还会有很大的发展。

2. 网络交易平台将获得更好的发展

2011 年，穿越剧《步步惊心》热播结束，实体小说在 1 个月之内就售出 35 万套；古装剧《倾世皇妃》播出仅仅一周，就收回所有成本，迄今利润已经超出 1 亿元人民币。湖南卫视推出的这两部电视剧有一个共同特征——它们都根据网络红文改编。一向被主流文学界边缘化的网络文学，以其天马行空的创作和庞大的读者群体，已经显现无限商机。而这些网络文学正是借助网络文学交易平台得到很好的发展，实现了全版权营销。这其中做得较好的是盛大文学有限公司。盛大文学是盛大集团旗下文学业务板块的运营和管理实体，2008 年 7 月宣布成立。盛大文学运营的原创网站包括起点中文网（www.qidian.com）、红袖添香网（www.hongxiu.com）、小说阅读网（www.readnovel.com）、榕树下（www.rongshuxia.com）、言情小说吧（www.xs8.cn）、潇湘书院（www.xxsy.net）六大原创文学网站以及天方听书网（www.tingbook.com）、悦读网（www.zubunet.com），并拥有晋江文学城（www.jjwxc.net）50% 股权。同时，盛大文学拥有三家图书策划出版公司：“华文天下”“中智博文”和“聚石文华”。随着国内手机阅读市场需求逐渐扩大，盛大文学成为中国移动阅读基地最大的付费内容提供商。2011 年 2 月，盛大文学宣布云中书城正式独立运营，云中书城是盛大文学的运营主体平台，为消费者提供数字图书、网络文学、数字报刊等数字商品。

3. 走向产业链经营、多渠道盈利

综合服务类企业将转变过去单一的盈利模式，实现产业链发展，且管理和运营机制也将会有大的革新。如盛大文学有限公司从最初的线上阅读付费作为主要利润来源，转变到现在的多样化（见图 6-1）。据盛大文学 2012 年 2 月份提交的 F-1 显示，盛大文学 2011 年全年营收 7.01 亿元，同比大增 78.4%; 毛利 2.12 亿元，同比急升 227.5%；毛利率 30.3%，相较 2010 年毛利率 16.5%，提高 13.8 个百分点。财报显示，盛大文学 2011 年营收中，在线付费阅读收入 1.83 亿元，同比增长 76.4%。数据也显示，盛大文学线上付费阅读业务连续多年保持高速增长，其中 2011Q4 活跃付费用户数较 2010 年同期增长 30.8%，活跃付费用户的 ARPU 也由 2010 年 Q4 的 34.7 元增长到 2011 年 Q4 的 41.6 元，付费用户数和 ARPU 的共同增长主要得益于网站优质付费小说内容的增加、品牌知名度增加、用户体验提升和增值服务道具类型的多元化。同时，它还开发新一代的阅读模式，建立云端阅读。2011 年 2 月，盛大文学宣布云中书城正式独立运营，云中书城是盛大文学的运营主体平台，为消费者提供数字图书、网络文学、数字报刊等数字商品。用户可以通过云中书城网站、Bambook 电子书阅读器、Android、iPhone 手机端应用、iPad 应用、电视等多种平台设备随时随地下载阅读云中书城的海量内容。通过云中书城开放平台，所有出版单位均可自主上传数字图书、数字报刊等内容，自主定价，借助云中书城庞大密集的销售网络进行推广销售。云中书城凭借强大的内容与平台优势，推动数字出版，引领数字阅读潮流，为全球用户带来数字时代全新的阅读体验。

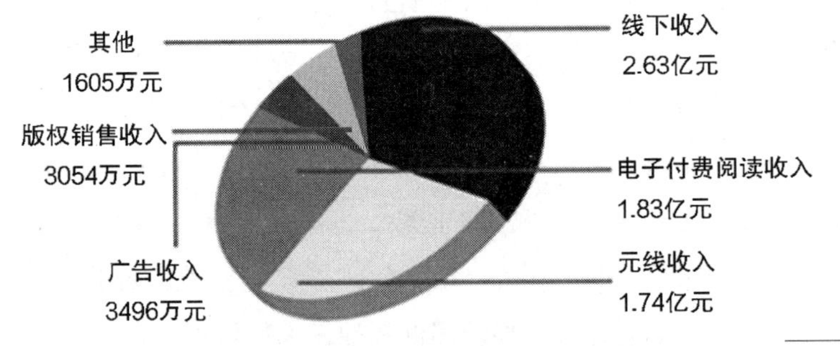

图 6-1　盛大文学 2011 年营收构成①

4. 探索“虚拟 + 实体”的运营机制

一些综合服务类企业将会随着产业链条的扩张，开始介入实体企业，以自己优势为根基全面发展。如盛大文学以网络为平台、介入实体出版、影视等相关产业，其通过整合国内优秀的网络原创文学力量，构建国内最大的网络原创文学平台，增进读者和作者之间的互动交流，并依托原创故事，推动实体出版、影视、动漫、游戏等其他相关文化产业的发展（见图 6-2）。2009 年 7 月，盛大文学以 4 000 万元收购民营出版公司华文天下 51% 的股份，开始了它的“第一

① 数据来源：《21 世纪经济报道》，2012 年 2 月 28 日第 20 版。

次转型”；2010 年 4 月，盛大文学又以 7 010 万元收购另一家民营出版公司中智博文 51% 的股权。在自身体制上，盛大文学以签约经纪模式吸引培养优秀写手。盛大文学借鉴影视圈艺人经纪的模式，跟旗下的一些主力写手签经纪约，盛大文学还成立了一个影视编剧公司，鼓励旗下写手们写性价比更高的剧本作品，以此鼓励写手在高速流动的网路中稳定下来。

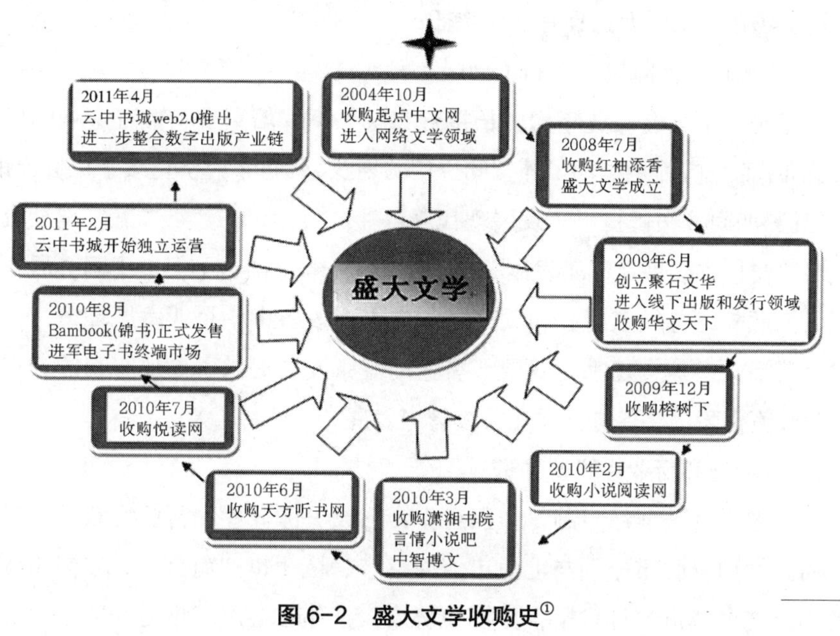

图 6-2　盛大文学收购史[①]

三、会展类企业发展现状、特点与趋势

会展是指会议、展览、大型活动等集体性活动的简称，其概念的外延包括各种类型的博览会、展览展销活动等。作为一个前景广阔的朝阳产业和绿色产业，会展业在 21 世纪的中国驶入了快车道，其对外开放的窗口功能、信息交流与技术合作的桥梁作用、带动相关产业的倍增效应得到了更大限度的发挥。目前我国会展产业每年以 20% 左右的速度增长；与此同时，北京、上海、广州等城市在经济、交通、信息、人才、科技、服务等方面已拥有综合优势，展览业初具规模，开始同世界接轨。

① 数据来源：《i 美股投资研报》，图形作者：胡龙飞。

（一）2011 年中国会展业宏观发展态势与特点

2011 年 1 月 12 日，在第八届中国会展经济国际合作论坛上，中国贸促会发布了 2011 年度《中国会展经济发展报告》。报告从中国展览业的宏观发展态势、中国展览业市场运行特征两个层面，对去年中国展览业的基本状况进行简要回顾和评析，对 2012 年中国展览业的发展前景做出展望。报告认为，2011 年度中国展览市场在宏观层面上具有五个特征：

1. 宏观政策保障更加有利于会展业发展

近年来，中国会展业年均增长接近 20%，不仅培育了一批有影响的世界品牌展览会，而且有力地拉动了外贸和投资的增长，促进了经济持续平稳健康发展。"十一五"期间，中国提出了发展现代服务业的目标，在"十二五"规划中又明确提出"要促进会展业健康发展"，前不久商务部也出台了促进中国会展业发展的意见。此外，各级政府和相关部门正在大力改善中小企业发展环境，进一步激发经济活力，这一切都为我国会展业的健康发展提供了更加有利的宏观经济环境和政策保障，将促进会展业持续健康发展。

2. 区域性和行业性联盟并进

不少省市打破地缘限制，加强合作，形成了区域性和行业性联盟同时发展的局面。例如合肥市分别与上海市、南京市、杭州市、南昌市、宁波市 5 个长三角重点会展城市签订战略合作框架协议，搭建各会展城市之间的学习交流互助及宣传互动平台；全国五大林业会展城市——山东菏泽、浙江义乌、福建三明、黑龙江伊春和牡丹江，签署了全国林业五大会展城市战略合作框架协议；广州等珠三角 9 个城市与香港、澳门成立珠三角会展城市联盟。

3. 业内活动主体更加多元化

内容涉及产业间合作、会展业的创新、会展服务质量管理体系的实施、行业评比等多个方面。活动主体既有政府部门，又有行业协会，更有会展企业，呈现出多元化的趋势。如中国国际展览中心集团公司不光进行国内组展，同时还进行海外组展。中展集团下属北京华港展览有限公司是专业展览和会议主办机构。其主要业务是在中国境内策划、开发、组织、承办各种专业展览和会议（论坛）、统一经营由中国国际贸易促进委员会、中展集团在中国境内主办、组织、合办、协办、承办各种专业展览会、博览会和会议。通过合作办展，华港公司目前拥有北京国际印刷技术展（CHINA PRINT）、北京国际汽车展（Auto China）、中国国际石材展（Stonetech Beijing/Shanghai）、北京国际门窗幕墙博览会（Fenestration China）、中国（北京）国际建筑装饰及材料博览会（Build+Decor）等十几个国际专业性定期展览会。其中北京国际印刷技术展览会（CHINA PRINT）为国际博览联盟（UFI）嘉许展览。对于海外会展，中展集团也是大力介入。迄今为止，中展海外展览公司共组织近 5 000 家中国企业参加了 200 多届国际著名专业展览会。中展海外展览公司与德国、美国、意大利、法国、英国、俄罗斯、日本、韩国、巴西、波兰、澳大利亚、印度、泰国、马来西亚、阿联酋等十几个国家和地区的众多国际著名博览会机构建立了密切的合作代理关系。中展海外出展项目涉及消费品、礼品、玩具、办公用品、纺织服装、食品、鞋及皮革制品、五金、卫浴、汽摩配、家用电器、建材、机械、乐器以及 IT 等行业。这些说明了我国的会展业在活动的主题方面更加多元，业内的交流较为广泛。

4. 会展教育培训多层次发展

一方面，高校在培养会展专业学生时，更加注重与产业的结合以及提升学生的国际竞争力。截至目前，中国有近 200 所高等院校和职业培训学院设有会展专业和会展人才培养项目，在校学生超过万人。中国贸促会与国际项目与展览协会共同组织的“注册展览经理人”培训项目，多年来为中国展览业培养了 700 多名学员。2011 年，四川博览事务局设立总额为 150 万元的四川博览发展基金，和四川大学共同培养一流会展人才。另一方面，职业培训更加细化。除了以往的会展策划师培训外，大型活动安全管理研修班——《展台等临建设施搭建安全标准专题培训班》第一期在北京清华科技园区正式开班，这也表明了我国会展业的职业教育日臻成熟。

5. 一线城市与二三线城市会展场馆存量持续增长

一方面，以上海为代表的一线城市场馆建设热度不减；另一方面，随着会展业对经济的巨大拉动作用被人们广泛认可，众多二三线城市也纷纷致力于建设“会展之都”。综合来看，在会展场馆的建设上，目前已形成了一线城市与二三线城市齐头并进的局面。在场馆经营方面，也形成了良好的发展态势。如中国国际展览中心，自 1985 年建成以来，共举办各类展览会 1 000 多次，展出面积 1 100 多万平方米，促进国内外贸易成交额 5 000 多亿元。经过近 20 年的培育与发展，现中国国际展览中心每年举办各类展会 100 多个，展出面积超过 100 万平方米。于 2008 年正式营业的中国国际展览中心新馆总规划用地 155.5

公顷，总建筑面积66万平方米。其中展馆及附属设施建筑面积40万平方米，包括16个可分合的单体、单层、无柱、大空间展厅，展馆室内总使用面积20万平方米。综合配套设施建筑面积26万平方米，包括综合商业楼（配有购物、餐饮、健身、娱乐等设施），酒店，商务写字楼（包括会议中心、商务中心、技术交流室、新闻发布中心等）。刚刚建成并营业的中国国际展览中心新馆专为展览行业量身定做，功能达到国际专业展馆建设一流水平，是中国顶级专业化展馆。每个展厅既可独立承办小型展览，又能通过内部连廊彼此相互连通，利于承办大型展览。中国国际展览中心新馆将成为以举办大型国际博览会、专业博览会为主，同时兼有商务服务、办公、物流运输、广告宣传、技术交流、会议、住宿、餐饮娱乐等配套功能齐全的国际性、综合性、现代化的展览场所。

（二）我国会展业的发展前景分析

“十一五”期间我国会展业发展的重要成果为“十二五”的进一步发展奠定了坚实基础。尽管从“十一五”的情况看，我国会展业仍然存在着管理体制、发展规划、政策法规、有序协调等方面的问题，但可以肯定的是，我国会展业仍具有广阔的发展前景。“十二五”期间高度关注新的增长点：一是战略新兴产业及节能环保行业；二是消费服务类的展会；三是对外开放贸易投资洽谈会、进口贸易展会、技术装备展；四是文化创意产业中延伸出来的各类专业展会。

在市场方面，从“政府搭台，企业唱戏”到“企业搭台，企业唱戏”，展会品牌建设将得到进一步的加强；在产业方面，将陆续涌现一批产权多元化的大型会展企业，成功的专业展和大型展览公司将更多涌现，会展企业上市融资也将出现；在国际化方面，中国会展业的国际合作和竞争将呈现常态局面，具体表现为在展会项目、品牌营销等多方面和多形式，合资合作、兼并重组现象增多，呈现“在竞争中合作，在合作中竞争”的态势；在法治方面，将有更多的会展城市出台具有地方性的会展管理方法、专业评比标准。

关于中国会展业的发展前景，尽管目前中国会展业的发展状况与自身的大国地位和资源条件极不相称，但随着世界经济格局的变化以及我国改革开放的深入，中国会展业将赢得众多发展的契机。概括而言，中国会展业在未来发展中将呈现以下八大趋势：

1. 产业化趋势：全面对接，产业互动

会展经济在我国作为一个新兴的经济形式已经日益显现出强大的生命力，

会展经济所具备的产业化特征也日益明显，主要表现在会展经济的产业内涵不断延伸、会展经济产业效益快速增长和会展经济产业规模持续扩大。国外会展经济发达的国家，会展经济在国内生产总值中的比重大致为0.2%，而我国2010年这一数字已经接近了0.1%，标志着我国会展经济已发展到一定规模；2011年年底这一数字已经超过了0.1%，相信未来几年会有长足的进步。

2. 国际化趋势：宏观调控，扩展竞争

对于众多国外展览公司来说，我国会展业是一个潜力巨大的市场。随着服务贸易准入壁垒的取消，他们进入中国会展市场的渠道更加畅通，国内会展市场竞争日趋国际化发展。另外，入世能给国内会展业带来先进的管理经验和办展技术。面对入世后所带来的机遇和挑战，中国会展界应做好两方面的准备，即对内抓紧制定行业法规，对外尽快熟悉国际规则。

3. 法制化趋势：健全法规，规范市场

与国际会展业的蓬勃发展相比，我国会展业的法制进程却十分缓慢，尚处于初级阶段。我国会展的现行立法，包括关于会展审批管理的规定、关于举办者主体资格的规定、关于展品进出关、运输等的规定及地方政府规定。随着会展市场的蓬勃发展，中国会展业的法制化发展趋势会更加明显，会展法制体系会逐渐健全，以规范会展市场秩序，创造会展业发展的良好环境。

4. 集团化趋势：渠道多样，优势互补

集团化是国内各个产业部门急需解决的共同问题，它是伴随市场竞争而产生的一种企业经营战略。我国会展行业的集团化可以分三步走：一是采取横向联合、纵向联合、跨行业合作等灵活多样的组织形式，组建会展集团；二是开展品牌竞争；三是实行海外扩张。

5. 品牌化趋势：规模导向，品牌支撑

国内已初步涌现出一批具有知名品牌的会展企业或展会，如北京国际展览中心集团公司、北京国际会展中心、上海国际会议中心等。然而与德国、法国等国家的国际性会展公司或展览会相比，无论在品牌的知晓度上，还是在品牌的无形价值或扩张程度上，均存在着巨大差异。中国会展业的品牌化应主要围绕三个内容来进行，即培育品牌展会、建设会展名城和扶持领导企业。

6. 专业化趋势：专业定位，专业运作

在过去相当长一段时期，我国会展业追求的都是综合化，强调小而全，并希望以此吸引更多层次、更多类型的参展商，结果造成展览会特色不鲜明、规模普遍小、吸引力不强。近几年来，国内会展界已在这方面做了大量有意义的探索：一是展会内容的专题化；二是场馆功能的主导化，除了会议或展览需要有明确的定位外，场馆也应该有比较清晰的主导功能定位，在会展发达国家，一些国际性的品牌展会总是固定在某个或几个场馆举行，这样既便于会展公司和场馆拥有者之间开展长期合作，又有利于培育会展品牌，我国会展企业应吸取其中的成功经验；三是活动组织的专业化。

7. 生态化趋势：绿色理念，潜力无限

中国会展业的生态化主要体现在以下四个方面：(1)注重场馆的生态化设计。在兴建会展场馆时将从会展场馆选址、建筑材料选择到内部功能分区，突出生态化的特色。(2)大力倡导绿色营销理念。在组织整体促销或展会主办者在对外宣传时，都将更加强调自身的生态特色和环保理念。(3)强化环境保护意识。注重节能降耗和三废处理，在布展用品的选用上也应做到以易回收的材料优先。(4)以环保为主题的展览会将备受欢迎。

8. 多元化趋势：一业为主，多种经营

从整体上看，世界会展业正在向多元化方向发展，具体包括产品类型的多行业化、活动内容的多样化和经营领域的多元化。中国会展企业应根据当地的产业经济基础和自身的办展实力，积极开发新的专业性展会。其次，会展形式正在从传统的静态陈列转向融商务洽谈、展会参观、旅游观光、文化娱乐等项目于一体，这是全球会展业发展的必然趋势。例如中国国际展览中心集团公司，目前已是一业为主、多种经营。除国内外组织会展之外，它还经营场馆及展览工程，同时还发展了其他的配套业务，涵盖了观众登录、电子票证、租赁、餐饮、广告、酒店、运输、贸易等。其下属的北京国展商贸有限责任公司提供各种电器家具、绿色植物租赁，展览用小商品、鲜花花篮销售，文印电传、电脑刻字，并为参展商提供国内展品运输以及为展览会提供保洁服务等项业务。其下属的北京中展太平洋物业管理有限责任公司，集写字间、餐饮、商务、会议于一体。区域内设有咖啡厅、中餐区、各式快餐及商务中心，另有两个咖啡厅、七个商亭，并可承接各类商务洽谈、会议及茶歇、自助餐等。中展集团北京中展国际展览工程有限公司所属的北京泛太平洋国际广告公司是一家综合性专业广告公司，亦为中国广告协会会员。公司经营范围为设计、制作、发布、代理国内外广告，同时作为中国国际展览中心的广告代理公司，为展览会及参展的中外知名企业提供广告创意设计、制作和媒体发布的一条龙服务。

四、设计类企业发展现状、特点与趋势

作为未来文化产业的核心竞争力，文化设计有着举足轻重的作用。作为文化创意的实体，从艺术设计到产业化，设计服务类企业是文化产业化的中转站。但从我国文化创意发展的现状来看，创意意识和实践还需要进一步沟通协调。

（一）设计类服务企业发展现状及特点

伴随着艺术设计附加值所占艺术品价值比重越来越大，设计行业开始迎来发展的春天。一些企业内部纷纷建立设计部门，一批专业化职业化的设计师队伍开始形成。但目前整体发展不平衡，尚未形成有效竞争力。总体来看，现阶段我国设计类服务企业主要有两个特点：

1. 创业设计行业的发展速度较快

随着全面履行加入 WTO 后的承诺，中国广阔的艺术设计市场已逐步对国内外各类资本开放，中国正积极调整设计资源，市场对设计资源配置的基础性作用得到了发挥。设计的价值开始被一批有远见的企业家所重视，随之而来的不仅是这些企业内部的设计部门纷纷建立，更重要的是形成一批从事艺术设计、工业设计等专业设计机构和职业设计师队伍。虽然受金融危机影响使得创意设计行业近两年发展速度略有减缓，但随着我国国民经济的快速发展以及国际金融危机的逐渐消退，我国创意设计行业重新迎来良好的发展机遇。

2. 行业产业结构不够合理，尚未形成产业规模

虽然中国的艺术创意设计产业形成了一定的产业基础，但产业结构不尽合理，还未形成产业规模，其产业形态多样、小型化而分散。设计从业人员习惯于“工作室”式的经营模式，存在规模小、原创力不足、低层次模仿、成本高等问题。尚未形成原创性的设计研发能力、专业实力与创新竞争力。

（二）设计类服务企业发展趋势

科技和文化创意的结合，将会引领未来设计服务类企业的发展方向。但是文化创意的介入还需要各种手段的调和，使之达到最佳的表现效果。从趋势发展上看，主要有如下几点：

1. 形成文化艺术与数字技术融合的设计产业集群

艺术设计产业集群以科学技术、传播媒介和经济实力为依托，其核心动力是“数字创意内容集群”，是科技强势与文化艺术强势高度关联的领域。在经济发达的地区以产业集群的形式使艺术设计产业大量聚集，并形成艺术设计产品交易、设计娱乐、设计休闲、商业地产等以艺术设计产业为主的完整的产业链。数字创意集群不断渗透到各种经济产业中，使该地区的经济、文化、环境不断得到发展和提升，形成完善的艺术设计创意范围。还有文化与科技的沟通在设计类服务企业占据重要作用，符合设计服务产业的发展趋势，即艺术创意设计源于文化并高于文化,是对文化资源创新性的艺术设计开发和利用。在这一点上，水晶石公司在奥运和网络世界中表现尤为突出。早在 1999 年，水晶石公司就已开始为北京奥申委提供数字多媒体产品。当时水晶石公司制作完成了 10 分钟的《北京申办 2008 奥运会场馆宣传片》。通过三维演示的方式把规划中的体育场馆设施完美地表现出来，得到了奥申委和北京市相关领导的高度赞赏。水晶石公司为奥运提供了四种类型的数字影像服务：奥运场馆可视化服务、奥运会多媒体影像服务、奥运科教培训服务和奥运数字化展览展示服务。

2. 艺术创意设计将源于文化并成于创新

艺术创意设计是对文化资源创新性的艺术设计开发和利用。艺术创意设计产业有了文化，就有了灵气，有了品位，有了更强劲的竞争力。在民族文化优势比较强的地区，不以经济资本为主导，加强人文地理资源优势，建立在自然生态、社会生态基础之上的契合自然资源、尊重自然规律、维护自然生态且构筑健康有序、平衡发展、全面和谐的社会生态的市场性行为、产业化活动，形成以“文化生态设计传承”为核心动力的艺术创意设计产业。以“文化生态设计传承”为核心动力的艺术创意设计产业，是尊重自然、文化优先、经济繁荣、人与自然极大和谐的设计产业。比如政务可视化就是一个较好的案例。在政务可视化领域，按需定制的三维数字图像产品，可科学性、可预见性地全面展示政务工作进程，全面提升城市品牌展示竞争力，优化城市管理及规划决策、提高政务演示效果等，帮助政府相关部门在城市信息化管理、城市规划、城市品牌宣传、主题展示宣传、政务演示等方面开展工作，其本身就是一个对文化资源的创新性开发和利用。

3. 创意实体运作、多方位表达

从创意到实体运作，是整合产业链上下游的趋势所在，单一的理念表达方式也将变得多元化。实体运作更多地表现在商业介入上，用创意理念服务商业产业，得到更佳的表达效果。如在商业环境和商务活动中，企业往往需要在各种环节中利用三维图像、多媒体技术和展览展示手段进行有效演示，像市场传播中的数字影片、网站、展览展示，销售中的可视化销售工具，以及企业内部沟通与培训中的课件等。正是在现代高图像化需求的情形下，北京水晶石数字科技股份有限公司充分表现自己优势，全面介入各种商业演示。其以三维图像为核心的数字技术应用于各种不同企业中，帮助他们完成更为出色而有效的商业演示，诸如运用多媒体技术和数字影片帮助制造业类企业（如 GE、TOYOTA、可口可乐）进行产品的展现及原理的解说；运用数字化展览展示和数字影片帮助房地产企业和项目公司等进行楼盘的展现、空间的展示；运用多媒体技术和数字影片帮助其他企业（如 UPS、网通）进行流程的展现、场景的模拟。再如建筑设计者与客户之间天然存在着一些隔阂。在设计者的头脑中，更多的是存储的各类数据，纷繁而杂乱，这使得与客户之间的交流变得不很通畅，在数据的理解和交流语义中，一些误读时有产生。正是基于这样一种状况，致力于建筑项目的可视化转变，为设计师与客户间搭建灵感与想象的平台显得尤为重要。在这点上，北京水晶石数字科技股份有限公司通过计算机三维图像技术帮助设计师将抽象的设计数据转化为逼真、极具视觉感染力的影像产品，使设计师与其客户间通过直观视觉体验进行有效沟通。这样就比原来枯燥的数据直观得多，使设计理念更容易表达。

4. 向多元化方向发展

除以上的发展趋势外，多元化的发展模式也是未来设计服务类企业的发展方向。如介入职业教育、延伸至其他领域等。比如北京水晶石数字科技股份有限公司在多方面介入后，开始培育现代科技下的视觉文化教育。2006 年水晶石数字教育学院与香港理工大学、香港中文大学、香港大学合作在香港开设水晶石高端课程，面向东南亚教授水晶石先进技法。2007 年，水晶石数字教育学院被视觉中国、CGWorld 杂志等多家媒体评选为“中国最受欢迎的 CG 培训机构”称号。2009 年，水晶石数字教育学院与大连高新区达成合作，正式入驻大连，面向东北及日、韩提供高级课程。

五、体育中介类企业发展现状、特点与趋势

体育中介是发达的体育市场不可或缺的重要组成部分，它为体育交易双方提供服务，以降低交易成本。随着体育职业化和商业化趋势的不断加大，体育中介的成熟与否，也间接决定体育市场的发展程度。近年来，我国的体育中介发展迅速，但从目前来看，发展速度和整体发展水平依然有一些差距。市场运营体制落后、国际竞争力不强、运行不规范等都是需要在体育中介发展中解决的问题。

（一）我国体育中介组织的发展现状及特点

体育中介组织自形成以来，对体育运动产生了很大的推动作用。相比较其他文化服务产业，体育中介组织主要有以下几个特点：

1. 体育中介组织的数量少，功能不健全

目前，我国营利性体育中介机构的业务主要是在运动员经纪领域，并局限于运动员商业代言形象开发方面，在体育赛事的营销推广、体育组织的市场开发方面存在着严重的不足。专业化的体育竞技公司不仅数量少、规模小，而且经营管理水平低、不具竞争力，许多有商业价值的重大赛事基本上都由国外著名体育竞技公司代理或推广，导致资源外流，赛事收益为他人所取。

2. 体育中介服务供给能力严重不足

改革开放以来，我国经济发展速度很快，社会对体育的消费需求明显增加，同时我国有许多优势运动项目和优秀运动员，其形象和标识蕴涵着巨大的商业价值，越来越多的企业迫切希望利用体育资源的无形价值来提升产品和企业的知名度、美誉度。上述这些体育消费需求种类各异、千差万别，其实现无不需要体育中介组织提供相应的专业化服务，但目前我国体育中介组织服务能力明显不足，潜在的市场需求难以转化为现实的消费，巨大的体育资源无法得到有效的开发利用。

3. 缺乏专业性强、具有独立市场主体地位的体育中介

受长期以来的计划管理体制影响,我国体育中介机构的建立具有“自上而下”的特点。较早出现的体育中介机构有许多是从政府体育管理部门中分离出来的，还有一些是由体育局、体育协会和社会力量共同出资组建的，因此我国体育中

介组织的构成成分较为复杂，许多中介组织和政府职能部门有着千丝万缕的联系。由于与政府职能部门的密切联系，一些营利性中介组织不是把精力用于业务发展上，而是依靠和政府部门的特殊关系，获得市场发展前景好的体育资源的开发权利，这种行为严重地损害了市场的公平竞争，抑制了其他中介机构的发展，使我国体育中介市场中半官方准官方的体育中介组织大量存在。

4. 中介市场的规范化发展水平较低，法制建设滞后

相比于国外种类齐全的体育中介法律法规，我国体育中介法律法规的建设严重滞后，存在着许多法律真空。我国不仅缺乏体育中介方面的基本法律，而且针对不同运动项目制定的专门性中介法规更为欠缺。如在体育经纪人领域，我国仅在职业化水平较高的足球、篮球等领域出台了经纪人管理规定，其他众多运动项目的经纪人管理规定尚处于空白。即使在已出台的规定中，对经纪人的佣金比率、经纪合同的条款争议的解决以及仲裁方式等都缺乏详细的规定，这极易造成经纪人欺诈和侵占运动员劳动所得的现象。

5. 欠缺复合型中介人才

体育中介是随我国体育的社会化和职业化出现的新兴行业，从事这一行业既需要具备相关的体育知识，又需要掌握经济和管理方面的知识。目前我国从事这一行业的人员主要是退役运动员和专业经济管理人员，受过专业培训、精通体育经济和体育市场营销的专门人才很少。作为一种市场服务活动，体育中介活动的主要投入要素是高素质人才，经验丰富、技术完善的中介人才是中介活动取得成功的关键，我国此类人才的欠缺已严重地制约了国内体育中介组织的业务扩展。

6. 外资中介机构给体育中介市场带来复杂影响

随着我国加入 WTO，服务业的开放幅度越来越大，由民间资本投资设立的体育经纪公司迅速增多，外国体育中介公司也纷纷进入我国。特别是 2008 年北京奥运会的举办使我国体育中介服务的需求明显扩大，许多世界著名的体育经纪公司如国际管理集团（IMG）、八方环球，新亚体育集团，博思公共关系公司等纷纷进入我国的体育竞赛市场。如瑞士盈方体育传媒集团已与中国篮协达成协议，每年出资 650 万美元成立合作公司，拥有了 7 个赛季的中国职业篮球联赛及各俱乐部的有关商业开发权益。目前，在国内的体育中介市场上，内资体育中介机构虽然在总量上占据绝对优势，但在业务能力和盈利能力方面远远不

如外资公司，外资体育中介公司在一些业务领域如赛事推广、赛事评估方面具有明显的垄断优势，这给国内体育中介公司的发展带来了长期的严峻挑战。

（二）我国体育中介组织的发展趋势

体育中介组织在我国还处于发展的初级时期，各方面还不很健全。组织机构的管理体制、体育市场环境、中介相关的法律保障、市场监管机制等都是应该逐步解决的问题，但从全球体育发展的趋势上来看，体育中介组织定会向着多层次、深层次方向发展，相关产业领域的介入也是趋势所在。但总体来看，体育中介组织的发展趋势主要有以下四个方面：

1. 体育中介公司在挖掘无形资产价值方面大有可为

体育中介公司可努力培养行业中有代表性的企业赞助与营销品牌，特别培养职业化体育媒体人才，发挥新媒体的巨大潜力，努力创造专业的媒体体育营销平台。如2012年奥运年前夕，青岛啤酒签约CBA，这是继签约奥运会、NBA、2012年伦敦中国冠军军团及迈阿密热火队的又一营销联盟，共同致力将体育的激情和快乐与世界共享，体育营销再度升级。

2. 媒体更多地参与到体育中介中

北京中国网球公开赛体育推广有限公司（简称中网公司）成立于2003年，是北京青年报独资的一家体育中介公司，最近几年发展得很好。中网公司的主营业务是承办和推广中国网球公开赛。中国网球公开赛由国家体育总局和北京市政府主办，国家体育总局网球运动管理中心、北京市体育局、赛事属地政府和中网公司承办，创办于2004年，每年一届定期在京举行。赛事同时拥有国际男子职业网球协会（ATP）、国际女子职业网球协会（WTA）和国际网球联合会（ITF）等三大国际网球组织的赛事举办权，是亚洲地区设置最全、级别最高、参赛球员最多的国际网球赛事。

3. 实现多元化经营

一些体育中介企业正在大力开展体育保险、体育旅游、体育法律咨询等业务，在体育与相关产业的共赢点上做文章，从而使得企业实现多元化经营。如中国网球公开赛体育推广有限公司以中网顶级赛事为龙头，充分开发赛事的外延产业，建设国际网球基地。在全力做好中网顶级赛事运营工作的同时，未来中网公司将参照四大满贯赛事“赛事核心、资源一体、两轮驱动”的产业化发展模式，围绕中网业已积累起来的顶级赛事资源，打造“中网产业链”，建立起包括赛事业务、培训业务、体育经纪、商务交流业务、网球相关服务产业（旅游、会展）、产品营销业务、运动保健研发业务、文化推广业务等八大内容的业务体系，从而实现多元化经营模式。

4. 体育中介人才培养机制和体系将建立健全

大力培养体育中介经营人才和体育中介市场管理人才，提高国内体育中介组织的竞争实力，是当前我国体育中介发展中亟待解决的关键问题，也是未来可持续发展的战略大计。体育中介人才的严重匮乏，是导致整个体育中介市场发展缓慢、实力薄弱的根源，也是导致国外中介企业占领国内体育市场的主要原因之一。应当加快调整体育人才培养结构与途径，采取多渠道、多形式培养合格的体育中介经营管理人才，提高体育中介服务管理质量与竞争力。此外，企业营销人士投身体育中介也将会是一种发展趋势，随着体育产业的市场化运作，市场营销成为必须。而企业营销人士可以让专业体育营销人士了解来自企业客户的需求与声音，从而有的放矢地进行体育营销策划，更好地满足客户需求。

六、文化服务企业的主要问题与发展对策

无论是演出经纪、会议展览，还是平台设计服务、体育中介等文化服务企业，都面临着一些普遍问题。这与我国文化服务企业的起步时间有关，也与当下对文化生产力的认识有关。但随着国家对文化产业的不断重视和支持，文化服务企业也将会得到良好的发展机遇。只有理清问题产生的根源，才能找出更好的解决之法，从而促进我国文化服务产业的良好发展。

（一）当前文化服务企业发展中存在的主要问题

广告、会展、演出经纪、艺术品拍卖、艺术设计、体育赛事等服务环节，属于文化服务业。近年来，一般大众娱乐文化产品已经很难满足社会不同层次人群对文化产品的多样化需求，多种衍生服务环节由此应运而生。这些服务类型已经发展成初具规模的新兴产业，成为拉动文化服务业的新增长点。

1. 缺乏专业化认识，长期规划机制不健全

在我国，中、小规模的文化服务企业较多处于起步阶段。以经纪企业为例，目前我国的演出经纪机构普遍存在业务单、资产少、实力差、规模小等特点，根本无法与国际大演出经纪机构抗衡。同时，受生存危机的影响，大部分演出

机构根本没有长远的发展规划，急功近利、追风跟潮的思想盛行。

2. 促进文化服务企业发展的政策法规不完善

截止到目前，我国艺术品市场仍没有统一的管理法规。文化、文物、商务、版权、海关、工商、公安等部门根据各自管理权限对艺术品市场进行管理。唯一的一部专业性的部门规章是文化部 2004 年出台的《美术品经营管理办法》。随着艺术品造假、售假出现集团化、产销一体化、网络化发展的趋势，损害我国的文化形象和市场信誉的案例不断增多，加强艺术品市场的法规建设和日常监管已经刻不容缓。另外，艺术品市场立法滞后使监管依据不足，体制交叉与管理空白同时存在，这些问题与市场迅猛发展态势不相适应，制约了我国艺术品市场的健康发展，也导致艺术品市场的诚信缺失和艺术品市场中介机构发展缓慢。

3. 内部管理还处于粗放式阶段

以经纪类文化企业为例，目前演出经纪人存在的种种问题，成为演出市场混乱无序的重要根源。比如，在从事演出中介活动过程中暗箱操作，造成供需双方信息不对称，演出经纪人从中牟取不当利益；为促成交易的成功，向供需双方提供虚假信息，致使合同难于真正履行；不恪守信用，不按承诺履行应尽的义务；为获得明星的出场，演出经纪人之间竞相抬价，超限度地提高演出成本；有的演出经纪人怂恿甚至协助歌手假唱；有的演出经纪人不仅自己偷逃税收，还利用签订假合同等手段帮助供需双方偷逃税收；有的演出经纪人散布虚假广告坑蒙观众；有的演出经纪人哄抬演出票价；有的演出经纪人粗制滥造低质低俗演出，个别的甚至提供色情或者变相色情的表演来招徕观众，带来了极坏的社会影响。

另外，人才紧缺，行业需求与人才储备之间存在着巨大缺口，也成为文化服务企业发展的制约因素。相信这些问题会随着文化创意产业的不断发展、相关产业体系的不断完善，而得到适度解决。

（二）推动文化服务企业发展的建议

推动整个文化服务业的大发展、大繁荣仍是一个比较大的课题，需要多方面多层次的介入和监督。在此，提出几点促进文化服务企业发展的建议和认识，以期创造更加有利于其健康发展的外部环境。

1. 鼓励文化服务企业做大做强、形成文化品牌

可以通过对市场准入、税收等政策的调整，鼓励文化服务企业拓展相关业务范围，创新经营模式，提供周边服务，增加新的利润增长点；鼓励国内其他产业或外国投资者进入演出经纪领域，输入新增资本；鼓励演出经纪机构通过重组与并购扩大规模，提高核心竞争力。

2. 加强文化服务企业的政策法规建设

以经纪公司为例，可以实行演出经纪全行业从业资格认定，提高演出经纪人整体素质。演出经纪行业的发展，与演出经纪人的整体素质密不可分。实行演出经纪全行业从业资格认定，严把入口关，是提高演出经纪人整体素质的基础。现行的法律明确规定，设立演出经纪机构应当有三名以上的专职演出经纪人员，演出经纪人员的资格由全国性的演出行业协会认定。为此，中国演出家协会自2005年起，开始着手建立并实施演出经纪人的从业资格认定工作，至目前已经对5 000余人的演出经纪资格予以认定。但是，由于法律未对个体演出经纪人是否需要资格认定做出明确规定、部分已经成立的演出经纪机构由于人员流动造成不符合有三名以上专职演出经纪人的规定、个别机构或个人未冠演出经纪之名却行演出经纪活动之实等原因，导致相当一部分从事演出经纪业务的人员游离于演出经纪人资格认定制度之外，并常常由此产生违法违规行为。因此，有必要严格落实演出经纪机构的已有法律规定，明确个体演出经纪人需要取得从业资格的规定，执行禁止非法从事演出经纪业务的规定，对实际从事演出经纪业务的人员实行全行业的从业资格认定，以提高演出经纪人的整体素质。

3. 对于文化服务企业在融资上给予适当宽松的政策

目前束缚文化服务企业发展的很重要一个因素，就是资金困难。资金困难，企业就很难做大做强。目前一些文化服务企业正在做上市融资的工作，但是由于文化企业的特殊原因，普遍面临着很多障碍。相关优惠政策的出台，在文化服务企业的融资上给予适当宽松的政策，也能促进企业迅速发展。

（蒋山红 主笔）

第七章　文化企业商业模式创新

从总体来看，跨界融合是文化产业的基本规律，也是文化企业商业模式创新的基本趋势。2011—2012 年文化企业商业模式创新的走向及特点是：内容为王越来越凸显；内容与渠道的全产业链逐渐成为主流；数字信息技术和文化内容进一步实现融合；与资本相结合的商业模式将持续看好；文化地产将以各种新的样态继续发展。

商业模式是基于某种比较稳定的交易结构基础上的可盈利方法。文化企业的发展主要是着眼于如何增强自身的核心竞争力，而核心竞争力需要具体落实在商业模式上，或者说，需要根据商业模式的选择来解决如何增强自身的竞争优势以及实施合理的战略发展的问题。

一、文化企业商业模式创新的基本状况

2011 年至 2012 年年初，在政策、资本、创新的推动下，中国的文化产业领域交出了一个又一个闪亮的成绩单。比如，文化产业投资基金在全国各地兴起，国家级、地方性以及民间资本纷纷参与文化产业投资基金的组建；光线传媒、凤凰新媒体、湖北长江出版传媒集团、凤凰出版传媒集团、人人网、易车网、浙报传媒、中文传媒、优酷、土豆网、华录百纳等企业通过 IPO 或重组成功登陆资本市场；华策影视、盛大网络、华谊兄弟、腾讯、电广传媒、蓝色光标、顺网科技等上市企业纷纷展开并购，实现外延式扩张。这些成绩单的背后，无

疑潜藏着文化企业对于商业模式创新的探索。

（一）影视动漫企业：内容 + 渠道

2011 年，影视行业可谓欣欣向荣，成为文化企业集聚发展的重点领域。据国家广电总局统计，2011 年中国电影总票房超过了 131 亿元人民币，比 2010 年增长了将近 30%。据推测，2012 年中国票房将继续增长，年底将达到 170 亿元人民币。在电视剧领域，中国已经成为当之无愧的世界第一电视剧生产大国，仅 2011 年就完成了 469 部，14 942 集。随着影视剧制作成本的日益增长，影视企业越来越多开始在资本市场上寻求帮助。根据艺恩统计，截止到 2011 年，国内已上市的影视公司有 7 家，上市进程及计划中的多达近 20 家。影视行业整体发展迅速，为文化企业的成长带来充分发展空间。影视企业大都在占据某一高端的基础上，积极向“内容 + 渠道”的方向发展，博纳影业、华谊兄弟、华策影视、奥飞动漫、玄机科技即是在这一领域不同方面的代表。

以内容起家的博纳影业公司和华谊兄弟公司，可以看成是中国影视上市企业的缩影。博纳影业发布 2011 年四季度报告称，2011 年全年，博纳净收入达到了 1.26 亿美元，与 2010 年相比增长 138.9%；全年净利润达到 1 820 万美元，比 2010 年增加了 740 万美元，增长了 69.4%。影视业领头羊华谊兄弟公司 2011 年虽然营收减少 16.77%，但其净利润依旧增长 34.97%。[①]

华策影视公司以制作、发行高质量电视剧起家，并通过探索电影拍摄植入广告、电子商务、建立影院及影视基地以及拓展海外市场等方式，建立起以精品电视剧为核心竞争力的全产业链影视资源平台。公司 2011 年在影视剧行业排名上名列前十，民营公司第二。公司通过多种方式有效整合了作家和编剧资源，并与其建立长期稳定的合作关系，从而控制了内容的源头，可持续不断地提供高品质的影视内容。公司电视剧制作已形成了较为成熟的产业链模式，与电视台、广告商建立起了密切的合作模式，对于编剧、演员环节形成自己的品牌和渠道优势，有望对业绩产生持续的动力。2011 年以来，电视剧业务正进入“产销两旺”的态势，公司业绩将保持 30%~40% 的增速，毛利水平稳中有升，这种营收的高增幅刺激着更多影视企业排队上市。

总部位于广东澄海的奥飞动漫公司以玩具制造起家，通过推出原创动漫影

① 参见华宝证券：《2012 年文化传媒年度策略报告》，《证券时报》，2011 年 11 月 17 日。

视作品，以内容形象拉动动漫玩具及衍生产品的销售。目前，公司已经成为集动漫影视片制作、发行、授权，动漫玩具和非动漫玩具的开发、生产与销售、媒体广告于一体的动漫商。一方面，公司通过动漫创作而拥有原创内容形象，“嘉佳卡通”频道成为公司最为重要的动漫作品播放渠道；另一方面，以动漫服务现有产业，通过动漫影视作品拉动玩具及衍生产品的销量。由于公司积累了丰富玩具生产制造经验，善于捕捉市场需求、控制成本费用，且公司实体销售渠道较为完善，因此公司拥有产业化运营的独特优势。公司未来将通过产业的运营商到动漫供应商，最终以“动漫形象及内容”为核心，整合相关产业资源，成为一流的动漫集团。

作为中国十大优秀原创动画企业之一，玄机科技公司立足原创动漫影视制作，拥有从内容创作、图书音像、衍生产品、网络游戏、媒介宣传到市场发行的动漫全产业链运营能力，致力于以精工细作的品质和不断创新的艺术风格诠释“原创”的价值。2011 年首创在长篇动画中使用 3D 技术和卡通渲染风格，令 3D 动画兼具强烈的动态效果及手绘动画的细腻唯美，带给观众新鲜完美的观影享受。引进欧美流行的动态捕捉（Motion Capture）技术，倾力打造国际级的武打场面和镜头效果。玄机科技团队以更专业、更精美、更文化、更国际的姿态，致力于以动漫为载体，向世界展示中华文化之美，令世界聚焦中国动漫的破茧成蝶。

不过，多数影视企业上市成功后，开始大举圈钱，将其投入影视作品制作。然而国内却有 80% 的电视剧无法登陆荧屏，只有不超过 10% 的影片能够为片方带来利润。因此，如何把握最佳的投入产出比，将是影视上市企业需要谨慎思考的问题。

（二）出版传媒企业：数字化转型 + 资本运作

目前虽然传统业务还是占据了各家出版公司收入的大部分，但向数字媒体转型已经是传播公司重获成长的必由之路。在这一过程中，盈利能力稳定、积累了大量现金、具有明确战略规划的出版公司，有望通过上市、兼并、重组等方式加速转型，进而实现高成长。

1. 大力发展数字化新媒体

依托于出版、印刷、发行的传统平面媒体行业已经步入成熟期，在科技带动的阅读方式与习惯下受到巨大冲击，目前面临增长停滞的困境，转型以数字出版为代表的新媒体领域成为其核心议题。例如,汉王科技公司着力打造“终端+内容”的数字出版新模式,已经取得了不小的成绩。截至目前,汉王电纸书的内容平台已经聚集了近3万种图书、50余种报纸、100余种期刊,平台效应正在积聚。在数字化进程中,一个成功的商业模式,要远胜过成百上千万的资金。

从运营模式来看,当前出版传媒企业的数字出版业务主要采取两种方式:一是和终端运营商合作,二是自己发展数字出版平台。两种方式中,前者见效快且投入相对少,而后者则可通过建立坚实的渠道平台,从而实现中长期发展。同时还有一些平面媒体利用自己的内容优势,介入到新媒体中的影视制作和广告制作等领域,这不失为一个拓展新利润增长点的有力尝试。自身拥有内容优势、能够保持传统业务、具有较强资金实力和融资渠道的公司,有望跨越利润备受挤压的转型期,在传统新闻出版行业洗牌中获得新的利润增长点。如成都传媒集团下属的博瑞传播公司2011年已经形成了涵盖出版发行、印刷、广告营销等完整的报纸服务的产业链,承印了《成都商报》在内的二十余种报纸及各类印刷业务,同时公司建立了西部最大的专业投递网络,发行代理成都两大日报和商报。该公司在新媒体业务布局方面具有明显的先发优势,目前新媒体业务涵盖了网络游戏、电子商务和网络应用等不同的领域。

不过,数字出版前期开拓新业务需要较大资金投入和较长时间,且目前数字出版发展面临着前期投入与产出不成比例的突出问题。首先,当前对付费用户有一个培育期,大多运营模式从免费或低收费开始,利润很低,同时又面临盗版的危险。其次,目前数字出版在前期利润有限甚至亏损的背景下,又被数字终端运营商挤压,这均使得出版传媒公司在业务转型前期不得不面临利润增速下滑的尴尬。

2. 并购整合和上市融资

从体制改革方面来看,出版传媒企业已基本完成了市场化转型。2011年主要在资本运作方面有较大进展,具体表现为:其一,通过并购整合等方式,提升产业集中度。比如,2011年9月,皖新传媒拟投资1 882万元参与新华网增资扩股,同月,长江出版传媒与中国地质大学签订合作框架协议。当前出版发行业已基本完成了省级整合,长期跨省的大规模整合出现大型出版集团是下一步发展的趋势。国家“十二五”规划中提到,打造一批出版传媒航母,重组大批印刷企业、组建大批大型发行物流集团、鼓励新闻出版产业与其他产业融合对接；未来5年全国报刊出版单位数量下降到5 000家以下。在这种政策背景下，产业内兼并重组将助力行业集中度进一步提升，综合竞争力最强的领军公司有望借机改变行业普遍存在的大而不强的局面。

其二，资本市场的运作力度进一步加强。出版传媒行业的整体市场化进程借助资本市场力量的推动得到加速。通过IPO上市、注资ST公司借壳上市等手段，更多的出版传媒企业将进入资本市场，这也为行业整体引入投资、实现跨区域合作整合提供更多的渠道，同时也有助于企业规范自身的管理，为实现长远发展提供良好的铺垫。例如，2010年10月登陆主板的中南传媒集团，成为第一支全产业链整体上市的出版传媒公司，目前拥有印刷、出版、发行、印刷物资供应在内的完整出版业务产业链。2011年1月中南传媒集团与华为、博集天卷图书签订合作意向，布局数字阅读与出版，以及高档短版印刷市场。在国家反复强调做大做强国有龙头、支持兼并重组和集中化的大背景下，拥有国资背景和现金优势的公司必将从中受益。另外，2011年1月，全国新华书店系统噫内IPO第一股——皖新传媒上市。2011年3月，中文传媒借壳ST新鑫；2011年6月，方直科技登陆创业板，成为国内领先借壳上市的中小学同步教育产品及服务商；2011年10月，长江集团借壳ST源发；2011年6月，中原传媒借壳ST鑫安；2011年9月，浙江日报报业集团借壳ST白猫；2011年10月，广西日报借壳索芙特。2012年内出版企业借壳上市趋势会进一步延续。

其三，民营传媒公司登陆资本市场。例如，作为民营传媒第一股的天舟文化公司，是出版传媒中的青少年公司，是湖南省最大的民营图书集团，是国内为数不多的真正做到“策、产、销”一体化的书商。天舟文化公司2011年在资本市场上有着不错的表现，营业收入2.79亿元，营收增幅30.88%，增幅超过30%。这足以证明，民营企业依旧可以在出版市场打下一片属于自己的天空。天舟文化有自己的一套营销体系，其基本环节为强化市场调研、发掘市场需求题材、选择合作出版社出版、市场推广与营销、网络监控市场。在这种策略下，天舟文化牢牢抓住青少年阅读市场，成为国内为数不多的参与图书总发行的企业，主要有各类自办发行的出版社、各地新华书店，以及18家拥有总发行资质的民营发行服务商。公司业已具备将自身优势的平面媒体内容网络化的先发优势。2011年6月该公司同北洋出版传媒、河北新华书店共同组建北舟文化，不仅显示了公司雄厚的布局实力，更为未来拓展省外业务添砖加瓦。随着公司通用类教辅产品的陆续投放和省内外营销网络体系的建成，可为公司带来更快的业绩增长，从而使公司在出版传媒中脱颖而出。

（三）数字音乐企业：线上与线下联动

权威的国际唱片业协会（IFPI）《2011 年数字音乐报告》指出：2010 年全球主要数字内容产业收入达到 158.6 亿美元，其中数字游戏占 39%，数字音乐占 29%，电子报纸占 4%，电子书占 2%。在市场潜力巨大的全球音乐产业领域中，由于各种视听新技术的快速发展，几乎是一夜之间颠覆了以唱片、光碟、演唱会等为主的传统音乐产业模式。音乐智能软件的大量开发，开启了“人人可做音乐家”的新时代，所以该报告的封面设计为一双手在触摸各种音乐软件的按钮，副标题为“触摸时代的音乐”。

近年来，全球数字娱乐业持续发展，从在线游戏、在线音乐到网络媒体，无不充斥着激烈的竞争，而在线音乐就在这种背景下逐渐发展起来。根据研究机构 Gartner 日前发布的预测数据，全球消费者每年花在线上音乐的金额将逐年递增，从 2010 年的 59 亿美元、2011 年 63 亿美元、2012 年 68 亿美元升至 2015 年的 77 亿美元。同一时间，实体音乐产品终端销售额预计将从 2010 年的 150 亿美元降至 2015 年的 100 亿美元。

无限星空音乐集团的发展就是一个典型的例子。2012 年年初，无限星空音乐集团被授牌建立“数字音乐园区”，为各大唱片公司、独立音乐人提供更多便捷的合作平台。园区内将建设“音乐人才培训平台”“数字音乐服务中心”“星光演艺场馆”等。整合唱片公司丰富的唱片资源，造就数字音乐原创展示平台，提供原创数字音乐产品的内容输出。通过促进音乐版权保护和版权交易，加深与数字音乐运营商的合作，进行音乐产品输出。通过与互联网产品、社区、游戏等平台合作互通，将影响力像水一样渗透到各个环节，同时通过项目将音乐、娱乐、演艺、餐饮、秀场、办公相互统一，并结合园林景观创造出舒适的数字音乐园区空间，给音乐创意者带来无限的想象。

当然，在线音乐市场的规模，有赖于用户付费习惯的养成。另外，盗版问题、下载支付环节等也是制约在线音乐市场蓬勃发展的关键因素。

（四）网络广告企业：网络营销制胜

电子商务市场目前处于高速成长期，主要企业资金充裕，有能力保持市场营销力度，消费品行业投放规模快速增长，持续成为网络广告市场的主要推动力。

全球娱乐及媒体行业呈现明显的从传统平台向数字平台的转变：2011 年数字平台收入占全球行业总收入的 30%，预计到 2015 年该比例将达到 33.9%；2011 年中国网络广告支出全球排名第五，预计 2015 年将达到 112 亿美元，成为世界第三大网络广告市场。2011 年网络广告呈现出以下一些特点：以网络为代表的新媒体广告营销相对传统媒介具有显著优势，新媒体公关市场因广告主行业结构持续调整周期性有所弱化，新媒体公关产业链尚有许多空白领域，纵向发展潜力巨大。具有网络广告平台资源或具备强大网络营销能力的公关广告类企业发展前景看好，较为典型的企业如蓝色光标和顺网科技。

蓝色光标公司是国内领先的公关服务品牌，主营品牌管理，凭借多年经验积累在网络营销领域具有显著优势。公司近期通过一系列纵横向并购快速扩张，发展势头迅猛。目前公司以数字化为业务转型方向，重点发展网络广告业务，打造包括公关传播、广告传播、网络传播、活动传播在内的全方位立体式传播产业链。横向通过并购整合，将业务范围从传统公关外延至互联网和财经公关；纵向向下游广告环节延伸产业链，现已收购互联网、房地产等广告业务。公司未来有望凭借横跨数字与传统媒体平台的整合营销能力形成竞争壁垒，获取超额收益。

顺网科技公司致力于互联网娱乐平台运营、网络广告与增值服务，通过覆盖全国 8 万多家网吧的“网维大师”娱乐平台向终端用户提供精准网游广告投放和客户端安装服务。2011 年该公司已拥有 5 000 万网吧用户资源，并通过收购新浩艺将网吧用户数目扩展到 7 500 万人，渠道客户由 50% 提升至 75%。网吧渠道的绝对主导地位使公司拥有网游广告定价主导权，并能够充分享受网络广告价格上涨收益，并逐步降低对广告代理的依赖。另外，公司拥有高价值用户资源：网吧用户相对泛网用户具有更强的游戏消费倾向，使得网吧渠道投放的网游广告回报更高，是网游企业的重点关注市场。

（五）视频网站：联播平台和上市融资

视频网站类企业正处于激烈竞争和整合的过程中。2012 年 3 月 1 日，酷米网、厚德资本、北京云视天创、北京东方雍和国际版权交易中心联合推出了国内首个“国产动漫新媒体联播平台”。这一动漫联播平台由厚德资本负责平台正版动漫内容提供，酷米网负责平台业务的整体运营与营销，云视天创负责视频存储、传输与播出计数，国际版权交易中心负责确权保险、计数认证和诚信分账，共投入3亿元，未来三年，每年拟投入1亿元。目前，该平台已经整合约30万分钟的海量正版动漫资源，其核心理念是“整合、分享、开放、创新”，主要利用资本的力量聚合上游动漫版权资源，采用云视频分发技术，汇集互联网站、网络开放平台、移动终端、智能手机、互联网电视等新媒体“长尾”流量，提升国产动漫市场影响力，促进各类播出平台正版化进程。未来“国产动漫新媒体联播平台”计划整合中国所有优秀动漫内容，发掘、包装、推广具有创作实力的动漫公司，并且拓展百家新媒体，使该平台真正发挥其强大的影响力、辐射力。

作为视频网站的代表，乐视、优酷和土豆则借助资本市场发力。乐视网的业绩快报显示，2011年实现营业总收入5.99亿元，同比增长151.22%；归属于上市公司股东的净利润1.31亿元，同比增长87.05%。数据显示，乐视网占据去年热播电视剧独家网络版权70%份额，非独家的网络版权覆盖率也超过95%，2012-2013两年热播电视影视剧独家网络版的30%也早已被其牢牢把控。[①] 正是依靠着版权的资源，乐视网走上了版权分销的道路，依靠向下游视频网站销售影视剧版权，保证自己收入，而优酷和土豆等2011年均选择“战略性亏损”来进行扩张。虽然乐视网在电视剧版权覆盖率上要远远超过优酷以及土豆，但截至2011年二季度，优酷实现日均覆盖人数2 586万人，而乐视网的这一数字仅为309万人，这也直接影响到乐视网的视频广告收入。截至2011年6月30日，乐视网广告收入仅占总营收的20.3%，而同期优酷广告收入占到总营收的96%。中国视频行业第一、第二名都已登陆美国资本市场，再有视频网站上市比较困难。

（六）微博业务：由圈地逐渐转向收获

中国当前最有影响力的微博客网站是新浪微博。新浪微博截止到2011年9月用户数2.5亿，平均每天发布微博一亿条。发展比较快速的是通过手机登录的用户，在2011这一年时间里，每个人每天在手机微博上耗费的时间是60分钟左右。在微博时代，网站主要做信息的聚合、信息的生产和信息的消费。当前在新浪微博平台上，有8 000多家政府、80 000多家企业，同时还有10 000多个新闻机构都开通了新浪微博，包括报纸、杂志、电视台和电台。现在大部分人用新浪微博去获取内容，这个比例在逐渐增加。新浪微博最突出的资源优势就是名人和娱乐圈明星。由此，它可以获得品牌广告收入，微博通过建立大平台，

① 参见华宝证券：《2012年文化传媒年度策略报告》，《证券时报》，2011年11月17日。

依靠较多的用户量带来较多的点击率，可以吸引品牌广告的投放，对企业用户进行收费，也可以和其他网站进行收入分成。

腾讯微博在 2011 年一直走精品化路线。随着手机微博、QQ 通讯录、空间、手机朋友等产品的推出，逐渐走入了国际化的布局（俄罗斯、越南、印度、韩国等），无线的整个平台走入了国际化的大家庭里。腾讯微博可以利用自身庞大的用户群，建立类似于搜索等方面的工具，把大量的用户群转移到其他网站上，进而和其他网站进行广告分成。同时可以开发增值业务，如做在线游戏，通过虚拟交易获得盈利。

（七）文化地产：城市娱乐综合体的扩展

文化与地产的结合是现代服务业的一种创新业态，是文化发展与地产创新的必然结果。文化地产将文化产业以商业地产的方式进行整合，并与购物、休闲、娱乐、饮食等有机结合，是一种新型的以文化产业为主的跨行业商业业态。例如，城市娱乐综合体是以文化消费为平台，引进多元文化产品及服务如院线等，形成书城、影城、青少年活动城、文化休闲娱乐城、文化商贸城、文化主题公园等板块的有机组合。城市娱乐综合体考虑到消费群体的复合型需求，影城、剧院、美术馆、音乐厅、数字图书馆可作为娱乐综合体文化消费的重要组成部分。其商业模式主要是有效利用书店的聚客能力，大力拉升到店客流量；以复合业态赚取增值利润，将客流量转化为现金流；混合业态培育互动式的营利生态，建立多种收益方式，实现项目整体盈利。作为娱乐综合体的开发商和运营商，可以利用娱乐综合体聚客，大力拉升到店客流量，通过复合业态留住消费者，使其得到全新、全面的文化消费体验，通过充分挖掘并全面满足消费者的全方位需求，建立多种收益方式，从而实现项目整体盈利。

2011 年，城市娱乐综合体正凭借着其文化与地产杂交的活力在中国市场迅速成长。例如，万达集团以开发运营城市娱乐综合体的全产业链为主要商业模式，目前在全国 30 多个城市拥有相应的项目，“万达广场”成为全国领先的文化地产连锁品牌。万达城市综合体集购物中心、娱乐中心、星级酒店、写字楼、高级公寓于一体，能够满足消费者的全方位需求。当前万达集团建立了开发运营城市综合体的全产业链，拥有丰富的商户资源，已开业的 20 多个万达广场经营状况良好，具有在全国快速复制大型城市综合体的能力。另外，保利公司 2011 年提出“亲情和园”的主张，以打造中国最具有人情味的物业品牌为品牌愿景，将细致入微的特色服务融入一系列极具人情味的社区活动，以客户需求为导向，关注客户体验，使物业服务贯穿整个地产的开放产业链条。江苏凤凰新华发行集团 2011 年提出了集团发展新理念：打造书业 + 多元化业态 + 营销活动新的文化商圈，实现跨行业和异业结盟的经营模式创新和探索，借鉴娱乐综合体的新型商业业态，以图书经营为主业，把文化和商业结合到一个前所未有的高度。文化地产大鳄新华传媒集团为进一步发展图书业务，创新图书经营业务形态，改变目前图书经营自营网点较少、盈利能力较弱的局面，已经考虑如何拥有一定规模的大型自有物业，建设大型娱乐综合体新业态，以进一步支持图书业务的发展。

二、文化企业商业模式创新的特点和趋势

合理的商业模式是企业的立足之本。文化企业经营需要重视商业模式的发现、选择、改进和优化。商业模式中盈利方法的选择是丰富而多端的，有时候是单一的盈利点，有时候是组合的盈利点的获取，有时候是交叉的盈利点的融合。在思考商业模式创新时，需要结合产业变动、消费者生活方式的变化与商机的变动，更需要结合企业内在性优势和外部性优势，在某些情况下需要把握自身竞争优势的具体领域。

（一）当前文化企业商业模式创新的特点

新的商业模式是文化企业基于互联网和新技术，通过内部流程和基本构造的设计，以及对外部资源的整合利用来细分市场、创造需求，实现增值服务。当前比较新的商业模式主要有：一是电子商务类，如阿里巴巴全球 B2B 电子商务平台模式；二是软件技术服务类，如三维仿真城市平台提供商模式；三是信息服务类，如三网合一互动呼叫搜索模式；四是娱乐与文化旅游服务类，如卡通影视动漫及衍生品模式；五是服务外包类，如视频会议服务外包模式；六是人才服务类，如互动教育平台模式；七是连锁经营与物流配送类，如 IT 连锁市场经营模式；八是网络与电视媒体虚拟店铺销售类，如淘宝网 C2C 电子商务平台模式。这些新的商业模式大都具有如下一些特点：

1. 促进文化内容与信息技术的融合

商业模式创新主要借助信息化技术提升传统产业，开发新市场。新商业模

式并不排斥传统产业，传统产业通过信息化技术能够开发出新的市场空间，再造新的优势。过去企业把软件作为一次性产品来卖，而增值服务却是无限的。软件业正在从传统的光盘套装、授权付费型，向在线托管、租赁使用、按需付费型转变。在线软件服务即插即用，用多少付多少费，还可面向全球客户，争取更大的市场份额。如阿里软件 SaaS 模式，浙大恩特公司 SaaS 模式等。

2. 注重借助最新的表现技术

商业模式创新离不开新技术，但它比技术创新更现实。如恒生电子提供 web2.0、手机银行解决方案和金融信息交换平台等，充分说明只有按市场需求搞研发，依靠商业模式创新去占领市场，才能促进科技成果产业化。某些产品由于自身的专业性和领先性，其运行可能需要特别的软件等与之相匹配。如 SONY 公司投放市场的游戏机售价很低，但它从 UMD 特别格式的游戏和记忆棒内存生意上获利，而这种商业策略的技术保障就是 UMD 光盘，一种从硬件上无法拷贝、提取数据的技术。国内彩电巨头 TCL 集团 2012 年 2 月 19 日与央视签约，成为我国首个 3D 电视频道央视的独家合作伙伴，这也是国内 3D 终端显示设备及技术提供企业首次与我国的权威 3D 内容提供平台实现合作，标志着中国 3D 产业链实现了上下游打通，并初步构建起完整的 3D 产业生态系统。在智慧城市的时代，这样的潮流可谓风起云涌。智慧城市通过感知化、互联化、智能化的方式，把城市中的物理基础设施、信息基础设施、社会基础设施等连接起来，“智慧 + 互联 + 协同”成为智慧城市建设的核心理念。近期，TCL 集团与央视签约成为我国首个 3D 电视频道的独家合作伙伴，标志着科技创新、内容创新和商业模式创新，开始了新的融合，预示着新的市场空间。

3. 通过细分市场来创造新的消费需求

新的商业模式可以通过细分市场重组流通渠道，以新技术为手段创造新的市场，把人们潜在的需求转化为现实的需求。如网络互动娱乐社区模式就很有创意，在网上唱卡拉 OK，改变了消费方式，创造了新的消费需求。例如宋城股份的主体收入来源于杭州宋城景区，2011 年实现营收 3.4 亿元，而支撑景区的核心却是大型旅游文化演艺节目《宋城千古情》。在对宋城景区核心产品《宋城千古情》的提升基础上，2011 年完成对《金戈铁马》和《魅力杭州》两幕的改版，其所打造的文化旅游度假的细分概念，逐步得到市场的认可。

4. 重视人力资源的利用和开发

具有创新经验的人力资源是企业的宝贵财富，企业的创新需要结合经验的积累，高度重视已有人力资源的利用和开发。企业必须通过保护和提升人力资源来持续扩大自己的内在性优势和综合竞争优势，从而在商业模式的提升上取得创新性改善的实际效果。企业为争夺市场的竞争，表面看是商业模式之争，实质上是人力资源之争。现在最稀缺、最宝贵的是懂技术、懂管理、懂市场的人才。成长型企业都在网罗有实战经验和实践经历的人才，在引进和留住人才上加大投入、集聚人才，以适应商业模式创新的需要。

5. 风险投资与企业并购相结合

商业模式创新是中小企业成长的重要途径，其中关键是要发挥风投机构的作用。阿里巴巴、乐视网等一大批创新型企业，都是靠风投发现或培育的。风投带来的不仅是资本，更重要的是管理经验、经营团队还有市场份额。中小企业成长的捷径就是引进战略投资者，通过并购创新商业模式，使企业获得持久竞争优势和生存发展的驱动力。文化企业成长的捷径是引进战略投资者，通过并购创新商业模式，使企业获得持久竞争优势和生存发展的驱动力。2012 年我国文化产业领域投资主体将进一步多元化、社会化、市场化，文化内容与新媒体紧密结合的文化企业将蓬勃发展、充满活力。

（二）文化企业商业模式创新的基本趋势

透视 2011 年文化企业商业模式的基本状况和商业模式创新的特点，最重要的是理解和把握商业模式创新的走向。从总体来看，跨界融合是文化产业的基本规律，也是商业模式创新的基本趋势。

1. 内容为王越来越凸显

文化产业的产业结构一般都以“内容为王”的扩展来体现。所谓内容为王，意指故事创意、音乐、节目、信息、活动安排以及各种文化艺术的知识产权构成了文化产业的核心，决定着文化产品或服务的附加价值。当前，在电影、电视剧以及动漫卡通领域开始步入总产能过剩以及制作费用持续提升的时期，能够提供优质内容、及时延长产业链、打造综合传媒平台和渠道、整合行业及社会资源的公司，可巩固自身的竞争优势，在内容传媒需求大爆发的时期，享受高速成长。

比如，精品电视剧依旧是稀缺资源，呈现供小于求的态势。普通电视剧市场价格一般在 35 万元 / 集，而部分精品剧的价格可以达到 100 万元 / 集以上。2011

年 5 月，四家卫视联合购买的《新三国》首轮播出权价格为 178 万元 / 集，《借枪》已经创出 200 多万元 / 集的新高。除传统的电视台播出渠道外，互联网成为电视内容新的播出渠道，价格也在飞涨。2010 年，电视剧网络版权价格持续高涨：《手机》售价高达 20 万元 / 集，而《西游记》网络版权则已经达到 28 万 / 集。2011 年，电视剧网络版权费再次翻番，在 6 月的上海电影节，网络版权 50 万~60 万 / 集，搜狐视频购买《新还珠格格》、优酷购买《倾城雪》、乐视网购买《后宫》等热门剧集，价格均超过 2 000 万元。

2. 内容与渠道的全产业链逐渐成为主流

在内容资源推陈出新的同时，内容呈现形式也取得很大进步，将内容和渠道结合起来，是最合理，也是当下最有效的商业模式。文化产业的一大特色，是既要“内容为王”，又要“渠道取胜”，有了富于人文精神和审美魅力的内容，文化产品才能感染人和影响人；而有了广泛传播的渠道，文化产品才能转化成为千百万人的消费品。而渠道与内容又会相互影响，推进更适合传播的内容和更能承载内涵的渠道。上游制作商提供的内容决定了一部电影的根本商业价值。拥有成熟导演和热门演员的电影公司，通过利用自身的稀缺的人力资源和丰富的电影制作团队，不仅可以缓解上游制作成本的压力，还可以提升电影的含金量。

例如，华谊兄弟公司以优质的影视内容为核心竞争力，通过“最优剧本 + 明星制作团队 + 成熟平台”，以及一系列收购或直接投资，开始打造国内的娱乐航母。在电影方面，公司依靠强大的制作实力，通过原创系列电影、独立制片、国际合拍等多元化制片模式满足日益挑剔的需求；并通过全资子公司华谊国际与美国传奇影业开展国际合作。电视剧领域，公司通过独到的制片人工作室模式，形成各类题材的影片和规模化生产能力，同时通过全面对接电视台需求，定制化打造高价电视剧。产业链布局领域，2011 年年底公司共有 11 家电影院投入运营，占据电影院票房市场份额前五；公司 51% 控股收购华谊巨人、参股掌趣科技 22% 股权以进入游戏领域。华谊兄弟正是利用了其“优质电影和电视剧 + 演艺人员经纪业务 + 发行”三块业务，形成“人力资源 + 渠道 + 版权 + 产业链 + 资本”的全渠道，以整合影视帝国布局。

在如今的国际文化产业发展潮流中，同时掌控内容生产与传播渠道，成为越来越多的文化企业所热衷的商业模式。同时拥有内容与渠道，内容能够为渠道提供消费点，而渠道能够保持内容生产所需现金流的平衡。但对于国内那些相对已经做大的文化企业来说，其业务仍然只是侧重于某一方面，或是内容生产，或是提供平台渠道。即使是内容生产方面，也是仅局限于影视、动漫、图书或游戏等文化产业某一特定业态。因此，当文化企业在实施跨界融合，甚至试图联姻内容与渠道之时，选择何种商业模式便成为首要命题。[①] 国外所有的大电影公司如迪斯尼、华纳兄弟、环球等，无一例外都是传媒集团的一部分，因为传媒和娱乐跨界结合的最直接结果就是传媒能够给娱乐提供宣传上的帮助。

以一直在全力探索和打造"平台 + 内容"商业模式的光线传媒为例。光线传媒公司是国内最大的民营节目制作及提供商，以娱乐资讯、综艺、生活及访谈类节目起家，率先构建了工业化的娱乐节目制作体系，将国外成熟的管理理念与国内产业运作特点及产业现状相结合，通过优化实现了娱乐节目的标准化制作，并且打造了大型的以电视联播网为主导的娱乐综艺平台。在此基础上，公司不断布局网络视频、电子商务、线下娱乐等新媒体和新业务，并进一步释放其广告价值实力。目前已经成为集"综艺娱乐节目制作发行 + 影视制作发行 + 广告 + 公关"为一体的大型文化公司，并有望在"内生 + 外延"带来的新业务模式中实现跨越式增长。

当然，以创意为生命的文化产业可谓是商机遍地，内容与渠道的融合也并非唯一路径，因为不同的创意和日新月异的传媒技术不断造就新的文化企业，这是再大的文化传媒巨头也无法提前预知的。这里面有很多需要考虑的战略与商业模式因素。所以不同的文化企业现在的问题是不一样的，小的企业要考虑生存方式，大的企业则是考虑有没有能力突破现在的格局。

3. 数字信息技术和文化内容的融合

数字技术与文化产业相结合的加快，是文化产业发展的主要趋势，文化产业的发展结构也将会由此发生根本性的变化。近年来，国内文化产业发展的一个重要趋势就是跨界融合速度的加快，尤其是技术创新的步伐加快，不断推动渠道的变革，进而带动文化产业的跨界融合。如信息技术的升级让电视剧播出平台多样化，涌现出包括网络电视、手机电视、移动电视等新媒体平台，同时伴随着国家酝酿当中的"三网融合"的政策支持，给整个产业带来巨大的发展契机。数字化信息技术的突破带来的新趋势是跨行业的复合型业态。以往传统

① 参见张立波、陈少峰:《文化产业全产业链商业模式何以可能》,《北京联合大学学报》, 2011 年第 4 期。

的垂直型产业链，从内容策划、设计、产品与行业结合到最终推向市场实现自己的价值，还是比较割裂的状态，其整个内容与渠道尚未实现有效的打通。①

内容是数字化发展的灵魂和血脉，只有拥有丰富多彩的内容，数字生活才会更加精彩。随着 TV、手机、电脑、PDA、MP3 、MP4、PMP 等视听终端的逐步丰富，特别是以手机和 PC 为终端的数字内容服务模式的出现，刺激了我国数字内容在 2011 年的快速发展，数字内容产业造就了一个非常庞大的市场。移动互联时代是消费者霸权的时代，而消费者的权力通过无处不在、无所不能的社交网络变得无比强大。随着智能手机、平板电脑、电纸书阅读终端的普及，与其他信息传媒产业一样，数字出版正迎来移动互联时代。无论火爆的“SoLoMo”概念（social 社交化、local 本地化、mobile 移动化），还是苹果、安卓、亚马逊平台上琳琅满目的应用产品，都在昭示着一个全新的信息传播格局。根据英国 Juniper 研究机构的预测，到 2016 年，在移动阅读平台上，电子书的销售额将达到 100 亿美金，其中 30% 通过平板电脑销售，15% 通过智能手机，另外 55% 通过各类电纸书阅读器终端。可以说，移动终端正在取代 PC 而成为数字出版的核心传播平台。然而，国内数字出版商业模式的重点依然在传统互联网，对于移动互联所带来的机遇及挑战缺乏足够的思考。

我国今后十年中最大的媒体就是手机，手机会成为我们最大的媒体终端，也会成为我们生活当中最大一个消费终端，进军手机就是进军最有前途的多媒体。《2011 年度中国手机杂志业态报告》通过对 2.4 亿本手机杂志的阅读数据调查指出，2012 年移动数字杂志阅读的六大趋势为：网站过气，移动 App 当道；个性化和社会化阅读的内容聚合 + 信息筛选将成为数字杂志内容输出新方向；视频、图片与社交媒体的互动成为提升移动数字杂志阅读体验的核心武器；“80 后”是移动数字杂志阅读的主体人群，“70 后”和“90 后”紧随其后；移动阅读成为读者休闲和填补碎片时间的重要方式，杂志不进行数字化转型将很难抓住新一代受众；手机杂志阅读偏好娱乐或新闻类，而时尚和财经内容阅读忠诚度高。

互联网带来新的商业模式变化，主要是两块：一块是互联网规则，一块是资本的力量。互联网规则是统一的标准，按照统一的规则、统一的服务去向用户提供内容，而不是做特意的差异化。另外一个是资本，国内市场其实鼓励具

① 参见张立波：《数字内容产业发展的五大趋向》，《文化产业导刊》，2011 年第 8 期。

有前瞻性和风险性不太高的企业，去在资本市场上获得相应的投资。新浪模式，完全靠资本的力量，快速在全国范围内形成一个统一标准、统一服务，用这种方式获得一个快速的扩张。如果能比较好地引入风险投资的力量，在未来的五至十年里面，大部分行业都会出现类似于美国的变化，这一个变化背后，一方面是推动按照互联网的规则去做，另一方面是推动按照互联网资本的规则去做。

4. 与资本相结合的商业模式将持续看好

与资本相结合的商业模式，除了企业上市以及进行并购之外，还可以结合企业的资本运作将各方要素进行整合开发。该模式包括股权投资、风险投资和企业孵化等，在企业发展到一定规模时，可以选择合宜的投资扩展的渠道。其中，股权投资可以通过以货币资金、版权、文化品牌等投资形式取得被投资单位的股份，获得较大的经济利益；风险投资重点投入到新兴的、迅速发展的、具有巨大竞争力的产业领域。当然，文化产业投资要防止因盲目跟风而造成同质化竞争的风险。

创意型和高科技驱动型的文化企业更能吸引投资者关注。中央十七届六中全会首次将“深化文化体制改革”作为中共中央全会主要议程，并首次提出“社会主义文化强国”目标，要推动文化产业成为国民经济支柱性产业。由此推算，到 2015 年我国文化产业增加值至少应该达到 2.79 万亿，“十二五”期间文化产业的复合增速达 23%。由此，文化产业在“十二五”期间被寄予厚望，业内也逐渐达成共识，相关的上市公司有望在“十二五”规划的指导下获得快速的发展。受预期中政策的不断催化，行业具备内生增长动力和空间，2012 年的投资将持续活跃，比如院线、影视制作与发行公司；与 3D 影院建设相关的产业链环节；动漫衍生品市场，尤其是动漫衍生品授权企业。总体看来，2012 年文化产业资本投资主线有两条[①]：一是新媒体龙头，如视频领域的乐视网、百视通，影视领域的华谊兄弟、光线传媒和华录百纳，媒体营销龙头蓝色光标和省广股份；二是三网融合，如电广传媒和天威视讯等。

数据显示，目前已经公布上市计划的文化企业达到 180 多家，其中以出版印刷领域的企业最多，达 54 家；其次为影视及动漫领域企业，达 52 家；两大领域计划上市的企业占全部计划上市企业数量的 57%。在计划上市的公司当中，

---

① 参见华宝证券：《2012 年文化传媒年度策略报告》，《证券时报》，2011 年 11 月 17 日。

以演艺为主营业务的企业也有意计划上市，其中包括中国木偶剧院、福建演艺集团等，成为计划上市的文化企业新力量。纵观“十二五”期间，每年将会有20至30家文化企业在不同的交易所上市。在传统媒体领域，计划上市的文化企业达17家，融资约60亿元；在出版印刷领域，计划上市的文化企业达50余家，融资金额将高达200亿至300亿元人民币；在影视动漫领域，计划上市的文化企业达50余家，融资金额将高达200亿元人民币；在网络游戏领域，计划上市的文化企业约10家，预计融资金额约为30亿元；在网络新媒体领域，计划上市的文化企业约30家，“十二五”期间每年将有3~4家新媒体企业实现上市，融资金额将达120亿元。[①]

2012年2月，国家发改委国际合作中心在上海的“文化艺术品评估体系质押合作试点”课题项目正式启动，这是收藏艺术品质押融资在国内的首次尝试。作为一种新的交易门类，它既无完善的交易品种和交易模式，又没有交易的垄断资源和配套环境，其亟待突破的瓶颈是文化艺术品交易对象和资本的对接。正因如此，“文化艺术品评估体系质押合作试点”课题项目将形成四个重要功能：信息集聚功能，使产权主体获得发布信息的渠道，又通过恰当的方式寻求到潜在的产权交易对手；价格发现功能，通过市场竞争关系以及公开化的竞价机制，实现文化艺术品的价格发现功能；资本配置功能，通过文化艺术品价格引导资本流动并实现资本优化配置；中介服务功能，通过大量中介服务，提高交易的成功率。

5. 文化地产将以各种形态继续发展

在国家对于房地产进行限制、房地产泡沫逐渐压缩的情况下，文化地产必然会进一步得到发展。随着房地产市场竞争的白热化和日趋艰难，过去单纯地靠广告、促销等手段推项目的日子逐渐远去。许多有远见的地产商已经从市场中认识到品牌、信誉、客户关系等是决定项目成败与否的关键因素。当房地产产品竞争、价格竞争达到一定程度之后，文化攻略愈发被地产商所重视。综观中国当前的文化地产，其开发经营趋势可以归纳为如下几个方面：

文化地产项目定位越来越具有鲜明的地域性文化特质。当地产项目被赋予文化的灵魂时，其与地域文化间的互动关系将被充分发掘，并通过对项目的物

① 参见杨浩鹏：《文化企业商业模式之辩》，《中国文化报》，2011年11月2日。

质实体的创造来表达对地域文化的理解、传承与突破，使其具有鲜明的地域文化特色和艺术气质。①

文化地产项目运营越来越注重以多种文化行动为载体。文化地产项目在运营阶段，通过源源不断的文化活动，持续不断地创造文化故事和事件，使其不只是一种单纯的工程项目，更成为城市文化行动和标志的体现。文化依托于开发项目的经济基础和表现空间，有效展示其智慧和思想，显示出文化作为项目价值提升的经营潜能，成为项目更加重要的资本。

开发企业越来越倾向于深层次文化战略需求。文化地产项目本身的品质和性能价格比已成为一种必然的素质,这已不再是竞争中最重要的比较优势。因此，希望获得真正成功和持续成长的企业要更多地关心项目本身所秉持的价值，关注他们服务的消费者所重视的价值，借助文化的力量创造价值和附加值，并广泛地让顾客、住户和城市共同享用。

三、文化企业发展的关键在于商业模式创新

当前，无论是从政策环境还是投资机构的态度来看，文化企业都面临发展的大好契机。然而,对于任何一个文化创意企业,要真正做大做强,做到持续盈利，根本上还是需要探索出成熟的商业模式。如何通过商业模式设计与创新实现快速成长从而获得投资机构的投资或者登陆资本市场，是众多文化产业企业和投资机构高度关心的问题。

（一）在业务转型中把握商机

数字化新媒体将成为文化产业发展的主要方向。随着新媒体的发展和生活方式的变动，部分传统媒体产业，包括报纸、图书、杂志、光盘、唱片、数码相机等，都将受到不同程度的冲击。现在已经出现一个信息技术跟文化内容融合的趋势，即“四 C 合一”，包括内容产业、计算机、通信、消费者电子相融合。今后很多的 IT 硬件产品里面都要内置娱乐内容，如美国的苹果公司，还有索尼、诺基亚、微软等，这几年都在融合电子技术和文化设计内容。当前，包括因特网和手机在内的媒体平台的完善，特别是视频内容产业的发展，定制内容服务

① 参见叶学平 :《文化地产的发展及文化 MALL 商业模式探析》,《当代经济》, 2011 年第 11 期。

以及广告等的收入将占领媒体产业一半以上的市场份额。

在全球化数字化的时代，科技与文化的融合创新，将会开辟出巨大的文化消费新市场。当年乔布斯和苹果公司开发的 iPhone、iTunes、iPad 等，几乎是一夜之间颠覆了传统的视听艺术样式，把新颖的视听手段与丰富的视听内容结合起来，满足了人们随时随地进行视听享受的要求，开发出一个全新的视听消费市场。2012 年 2 月 16 日，乐视网推出乐视 TV3D 云视频超清机，作为业内首款互联网超清机产品将正式商用投放市场。乐视网抢占先机，进入互联网电视市场，通过网上付费争夺新盈利点，给消费者带来更大的便利。

目前数字出版已经成为出版行业发展的大趋势。Kindle 和亚马逊的电子书下载平台的出现，在美国引起了传统新闻出版业的剧变，越来越多的新闻出版企业加入到亚马逊的数字出版发行平台中来，数字出版物销售所占比例也大幅提升。各类电子阅读器的出现，正是为了加快国内新闻出版业的数字化进程而生。更为重要的是，以 Kindle 为代表的新一代电子阅读器，已经建立了一个成功的商业模式，可以带领传统新闻出版业走向数字化未来。2011 年 4 月份公布的《新闻出版业“十二五”时期发展规划》将数字传媒明确列为新闻出版产业的发展重点，提出“十二五”期末，力争实现数字出版总产值达到新闻出版产业总产值的 25%，整体规模居于世界领先水平。在全国形成 10 家左右各具特色、年产值超百亿的国家数字出版基地或国家数字出版产业园区，建成 5~8 家集书报刊和音像电子出版物于一体的海量数字内容投送平台，形成 20 家左右年主营业务收入超过 10 亿元的具有国际竞争力的数字出版骨干企业。以数字印刷、数字化工作流程、CTP 和数字化管理系统为重点，在全行业推广数字化技术，推动我国从印刷大国向印刷强国的转变取得重大进展。传统出版社转制及上市过程中或将剥离数字出版业务而成立子公司，数字出版解决方案提供商或者技术提供商。

新闻出版总署发布的《关于加快出版传媒集团改革发展的指导意见》明确指出，支持出版传媒集团发展以网络出版、手机出版、云出版等为代表的出版新业态；支持出版传媒集团和大型电子商务企业进行战略合作和资源整合，构建线上流通和线下流通相结合的现代化出版物流通体系。意见指出，鼓励开发应用互联网、物联网和云计算技术，构建开放式、综合性、多功能集成的流通信息平台；支持出版传媒集团实施数字化战略，加快发展有声阅读、电子书、电子书包、数字报、精品学术期刊数据库等。此外，意见还首次指出，支持出版传媒集团拓展对重点国家和地区的版权输出；支持有条件的出版传媒集团通过独资、合资、合作等方式，到境外建社建站、办报办刊、开厂开店。

数字化新媒体的发展要求专业化服务成为企业竞争力的来源。专业化服务包括技术方面的要求，也包括文化内容提供的能力以及整合技术和文化内容的专门能力。例如，在制作动画电影方面，消费者不仅要求提供好的故事，还要利用最先进的技术设计手段和多媒体展示等。专业化服务就要求文化企业不断创意并开发具有自主知识产权的核心技术，同时重视营销渠道建设，善于谋划和拓展文化产品及服务送达消费者的"通路"。企业应把发展数字化新媒体作为战略重点，推动传统产业的战略转型，发展壮大新媒体、新业态，更好地满足人民群众对精神文化的个性化和多样化需求。

（二）逐步实现全产业链经营

文化产业的全产业链结构，是一种同一内容资源在空间和时间维度都重复延伸使用的结构，它显示了更强的融贯性和扩展性。在空间上，文化产业的全产业链以创意内容为轴心，既可以实现纵向伸展，使上下游各产业要素有机地连接为一体，又可以实现横向打通和协同，使各个向周围辐射的产业内在地沟通起来，实现内容资源重复开发的价值增值，或者实现内容服务驱动硬件增长（如电子阅读器、手机、存储器等）。在时间上，它以顾客需求为导向，使创意内容时刻跟随或者引导顾客生活方式以及消费方式的变化，保持文化产品生产过程的时效性和动态性。由此，文化产业的全产业链能够做到这样几个方面：其一，往横向和纵向延伸，附加价值高，上下周围资源配置平衡，创新与品牌贯穿始终；其二，通过内容的知识产权，对从起点到终端的每个环节进行有效管理，并对关键环节进行有效掌控；其三，各环节相互衔接，整个产业链前后左右贯通为一体；其四，不同产品线之间的相关功能可以实现整合或者战略性有机协同。①

构建文化产业的全产业链商业模式，以企业整体价值为目标，可以最大限度地提升企业的竞争能力，实现规模化经营的扩展，提升专业化水平和附加价值。例如，2006 年，北京联盟传媒有限公司拍摄了 80 集章回体古装喜剧《武林外传》，随后把电视剧集作为整个品牌及产业链的起点，对《武林外传》进行了深度的文化产业衍生开发，② 创立出全新的"武林外传"全产业链。"武林外传"

① 参见张立波、陈少峰：《文化产业全产业链商业模式何以可能》，《北京联合大学学报》，2011 年第 4 期。
② 于帆：《电视剧〈武林外传〉引发的全产业链商业模式》，《中国文化报》，2011 年 6 月 23 日。

全产业链的典型特征在于，同一种内容从不同角度进行了深度的文化产业衍生开发，形成了包括电视剧、电影、动漫、web2.0网络游戏、话剧、川剧、动漫人偶剧、桌牌游戏、图书、毛绒玩具、文具以及邮票等系列衍生产品，进而打造出“武林外传”文化品牌，创立出全新的“武林外传”商业模式。当前，《武林外传》由电视剧已经带动延伸出二十多种产品，内容的每一次使用都会有增值，每种产品都在市场上创造出不菲的业绩。“武林外传”从影视品牌到网络游戏品牌，到图书品牌，再到戏剧以及增值服务，是由产品系列延伸向品牌系列的深度扩展。总之，打动人心的故事创意，全产业链构建思路，才会打造出“武林外传”这样成功的文化品牌。

再如，腾讯与华谊兄弟合作的案例。2011年5月腾讯控股有限公司以4.5亿元入股华谊兄弟传媒股份有限公司。长期以来，腾讯对影视娱乐产业与互联网产业的协同效应有着比较高的期望，也希望逐步将旗下的全平台产品与影视娱乐创作、传播和衍生产品发行相结合，实现真正的跨产业融合。腾讯业务收入来源主要是游戏、会员服务、广告和无线等几个方面，这些业务收入均来自于单纯的互联网领域，在业务创新上弱于竞争对手。而华谊兄弟拥有客观的优质影视片源和版权，还有100多名艺人资源，入股华谊兄弟有助于腾讯攀上国内影视内容版权高地，并在目前火爆的网络视频领域取得突破。入股华谊兄弟，腾讯显然是想从文化创意资源源头就获得竞争优势。而对于旨在整合内容、渠道和衍生品的华谊兄弟而言，腾讯6.47亿用户的渠道资源将有助于其影视内容的推广。可见，娱乐内容和互联网的相互融合是必然趋势，内容+渠道+衍生品的整合的过程，其实就是全产业链商业模式建构的过程。

（张立波 主笔）

第八章　文化企业人力资源开发

人才的培养是企业生命力旺盛的重要因素。对于文化企业而言，人才更是其发展的重中之重。随着我国的文化产业的快速发展，对于人才的需求也日益迫切。在思考未来发展时，文化企业应当更加注重以人为本，以推动企业实现持续繁荣。

作为典型的“内容为王”的产业，文化产业的内容创意产品在整个文化产业链中的核心地位不言而喻。然而，没有高水平的人才队伍，就会造成内容产业水平的局限性。本章在分析我国文化企业人力资源的属性和现状的同时，着重分析提升文化企业人力资源整体水平之道，并分行业对于不同文化企业的人力资源发展提出了建议和看法。

一、文化企业人力资源的属性

文化产业作为一种特殊的文化形态和特殊的经济形态，与一般的产业不同，需要强大的智力支持和创意支持。从文化企业发展的角度来说，将人才作为“资本”来看待更加重要。在文化部颁布的《“十二五”时期文化产业倍增计划》（以下简称《倍增计划》）中明确指出，现阶段我国文化产业的主要任务在于以实现跨越式发展为主题，以优化结构布局、加快转变发展方式为主线，以培育文化企业、扩大文化消费、推进文化科技创新、发展特色文化产业为重点，加强内容引导，实施重大文化产业项目带动战略，全面提升文化产业创新能力和核心竞争力，推出一批内容健康向上、深受群众喜爱、市场占有率高的中国原创文化产品，努力满足人民多样化精神文化需求，推动文化产业成为国民经济支柱性产业。关于文化产业的人才问题，《倍增计划》也提出要以培养高素质文化产业经营管理人才为重点，建设文化产业人才教育培训机构，完善在职人员培训制度，鼓励高等院校开设文化产业相关专业，全面提高文化产业人才队伍的整体素质，为文化产业发展提供强有力的人才支持。除此之外，各地政府也都重视文化产业发展与产业结构调整。特别是重视打造文化产业集聚园，以文化产业带动服务业发展和制造业的产业升级。各地政府除了出台有关政策之外，还出台了一系列优惠政策。文化企业要对应国家和各级政府的引导，在各种利好形势下大力发展自身的企业规模和生产水平。同时,要重视人力资源的重要作用，牢牢把握人才是第一生产力的观念。资本是手段，但是这种手段的作用必须围绕着人们的创造性才能发挥。

作为当前重要的朝阳行业之一，文化产业的发展极其需要高素质、有创意的人才。在企业的经营过程中，只有以人为本才能真正体现重视人才的文化。同时，这个行业的高附加值、高利润也必须依赖高素质人才的引入。文化产业人才从事的不是简单重复性工作，而是需要在复杂多变和不完全确定的系统中充分发挥个人的资质和灵感,创新是其最重要的能力特征。秉持以人为本的理念，是推动文化企业实现企业整体价值最大化的根本。为了保障文化产业的快速可持续发展，必须提升内容产品创作和制作的质量，如在电影领域怎么开发在国际上具有较强竞争力的产品，而且这种产品能够直接满足未成年人和家长的要求。要提升内容产品的质量，离不开行业整体环境的改善，而其中的一个重要方面是提高文化产业从业人员的待遇，做到“以人为本”。

文化产业化最为关键之处就是创意，而对于文化企业而言，以下三种人才是最重要的：第一种是企业家。企业家的使命和宗旨是体现企业的整体价值最大化，而不是为了某一个项目四处奔波。其作为企业的最后决策者，对企业的运转要有宏观上的操控和把握，并要具有产业前瞻性，揭示那些活跃在文化创意产业实践中的创意密码，推动创意成为产业。第二种是文化创意人才。文化创意人才的任务也不具体执行公司或企业的某项具体事务，而是需要具有创意意识和创新能力，这便要求文化创意人才既要具有艺术家的天分，也要有一定的商业知识。第三种人才便是项目的具体执行人才，其首先要具有本行业相关的商业意识，根据消费者生活方式的变化所引起的消费新特点来对消费者进行定位，并准确地把握消费者心理，对产品的综合创意有着充分的理解，并能在此基础上延长产品的价值产业链，需要有着较强的协调能力、沟通能力以及细节整合能力，从而能在企业家和创意人才之间起到很好的协调作用。就一个文化企业的人才积累而言，仅仅拥有高科技人才或者吸引工商业人才是不够的，而是应该借鉴其他企业已有的人才培养计划和吸引人才的经验，同时根据文化企业自身的特性，培养大批高质量、高素质人才。

人力资源作为一种可再生资源，不是说其是自发的可再生资源，而是通过培训、自我学习和继续教育挖掘人的潜力，从而成为取之不尽、用之不竭的可再生性资源。文化产业领域的人力资源相对于其他行业来说，开发难度更大，其原因主要在于，第一，在改革开放以来的经济发展中，从事文化艺术的人才和文化企业培训的人较之于其他行业要少；第二，由于专门的文化产业专业成立不久，学科建设尚属于起步阶段，在培养和训练人才方面也正在摸索之中；第三，目前很多从事文化产业方面的人学科背景相对单一，难以应付文化企业领域艺术、管理与经营等其他学科交杂的复杂形势。人力资源的开发不是局限于某一领域的知识修养，而是要求从业者有着丰富的阅历、知识面和判断力，此外还包括职业化的素养和合作共事的能力，不能简单地以为对历史文化的理解越深就越有文化修养，不同领域的人才需要不同的文化知识和文化艺术管理的能力。

二、我国文化企业人力资源的现状

首先看一个案例。2011 年 3 月 13 日晚，国内首家上市视频公司酷 6 传媒在纳斯达克宣布，李善友正式辞去公司 CEO 职务，同时任命朱海发担任公司代理 CEO，在 3 月 14 日生效。而李的辞职似乎并非出于本意。酷 6 原来的销售直接成本占毛收入 50% 左右，高得比较离谱。目前酷 6 的现金储备已经撑不过三个季度，投资方盛大无法忍受酷 6 继续烧钱、亏损扩大的状况，或将选择转型成为成本投入较低的视频资讯网站。2011 年 5 月 18 日，酷 6 网对外宣布，为压缩成本提高效率，酷 6 网计划将目前接近 200 人的广告直销团队解散，裁员 20%，全部涉及销售人员 150 人左右。随即有内部员工在网上披露：酷 6 在裁员过程中态度恶劣，并与员工发生肢体冲突。而在裁员风波进行得如火如荼的当口，酷6的多名高管纷纷宣布加盟业内其他视频网站，其中包括业界较为知名的第一视频、激动网、乐视网。5月24日，酷6媒体合作部总监在微博爆料称："不知道是不是我在微博上的真心话说痛了哪位领导，今天，公司人事部门在没有给我任何通知的情况下，封杀了我的工作邮箱和用以登录工作流的VPN账户。直到现在，还是没有任何人跟我联系说明此事。我就这样被'偷偷'地夺去了工作的权利！这就是SD（盛大）钦点的酷6人事部！"一时间，酷6裁员事件闹得沸沸扬扬，人尽皆知，企业形象因此受到极大挑战。从上文的例子中我们不难得知，一个好的经理人对于企业的成败起着至关重要的甚至是决定性的作用。

2011年，中国文化产业人才队伍仍然总量不足、结构失衡，特别是领军人物和高层次的经营管理人才匮乏，人才创新、创业能力不强，人才队伍没有形成规模效应，这与我们推动文化产业成为国民经济的支柱性产业的战略性目标还很不相适应。比如，2011年，北京全口径文化创意从业人员达120多万人，从业规模居全国之首，但实际上人才缺口的问题还是十分严重。当今世界公认的几大文化强国、创意之都，无一不在文化创意人才的数量和质量上占有优势。在纽约，文化创意产业人才占所有工作人口总数12%，伦敦为14%，而目前上海创意产业从业人员占总就业人口的比例还不到1%。以品牌运作和产业链的开发为例，国内几乎没有能够进行品牌全程设计与管理的人才，因而中国至今尚没有一个国际知名的文化品牌。

事实上，我国文化不缺市场与需求，不缺资金与资源，缺的是有市场眼光与执行能力的相关人才。文化产品给人们所带来的能量和影响力是物质产品不可替代的，文化人才的创意价值是无法估量的，人才的匮乏给文化企业所带来的损失也是不容小觑的。由于我国大部分文化部门长期以来都是事业单位，管理人员基本上都是从文化业务部门中选拔上来的，因而大多数管理人员往往是本部门的业务尖子，但缺少经营管理方面的知识和市场运作的实践，其管理方式基本上是针对非盈利组织的管理模式。当一部分文化部门实行产业化经营之后，这些部门的经营管理人才短缺现象马上就凸现出来。目前我国文化企业人才匮乏的具体方面为：

第一类是文化传承人才，包括历史文化研究的人才、考古人才、收藏家和传统工艺美术和艺术、体育等人才。其中，有些传统绝艺的人才更为匮乏，导致部分文化艺术湮没，从而也使得与传统的文化产品或者不够地道，或者出现空缺。这类人才对于文化创意的作用之大不言而喻，而在某些宣传传统文化底蕴的地区，这类人才的作用则显得尤为重要。

第二类是专业人才，包括经纪人、导演、制片人、大牌明星、拍卖师以及设计师等。目前的问题尤其在于高水平的人才缺乏，如明星和经纪人水平不高，缺乏持续的经纪包装能力，从而造成“明星虽多，巨星有限”的尴尬局面。

第三类是高素质的师资人才。文化艺术的师资和文化产业的师资的要求是不一样的。前者存在的主要问题是对于美学理论、文化艺术历史和文化艺术跨学科的交流等的素质，后者是缺乏文化艺术修养和产业经营结合的素质。对于文化企业而言，这两种师资都是不可缺少的。

第四类是综合素质经营人才，包括两种，一种是具有产品全过程综合管理能力的人才，如具有动漫制作中的故事把握、角色定位、音乐选择、整体合成，以及市场意识等能力的总监式的人才；一种是既懂文化艺术又懂经营的人才。后者的空缺则尤为明显。

第五类是研究文化发展的人才。一方面，研究中国文化历史和文化评论的人比较多，而研究国外文化历史和各个专业领域的人才则比较少。另一方面，研究如何发展的人才比较少。例如，研究动漫规律的人才比较少，也不能指导该领域的故事创作和产业发展。

第六类是内容创意人才。这一类人才的缺乏与第三类即文化产业师资人才的缺乏脱不了干系，从而导致其缺乏通过教育培训引导创作的动力，以及缺乏全民参与创作的热情和推动机制。

第七类是国际化的人才。无论是高深研究的人才还是国际化经营的人才都比较缺乏，这直接给我国文化产品“走出去”带来了极大的障碍。

第八类是政府管理者中精通文化产业的人才。在推动文化产业发展的进程中，许多政府官员还是从宣传的角度来理解和管理文化产业，过分强调主流意识的传播而忽略了文化产业娱乐性的本质。因而政府虽然重视文化产业，但是在实践中还是缺乏与学界和产业界进行良好沟通与合作的人才。

文化企业人才缺乏的原因有很多，具体分析起来包括：

第一，文化企业缺乏人才积累的理念和实践，过于急功近利、唯利是图，过分看重眼前的利益获取而缺乏以人才推动创新发展的意识。

第二，从政府的角度而言，政府的扶持资金都投向企业税收补贴甚至成为低水平产品开发者的利润，而缺乏投向人才资源开发的工程。

第三，缺乏文化产业专业学科独立与合理的专业课程设计，因而缺乏对专业人才培养的资源投入，包括师资培训也较其他学科为少。

第四，长期以来，在应试教育和文化管理方式中，过分注重形式化的知识内容、背诵式教育等，也制约了国人的想象力、创造力。

第五，多数文化企业都是规模较小的企业，缺乏创意与经营的能力积累和知识共享。因此，文化产业领域的人才虽然数量已经很多，一般技术性的人员也不少，但从产业发展的实践和高端产业竞争的角度而言，实际上高端人才包括大明星等都处于严重匮乏的状态，尤其缺乏具有综合素质、能够支持大制作的经营人才和创意人才。

种种情况表明，文化产业在市场强有力需求的拉动下，有望迅速成长为我国国民经济的支柱产业之一。这样一个朝阳行业，没有一大批懂经营会管理的人才参与，显然是难以得到健康发展的。要推动这一产业的发展，我们必须像发展其他产业那样，引进和培养一大批高素质的经营管理人才。

三、文化产业人才的培养

对于文化产业的人才需要基于两点：其一，娱乐消费的日益发展对文化产业的人才素质的提高和高端人才的出现有着现实性的需求；其二，由于文化产业传导面的日益扩大，其对消费者的道德和伦理示范作用也越来越强。因此，我们的人才不仅仅需要在在职业技能上具有高水平，也需要在道德和操守上具有高水平。而从学科建设和人才培养方面来看，我们则需要做到以下方面：

（一）文化产业学科建设

案例：云南文化产业投资控股集团总经理助理杨劲松代表表示，我国首家专门的文化产业高校云南文化产业职业学院建设正稳步推进，最快有望于2013年招生，首期计划招生1 000余人，用8年左右时间突破万人。招生范围除面向全国外，还将延伸到东南亚地区。云南文化产业职业学院位于云南丽江境内，是以培养文化产业实用人才为主的高等职业院校，目前，已与上海戏剧学院签订了合作协议，与中国传媒大学、云南大学就文化产业重点项目实施和文化干部培训等方面的合作也已达成意向。

在具体的学科建设理念上，应当注重以下几个方面：其一，人才培养和学科建设应当围绕文化产业领域的商业能力与企业经营管理能力。其中必须包括文化产业发展趋势分析的能力，文化企业资本运作的能力等。其二，注重思想与行动的结合，以思想指导行动。同时，在教学中可以是突出思想或者突出行动。突出行动时应当注重综合把握能力和具体操作能力。其三，树立以人为本即以学生为本的理念。围绕学生未来的发展或者以学生就业为核心，关注市场需求，帮助学生不断提高就业能力。其四，根据与时俱进的要求修改和完善教学内容，尤其是根据跨学科发展的要求，首先改变教师的知识结构，提升教学能力。其五，以发展能力作为学生提升综合素质的核心要素，面向未来市场需求来提升学生的综合能力。

在具体的人才培养理念上，要注重几个转变：第一，转变知识观念，形成记忆型的知识和能力型的知识的融合能力。第二，转变教学方法，注重培养学生自我提升能力；注重培养分析问题的能力，把握普遍化分析方法和举一反三的能力；形成自我学习能力。第三，转变理论灌输的做法，注重实践能力的提升，包括注重坚持原则和应变能力的分界和策略多样性的把握，注重实践操作能力和细节完善能力。第四，转变单纯书本知识的教学，将理论、方法和社会常识、专业常识相结合，注重情商教育和策划能力教育。第五，转变学科壁垒意识，教师和学生共同扩展视野，包括把握国内和国际文化产业趋势，把握行业内外产业链经营方法，扩展跨学科知识和资源整合能力。

此外，在文化产业专业的学科发展上，还应注意：

第一，建立科学的学科体系。人才培养的问题还涉及到学科的地位和学科知识体系的建立。国家应当将文化产业管理纳入一级管理学科，以便各界投入资源，系统地培养人才。除了加大硕士水平的人才培养，加大经理人培训力度之外，在研究比较深厚的院校开展全国青年教师的系统进修培训，提高师资水平。目前我国专门的文化产业高校只有一所，且尚在筹建之中。

第二，提升教师的素质。假如我们根据政策、市场中的人才需求等来定位学科，那么，文化产业管理学科就是一个跨学科领域，也就需要将培养优秀教师当做重点来对待。许多高校的文化产业专业的授课老师仍由艺术类或管理类的老师兼任，缺乏足够的专业背景，从而也无法传授给学生足够的知识。因此，我们首先是要改革现有的教育体制。注重培养学生的创造力，改变既往的知识灌输形态；其次是培养专业技术精通的综合素质人才。深化原有人才培养体系中的传播、艺术等门类人才的专业教育，提升参与商业运作的素质，并加强技术类人才的培养，包括提升直接的专业设计水平和综合类的技术管理水平。

第三，树立服务产业发展的理念。各类高校的文化产业人才培养和培训应当以产业发展的需求和服务社会的理念为指导，而不应当局限在纯粹的学术范围内。要增强“产学研”相结合的理念，培养出一批在专业上和技能上都扎实的学生。

第四，培训和继续教育是高校进行文化产业人才培养的另一个重点，各地高校应当结合本地文化产业发展的特点来培养和培训人才，为本地文化产业发展作出积极的贡献。对从业人员进行系统的长期的培训，提升创意、制作与营销的综合水平，改变技术主导或者忽视市场的做法。

第五，促进产学研结合的人才培养和培训。在教学内容上和教师（培训师）的设计上要综合考虑官产学的结合，以便实现有效的教学资源整合，提升理论和实践结合的水平。

第六，结合特定需求，开展继续教育。例如，在文化事业单位转企之后，多数经营者的商业知识和文化产业专业化知识比较欠缺，无疑需要进行系统的文化产业经营管理的培训。

在注重与时俱进、理论指导实践的同时，应当注重总结经验，积累学科建设和人才培养的成果。同时，由于学科建设和人才培养的经验比较缺乏，需要加强交流，避免固步自封。

（二）管理人才的培养

案例：2011 年 8 月 18 日，网易宣布了公司截至 2011 年 6 月 30 日第二季度未经审计的财务业绩。财报数据显示，网易第二季度营收人民币 18 亿元，同比增长了 38.5%，净利润为人民币 7.73 亿元，同比增长了 59%。其中，网络游戏依然是网易 Q2 增长的重点，不过 18 日所公布的财报记录中，丁磊的一句话引起了业内对于网易待遇有多高的大猜想。网易将环比增长的运营费用，解释为《大唐无双》和《倩女幽魂》的销售和市场费用增加所导致，但第二季度一位高层管理人员和部分员工离职，导致相应股权成本和预提奖金冲回，又部分抵消了运营费用的增长，因此运营费用同比增长主要是由于前述因素导致。股权成本同比减少了 1 370 万元人民币，也是因为有员工离职所造成的。关于企业内部的人才战略模式，往往都属于机密内容。对于网易 Q2 财报所透露的信息，分析人士称这已经间接地明确了网易的人才待遇模式。其所谓的运营费用明确地提及主要是《大唐无双》和《倩女幽魂》两款产品的大幅推广支出。而从游戏媒体的推广力度来看，这两款产品在 Q2 期间的推广力度非常之大，《倩女幽魂》的一次发布会就包了整个西湖印象，《大唐无双》甚至投放了电视广告和请甄子丹出席发布会，进行代言，可以说两个产品的推广运营费用绝对不少于千万级别，而如此大规模推广的运营费用仅仅因为一名高管和几位员工的离职就能够冲回，可见网易对于员工的待遇之高。

我国文化企业的兴旺发展，文化产业经营管理型人才是关键，一个好的经理人有时候能决定一个企业的成败。从文化企业整体价值最大化的角度上来讲，懂得综合经营的管理型人才对提升中国的文化创新能力比创意人才更重要，因为企业家的创造可以促进创新的平台，为创意人才提供发挥的基础，对文化创意产业人才的培养可以经营为重点、以创意为整合，鼓励合作，用好的创意管理模式吸引创意人才。因此，我们需要重视文化产业管理人才综合素质，培养具有遴选创意人才、分析产业、制定战略、找寻商业模式等能力的高素质的跨界人才。

文化产业领域的人才培养最为困难，而创意经理人又是文化产业的关键人才。创意经理人需要人文与社科的融合，需要理论与实践的结合。创意经理人的许多胜任力素质内容，比如经营管理维度的素质内容与其职业实践和管理技能有着非常紧密的联系。因此，创意经理人的培养最适合开展硕士研究生教育。笔者建议，为适应社会对高端创意经理人才的需求，针对专业胜任力和基础胜任力，高校可以创建以培养创意经理人为目标的创意管理硕士教育品牌，针对在职人员、社会相关从业人员，创建分别以知识产权专业、软件创意、新媒体创意、设计创意、艺术创意为主要方向的专业硕士课程，打造创意管理专业硕士学位教育品牌。高校可以创设虚拟的创意领导力学院，加强管理能力和创意能力的复合培养。对企业而言，企业是培养创意人才的重要平台，企业实际上也是培养创意经理人才的社会实验室。

文化企业自身要能够建立起一套完善的经营者激励机制，对企业经营者提供足够的激励，使经营者分享企业增加的财富，充分调动他们的积极性，促使其采取符合企业最大利益的行动。因此，要把高管薪酬和公司绩效联系起来，传播与文化产业的上市公司董事会大多设有薪酬考核委员会。

第一，文化企业在实现利润或者企业低成本运作时，应当拿出相当的利润或者从市场融资中拿出其中的一定比率来提高员工的待遇，以保障企业留住高素质和高水平的人才，提高员工的满意度。在分配上应当重视价值创造者员工的地位，这种地位不能被资本所左右。即企业应当重视服务员工而不是服务投资人。同时，员工的收入水平应当与企业发展同步提高，与投资人的回报同步提升。而随着资本运作和企业更加容易获得资金回报，员工的实业精神可能丢失，即圈钱很容易导致对辛勤努力的忽视。由此，企业必须加强企业文化建设，以追求卓越为核心价值导向。文化企业应当改变投资人或者企业所有者利润最大化的观念，努力实现企业利益相关者的利益最大化和企业整体价值最大化的追求。

第二，多数文化企业的经营管理者和从业人员都缺乏对于文化创意和文化产业经营的基本知识。例如，他们普遍没有意识到文化内容产品的生产需要整合各个方面的创意，包括形式与内容、包装、宣传与营销各个步骤的一致性，任何一个环节的人才欠缺都会带来不好的后果。因此，要对人才以及人才团队做不断的提升，包括总结经验和接受新知识等方面的培训，能力提高的培训和实践中相互促进的培训，切忌把临时的创意人才聚集起来等同于有效的工作团队。

四、相关行业人力资源分析

从事文化类的企业千差万别，不同类型的文化企业对于人才的要求侧重点自然也各不相同。本部分从动漫行业、出版行业、电影行业以及新媒体四个行业的不同特点出发，分析其对于人才的不同要求。

（一）动漫行业

1. 对动漫行业人力资源现状的分析

由于国家相继出台了一系列强劲的动漫产业的扶植政策，我国动漫行业也随之出现了一系列喜人的局面，行业整体水平大幅度攀升。但是实事求是地讲，我国生产的动漫作品当中，其中大部分作品仍在低水平上徘徊，观众喜爱程度并不高。国产动画片无论从内容到形式，要么似曾相识，要么简单粗糙，根本抵不住日、美动画大片的冲击。电视台少儿频道的黄金档里，国产动漫的主要目标观众还是学龄前或上小学的孩子，能吸引青少年乃至更大年龄观众的作品少之又少。

其实，形成这种局面的原因并不复杂，那便是我国动漫原创人才的匮乏，尤其是高端复合型人才的匮乏。人是第一生产力，任何一个行业兴衰的关键在于人才，动漫行业也不例外。因此，如何加强原创人才的培育，造就高质量的原创力量,是当下重要的命题。而我国目前动漫行业的人才问题主要有以下几个：

其一，动漫教育与企业需求不对等。动画人才或者动漫人才的培养主要以专门的教育机构为主。由于各界重视动漫问题，动漫教育也随之繁荣。估计国内目前已有超过300个以上的机构在从事动漫教育。不过，在动漫教育的表面繁荣之下，隐藏着一个很大的忧虑，就是许多机构都缺乏明晰的教育理念和合理的教学内容规划。动漫教育培养人才的速度在快速膨胀，但是，企业的需求却受到漠视。

例如，2011年年初某动漫企业需要在江西招聘近百名员工，于是委托专业人力资源公司承办此事。招聘人员跑遍了江西所有开设动漫专业的本科高校，通过面试的应届毕业生约有300人。但是，通过上机测试发现，这些本科大四学生的实际动手能力居然还不如某动漫学院大专三年级的学生，最终勉强录用了不到30人。

动漫教育与企业需求脱节最主要的后果是供需不一致，使得相关企业的高级人才严重匮乏。在此环境下，显然一方面需要改善我们现有的动漫教育，另一方面企业自身也需要注重人才培养。企业人才培养的方式很多，比如重视编写故事和剧本的专业人才，保持创作队伍和经营队伍的稳定性以促进动画制作和经营中的经验积淀和技巧提升，吸引更多商业人才加盟，以及对企业人员进行系统深入的培训等。目前我国有1 000多所大学设有动画专业，但专业人才依然紧缺。除了在专业性培养上存在欠缺外，找不到合适的机会让学生锻炼是一个重要问题。人才有些被浪费，没有真正进入工业体系。应该给学生提供更多的机会和平台去锻炼，提高实际应用的能力。

其二，缺乏高质量动漫制作人才。动漫创意和艺术人才主要是必须具有创意、想象力以及能够通过技术和艺术手段表达出来的人才。日、美等国家的动漫界从事创意、编剧、导演和制作的人员都是大师级的人士，而国内动漫界的从业人员则以职业院校的学生为主，其差距自然令人咋舌。一方面，日本、美国等每年都有新的动画大片“席卷”中国市场，另一方面中国的原创动漫却还处于初级阶段。当前动漫教育的课程设置上还是以技术为先和培养低端技术人才为主，培养高技术运用和创新的研究生、博士生严重不足，在创意、营销方面的人才也有所忽略。

其三，缺乏动漫产业的经营人才。这种人才又分为综合性的企业家或者经理人，以及经营动画电视、动画电影和漫画图书的专业型经营人才。动画电视、电影和漫画图书的经营方式是很不一样的。

其四，缺乏作品和产品集合的人才。要求能够按照市场需求，整合各个角度的技术和艺术手段，协调产品开发各个环节之间的关系，将作品设计为具有市场化影响力的产品等。市场需求主要是具有综合素质和专业能力较高的人才。画图的人才基本上已经饱和，其他素质的人才则严重匮乏。至于学生是以就业为导向还是以爱好为导向，必须根据学生的要求培养他们的能力。

2. 动漫行业人力资源开发的对策

首先，从动漫教育而言，我们的教学内容显然太过于单一。教师不但要教给学生文化艺术的基本知识、影视和图书作品创作的基本知识、策划的知识、中国文化的知识、青少年文化和审美心理的知识，还要教给学生企业经营管理、动画电视产业、动画电影产业、图书漫画产业以及艺术授权、商业模式、衍生产品开发的知识。一方面，高校在源头上为企业培养专门的动漫产业通才，给企业开发动漫产品提供足够的人才支持，才能把整合动漫产业变为现实；另一方面，企业的管理人员通过高校的深造，掌握产业运作的理论，用理论指导实践，为动漫产业的整体运作提供战略指导。除此之外，教师更要从精神上引导学生，追求卓越。

其次，就动漫产业而言，我们都知道动漫产业市场在人才配置过程中发挥着基础作用。而人才培养最终的目的在于满足市场的需求，因此动漫企业应及时地将真实的人才需求信息与岗位技能要求通过市场反馈出来，并且进一步扩大市场的覆盖面，将高校、培训机构、劳动力市场统一起来，逐步实现人才市场的一体化。完善市场关于人力资本的预测机制和评价体系，定期反馈动漫市场对于人才资源的发展报告，使求职者能够充分了解自身状况，获得比较好的就业建议，同时也不断指导教育部门及时调整人才培养方式。

最后，就国家的政策而言，国家相关部门应当持续的对动漫产业人才的发展给予政策和资金上的帮扶和支持，积极实施动漫人才创新机制，制定动漫创新人才培养规划，鼓励和吸引海内外优秀动漫人才，加大对动漫产业教育及基础设施的投入，进一步完善知识、技术、管理等生产要素参与分配的人才激励措施，优化动漫人才队伍结构，创建动漫高技能人才培训基地，不断提高动漫人才培养水平，从而在科研管理、技术研发等各方面培养高层次的动漫领军人才。

（二）出版行业

1. 对出版行业人力资源现状的分析

2011 年，随着新闻出版体制改革逐步深化，出版行业集团化建设逐步加快。目前，我国出版行业已经基本完成转企改制工作，绝大多数出版社已组建了出版集团。在某种程度上，出版行业集团化有利于对关键出版资源（如编辑权、出版权、图书知识产权等）的有效利用，以及重要出版项目的规模化经营。但是，集团化主要是通过行政手段而形成，造成单一的组织规模扩大、人员机构叠加、管理成本加大，致使企业很难形成自身真正的竞争力。具体说来，当前我国出版行业的人力资源管理主要存在以下几方面的问题：

其一，对人力资源管理不够重视。许多管理者仍然将人力资源管理工作当作是单纯的人事活动，只进行简单的劳动组织、档案管理、工资分配、考核升级等低层次的管理活动，没有认识到人力资源是一种能动的、具有巨大开发潜力的资源，没有把它提升到企业战略发展的高度来进行规划、配置、开发和利用。虽然集团应市场发展要求设置了人力资源部，但其职能依然停留在一些档案管理、工资劳保管理等工作上。由于对人力资源管理不够重视，导致集团没有健全的人力资源管理制度，对于员工的培训开发和人才选拔等都产生很大的影响，人员的培养、引进制度远远落后于集团的发展速度，影响和制约了集团的长远发展。

其二，人员结构不尽合理。由于长期的计划体制和现行的出版体制对出版行业的影响，复合型人才的培养和使用在国内并没有得到应有的重视，导致出版集团中高素质的管理人员和熟悉资本运作的高级金融型人员紧缺；既懂经营又懂出版、能够进行跨媒体经营的复合型人员紧缺；既善于掌握市场又了解国际惯例的外向型人员紧缺，这种状况已经无法适应集团的快速发展。

其三，缺乏有效的激励机制。当前多数出版企业在人员考核和业绩评价方面缺乏科学化、规范化、标准化的绩效评价，存在个人偏见等问题，导致效率和公平的失衡。由于没有能建立科学合理的薪酬体系，考核机制不够完善，缺乏严格、系统、科学的评定手段，且激励措施单一，使员工特别是技术人员和管理人员的个性需求很难被满足，从而造成人员的流失。

要应对目前并不乐观的出版形势，出版行业要保证自身的生存和长远发展，就必须通过合理配置优化人力资源，用人力资源优势弥补企业在资源及资本方面的不足。

2. 出版行业人力资源开发的对策

首先，转变思想观念。很多出版集团的前身都是事业单位，员工很多都未适应转企改制所带来的冲击和改变。原先事业性出版社的人力资源管理唯一的任务就是执行政府的各项人事规定，管理好人员编制、晋升工资计划等，不涉及发展战略问题。很多员工还抱有“铁饭碗”心理，缺乏竞争意识。出版企业要发展，就必须改变员工原有的守旧意识，提高员工的知识水平。通过强化培训等提高其整体素质，培训内容应该涵盖如市场营销、宣传推广、编辑策划、出版印制及相关法律等知识，从而推进集团的整体竞争力。

其次，建立新型的人力资源管理模式。人力资源管理的新模式可以在一定程度上降低集团运作成本从而增加集团的收益，可以通过在集团内外提供有偿服务，逐步演化为利润中心。通过人力资源管理及开发，提高员工的福利与待遇，并为员工提供优良的工作环境和充分的发展空间。

再次，建立激励和竞争机制。一方面，由于原来事业单位分配制度的惯性使然，很多出版公司在充分调动员工的积极性和主动性方面表现得不明显，短期内企业的激励和约束机制不能充分体现个人的贡献及业绩；另一方面，很多员工仍存在惰性，缺乏市场经济下的竞争心理。随着我国文化产业的迅猛发展，文化类人才的缺口巨大，其他文化企业对于人才的需求也非常迫切。在此情况下，很多出版行业的员工纷纷选择跳槽去其他待遇更好的行业，对于出版行业的人力资源造成了非常大的损失。出版行业的单位应制定出一套完备的激励制度，如采用多角度、多层次员工激励体系加强对员工的管理，其中包括精神激励与物质激励相结合、正向激励与反向激励相结合、短效激励与长效激励相结合。好的激励政策可以吸引一定数量的专业拔尖人才进入出版行业工作，也可以吸收其他行业的优秀人才为我所用。在竞争机制上，需要扩大内部的竞争空间，“有能者上”，实行动态岗位制，打破编辑与非编辑人员的界限，将原先事业单位的

"终身制"改为"聘任制"，公布选聘条件，公开选聘程序，向全社职工敞开大门，给广大职工提供平等的竞争机会。

（三）电影行业

1. 对电影行业人力资源现状的分析

2011 年虽然中国电影市场出现空前繁荣的局面，但是从细部调查分析来看，形势并不容乐观。2011 年，我国电影票房排行榜前十位的华语电影总票房为 31.16 亿，而进口片的总票房为 37.92 亿，比国产电影高出 6.84 亿。华丽数据的背后，中国电影的国际生存状态如何？日前，由中国文化国际传播研究院等机构发起的"2011 中国电影国际影响力全球调研数据"在京发布。调查显示，外国观众对中国电影总体接触情况不佳，超过 1/3 的海外观众"一点也不了解中国电影"，而以功夫片为代表的动作电影依然是最受外国观众青睐的类型。

这是中国电影界首次针对外国观众进行的相关调研，共发放问卷 1 450 份，有效回收 1 308 份，覆盖了美国、英国、法国、德国、加拿大、澳大利亚、印度、日本、韩国等国家，调查人群的年龄集中在 35 岁以下。数据显示，中国电影的国际化程度不高。58.2% 的受访者认为中国电影对世界电影的影响一般，认为中国电影对世界电影影响力很大的观众仅为 8.6%，完全不承认中国电影对世界电影有影响的群体占 9.7%。

从 20 世纪的李小龙时代起，以功夫片为代表的动作电影就是最受海外欢迎的华语片类型，几十年的电影发展都没能改变这一特点。数据显示，在不同年龄层、不同教育程度和不同母语的受访者中，"动作、冒险片"都是他们首选的"最喜欢的中国电影类型"。最受欢迎的中国电影类型调查中，动作冒险和功夫片的比例都在 40% 以上。而针对"最喜欢的中国演员"这一选项，得票前三位的分别是成龙、李小龙和李连杰——清一色的功夫明星。中国女演员影响力相对较小，只有巩俐（18.4%）、章子怡（17.5%）榜上有名，且喜欢程度都没有超过两成。超过三成的海外观众一点也不了解中国电影，母语为印度语和英语的观众中完全没有看过的分别占 41.5% 和 32.3%，对中国电影较为关注的是德语、日语和韩语观众。

同时，中国内地导演的认可度比较低，海外观众最喜欢的导演依次为李安（55.2%）、王家卫（38%）、张艺谋（30.5%），陈凯歌、冯小刚、贾樟柯都维持在 8% 左右。值得一提的是，18 岁以下的观众中，有六成认为没有喜欢的中国导演。最喜欢的中国演员中，排名前列的依次是成龙、李小龙、李连杰、周润发、巩俐和章子怡。55.1% 的人通过录像带、DVD 观看中国电影，只有 32.2% 的观众选择电影院。中国电影需要改进的方面,选择“宣传发行”的占了 67% 之多。在努力扩大中国电影国际影响力的过程中，国际化电影人才匮乏是制约我们的一大瓶颈。

随着国家对文化产业的高度关注和扶持，全社会投资电影的积极性日趋高涨，电影市场得到进一步扩大，电影数字化进程也在加快，电影业对人才的需求越来越迫切的同时，对于其类型也将呈现结构性的变化，未来几年我国电影行业人才市场需求的重点将是创意、策划、经营、管理及高新技术等复合型人才。据不完全统计，目前全国电影行业的在编人员 27 万人，其中电影制片单位近 2 万人，发行放映单位 25 万余人。而由于电影项目运作的独特性，实际从业人员会远远高于这个数字。

但随着电影产业的快速发展，电影人才队伍显现出诸多问题和矛盾，诸如总量不足、结构不合理、专业人才严重不足、高层人才紧缺、人才整体素质有待提高、专业技术领域没有技术资质认证体系，技术门槛较低，部分从业人员没有受过系统的专业技术岗前培训，社会上缺乏专业培训机构，人才成长与激励机制亟待建立与完善等。当前电影人才队伍存在的主要问题有：一是缺乏适应电影产业化发展需要的企业经营管理人才。特别是了解电影特点，精通电影制作技术、懂市场、会经营的管理人才紧缺，如职业经理人、职业会计师、职业审计师、职业制作师以及懂得资本运营、财务管理、媒介推广、项目策划与市场开发管理、广告经营等方面的人才。二是缺乏推动电影行业科技发展的学科带头人，以及适应新技术发展的高级技术人才。三是紧缺既懂艺术又懂技术的高素质复合型人才。四是缺乏对外传播经营人才。在中国加入 WTO、国际传媒集团快速进入、我国对外开放的步伐进一步加快的情况下，缺乏既精通外语和国际知识，又精通电影传播业务的对外经营传播人才。五是大学教育中基础知识的学习不够扎实，欠缺学习方法和实践技能的培养，缺少创新型人才的培养环境。高校长期以来没有建立专门培养电影技术人才的专业。中国电影学院在 2003 年才成立了数字技术研究所并连续招收硕士研究生，开始了这方面人才的培养,但数量有限供不应求。数字电影专业 2011 年才刚刚被教委批准正式成立，本科生招收才开始。

2. 电影行业人力资源开发的对策

首先，对目前达不到专业技术水准的从业人员，要实行优胜劣汰的竞争机制，彻底整顿目前从业人员鱼龙混杂的状况，只有这样才会从整体上和根本上提高影视作品的制作水平。

其次，必须扩大电影人才培养规模和质量。当前，我国电影专业人才培养的速度与电影产业的快速发展之间存在着供不应求的失衡现象。如北京电影学院和高校电影专业毕业生数量和规模无法适应电影产业发展不断扩大的人才需求，专业人才缺口很大。据不完全统计，目前美国拥有超过150所影视院校，仅加州地区就有超过30所影视院校，并且还有近百家影视职业培训机构。与此相比，我国目前仅有北京电影学院一所专业电影院校，虽然一些综合大学也开始培养与电影（电视）专业有关的本科人才，全国每年电影专业高校毕业生也不过千余人，并且增长速度缓慢。此外，当前的电影行业不仅存在高等院校培养的电影专业毕业生数量不足的问题，而且，除了电影学院等专业院校外，其他学校的毕业生质量也很难适应电影产业发展的要求，有艺术创新能力的高素质人才的短缺和低端人才的“过剩”现象同时存在。这跟部分高校开办影视专业条件不成熟、对人才培养质量重视不够有很大的关系。因此，对于目前的各个大学“影视”院校和“影视”专业要建立严格的准入制度和考评机制，以保证电影人才的培养质量。

再次，学历教育与专业培训必须并重，开展电影行业内的高级专业培训。国家有关部门与电视专业团体院校可以主办或者联办一些高层次的电影专业培训及研修班、进修班，聘请国外一流电影制作机构的专业人员、资深人士、专家学者、技术人员和艺术家，进行讲学和指导。授课对象主要是目前在电影产业中的人士，可以是准备进入电影产业、电影创作一线的人，可以是已经具有本科或者研究生学历的跨专业、行业、领域的人士。同时开展高级电影专业人才（学历）的教育、教学和在职专业人才的高端培训，增设电影发展需要的艺术硕士学位，通过多种渠道和途径，经过严格培训，为未来电影产业的发展积累专业人才。

最后，对所有专业技术人才进行艺术的培养，在影视制作中没有单纯的技术也没有单纯的艺术，技术和艺术是不可分的，这就是我们目前紧缺和急缺的文化产业复合型从业人才，在一部成功的影视作品创作中，专业的技术支持会为导演的艺术创作提供完美的解决方案，如果专业的技术人员具备一定的艺术感觉，也会对导演的整体创作从技术角度提出艺术性的建议。从而在整体上提升电影的品质。

（四）新媒体行业

1. 对新媒体行业人力资源现状的分析

手机、微博、博客等新媒体日益普及化，许多大学生也倾向于选择新媒体行业作为自己就业的首要选择。中国传媒大学在2010年出现了第一拨进入新媒体当主持人的毕业生，而2011年，传媒大学播音主持专业的100多名学生中，选择网站等新媒体的多达15人。从智联招聘的简历库中可以看到，2010年共有13万大学生向网站投递了简历，到2011年这一数字已经变为16万，大学生去新媒体实习和工作的数量在不断增加。大部分大学生都认为这个行业很有活力，与时俱进，很有挑战性，创新性较强。

专家保守估计，未来3~5年内，新媒体人才和媒体融合人才的缺口在60万到80万人之多。新媒体人才急缺的岗位，不仅包括各传统媒体纷纷自建的网站，也包括发展快速的新闻门户网站、专业网站，还包括极具潜力的掌上媒体、金融机构电子信息服务平台等未来“新新媒体”。传媒业正成为一个综合先进科技、新潮思想、快捷信息的不断创新的行业，因而对人才的要求也与以前有很大变化——通常的记者、编导、广告销售等人才需求已不是最为迫切的，更多的是电影后开发、频道运营、市场推广、整合营销等具有市场前瞻性、跨行业、综合性人才需求。而就新媒体本身而言，其急需三类人才：一是上岗后就能补位的高素质人才；二是既懂新闻，又懂经济的媒体经营管理人才；三是精通新媒体业务技能的复合型传媒人才。目前热招职位包括网络编辑、平面设计、文案策划、客户主管、创意总监、媒介策划、杂志编辑等。

各大院校纷纷开设新媒体教学内容，成立新媒体专业，开展形式多样的新媒体人才教育活动。这些举措取得了一定的成效，但与此同时，也暴露出了一些问题，这些被忽视的方面应该得到我们的重视。只有这些问题得到解决，才能更好地促进我国新媒体人才培养和教育的健康发展。新媒体的“新”字主要是指具有创造性的思维，能够与时俱进。新媒体的价值在于，在传播新闻的同时，把创新性思维方式传播给受众。新媒体教育不再是简单的知识传承，更多的是运用知识进行创造性思维，着力培养学生的创新精神和创造性思维及能力，善于掌握与整合知识结构，运用已有知识进行拓展性思维，完成研究性、实用性的传媒活动，以应对传媒的变革与发展。因此，要想成为一个优秀的传媒人才，仅仅不停地转换工作、积累工作经验是不够的。从业人员还要对自身进行“深加工”，多接触不同行业。具有较高的专业素质的同时，能够在短时间内完成信息制作、把关与传播，而传统媒体与新业态的融合，表征了“多层面”“立体化”的媒体形态的来临，媒体人才的知识结构就要求立体感、层次感。

2. 新媒体行业人力资源开发的对策

首先，应该充分认识新媒体信息量大、传播速度快、随意性强等特点。手机、博客、微博大大拓展了传播的速度与广度。因而要抛弃对于媒体的传统看法，适应并接纳新事物，同时很好地加以利用。

其次，媒体的教育机构应该采取灵活多变的形式，根据当前新媒体的发展特点，把握媒体发展的最前沿，积极开办各种新媒体培训班，为从业人员的知识更新和终身学习提供更多的机会。当前，新媒体的迅猛发展已经促使高校进行了一系列的变革，只有“复合型人才”才能满足新媒体发展的理念已经成为共识。而“复合型人才”指的是既具有新闻专业知识素养，又具有某一学科或多个学科相关知识的新闻学复合型人才。这就意味着复合型人才不仅仅需要懂得新闻学及其相关的专业知识，具有专业素养，同时还必须掌握和熟练运用各种新媒体技术，在工作中能同时承担多种报道任务，能为多种不同媒体提供新闻作品，例如文字、图片、音频、视频等。

再次，高校作为复合型人才培养的“源头”，应率先进行课程改革。调整人才培养计划，课程改革的方向仍然是必修课加选修课，但必修课上应以专业化为目标，选修课应以通识化为目标。必修课应严格贯彻学科跨度、学科交叉的理念，根据学生兴趣爱好和市场需要进行课程搭配。同时高校应加大传媒实验室的投入，增加学生参加新闻实践的机会，让学生能熟练使用和操作各种先进的现代媒体设备，培养学生的实践动手能力。同时，还应深入媒体加强实践，实现产学研一体化。当前的人才培养中，高校在教学、科研、社会服务三者上是互相分割开的，应积极探索实现三者的联动，实现高校社会效益、办学效益的最大化。

（陈晓燕 主笔）

第九章　文化企业投融资与并购

在“十二五”文化产业作为国家支柱性产业的战略谋划中，金融已经或正在成为文化产业腾飞的翅膀。在国家的大力推动之下，各路资本已经形成向文化产业集聚的态势。这其中除了政府的引导和扶持资金外，还有以银行为代表的金融机构，各种私募基金也争先恐后地快速集结进入其中。本章将从投融资特点及趋势、投融资政策、金融机构支持、PE/VC、基金、交易机构、企业并购、投融资模式、问题及对策等方面对文化产业投融资进行分析和总结。

一、文化产业投融资特点及趋势

在介绍文化产业投融资各个重点门类之前，先整体地把握2011年文化产业投融资的特点，通过特点来分析未来投资的趋势，不仅可以在全局高度把握文化产业投融资，而且对后面理解各个重点门类具有指导意义。

（一）在文化产业政策指引下，金融与文化产业趋向深度融合

从《文化产业振兴规划》到《关于金融支持文化产业振兴和发展繁荣的指导意见》，再到《关于推进文化企业境内上市有关工作的通知》，国家先后出台了多个文件及专项政策来支持发展文化产业，特别是十七届六中全会是中国共产党第一次以文化命题作为议题，确立了文化产业作为国家支柱性产业的战略发展定位。在政策的指引下，以金融为先锋的外界开始把目光转向文化产业这个朝阳又有点陌生的行业。

从理论上说，金融与文化产业的深度融合包括了两个方面：一个方面是金

融界越来越多的人士开始主动关注文化产业；另一个方面是文化产业界人士开始有目的、有意识地利用金融工具来更好的从事文化产业工作。这些不仅体现在以银行为代表的金融机构对于文化企业的扶持的增多，还体现在 PE/VC 等投资事件的增多方面。

从投资事件看，2006-2011 年的 6 年中，文化产业投融资事件总数达到了 500 起。仅 2011 年，文化产业投融资事件为 220 起，公布金额规模事件 149 起，分别占 2006-2011 年文化产业投融资事件总数的 44% 和 42.45%，为历年来之最。从投资规模来看，2006-2011 年文化产业投融资总规模达到 64.7 亿元，而 2011 年文化产业投融资总规模为 39.78 亿元，为历年来之最，占 2006-2011 年文化产业投融资总规模的 61.51%。[①] 可见资本市场对文化产业呈现了前所未有的关注和热情，而文化企业与金融的融合也越来越紧密。

（二）行业间的界限越来越模糊

随着科技的发展，科技逐渐深入到文化领域，对于文化企业的改造和提升早已是质的变化。如内容制作公司不仅要考虑利用科技手段去提升制作水平，更要考虑利用新型传播手段和渠道去营销产品。以互联网为例，移动互联网不过是近几年的产物，却是众多文化企业和投资人相互追捧的下一个价值洼地。TMT（Technology Media Telecom）行业本身就属于一个跨行业的领域，但如今 TMT 行业也与传统制造业、电子商务、物流贸易行业结合得越来越紧密，而这种跨行业的投融资将是考验一个真正的投资人的时刻。而作为一个投资人或管理者，其关注文化企业的眼光早已不是文化企业本身。

（三）行业间并购多见，产业链整合成为常态

上面提到行业间的界限越来越模糊，随着这种趋势的发展，文化企业的业务范围也会相应随之扩张，而企业业务战略的扩展必然要求进行更多的投资和并购。这些多表现在内容和平台领域的相互扩展，产业链上游和下游的相互扩展，行业间的协同效应扩展等。如影视制作企业到发行放映环节的投融资，这类企业如橙天娱乐收购香港老牌电影公司嘉禾娱乐后开始进军内地影院建设；华谊兄弟、博纳影业、华策影视上市后均开始介入影院市场；互联网企业到媒体经营和无线增值方向的投融资，这类企业有搜狐畅游相继宣布收购第七大道、上

① 余彦君：《文化产业投资达 39.78 亿 外资投资规模占比超 8 成》，《晶报》，2012 年 2 月 21 日。

海晶茂等企业，打造跨媒体营销平台。腾讯、网易、盛大、完美等企业布局完善的游戏＋新媒体产业链；此外还有出版企业到新媒体领域的投融资，大型文化企业开展地产及产业园区综合运营开发，等等。

（四）平台类公司是当前重点投融资领域

在中国的文化企业中，做平台和渠道的业务比做内容类的业务风险相对要小很多，内容可以使之成为小康，平台却可以使之成为资本家，这也是绝大多数上市的内容型文化企业在募集到资金之后开始向平台领域扩展的原因所在。

在平台与平台之间也要追求商业模式的创新，如凭偷菜、抢车位等在线小游戏红极一时的开心网，在以微博为代表的新型社交平台的崛起竞争之下，一蹶不振，告诉了文化企业把握产业趋势的变动是多么重要。同样，并不是平台类的公司就是好公司，以视频网站为例，看不到具体的盈利模式和未来发展方向的视频网站到了发展的瓶颈期。然而，来自ChinaVenture的统计数据显示：2002–2011年，包括软银集团、IDG、红杉中国、三井投资在内的多家投资机构，分76次向包含优酷、土豆、乐视网、聚力传媒在内的38家视频网站投资10.18亿美元。其中，投向土豆网、优酷网、酷6网及乐视网这四家已上市的视频网站资金达4.51亿美元，另有5.67亿美元（折合约36亿元人民币）资金仍押注在“在野”视频网站上。因为很多投资数据不透明，36亿元仅仅是部分统计，总体数据远不仅于此。但面对迟迟难见盈利的视频网站，数十亿元的PE/VC资金中的大部分恐怕只能被深度套牢。①

（五）核心资源类的文化公司成为资本追逐的热点

在文化产业内容为王的原则之下，好的内容型文化企业永远不缺市场和投资者。如在影视行业，名导、明星则成为了核心的内容资源，资本追逐下的名导、明星不缺资金，同样其所在的文化企业发展也会顺利很多。据媒体报道，在小马奔腾最近的一次募资中，有超过40家的公司参与竞争，可见资本市场对于优秀资源的文化企业的“偏爱”。再如弘毅投资快速布局凤凰传媒，云锋基金投资张艺谋的“印象”系列，无不看重其核心文化资源，此外，华谊兄弟能成为第一家上市的民营影视企业，无不与冯小刚的核心品牌资源有关。

---

① 郑洋：《视频网站烧钱令数十亿风投深套PE急套现》，《21世纪经济报》，2012年3月15日。

二、文化产业投融资政策概况

2010 年 4 月，由中宣部、人民银行、财政部等九部委联合制定的《关于金融支持文化产业振兴和发展繁荣的指导意见》发布，该政策可以说是鼓励金融与文化产业结合的第一个专项重要政策，对于金融业支持发展文化企业提供了政策保障。在风险管理的具体金融工具操作方式细化方面，同年年底保监会、文化部联合下发的《关于保险业支持文化产业发展有关工作的通知》是保险业支持文化产业的首个专门文件，确定了演艺活动财产保险、演艺活动公众责任保险、演艺活动取消保险、演艺人员意外和健康保险、展览会综合责任保险、艺术品综合保险、动漫游戏企业关键人员意外和健康保险、动漫游戏企业关键人员无法从业保险、文化企业信用保证保险、文化企业知识产权侵权保险、文化活动公共安全综合保险等 11 个险种为首批试点险种，同时也确定了中国人民财产保险股份有限公司、中国太平洋财产保险股份有限公司、中国出口信用保险公司为试点公司。

从具体投资领域来看，于 2011 年 6 月 1 日施行的国家发改委《产业结构调整指导目录（2011 年）》对文化产业领域内具体行业划分了鼓励、限制和淘汰类。同样作为文化产业的主要归属管理部门的文化部针对国内投资主体制定了《文化部文化产业投资指导目录》，其中详细列出了鼓励、允许、限制和禁止类的文化产业投资类别。这些国家部委出台的政策性文件给文化产业投融资具体领域指明了方向和依据。不过需注意的是，《指导目录》只适用于国内投资主体，国外投资主体投资文化产业则按照《外商投资产业指导目录》执行。

作为主管部门的文化部通过中国文化产业网也建立了文化产业投融资公共服务平台，并开设了文化企业网上投保系统，研究开发文化产业保险业务的网络受理等服务。在推动文化企业上市方面，2011 年 4 月文化部发布了《关于推进文化企业境内上市有关工作的通知》，为文化企业拓展了融资渠道，细化了金融支持文化企业的方法、途径和手段，完善了相应的配套机制。

除了文化部等直管部委外，国家相关部委及区域政府也对支持文化企业发展出台了相关优惠政策，例如在财政方面，中央和地方财政设立了文化产业发展专项资金，文化产业税收减免政策相继颁布。在金融方面，证监会支持符合条件的文化企业发行上市，鼓励文化类上市公司进行并购重组，稳步扩大文化企业债券市场融资水平，推动完善经营性文化单位转企改制的配套制度；银监会引导银行业金融机构不断推进适应文化产业大发展大繁荣的信贷管理制度创新，推动适应文化产业特点的金融产品创新。[①]

值得文化界及文化产业领域振奋的是，2011 年 10 月 18 日，中共十七届六中全会通过的《关于深化文化体制改革推动社会主义文化大发展大繁荣若干重大问题的决定》，不仅对文化及文化产业作了全方位的系统阐述，也再一次明确了“加快发展文化产业，推动文化产业成为国民经济支柱性产业”的战略目标。这次全会确立了我国政府已经将文化产业发展放到了国家战略的高度。

进入 2012 年，中共中央办公厅、国务院办公厅发布了《国家“十二五”时期文化改革发展规划纲要》，文件中提到“在国家许可范围内，引导社会资本以多种形式投资文化产业，参与国有经营性文化单位转企改制，参与重大文化产业项目实施和文化产业园区建设，在投资核准、信用贷款、土地使用、税收优惠、上市融资、发行债券、对外贸易和申请专项资金等方面给予支持”。对于金融与文化产业的联姻又作了进一步的阐述。同样的政策精神也体现在《文化部“十二五”时期文化产业倍增计划》中，文件中提到：“利用多层次资本市场，推动优质文化企业利用公开发行股票上市融资，扩大文化产业直接融资规模。加强文化企业上市的培育储备和推荐机制，形成‘储备一批、培育一批、申报一批、发行一批’的文化企业上市梯次推进格局，培育 30 家上市文化企业。支持国有文化企业吸引社会资本进行股份制改造。支持文化企业通过债券市场融资，引导文化企业科学利用期权、期货等多形式金融衍生品。探索文化企业代办股份转让系统试点工作。”

同样，2012 年，国务院总理温家宝在政府工作报告中提出：“提高文化产业规模化、集约化、专业化水平，推动文化产业成为国民经济支柱性产业。”这一系列的支持和鼓励政策与其他行业的紧缩政策形成了鲜明的对比。

三、金融机构的支持

近年来，我国银行业在文化产业金融服务方面开展了许多创新尝试，取得

---

① 董少鹏：《进一步完善支持文化产业发展配套政策》，《证券日报》，2012 年 3 月 12 日。

了显著成效。一是文化产业贷款总量快速增加。二是一些商业银行打造了独特的文化金融服务品牌，配备了专业的机构人员，形成了完善的金融服务体系。三是部分商业银行制定了相应的文化产业金融服务的管理制度和评价标准，形成了系统的考核体系。①

高速增长的文化产业信贷数额体现了银行对于文化企业发展的信心。如国家开发银行与建设银行、中国银行共组银团，为湖南省有线电视网络公司提供了 33 亿元人民币的银团贷款，用于有线电视用户的数字化整体转换和广播电视网络改造。这不仅是金融机构支持文化企业单笔金额最大的项目贷款，也是金融机构对于文化企业发展的信心体现。又如国开行编制了《开发性金融支持文化创意产业科学发展规划》，文化产业贷款余额已超过 1 000 亿元。工行将中小文化企业和非公有制文化企业作为信贷投放的重要方向，计划“十二五”期末文化产业贷款余额达到 1 500 亿元。农行将文化产业作为战略性新兴产业，在北京成立了文化创意产业专营金融服务中心。中行开发了动漫形象质押贷款等新型金融产品，率先为动漫形象“张小盒”提供了质押贷款。建行开发了“文化悦民”金融品牌和“文保通”金融产品，多角度加大对文化产业的支持力度。民生银行筹建文化产业金融事业部，对电影《金陵十三钗》的 1.5 亿元贷款创下国内银行对单片贷款金额的新高。②

北京作为全国文化企业和金融机构集聚的中心，北京市的文化创意企业金融数据从另一个方面也体现了全国的状况。2012 年 1 月 31 日，中国人民银行发布的 2011 年北京市金融运行报告显示，截至 2011 年 12 月末，中资银行文化创意产业贷款余额 444.5 亿元，同比增长 84.7%。③ 如北京银行成立了国内第一家文化创意特色支行，针对文化创意中小企业及从事文化创意集聚区建设的中小企业，推出了“创意贷”文化创意金融系列产品，其产品包括版权质押等多种担保和政府贴息支持等形式，并且根据支持对象不同将产品细分为影视制作贷款、设计创意贷款、出版发行贷款、广告会展贷款、文艺演出贷款、动漫网游贷款、艺术品交易贷款、文化旅游贷款、文化体育休闲贷款、文化创意产业集聚区建设贷款十种产品，全面支持文化企业发展（见表 9-1）。

---

① 姜欣欣：《破解政策与制度障碍，拓宽文化产业融资市场》，《金融时报》，2011 年 12 月 26 日。

② 兰培：《中国金融与文化产业的对接实现了新跨越》，《光明日报》，2011 年 12 月 29 日。

③ 姜旭：《版权质押贷款为中小文化企业撑腰》，《中国知识产权报》，2012 年 2 月 6 日。

表 9-1　北京银行“创意贷”支持对象[①]

领域范围	支持对象
影视制作贷款	广播、电视服务，包括广播电台、电视台及其他广播、电视服务等；广播、电视传输；电影服务，包括电影制作与发行（电影制片厂、电影制作、电影院线发行和其他电影发行等）、电影放映（电影院、影剧院及其他电影放映等）
设计创意贷款	工业设计、建筑设计、平面设计、工艺美术设计、服饰设计、软件设计、网络设计、工程勘察设计等；其他辅助设计和专业技术服务等；文化用品、文化设备的生产和销售等
出版发行贷款	新闻服务，主要指新闻业；书、报、刊出版发行；图书、报刊的批发零售等发行活动；音像及电子出版物出版发行；图书及音像制品的出租活动等
广告会展贷款	广告服务，主要指广告业；会议、展览及博览会的策划、组织和服务活动等会展服务
文艺演出贷款	文艺创作、表演及演出场所；文化保护和文化设施服务；群众文化服务；文化研究与文化社团服务；文化艺术代理服务及其他文化商务服务等
动漫网游贷款	开发具有自主创新知识产权、具有民族性原创性的动漫产品及网络游戏产品的研发和制作
艺术品交易贷款	艺术品拍卖服务，主要指提供贸易经纪与代理服务等；工艺品的制造和销售，包括首饰、工艺品及收藏品的制造、批发和零售活动等
文化旅游贷款	主要指旅游服务，包括旅行社、风景名胜区、公园、其他游览景区、城市绿化和野生动植物保护等
文化体育休闲贷款	文化体育休闲娱乐服务，包括摄影扩印服务、室内娱乐活动、游乐园、休闲健身娱乐活动及其他娱乐活动等，重点支持和培育一批具有国际影响力的大型体育品牌赛事等
文化创意产业集聚区建设贷款	重点支持经市文化创意产业领导小组认定的文化创意产业集聚区建设，包括文化创意集聚区的基础设施、公共服务平台的建设工作等

交通银行北京分行根据文化产业的不同领域，把各支行也分成不同的专业支行，如公主坟支行侧重于网络游戏的业务，三元桥支行主攻影视业务，中关村支行关注网络视频业务，石景山支行重视创意设计业务等。据媒体报道，截至 2011 年年末，交通银行北京市分行中小文化企业版权质押贷款累计发放 16.28 亿元。

在具体企业支持合作方面，有文化部与中国银行战略合作的《支持文化产业发展战略合作协议》下的中行对中国对外文化集团的支持；交通银行对中南出版传媒集团的支持；建设银行对湖南电视台的支持；国开行对上海文广集团、电广传媒、出版传媒等企业的支持；北京银行对中国电影集团、凤凰卫视、北

① 根据北京银行官方网站整理而得。

京演艺集团、八一电影制片厂、央广传媒等企业的支持等等。

除了银行之外，非银行金融机构保险公司也对文化产业发展提供了支持。据人保财险不完全统计，2011 年，人保财险累计为 1 万余家文化产业从业主体提供了近 2.2 万亿元的风险保障，签单数近 4 万笔，总保费收入近 4 亿元。[①] 2011 年 6 月，太平洋保险成功承保了影片《全球热恋》拍摄制作的一揽子保险，保险责任包括演职员中断参演、拍摄使用的相关财产损坏以及第三方损害赔偿等。

此外，2011 年 7 月，人保财险北京分公司签署了文化产业保险艺术品专属保险第一单，为价值高达 1.2 亿元的艺术品提供从馆藏、展览到运输各个环节的艺术品综合保险保障。又如，人保财险上海分公司积极参与国家第七届动漫展，为动漫会提供一揽子风险解决方案，承保了上海外滩源艺术品保险、上海博物馆艺术品进出口展览保险等一系列文化保险业务。再如，人保财险创新开展文化产业风险研究和保险产品创新，在业内率先推出艺术品综合保险、文化活动公共安全综合保险、演艺活动财产保险、演艺活动公共责任保险、演艺人员意外和健康保险、动漫游戏企业关键人员意外和健康保险、展览会综合等文化产业专属产品。专属产品保障范围更具针对性、投保方式更加灵活，有效地契合了文化企业的特定需求，一经推出就获得了广泛关注。[②]

四、PE/VC 概况

随着文化产业支柱性产业地位的确立，相应的巨大的市场空间会涌现巨大的投资机会，从 2011 年上市的 12 家文化企业中，10 家在上市前获得了私募股权投资，PE/VC 参与文化企业的热情可见一斑。从投中集团的 CVSource 数据库关键词搜索总量上来看，文化产业依旧保持了前几位的排名，虽然消费领域占据了 7.2%，但随着行业间发展的融合深入，消费领域内很多的企业性质与文化企业并无两样（见表 9-2）。

---

① 参见报道《八种“文化险”成文企护身符，政策有望上半年出台》，《北京日报》，2012 年 3 月 15 日。

② 蔡先文：《人保财险为文化大发展提供有力支撑》，《经济日报》，2011 年 12 月 24 日。

表 9-2 投资人关注行业 2011 年上下半年变化情况[①]

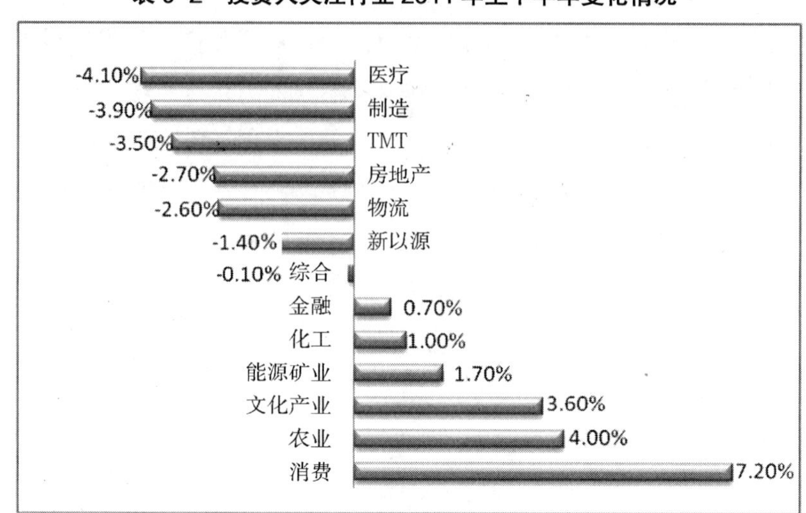

从 PE/VC 角度来考察文化企业投融资，可以看到一个明显的特征便是 TMT 行业备受青睐。这与文化产业的发展趋势密不可分，在电信、媒体、科技（互联网）、信息技术等行业相互融合的行业趋势下，以移动互联网、社交网络、新媒体和电子商务为主要代表的互联网应用不仅成为了未来社会沟通的中心桥梁，而且也在逐步地改变着人们的生活方式。另外一个佐证是，无论从投资中国的行业研报角度分析（见表 9-3），还是从清科的数据库统计角度来看（见表 9-4），在文化产业各细分行业之中，移动互联网领域的投融资事件和金额也是最多的。

表 9-3 2011 年中国文化产业企业 PE/VC 融资规模 TOP10[②]

时间	企业	投资机构	融资规模
2011-3-31	无线电视	Providence Equity	62.6 亿元港元
2011-1-1	小马奔腾	建银国际 / 开信创投 / 信中利 / 清科创投 / 汉韬投资	7.5 亿元
2011-5-9	华谊兄弟	腾讯	4.45 亿元
2011-6-9	寰亚传媒	云锋基金	4.9 亿港元

① 王甲：《投中观点：消费依旧最受 PE 投资人青睐，农业及文化产业增长迅速》，http://www.chinaventure.cn/，2012 年 2 月 20 日。

② 万格：《投中观点：文化产业基金募集空前，政策利好企业发展》，http://www.chinaventure.cn/，2011 年 11 月 18 日。

续 表

时间	企业	投资机构	融资规模
2011-10-21	文化中国	腾讯	2.48 亿港元
2011-3-1	戏逍堂	N/A	2 亿元
2011-2-18	意马国际	IDG 资本 /China	1.56 亿港元
2011-5-31	凤凰联动	普济资本	1 亿元
2011-5-1	视金石动画	纪源资本	1 100 万美元
2011-7-29	香榭丽传媒	众享石天 / 北京中科润创业投资中心有限合伙 / 新干线投资 / 道泓股权投资	7 197.14 万元

从企业性质和规模的角度来考察，大型的文化企业往往选择多元化的投资业务组合，而这些多元化的投资领域多常见于新媒体领域的平台打造上面。比较突出的如盛大网络、阿里巴巴集团、腾讯、完美时空等，其投资领域多见于网络游戏、网络社区、搜索、行业网站以及 IT 服务、传媒娱乐等多个领域。以互联网巨头腾讯为例，腾讯进行了广泛的互联网产业链投资及整合，涉及的业务包括了网络游戏、门户网站、电子商务、软件、即时通信等多个领域。正如创业坊间传闻那样，创业企业一定要避开百度、阿里巴巴、腾讯，就是因为他们具有超强实力的综合平台，在好项目利益的驱使下，这些公司不仅具有后发的赶超优势，而且也具有超强的商业模式模仿能力，这也成了创业型文化企业不可回避的话题。

表 9-4　2011 年至 2012 年 3 月底文化企业投融资事件表①

事件名称	所属行业	涉及金额	发生时间
盘石信息获得联创投资 2 000 万美元投资	广告服务	2 000 万美元	2011-1-3
豌豆荚获二轮融资	软件服务	N/A	2011-1-17
软银数亿美元巨额注资 PPLive	网络视频	N/A	2011-2-3
老虎基金投资多玩网	网络游戏	1 亿美元	2011-2-3
红点投资投资多盟	无线营销	300 万美元	2011-2-16
天津天保成长创投基金注资江苏原力电脑动画	动漫动画	N/A	2011-3-14

① 根据投资潮网站及清科 Zdatabase 数据库分析整理。

续　表

事件名称	所属行业	涉及金额	发生时间
小马奔腾完成新一轮融资建银国际领投	影视制作	N/A	2011-3-22
分享传媒将获首轮融资	广告代理	N/A	2011-3-23
戏逍堂获融资	文化传播	N/A	2011-3-28
海通开元 / 秉鸿资本投资雅润传播	广告代理	N/A	2011-3-29
木瓜移动完成第二轮 1 800 万美元融资	手机游戏 无线增值	1 800 万美元	2011-4-1
默多克投资迅雷	软件服务	2 940 万美元	2011-4-1
上海联创投资酷贝拉	文化传播	N/A	2011-4-12
创新工场千万元投轻型化 MMO 网游	网络游戏	N/A	2011-4-18
天图创投投资天择传媒	影视制作	5 200 万元人民币	2011-5-12
上海文广注资巨人网络子公司浩基网络	网络游戏	N/A	2011-5-17
聚胜万合完成第三轮 5 000 万美元融资	广告服务	5 000 万美元	2011-5-18
华谊兄弟 6 千万美元增资开拓国际市场	影视制作	6 000 万美元	2011-5-18
第九城市等四机构战略投资 Crowdstar	网络游戏 网络社区	2 300 万美元	2011-5-24
凤凰联动获 1 亿元投资	文化传播	1 亿元人民币	2011-5-30
欧安派获首轮千万级融资	网络广告	1 000 万元人民币	2011-6-7
摩卡世界获千万美元融资	网络游戏	N/A	2011-6-14
盛大网络投资安智网千万元	网络社区	N/A	2011-6-14
挚信资本 700 万美元投资 Vpon	广告服务	700 万美元	2011-6-23
盛大投资豆果网	网络社区	1 000 万元人民币	2011-6-23
上海梦之游（亿次方）获天使投资	网络游戏	N/A	2011-6-24
炎黄娱动获科华银赛 500 万元投资	网络游戏	500 万元人民币	2011-6-29
力美广告获 IDG 千万美元投资	无线广告	1 000 万美元	2011-7-5
分众传媒向复星国际回购 196 万股 ADS	户外媒体	6 000 万美元	2011-7-6
腾讯 8.92 亿港元战略投资金山软件	网络安全 软件服务	8.92 亿港元	2011-7-6
腾讯投资金山网络 2 000 万美元	网络安全 软件服务	2 000 万美元	2011-7-6
中国文化产业投资基金投资新华网	综合门户	N/A	2011-7-6

续　表

事件名称	所属行业	涉及金额	发生时间
工控网获天堂硅谷注资	广告服务 网络服务	1 000 万元人民币	2011-7-15
亿玛公司获 C 轮千万美元融资	广告代理	N/A	2011-7-15
奇艺 B 轮融资 3 亿美元	网络视频	3 亿美元	2011-7-18
巨鲸音乐网获 2 000 万美元 B 轮投资	数字音乐	2 000 万美元	2011-7-20
米游网络将获中友集团 2 亿元注资	网络游戏	2 亿元人民币	2011-7-27
云锋基金丰德丽新浪斥资 4.9 亿港元入股香港寰亚	文化传播	4.9 亿港元	2011-7-28
多盟完成第二轮千万美元融资	网络广告	1 000 万美元	2011-7-29
鑫游软件获得戈壁合伙人等 300 多万美元投资	网络游戏	300 万美元	2011-7-29
麒麟新一轮融资 2 000 万美元	网络游戏	2 000 万美元	2011-8-3
英特尔投资佳视互动	终端设备 技术服务	4 700 万元人民币	2011-8-3
达晨创投 7 000 万元投资歌厅琴岛	文化传播	7 000 万元人民币	2011-8-25
金石投资投资新疆广电	网络传输	7 100 万元人民币	2011-8-29
新浪 6 640 万美元投资土豆网获 9.05% 股权	网络视频	6 640.69 万美元	2011-8-30
皖新传媒斥 1 800 万元参股新华网	行业网站	1 800 万元人民币	2011-9-16
Advantage Partners LLP 投资海信宽带	终端设备 技术服务	15 亿日元	2011-9-22
深创新投投资盛源文化	动漫动画	N/A	2011-9-30
尚街网获得徐小平 100 万美元投资	广告服务	100 万美元	2011-10-8
凯雷投收购球数码创意科技 80% 股权	动漫动画 IT 服务	7 500 万美元	2011-10-17
乐元素获得 3 000 万美元 B 轮投资	网络游戏	3 000 万美元	2011-10-18
电讯盈科注资 2 864 万美元参与 PPS 第四轮融资	网络视频	2 864 万美元	2011-10-19
热酷 2 000 万美元收购奇乐互动	网络游戏	2 000 万美元	2011-10-20
好望角九鼎等注资派瑞威行近 8 000 万元	网络广告	8 000 万元人民币	2011-10-26
百度第三季度对奇艺投资 2 300 万美元	网络视频	2 300 万美元	2011-10-28
腾讯战略投资开心网	网络社区 网络交友	N/A	2011-10-31
腾讯宣布 1.3 亿元战略投资顺网科技	软件服务 IT 服务	1.3 亿元人民币	2011-11-16

续 表

事件名称	所属行业	涉及金额	发生时间
数字顽石完成 B 轮融资	手机游戏	N/A	2011-11-16
复星国际 1 035 万美元购买分众传媒 60 万股 ADS	户外媒体	1 035 万美元	2011-11-23
美景创意获得深圳创新投资	广告服务	N/A	2011-11-30
明日阳获环新创投 500 万元投资	文化传播	500 万元人民币	2011-12-8
九鼎投资投资江通动画	动漫制作	2 200 万元人民币	2011-12-13
趣游天际完成新一轮千万美元融资	网络游戏	N/A	2012-1-18
惠理基金持有昌荣传播 64 万股 占比 8.1%	文化传播	N/A	2012-2-5
指点传媒获 8 000 万风险投资	无线广告	8 000 万元人民币	2012-2-8
触动传媒完成 C 轮 1 亿元融资	户外媒体	1 亿元人民币	2012-2-13
社交游戏开发商热酷获腾讯战略投资	网络游戏	N/A	2012-2-14
博大创投 3 000 万元入股强视传媒 信中利等参与	影视制作	3 000 万元人民币	2012-3-2
阿米巴基金投资钛金骑士	网络游戏	N/A	2012-3-5
嘉御基金入股好耶	网络广告	N/A	2012-3-22
百视通 3 000 万美金入股风行	网络视频	3 000 万美元	2012-3-26
世纪恒通获君盛投资 3 000 万元注资	无线增值	3 000 万元人民币	2012-3-27
龙首网络获千万级别投资	网络游戏	N/A	2012-3-27

需要着重指出的是，移动互联网领域是创业的先锋阵地也是创业者热衷从事的事业，在这个领域集中体现了创业者对于市场的把握、创新的水平，以及整合相关资源的能力（见表 9-5）。在各个细分领域同样出现了目前的代表企业，如硬件终端的小米科技（小米手机），操作系统的点心、乐娃、小米科技（MIUI 系统），应用平台的斯凯、奇虎 360，SNS 应用的人人网、开心网，kik 应用的小米科技（米聊）、微信，浏览器的 UC，输入法的搜狗、讯飞，电子商务的京东等。

艾瑞咨询统计数据显示，2011 年中国移动互联网市场规模达 393.1 亿元，同比增长 97.5%。2011 年中国移动互联网市场的快速增长主要受益于移动电子商务的大力推动。在外部环境上，移动互联网网络环境有所改善，智能手机用户规模快速增长，“无线城市”正在积极打造；在内部因素上，移动互联网的参与者众多，移动营销、移动游戏等细分领域都有不同程度的增长，细分领域之间相互促进、共同增长。从增长率上看，2012 年的增长率将达到 148.3%，移动互联网将迎来一个爆发点，而主要的刺激因素仍然是移动电子商务。目前来看，移动互联网领域内各种新领域不断被挖掘，吸引了大量创业者和投资人加入，但是盈利模式仍然在摸索中。①

表 9-5　2011 年中国移动互联网投融资事件表②

时间	融资企业	投资机构 / 投资企业 / 投资人	投资金额	事件详情
2011-12-28	么卡	世铭投资 新扬投资	800 万美元	世铭投资等三家机构投资“么卡”800 万美元
2011-12-9	91 博远无线	祥峰投资 智基创投 德同资本	2 000 万美元	祥峰投资等三家机构投资 91 博远无线 2 000 万美元
2011-11-22	春雨掌上医生	N/A	N/A	移动健康软件春雨掌上医生获千万元风投
2011-11-15	Animoca	英特尔投资	N/A	Outblaze Ventures 获得英特尔投资注资
2011-11-14	优通科技	启迪创投	150 万美元	优优手机助手与启迪签订 150 万美元投资意向书
2011-10-27	布丁	清科	N/A	布丁获清科等 A 轮融资
2011-10-20	同步网络	李开复 蔡文胜	N/A	李开复、蔡文胜千万元投资同步助手
2011-10-19	Green Tomato	盛大	N/A	盛大入股 TalkBox
2011-8-29	涂鸦移动	创新工场 KPCB	N/A	涂鸦移动获 KPCB 等千万美元融资
2011-8-26	逛街助手	N/A	100 万元人民币	逛街助手获得 100 万元天使投资
2011-8-15	好联络	Infinity Venture	700 万美元	好联络获英飞尼迪 700 万美元投资
2011-6-28	乐蛙科技	松禾资本	2 000 万元人民币	松禾资本 2 000 万元投资乐蛙
2011-6-21	索引互动	新浪	N/A	手机阅读运营商维阅获新浪网数千万首轮投资
2011-6-21	挖财	李治国	N/A	挖财记账获千万投资
2011-4-1	木瓜移动	凯旋创投 DCM	1 800 万美元	木瓜移动完成第二轮 1 800 万美元融资
2011-3-22	点心 OS	金沙江创投	N/A	点心获金沙江千万美元融资
2011-3-7	深讯和	复星国际 华软投资	1 亿元人民币	深讯和获复星、华软投资等 1 亿元投资
2011-1-17	豌豆荚	N/A	N/A	豌豆荚获二轮融资

① 沈岁：《2011 年中国移动互联网市场规模达 393.1 亿元》，艾瑞咨询，2012 年 1 月 13 日。

② 来源于投资潮网站。

五、文化产业基金

截至 2011 年 11 月，我国已有 111 支文化产业基金，已经披露规模的基金数量为 83 支，总规模折合达 1 330.45 亿元人民币，111 支文化产业基金可以分为综合类文化产业基金与专项类文化产业基金。专项类文化产业基金包括影视专项投资基金、艺术品专项投资基金、动漫专项投资基金、网游专项投资基金及其他专项投资基金。①

从基金的成立形式来看，包括了政府主导型、民企自发成立型以及混合资金型。而目前由政府注资引导，吸收国有骨干文化企业、大型国有企业和金融机构认购的文化产业基金成为了当前基金存在的主要形式。如我国首支国家级文化产业投资基金——中国文化产业投资基金，由财政部、中银国际控股有限公司、中国国际电视总公司和深圳国际文化产业博览交易会有限公司共同发起设立，基金规模 200 亿元。基金主要以股权投资方式，投资新闻出版发行、广播电影电视、文化艺术、网络文化、文化休闲和其他细分文化及相关行业领域。

民企自发成立型主要是来自于有限合伙人（LP）及普通合伙人（GP）设立的私募基金。以影视行业为例，目前活跃在中国影视界的 PE 主要有：IDG 新媒体基金、中华电影基金、A3 国际亚洲电影基金、韦恩斯坦（TWC）亚洲电影基金、“铁池”私募电影基金等。不过“铁池”的“好莱坞 + 华尔街”模式以先烈的姿态倒在了影视产业投资基金探索的道路上，让人些许唏嘘。在具体投资实践上面，有小马奔腾获得了建银国际文化产业基金领投，开信创投、信中利和清科创投跟投高达 7.5 亿元人民币的融资；还有来自红杉资本中国基金、SIG 海纳基金、经纬中国等机构对于博纳的融资。

从基金的成立时间发展来看，由于受国际金融危机的影响，近几年文化产业基金成立的数量呈下降趋势，但由于受 2010 年和 2011 年文化产业连续两年的利好政策影响，2011 年文化产业基金呈增多趋势。根据 ChinaVenture 投中集团旗下金融数据产品 CVSource 统计显示，2011 年至今，共有 15 支文化产业投资基金设立，总募资规模达 381.5 亿元，平均单笔基金规模达 25.43 亿元（见表 9–6）。②

① 参见报道《文化企业上市潮起，地产大佬斥资百亿元抢滩》，《证券日报》，2012 年 1 月 16 日。

② 万格：《投中观点：文化产业基金募集空前 政策利好企业发展》，ChinaVenture，2011 年 11 月 18 日。

表 9-6　2011 年中国股权投资市场募集文化产业投资基金

时间	基金名称	募集状态	完成 / 目标规模	管理机构
2011-1-15	浙江文化产业基金	首轮完成	1 亿元	天堂硅谷
2011-1-22	大摩华莱坞基金	募资完成	16 亿元	摩根士丹利
2011-2-23	华映东南文化产业基金	开始募资	2 亿元	华映光辉
2011-3-17	广东文化产业投资基金	开始募集	50 亿元	工银国际
2011-3-29	南京文化创业投资基金	募资完成	1 亿元	南京创投
2011-4-14	腾讯影视投资基金	募资完成	5 亿元	腾讯
2011-4-23	建银国际文化产业基金	募资完成	20 亿元	乾信文化
2011-5-14	中国文化产业投资基金	开始募集	200 亿元	中银国际
2011-6-30	湖南富坤文化传媒投资基金 1 期	募集完成	3 亿元	湖南富坤
2011-7-12	无锡华映文化产业基金	首轮完成	10 亿元	华映光辉
2011-8-6	河北省旅游文化产业股权投资基金	募集完成	5 000 万元	玄元投资
2011-8-22	云南省文化（旅游）发展基金	开始募集	50 亿元	工银国际
2011-10-20	盛典文化基金	募集完成	3 亿元	盛联投资
2011-10-31	海峡文化产业投资基金	开始募集	10 亿元	中科招商
2011-12	山东省文化产业投资基金	开始募集	10 亿元	山东文化基金

除了综合性的文化产业基金外，细分行业的文化产业基金也在文化产业投融资领域起到了中流砥柱的作用（见表 9-7）。如在电影领域，由中影集团和 IDG 美国国际数据集团成立的 IDG 中国媒体基金；在动漫领域，上海东方传媒集团（SMG）以及美国动画电影制作公司梦工厂联合设立的华人文化产业投资基金；在新闻出版领域，有建银中国影视出版产业投资基金；在互联网领域，有盛大成立的针对网络游戏领域的 18 基金、联想控股针对移动互联网领域的乐基金、新浪成立的中国微博开发者创新基金、腾讯成立的腾讯产业共赢基金，等等。

表 9-7　主要文化产业投资基金①

基金名称	募资规模	地域分布	管理机构	关注领域	成立时间
18 基金	30 亿元	上海	盛大	网游行业	2008-11-18
A3 国际电影基金	1 亿美元	北京	/	电影	2007
IDG 中国媒体基金	首批 5 000 万美金	北京	中国电影集团和美国国际数据集团	内容领域的媒体公司及电影项目	2007-5-17
大摩华莱坞基金	16 亿元	无锡	摩根士丹利	无锡（国家）数字电影产业园	2011-1-22
德美皇家丝织品基金	3 000 万 ~ 5 000 万元	北京	德美艺嘉	明清时期龙袍及皇家丝织品	2010-7-3
德美艺嘉艺术基金	2~3 亿元	北京	德美艺嘉	国画和油画	2010-7-3
东方惠金文化产业基金	/	上海	张江有限公司和精文投资有限公司	文化产业	2006
东方星空文化基金	2.5 亿元	浙江	浙江日报	文化产业	2011-6
泛城文化创意产业基金	2 亿元	浙江	泛城科技	移动互联网	2010-7
凤凰文化产业基金	6~8 亿美元	香港	凤凰卫视	文化产业	2011-4
广东文化产业投资基金	50 亿元	广东	工银国际	文化产业	2011-3-17
海峡文化产业投资基金	30 亿元	福建	中科招商公司	文化产业	2011-10-31
河北省旅游文化产业股权投资基金	5 000 万元	河北	玄元投资	旅游文化产业	2011-8-6
湖南富坤文化传媒投资基金	10 亿元	湖南	湖南富坤	文化传媒	2011-6-30
湖南文化旅游产业基金	30 亿元	湖南	达晨文化	文化旅游产业	2010-12-23
华人文化产业投资基金	50 亿元	上海	东方惠金 国发行 中国宽带	文化产业	2009-4
华映东南文化产业基金	2 亿元	常熟	华映光辉	文化旅游及影视相关	2011-2-23
华映苏州文化产业基金	10 亿元	浙江	华映光辉	文化传媒及教育	2011-10-19
汇力影星投资基金	3 亿元	北京	汇力影星	影视	2010-6-9
建银国际文化产业基金	20 亿元	北京	乾信文化	文化产业	2011-4-23

① 根据互联网分析整理。

续 表

基金名称	募资规模	地域分布	管理机构	关注领域	成立时间
江苏紫金文化产业发展基金	20 亿元	江苏	江苏高投	文化产业	2011-2-16
蓝顶艺术品基金	5 000 万元	上海	上海蓝顶艺术品发展公司	当代艺术品投资	2008-4
乐基金	1 亿元	北京	联想	移动互联网	2010-11
南京文化创业投资基金	1 亿元	南京	南京创投	文化产业	2011-3-29
山东省文化产业投资基金	10 亿元	山东	山东文化基金	文化产业	2011-12
深圳杏石投资基金	2 亿元	深圳	深圳杏石投资管理有限公司	现代国画大师的书画作品	/
盛典文化基金	3 亿元	北京	盛联投资	文化产业	2011-10-20
腾讯产业共赢基金	50 亿元	北京	腾讯	互联网	2011-1
腾讯影视投资基金	5 亿元	北京	腾讯	影视	2011-4-14
天津文化产业投资基金	20 亿元	天津	天津滨海海胜	文化产业	2011-12-21
微博开发者创新基金	2 亿元	北京	新浪	互联网	2010-11-18
韦恩斯坦亚洲电影基金	2.85 亿美元	美国	/	电影	2008-11
无锡华映文化产业基金	10 亿元	无锡	华映光辉	文化产业	2011-7-12
星空大地文化传媒基金	15 亿 ~20 亿元	北京	/	影视产业及其上下游的细分产业	2010-11
一壹影视文化股权投资基金	5 亿元	天津	一壹国际影视文化传媒（北京）有限公司	电影电视剧	2009-8
云南省文化（旅游）发展基金	50 亿元	云南	工银国际	文化旅游产业	2011-8-22
浙江文化产业基金	1 亿元	浙江	天堂硅谷	文化产业	2011-1-15
中博雅艺术基金	一期 1 亿元	北京	股份制商业银行	艺术品及艺术品相关	2010-6
中国文化产业投资基金	200 亿元	广东	中银国际	文化产业	2011-5-14
中国炎帝发展基金	10 亿美元	湖南	红马天安	文化产业	2010-8
中国影视出版产业投资基金	50 亿元	北京	建银国际	影视	2011-3
中科・安广股权投资基金	50 亿元	安徽	中科招商	文化产业	2010-12-16
中外名人文化产业基金	5 亿元	北京	北京中外名人投资	文化产业	2010-7-1

六、文化产权交易机构

在2011年11月24日国务院发布的《关于清理整顿各类交易场所切实防范金融风险的决定》中明确规定："除依法设立的证券交易所或国务院批准的从事金融产品交易的交易场所外，任何交易场所均不得将任何权益拆分为均等份额公开发行，不得采取集中竞价、做市商等集中交易方式进行交易。"这意味着在文化交易市场类证券化的道路还很漫长。对此文化部文化产业司副司长李小磊表示并不排除各省设立文交所，但设立文交所要满足两个条件：一是该省基本完成了文化体制改革；二是有一定数量的文化企业。①

文交所的核心业务模式是"服务＋交易安全"的支撑与保证，在创新中发展中国艺术品资本市场。在此基础上，以平台化服务与交易为核心，不断对接银、证、保、信四大金融门类，对接产权要素交易市场与拍卖市场，不断推进文化艺术品实拍交易、产权交易及虚拟交易市场的发展，从而有效地推动中国艺术品投资活动活跃而又健康地发展（见表9-8）。最终，将文交所打造成为一个新型的交易平台，即在专业化、职业化服务为基础之上的多层次、多模式的艺术品投资与交易的平台。这是文交所走出单一化模式进行转型的关键。②

表9-8 各地文交所经营情况表③

机构名称	成立时间	注册资本	出资方	业务范围	交易方式	交易费率
上海文化产权交易所	2009-6-15	/	/	文化物权、债权、股权、知识产权等	/	/
天津文化艺术品交易所	2009-9	1.35亿元	天津济川投资发展有限公司、天津市泰运天成投资有限公司、天津新金融投资有限责任公司及部分自然人	艺术品份额、期货、期权等	艺术品份额化	2.0‰双向收取、单笔交易佣金费用不足1元的以1元计算
深圳文化产权交易所	2009-11	/	/	文化产权交易、投融资	整体交易、份额化交易	版权、产权等按3%的费率

① 文化部：《不排除各省设立文交所》，证券时报网，2011年12月4日。

② 杜平：《份额化模式或被抛弃，文交所纷纷谋求新定位》，中国经济网，2011年11月23日。

③ 内容来源自中国经济网。

续 表

机构名称	成立时间	注册资本	出资方	业务范围	交易方式	交易费率
成都文化产权交易所	2010-5-19	/	/	文化物权、债权、股权、知识产权等	/	8‰
广州文化产权交易所有限公司	2010-10	1 000 万元	广州交易所集团有限公司、广东新文化投资有限公司	文化产权交易、以自有资金进行对外投资、文化创意活动投资策划和咨询服务	现货	1.0~7.0%，双向收取
郑州文化艺术品交易所股份有限公司	2010-11	5 000 万元	自然人	艺术品交易、质押融资、拍卖等	份额、实物	/
汉唐艺术品交易所有限公司	2011-3-19	5 000 万元	自然人	销售工品、艺术品交易、项目投资、资产管理、展览会议服务、文化经纪等	艺术品份额化	/
湖南文化艺术品产权交易所	2011-3-30	/	湖南省文化艺术基金会、湖南高登艺术产业投资有限公司	股权、著作权、版权、艺术品所有权、收益权及分拆权益债权等	份额、现货	2.0‰双向收取，单笔交易佣金费用不足1元的以1元计算
内蒙古文化产权交易所	2011-6-17	3 000 万元	自然人	股权、版权、知识产权等	艺术品份额化	未定
联合利国文化产权交易所有限公司	2011-6	8 000 万元	长沙市雅腾文化传播有限公司 长沙市振扬文化传播有限公司	投资、艺术品电子商务等	份额、实物	2.0‰
陕西艺术品交易所	2011-6	5 000 万元	陕西文化产业投资控股集团有限公司	艺术品产权交易	份额、实物	3.0‰
歌华文化艺术品交易中心	/	/	/	文化艺术品、版权交易及项目投融资	/	/
湖北华中文化产权交易所	/	/	/	文化物权、债权、股权、知识产权等交易	/	/
南方文化产权交易所	2011-7-15	5 000 万元	南方报业传媒集团/南方联合产权交易中心/广东新金基投资公司/南方广播影视传媒集团/广东省出版集团/广东中凯文化传媒公司	文化产权交易、文化企业的投融资服务、文化产品的技术创新	份额、实物	/

七、企业并购

无论是分众传媒并购成长的商业模式，还是盛大、腾讯旗下的众多股权勾连公司,并购已经成为企业做大做强的制胜法宝（见表 9-9）。在《国家“十二五”时期文化改革发展规划纲要》以及《文化部“十二五”时期文化产业倍增计划》中文化企业并购也被多次鼓励提及到：“鼓励有实力的文化企业跨地区、跨行业、跨所有制兼并重组，培育文化产业领域战略投资者”。

在新媒体领域，盛大文学得以上市也有赖于其并购的持续和成功。回看盛大文学的并购之路，2004 年 10 月收购起点中文网，进入网络文学领域。此后，又陆续将红袖添香网、小说阅读网、榕树下、言情小说吧、潇湘书院纳入怀中，成就了盛大文学在原创网络文学市场的霸主地位。在线下出版和发行领域，盛大文学收购华文天下、中智博文，成为了国内最大的民营出版公司。同样作为母体公司的盛大震惊业内的并购案件也不胜枚举。2009 年，盛大网络宣布以约 4 620 万美元的价格收购华友世纪 51% 股权。华友世纪则和视频网站酷 6 网进行股权合并，形成了视频（酷 6 网）、音乐（盛大音乐）、无线增值（华友无线）架构体系。

在出版领域，时代出版以 2 572 万元现金对安徽人民出版社 100% 股权的收购引起了业界的广泛关注；江西出版集团与中国宋庆龄基金会联合重组中国和平出版社有限责任公司；江苏新华发行集团以现金并购海南新华书店集团资产，共同组建了海南凤凰新华发行有限责任公司；北方联合出版传媒集团收购内蒙古新华发行集团和天津出版总社；吉林出版集团与中华工商联合出版社改制重组中华工商联合出版社有限责任公司；中国出版集团与宁夏回族自治区人民政府签署协议，以现金、资源或股权置换的方式参股黄河出版传媒有限公司；辽宁出版集团有限公司联合并购拥有“中国动漫第一品牌”的湖南蓝猫公司，数不胜数。

烧钱是中国视频行业的特点，广告收入虽然在逐年上升，但远远无法支撑带宽和版权成本。人人网以 8 000 万美元全资收购 56 网已经让业界大为惊呼。优酷网和土豆网在闹得沸沸扬扬的版权纠纷官司情况下，两家公司竟然来了个 360 度的回转身——合并了，这让业内外所有人都大跌眼镜，虽然新浪凭借微博想发力视频网站，也曾经在 2011 年 8 月以 6 640 万美元分两次入股土豆，占比 9.05%，但在最后的投资谈判中，王微的否决致使了新浪的无缘。而根据凤凰科技的调查显示，有 62.3% 的网友表示看好优酷土豆合并后的发展，22.9% 的网友表示并不看好双方今后的发展，还有 14.8% 的网友表示不好判断。

表 9-9　2011 年至 2012 年 3 月底文化企业并购事件[①]

事件名称	所属行业	涉及金额	发生时间
蓝港在线收购成都无双工作室	网络游戏	N/A	2011-1-7
摩力游 8 160 万收购悠乐无线 51% 股权	网络游戏	8 160 万元人民币	2011-1-12
腾讯 6 千万元购同程网 30% 股权	网络服务	6 000 万元人民币	2011-1-13
畅游收购晶茂剩余 50% 股权	广告服务	N/A	2011-1-31
中青宝购天一讯灵 43.3% 股权	网络游戏	3 600 万元人民币	2011-3-17
畅游并购网页游戏开发商第七大道	网络游戏	N/A	2011-4-25
蓝色光标 9 840 万元收购思恩客 41% 股权	广告服务	9 840 万元人民币	2011-4-27
比高集团斥 3 000 万元收购内地四影院	影视放映	3 582 万元人民币	2011-5-18
完美世界 3 500 万欧元收购网游开发商 Cryptic	网络游戏	3 500 万欧元	2011-5-31
电广传媒收购保定百世开利 49% 股权	终端设备	1.03 亿元人民币	2011-6-7
阳狮集团收购际恒公关	广告服务	N/A	2011-6-21
博纳影业 2 亿元人民币收购博纳星光	影视制作	2 亿元人民币	2011-7-5
蓝色光标收购今久广告	广告服务	4.35 亿元人民币	2011-7-8
电广传媒收购西宁电视网	传统媒体	8 000 万元人民币	2011-7-15
巨鲸音乐网收购一听音乐	数字音乐	1 000 万美元	2011-7-18
奇虎 2011 年 8 月投资网页游戏媒体 2366	网络游戏	N/A	2011-8-1
完美 3.6 亿元将电影业务出售给池宇峰控股公司	影视制作	3.6 亿元人民币	2011-8-3
人人网 8 000 万美元收购 56 网	网络视频	8 000 万美元	2011-9-27
中国户外媒体 1.28% 股权易手至盛大网络	户外媒体	N/A	2011-9-29

① 根据投资潮网站分析整理。

续　表

事件名称	所属行业	涉及金额	发生时间
武汉健民转让江通动画股权 九鼎投资 2 190 万元接盘	动漫动画	2 190 万元人民币	2011-12-13
畅游宣布完成并购 17173 业务	行业网站 网络游戏	1.63 亿美元	2011-12-15
蓝色光标收购今久广告 100% 股权	广告服务	4.3 亿元人民币	2012-1-16
腾讯收购网游公司 Level Up 49% 股份	网络游戏	2 695 万美元	2012-1-20
腾讯收购欧洲游戏社区 ZAM	网络游戏	N/A	2012-2-1
青岛美天收购网页游戏信息统计网站 FM4399	网络游戏	200 万元人民币	2012-2-10
空中网 2 000 万美元收购 Noumena	手机游戏	2 000 万美元	2012-2-15
优酷土豆以 100% 换股方式合并	网络视频	N/A	2012-3-12
腾讯收购杭州魔乐软件	软件服务	N/A	2012-3-21
腾讯收购 A5 站长网 80% 股权	行业网站	700 万元人民币	2012-3-27

八、文化产业投融资模式

虽然文化行业不如传统行业那样属于金融机构长期关注的领域，具体投融资策略、经验还不成熟，项目及无形资产难以评估等问题还将长期困扰金融机构。但随着市场的不断放开，政策支持措施的不断深化，文化企业利用金融工具的效率会不断提升，融资渠道逐年增多，融资模式也将逐渐多样化。

基于以上文化产业投融资分析，笔者结合目前文化企业的融资概况及特点，总结出了项目融资、私募股权融资、版权质押融资、担保融资、上市融资、植入广告融资、建设产业园区融资、预售版权融资、债券融资、信托融资、期货融资等多种模式以供文化企业借鉴。

（一）项目融资

项目融资是文化企业以文化产业项目本身的优质资产、预期收益或权益作抵押，取得无追索权或有限追索权的融资或贷款。如在风险较大的影视行业，对于影视企业来说，一部片子投资额动辄往往几千万，不可能每部片子都做 100% 的投入，因此，项目融资便是很多电影大片常见的融资方式，这种融资模式可以降低制片方的投资成本、分散投资风险。

例如在电影《赤壁》中，中影集团为了分散风险，吸引了橙天娱乐、北京紫禁城影业、北京春秋鸿、日本艾回、美国狮子山等10多家影视企业的加入，采取共同投资、分地区销售的合作方式，总投资6亿元人民币拍摄完成，最终使中影几乎达到了100%的投资回报率。再如电影《画皮》，吸引了国有、民营、社会资本、国际资本共8家共同参与制作完成。此外还有与政府资金结合的方式，在《唐山大地震》1.2亿元的总投资成本中，唐山市政府参与投资了6 000万元。

在演出领域，上海文化发展基金会与上海大剧院、中国建设银行上海分行签署“百场世界经典音乐剧《狮子王》演出项目”扶持贷款合作协议；光大银行上海分行对上海城市舞蹈有限公司的杂技芭蕾《天鹅湖》国际巡演项目扶持贷款；上海时空之旅文化发展有限公司的舞台剧《呼唤》《梦幻西湖》获得了中国银行的2 000万元授信；陕西华清池旅游有限责任公司的实景舞台剧《长恨歌》得到了中国银行3 000万元贷款等。

（二）私募股权融资

私募股权融资（PE）是投资人对文化企业（非上市企业）通过私募形式进行的权益性投资，通过上市、并购或管理层回购等方式，出售持股获利退出获取回报。回看国内文化企业，华谊兄弟吸引私募投资最早，次数最多，从这个角度也可了解其作为国内首家上市的影视文化企业成功的原因所在。例如，华友世纪对华谊兄弟旗下的华谊兄弟音乐公司进行超过3 500万元的投资，以此获得51%的股权；分众传媒联合其他投资者向华谊兄弟注资2 000万美元换取股份；信中利70万美元的注资。腾讯对华谊兄弟进行战略投资人民币近4.5亿元，成为华谊的第一大机构投资者等等。

（三）版权质押融资

版权质押融资是指以知识产权即版权作为抵押来获得银行贷款的一种融资方式。目前版权质押融资是当前文化企业与金融业之间最为主要的合作模式，因为这种模式要求文化企业在约定的期限还本付息即可，避免了项目融资、股权融资等需要以利润分账方式分红给投资方，从而使文化企业可以独享全部利润。

如北京银行以版权质押方式为华谊兄弟提供1亿元的电视剧打包贷款、为《画皮》提供1 000万元版权质押贷款、为光线传媒近40部的电影制作和发行提供2亿元人民币贷款；俏佳人传媒集团以股权质押、“俏佳人”商标专用权质押和房产抵押等方式获得中国进出口银行1 225万美元贷款，如愿收购美国国际视听传播有限公司；北京银行以“版权质押+打包贷款”的方式，向《龙门飞甲》提供1亿元的贷款;《金陵十三钗》通过版权质押的方式向民生银行贷款1.5亿元，刷新了之前《唐山大地震》等四部影片获得1.2亿元贷款纪录等。

（四）担保融资

担保融资主要是由第三方融资机构提供信用担保，从而使文化企业顺利得到银行的授信。以往由于金融机构很少参与文化企业金融事务，担保公司作为第三方主体参与文化产业的案例寥寥无几。保监会和文化部联合制定的《关于保险业支持文化产业发展有关工作的通知》政策的出台，使保险公司能作为一方主体参与文化企业融资过程。这种模式减少了文化企业与银行之间的繁琐沟通，为文化企业融资开辟了新的模式。例如，北京银行贷给光线传媒的2亿元中，其中5 000万元是由北京首创投资担保有限责任公司提供担保。

不过需要说明的是，目前，信用担保机构还不能对影视著作权知识产权做出评估，最后只能用融资人的房产，甚至法人代表个人的无限连带责任作为抵押物。北京银行对保利博纳、华谊兄弟、光线传媒的贷款，也是在对公司的尽职调查、资产状况做了评估之后，不仅将版权、销售收入作为担保，还把法人代表个人的无限连带责任作为抵押才获得。同样，《画皮》向北京银行贷款的1 000万元，《金陵十三钗》则用了张伟平的房产进行担保。

（五）上市融资

上市融资是文化企业通过上市获得融资，在资本市场公开募集资金用于企业发展、扩大规模。如在影视企业中，先后有华谊兄弟、光线传媒、华策影视、橙天嘉禾、博纳影业等一批民营影视企业在国内外上市，这些企业均在公开市场募集了资金，用于企业下一步战略的实现。如华谊兄弟上市发行4 200万股，融资金额约6.2亿元人民币；光线传媒上市发行2 740万股，融资金额约14.4亿元人民币；华策影视上市发行1 412万股，融资金额约3.2亿元人民币；橙天嘉禾上市融资金额约为5亿港元；博纳影业上市融资约9 400万美元等。

另外，作为国家队的中影集团是中国电影文化领域体制改革和行业经营的领先者，在国家政策的扶持下，中影集团吸引歌华有线等8家国有企业参与发起设立中国电影股份有限公司，注册资本为14亿元，志在国内A股上市。

（六）植入广告融资

植入广告是把产品的品牌符号融入影视剧目的一种广告方式，以达到营销的目的。植入广告是随着电影产业化的逐渐深入而产生的一种新型营销形式，是投资人回收投资成本、降低风险的有力融资手段。据悉，在电影产业运行娴熟的美国，电影业 20% 的收入来自票房，80% 来自非银幕所得（广告、版权及后产品等）。制片公司甚至设有专门的代理机构，职责就是寻找植入电影的机会。如《唐山大地震》广告植入达 1 个亿，创下了中国电影广告植入的纪录，中小投资成本的《杜拉拉升职记》《非诚勿扰》《天下无贼》《爱情左右》则是通过植入广告回收了大部分或全部成本。

（七）建设产业园区融资

由于产业园区是产业发展的综合载体，对于政府纷纷设立的文化产业支持政策及资金扶持，产业园区往往便成了首选对象。因此，很多文化企业为投政府所好，与政府合作建设各种形式的文化产业园区，诸如影视文化产业园、旅游产业园区、艺术产业园区、演艺产业园区、动漫产业园区等等，以便为企业发展融入资金。不过，目前这种普遍建设园区的势头因文化部《关于加强文化产业园区基地管理、促进文化产业健康发展的通知》以及国家发改委《关于暂停新开工建设主题公园项目的通知》等政策实施有所降温。

建设影视文化产业园区无可厚非，然而需要注意的是目前很多园区投资主要是硬件建设投资，而并没有注重从产业链的环节及税收角度去设计软硬件配套。同样，产业园区不是文化继承和历史积淀的体现，而是靠创新内容来提供产品和服务的载体。

（八）预售版权融资

预售版权融资即在电影拍摄前或拍摄中，制片方将版权出售以获得目标市场发行方的预售资金。这种模式加快了电影投资资金的周转速度，可以为电影的顺利拍摄提供资金保障。这种模式常见于一些大制作的影片中。比如电影《英雄》欧美版权卖了 2 000 万美元，国内音像版权拍卖了 1 780 万元，创了影视预售版权的纪录。在新媒体视频领域，酷 6 网与搜狐建立的国内首个“国际影视版权联合采购基金”，设立的宗旨也是为中小影视项目融资提供前期资金保障。

（九）债券融资

债券融资是文化企业资金赤字单位在市场上向资金盈余单位发售有价债券

募得资金，资金盈余单位购入有价证券，获得有价证券所代表的财产所有权、收益权或债权。如在广电总局发布的《关于促进电影产业繁荣发展的指导意见》中提到：“支持具备条件的电影企业通过发行企业债券、短期融资券、中期票据和利用银行贷款等多种融资手段，多方面拓宽融资渠道，扩大规模，壮大实力。”

例如，在体制改革的推动下，长影独辟蹊径借鉴好莱坞环球影城模式建设的长影世纪城是国内第一家大型电影主题公园。长影也因此获得了国家文化产业体制改革相关政策的支持，得到了2亿元国债、中央财政5 000万元和吉林省1 000万元的启动资金的支持。据了解，除公司债外，国内债券市场上的各类企业债务融资工具均已有文化企业尝试。但出于企业资质、市场影响等方面的局限，目前文化产业中涉足债券融资的企业仍停留于大型文化企业，特别是上市文化企业。

（十）信托融资

信托融资是通过金融机构的媒介，由信托公司向最后贷款人进行的融资活动。当信托公司介入后，文化公司把作品版权信托给信托公司，信托公司再以这部分信托资产做抵押物，协助申请贷款。由于在资金出现问题时，信托公司对信托资产有全权处置权，这样就降低了银行的风险，也降低了贷款的门槛。而版权交易中心在这个过程中则起到征信平台的作用，协助银行和信托公司审核企业背景，搭建银行与项目之间对接的桥梁。

如在艺术品信托领域，杭州市文化创意产业小企业集合债权基金的“宝石流霞”正式发行，此后又推出了1亿元规模的第二期文化产业信托产品“满陇桂雨”，均取得了良好的效果。金融工具成功实现了艺术品资产的流动性，为收藏家、艺术家和投资人构建了一个相互融通的平台。

（十一）期货融资

期货融资（也叫期货配资）是指配资公司提供期货投资账户与资金，委托客户进行交易与操作。为了确保配资公司的账户与资金安全，客户在交易前必须向配资公司提交总资金的15%~20%作为风险保证金。帐户交易赢利部分全部属于客户所有，同样，客户应承担全部交易风险。客户交易如果产生亏损，则在客户向配资公司交纳的风险保证金里扣除。

由深圳世纪领军影业出品的古装动作悬疑片《大唐玄机图》创新产生了电影期货的融资模式，即拿电影未来的权益进行份额化发行融资。其资产包标的物一共是两部分：一是电影的未来盈利；二是电影版权的预期盈利。这种“权益共享”的融资模式有两大亮点：一是在电影筹拍前期，已经进行过目标市场分析，就像推出一款全新消费品那样；二是这种融资模式投资者分散，不会像以往那样对出品人施加非专业影响。假设拍摄《大唐玄机图》的预算是1亿元，那么，将其拆成10万份，每份的价格是1 000元，分别由自然人、机构、出品人认购，3年内可以自由买卖。预计自然人和机构认购的份额不超过80%，剩余20%份额由出品人认购。其中，自然人和机构属于优先受益人，即影片如果达不到预期或出现亏损，将优先保证其资金安全，并优先获得收益；出品人则是一般受益人，须保证优先受益人的资金可靠和安全。在整个项目结束之前，各方认购的电影收益权均可在金融资产交易所的平台上进行转让。①

九、投融资存在问题及对策

从银行等金融机构以及投资者的角度而言，为文化企业或者项目提供贷款或融资，是一个全新的业务领域，再加之文化行业的业务特殊性，缺乏可依据的经验和风险评估体系，致使文化产业投融资始终处于探索阶段。这里面不仅有现实问题，也有制度方面待完善的问题。

（一）文化企业总体规模小，投融资风险相对较高

据统计，在我国文化产业中，中小企业比重达到90%以上，这些中小文化企业由于经营管理等问题往往难以达到银行的现有信贷支持标准，从而会增加银行的成本，并不符合商业银行追求利润的初衷。另外，由于文化企业产品的特殊性，也相对缺少抵押品和有效的担保，再加上双方信息不对称等问题，造成银行不愿意冒风险给文化企业发放贷款。

如在动漫领域，一集动画片的制作成本在2万元以上，一部动画片总投资成本动辄就是上千万。据了解，国内90%以上的从事原创动画制作的企业，注册资金却在人民币500万~1 000万元之间，动漫领域的融资需求可见一斑。例如在动画片《魔角侦探》的项目融资上，北京银行对于500万元的贷款，足足审核了3个月，而办理一般性贷款的周期则是半个月。

---

① 李盈：《“电影期货”：电影融资新模式》，《融资中国》，2011年6月13日。

（二）无形资产难以评估

商业银行一般都以不动产等实物作为信贷担保，而文化企业多以无形资产为主，这种轻资产结构的特点导致了文化企业不能像其他传统企业那样以土地、房产、厂房、设备等传统的资产作为与银行对接的基础，而且无形资产难以评估和保值空间的不确定性导致了版权转让、交易、抵押、融资等一系列资本运作的不确定性。因此，商业银行望而却步便是常态了。

如在艺术品领域，国内保险公司还不敢轻易承保艺术品，根源在于艺术品估价太难，国内还没有非常权威的专业机构来认定古董、字画等艺术品的真伪和价值。同样在影视制作领域，由于个人审美不同、认识不同，使得作品是否能得到预期的市场回报存在很大的风险，保险机构一旦承保，则可能要承受巨额的风险损失。例如动画电影《阿童木》，意马国际付出了4.4亿元人民币的制作成本，算上全球其他地方的开销，总开支高达8.2亿元，而最终这部电影全球总票房只有1.9亿元，直接导致意马国际旗下的动漫工作室清盘。文化产品的特殊性可见一斑。

银行经营的目标是追求利润的，并不是所有的文化企业都可以从容的获得银行支持，用北京银行朝外支行行长赵明的话来说，“其实，版权只是银行创新的一个题材和外表,是银行向文创开放绿色通道的一个借口而已。银行真正押的，是对文创企业的信心。”这个信心的来源便是品牌的支撑，但并不是所有的文化企业都有品牌知名度和美誉度，这便要求要有一个相对客观的价值评价体系，即无形资产评估体系。目前，一般会从企业的盈利能力、偿债能力、成长能力、产品质量信誉、历史合作过往等方面进行评估，也只有客观可量化的评估体系的建立,才可有效提高文化企业的信息透明度,让金融机构对文化企业充满信心。

（三）完善文化产业金融工具

文化产业属于朝阳产业，多数文化企业也是朝阳企业，在这个巨大的市场机会面前，金融机构不仅要积累文化金融经验，还要为文化企业量身定制一些金融工具，提供专业化和金融化的风险管理解决方案。

1. 完善版权质押融资

目前虽然版权质押融资案例屡见不鲜，但版权本身不具有排他的市场价值，版权质押融资往往伴随着融资人的固定资产担保，从这个角度来说，这个金融工具的存在多少有点尴尬。因此，建立相应的法律法规体系，简化审核程序，缩短审核周期，以及加快建立相应的版权价值评估体系和第三方担保机构担保体系则显得尤为重要。

2. 完善信托融资

全国政协委员周骏羽在《关于用金融办法促进文化产业繁荣发展的提案》中建议，除了信贷支持外，还可引入信托等渠道，来解决文化创意企业发展中的问题。他建议，允许单一信托计划作为法人在当地运作文艺演出、电影电视制作，并给予税收优惠，避免全国信托投资人将来到当地二次纳税；挑选国有龙头企业负责运作一个行业的特定信托投资计划；打造文化产业平台，允许其他地方企业发行文化产业信托，给予一视同仁的优惠政策。①

3. 完善保险融资

文化产业保险领域，尽管出台《关于保险业支持文化产业发展有关工作的通知》明确了 11 个险种为首批试点险种，但总体来看，与文化产业相关的保险业务种类不多、总量不大，相对于发达国家，保险业在整个文化产业中的覆盖面和渗透度还明显不够。

在文化产业保险方面，除现有的传统财产保险业务之外，可以开发适合文化企业特点和文化产业需要的保险产品。在财产保险方面，除现有的传统财产保险业务之外，可以进一步研究开展知识产权侵权保险，演艺、会展、动漫、游戏、各类出版物、印刷、复制、发行和广播影视产品完工保险、损失保险。在责任保险方面，开发适合演出场所、电影院线经营特点的火灾公众责任保险、公共场所人身安全责任保险等。在人身保险方面，可开发适合文化企业高管和员工的团体意外伤害保险，以及养老保险、健康保险等新型险种。通过创新保险产品和服务，有效分散文化产业项目运作风险。②

4. 加大政府利用金融工具对文化企业的扶持

据媒体统计，目前我国对文化产业项目的投入，依然主要依赖国家，政府财政投资占 62%，而社会投资较少，其中民营投资占 27%，外商投资占 11%，尚未形成政府、银行、企业、社会多元化的投融资格局。在政府财政投资方面，目前政府对于文化企业的扶持多体现在每年固定额度的扶持资金上面，而这种简单的做法往往会导致产量的快速增长，却忽视了产品质量。改变这种粗放型

① 参见报道《委员建议：为文化创意产业发展注入金融支持》，《经济参考报》，2012 年 3 月 15 日。

② 保监会：《保险支持文化产业发展繁荣发挥重要作用》，中国广播网，2010 年 04 月 16 日。

的扶持方式需要政府加强对金融工具的运用，如成立政府引导，吸收国有民营文化企业和金融机构认购，由专门机构进行管理，实行市场化运作，通过股权投资方式，推动资源重组和结构调整的科技研发基金、文化创新基金、风险投资基金、创业投资基金等等。

正如2012年的两会上，招商银行马蔚华在《关于鼓励商业银行加大文化产业信贷业务发展的提案》中建议那样，有必要对商业银行开展文化产业融资业务给予政策支持。具体来说：一是政府进一步加强文化产业企业政策性担保机构或再担保机构的设立和引导，对商业银行为文化产业企业的融资提供担保，与银行共同承担文化产业企业融资风险；二是设立一定的文化产业风险补偿基金，对于金融机构在文化产业融资上的损失，由基金进行一定比例的风险补偿。[①]

（朱嘉 主笔）

① 参见报道《委员建议：为文化创意产业发展注入金融支持》，《经济参考报》，2012年3月15日。

第十章　文化企业上市

企业上市是金融助推下的文化企业快速发展的表现形式，文化产业的倍增发展当然也离不开文化企业的倍增上市。本章的研究对象主要包括在国内主板、中小板、创业板和在美国、香港上市的传统文化企业以及跨界融合下的新型文化企业。这些文化企业得以上市有无共性？其业务组合、商业模式可否复制借鉴？这是众多拟上市的文化企业亟待了解的。从国家文化产业发展的角度来说，已经或准备上市的文化企业不仅是当前中国文化产业发展的中坚力量，也是未来中国文化产业倍增发展的主要着力点所在。

从十七届六中全会到《国家“十二五”时期文化改革发展规划纲要》,从《文化部关于推进文化企业境内上市有关工作的通知》到《文化部“十二五”时期文化产业倍增计划》，文化企业上市话题作为支柱产业战略目标的重要实现路径和重要表现形式一次次被提及。基于此,本章主要围绕文化企业上市的基本情况、政策影响与上市时间、上市地点与上市模式、主要经营指标、主营业务与商业模式、发展趋势与上市前景、问题与对策等相关问题进行探讨。本章的研究对象主要是在国内主板、中小板、创业板上市的文化企业和在美国、香港上市的文化企业，其上市企业的数据来自财经媒体的公开报道和上市公司公开的财报。

一、文化企业上市的基本情况

文化企业上市将募集到充足资金，提高自身信用状况，并获得长期稳定的融资和再融资渠道，形成良性的资金循环，有利于企业持续发展。同时，上市对提升企业管理水平、发展前景、企业形象和信誉，扩大市场影响力，促进文化企业建立现代企业制度，完善公司治理机制，吸引优秀人才，增强企业的发展后劲等方面有着重要的推动作用。客观来讲，文化企业上市的多寡，市值、市盈率等主要经营指标的高低，以及商业模式的优劣等是体现文化企业发展状况的重要指标，在国家大力发展文化产业的黄金时期，有必要对上市的文化企业做一次梳理，从上市的文化企业的角度来考察中国文化产业的发展显得更有意义。

纵观文化企业上市情况，在国家政策的大力推动以及宏观环境利好的情形下，文化企业近年来上市数量明显增多，甚至可以用雨后春笋来形容。从时间分布来看，由于受到政策的影响，国家对文化产业逐步地放开与推动，影视传媒、互联网传媒文化企业开始在资本市场崭露头角，上市数量逐渐增多。从资本市场追逐的角度来看，2011 年 11 月 30 日，凤凰传媒募集资金 44.79 亿元，超过 2011 年中南传媒 42.3 亿元募集金额，成为 A 股市场至今规模最大的文化企业 IPO 项目。再如作为 2012 年文化传媒第一股的华录百纳上市首日以 53 元高开，市盈率为 82.46，受到市场人士的高度关注和多方追捧。

在这些上市的文化企业里，从整体来看，以图书出版、报刊广告为主营业务的文化企业居多，这很大程度上要归功于出版领域的文化体制改革实行得较早，走在了其他行业的前面。此外，各个省市相继成立的出版、报业传媒集团，也是其上市的主要动因。例如第一家全产业链整体上市的出版·报业传媒股——中南传媒，国内第一家上市试点出版企业“中国出版传媒第一股”的辽宁出版传媒，首家经营性资产整体上市的报业集团浙报传媒等。

对于民营文化企业来说，经营灵活的特点决定了其主营业务方向的多样。由于政策制约，虽然民营出版企业相对较少，但在影视、动漫、新媒体领域，民营企业显然已经占据了有利的位置。例如影视第一股华谊兄弟传媒集团登陆创业板，随后的动漫玩具第一股奥飞动漫上市，电视剧第一股华策影视上市等等，这些有活力的民营企业已经在影视领域把还处在股份制改革中的中影、上影、长影远远地抛在了资本市场后面。

从行业分布来看，新媒体是可以渗透到其他相关文化行业的重点细分行业，对于新媒体的认识和把握的好坏，决定了上市文化企业的未来走向。根据 DCCI

调查数据，2015 年国内电视观众数量预期增长至 14 亿，2009 年至 2015 年年复合增长率为 0.8%；同期，国内互联网和移动互联网用户的年复合增长率分别为 15% 和 28.7%。又例如以整合网络阅读著称的盛大文学，成为了国内最大的民营出版商，这还要归功于新媒体的助力。据统计，盛大文学的原创小说市场份额在国内占据了 60% 以上，这也让目前国有出版传媒集团一时难以望其项背。同样在影视传媒领域，影视内容的主要发行和盈利渠道除了影院之外，便是新媒体。如号称“内地第一家与音乐有关的上市公司”的 A8 电媒，其主营业务便是依靠移动运营商进行无线音乐增值服务。同样在儿童娱乐领域，成立不到四年的淘米网便成功在美国纽交所挂牌上市，不得不让业界吃惊，其主营业务也是依靠新媒体经营儿童在线娱乐社区服务。

从营收构成来看，由于文化企业整体产值较小，相应也决定了文化企业整体规模不是很大的特点。但有一些文化企业整体营收还是不错的，而这些文化企业多是墙内开花墙外香的业务构成，即上市的文化企业的主营业务收入往往来源于地产，这多见于传统的文化旅游领域。这种状况不仅说明了中国文化产业的初始发展时期特点，也突出显示了所谓的文化企业往往在利益面前，文化搭台、地产唱戏的通常做法，至于这个台子搭得怎样，要看企业领导人的文化道德与价值使命如何。这类文化企业有不少，例如号称文化演艺第一股的宋城股份，经营欢乐谷的华侨城，做奥林匹克花园地产的中体产业等。

需要说明的是，有些企业虽然与文化产业有或多或少的关联，但鉴于篇幅有限，又要突出主要内容分析，一些细分领域的企业便不在本章的研究考察范围之内。这些企业包括但不限于：传统的教育培训业，如新东方、学而思等；传统的旅游业，如 ST 张家界、桂林旅游、丽江旅游、三特索道、腾邦国际、北京旅游等；体育产品制造业，如探路者、青岛双星，安踏体育、匹克体育等；传统商业：如新世界、友谊股份、津劝业等；互联网和电子商务业：如焦点科技、中国联通、联想集团等。

二、政策影响与上市时间

文化企业上市不仅取决于其自身的经营能力，还明显受到国家政策的影响，对于什么领域鼓励，什么领域限制，不同的时期有不同的政策，这些可以从国家发改委《产业结构调整指导目录》以及文化部《文化产业投资指导目录》中可见一斑。但从整体来看，近几年上市的文化企业明显增多，说明了文化企业大发展大繁荣的时期已经到来。

（一）2003 年之前

由于受到政策环境的影响，2003 年以前上市的文化企业不是很多，主要由于在当时文化产业还没有进入国家层面的视野。这一时期上市的文化企业多是国有背景，上市企业大多不引人关注。在 2002 年 11 月，党的十六大对文化产业发展进行了全面的部署，提出积极发展文化产业的战略任务，十六大报告中明确指出："发展文化产业是市场经济条件下繁荣社会主义文化、满足人民群众精神文化需求的重要途径"，并强调"完善文化产业政策，支持文化产业发展，增强我国文化产业的整体实力和竞争力"。十六大报告明确了建设社会主义文化有两大途径和形态，即文化事业和文化产业，提出了发展文化产业是市场经济条件下满足文化需求的重要途径，可以说是文化政策的一个分水岭，同时也是文化上市企业的一个分水岭。

（二）2003 年至 2009 年

2003 年 12 月底出台的《文化体制改革试点中支持文化产业发展的规定》，开始了国内文化企业体制改革步伐，特别是国有出版传媒单位的改革试点工作在随后的几年时间如火如荼。在这一政策的影响之下，2006-2007 年间主要出版传媒集团如北青传媒、新华文轩、出版传媒等纷纷上市。以空中网、A8 数码音乐为代表的无线增值服务商，以百度为代表的专业搜索引擎公司，以分众传媒为代表的数字媒体平台，以盛大为代表的互动娱乐媒体开始登陆资本市场，国内文化企业上市数量越来越多。值得一提的是，2009 年 10 月 30 日登陆创业板的华谊兄弟被打上国内影视上市第一股的美誉，为民营资本在影视传媒领域获得成功起到了典范作用，加快了后来的华策影视、博纳影业、橙天嘉禾、光线传媒等的上市步伐。

2009 年 7 月，国务院常务会议讨论并原则通过《文化产业振兴规划》，对文化产业发展犹如注入了一剂强心剂，其中涉及了加快发展文化创意、影视制作、出版发行、广告、数字内容和动漫等重点文化产业；推动跨地区、跨行业联合重组，培育骨干文化企业；发展文艺演出院线，推进有线电视网络、电影院线、数字电影院线和出版物发行的跨地区整合等实质内容。

（三）2010 年至今

在《文化产业振兴规划》出台后不久，2010 年 4 月九部委联合制定的《关于金融支持文化产业振兴和发展繁荣的指导意见》，对于金融机构加强对文化企业的融资和上市扶持做了具体的规定。也就在这一年，中南传媒、皖新传媒、天舟文化、华策影视、当当网、优酷网、博纳影业、宋城股份、乐视网、蓝色光标等纷纷上市，这一年文化企业上市数量明显增多，说明在国家政策的引导下，文化企业发展进入了快车道。

进入 2011 年，中央提出"十二五"时期要推动文化产业成为国民经济的支柱产业的战略发展目标，中共中央召开十七届六中全会，再次强调文化产业的支柱产业战略地位，这被看成是文化企业上市的重要推动力。随后在《国家"十二五"时期文化改革发展规划纲要》中对于文化产业跨越式发展，鼓励有实力的文化企业跨地区、跨行业、跨所有制兼并重组，培育文化产业领域战略投资者等做了阐述。同样的政策精神也体现在《文化部"十二五"时期文化产业倍增计划》中，文件中提到："利用多层次资本市场，推动优质文化企业利用公开发行股票上市融资，扩大文化产业直接融资规模。加强文化企业上市的培育储备和推荐机制，形成'储备一批、培育一批、申报一批、发行一批'的文化企业上市梯次推进格局，培育 30 家上市文化企业。"

作为文化产业主管部门之一的文化部，针对文化企业上市于 2011 年 4 月 11 日发布了《文化部关于推进文化企业境内上市有关工作的通知》。通知中要求各级文化行政部门应加强与本地区文化企业的联系，对企业情况进行认真摸底，并建立文化企业境内上市资源储备库。根据文化企业上市进程（见表 10-1），将上市资源储备库中的文化企业分为 3 类：一是已进行股改，与保荐、财务、评估、律师等中介机构正式签订合作协议并进入实质性操作阶段的拟上市文化企业；二是已设立股份有限公司并与中介机构签订改制辅导协议的上市培育文化企业；三是基本符合上市要求，且在近 3 年内有运作上市设想及初步方案的上市后备文化企业。这可以说是对"十二五"时期拟上市的文化企业进行的全面普查，对于指导文化企业上市工作具有可操作的现实意义。

表 10-1　主要上市文化企业上市时间

名称	上市时间	名称	上市时间	名称	上市时间
盛大文学	2012-2-25	高乐股份	2010-2-3	时代出版	2002-9-5
吉视传媒	2012-2-23	皖新传媒	2010-1-18	中文传媒	2002-3-4
华录百纳	2012-2-9	威创股份	2009-11-27	白马户外媒体	2001-12-19
新华电视	2011-12-6	华谊兄弟	2009-10-30	北巴传媒	2001-2-16
凤凰传媒	2011-11-30	中国国旅	2009-10-15	歌华有线	2001-2-8
佳创视讯	2011-9-16	盛大游戏	2009-9-25	搜狐	2000-7-12
土豆网	2011-8-17	奥飞动漫	2009-9-10	网易	2000-6-30
光线传媒	2011-8-3	橙天嘉禾	2009-7-1	首旅股份	2000-6-1
汇星印刷	2011-7-25	畅游	2009-4-2	新浪	2000-4-13
方直科技	2011-6-29	广而告之	2008-8-4	电广传媒	1999-3-25
淘米网	2011-6-9	A8 电媒音乐	2008-6-12	中体产业	1998-3-27
网秦	2011-5-5	天威视讯	2008-5-26	中青旅	1997-12-3
人人网	2011-5-4	出版传媒	2007-12-21	华侨城	1997-9-10
凤凰新媒体	2011-4-22	弘成教育	2007-12-11	华闻传媒	1997-7-29
三三传媒	2011-2-28	华视传媒	2007-12-5	中视传媒	1997-6-16
天舟文化	2010-12-15	粤传媒	2007-11-16	大地传媒	1997-3-31
博纳影业	2010-12-9	航美传媒	2007-11-1	深圳华强	1997-1-30
宋城股份	2010-12-9	巨人网络	2007-11-1	西藏旅游	1996-10-15
当当网	2010-12-8	完美世界	2007-7-26	博瑞传播	1995-11-15
优酷网	2010-12-8	新华文轩	2007-5-30	东方明珠	1994-2-24
中南传媒	2010-10-28	第九城市	2006-12-16	广电网络	1994-2-24
华策影视	2010-10-26	百度	2005-8-5	新华传媒	1994-2-1
乐视网	2010-8-12	分众传媒	2005-7-13	ST 磁卡	1993-12-6
酷 6 传媒	2010-6-1	北青传媒	2004-12-22	新南洋	1993-6-14
省广股份	2010-5-6	空中网	2004-7-9	百视通	1993-3-16
昌荣传播	2010-5-5	腾讯控股	2004-6-16	浙报传媒	1993-3-4

续 表

名称	上市时间	名称	上市时间	名称	上市时间
东方财富	2010-3-19	盛大	2004-5-13	ST 传媒	1992-12-8
蓝色光标	2010-2-26	大贺传媒	2003-11-13	环球数码创意	2003-8-4
中青宝	2010-2-11				

三、上市地点与上市模式

从总体来看，有将近 3/5 的文化企业选择在国内上市，2/5 的文化企业选择在香港或者国外上市。从某种意义上来讲，文化企业在国外上市的数量有点超乎寻常，这也解释了所谓控制协议存在的合理性。从上市模式上讲，文化企业或借壳或买壳或厚积薄发从而整体上市或分拆业务上市，这些上市模式都是基于业务与现实的考虑。不过综合考虑各种利弊，特别是考虑到近年来中宣部和中国证监会对于文化企业上市地点明确的政策导向，文化企业还是最好优先选择在国内上市。长期来讲，无论是对于中国文化产业的繁荣发展，还是对于文化企业自身的发展，都是有好处的。

（一）国内上市

国内上市地点包括上海证券交易所、深圳证券交易所两个部门。一般来说，在国内上市的成本较低，维持上市的管理费用也较低。同时，国内上市还能够提升企业品牌在国内消费者心目中的形象和知名度。

较大型的国有文化企业大多选择在上海证券交易所主板上市，如歌华有线、中南传媒等传媒出版企业。深圳证券交易所有中小板、创业板市场、柜台市场（股份报价转让系统）等。民营文化企业由于规模小，大多在深圳中小板或者创业板上市，如华谊兄弟、华策影视、奥飞动漫等。

从上市模式上来说，在国内上市的文化企业中，有相当一部分是经过数十年的积累，最后采取的整体上市的策略。整体上市对公司的形象好，能形成高认同度，社会影响较大，较为充分地体现公司价值，融资量较大，但进入资本市场的时间较慢，如华谊兄弟在经营数十年后才上市。

同样，也有一些文化企业将公司主要资产及业务注入到已上市的公司中，实现该公司的间接上市，这种借壳上市的好处是办理时间较短，费用较低，不受承销商和市场状况的影响。如安徽出版集团“股权收购＋资产置换＋股改”借壳科大创新成功登陆 A 股，成为我国出版发行企业中第一家 A 股上市公司；如河南出版集团转企改制而成的中原出版传媒投资控股集团将资产注入大地传媒，并借壳 *ST 鑫安上市，成为河南文化产业上市第一股。再如成都商报借壳四川电器上市，股票简称改为“博瑞传播”；拥有《中国计算机报》的赛迪集团借壳 ST 港澳上市，股票被称为“赛迪传媒”；江西出版集团借壳鑫新股份上市；解放日报报业集团借壳新华传媒上市；华闻传媒借“燃气股份”上市；广州日报报业集团的粤传媒借“九州阳光传媒”上市；浙报传媒集团股份有限公司借壳 ST 白猫上市；凤凰出版集团借壳 ST 耀华上市等。

借壳上市的好处是进入资本市场的速度较快，能够借助重组方的力量，在业务发展和上市融资上获得仅依靠自身力量难以获得的好处。改制重组上市多发生在国有企业，一般来说主要有整体改制、分拆改制、分立改制、联合改制四种模式。具体采用哪种模式要根据企业自身的条件来进行具体改制模式的选择。如解放日报报业集团“五报一刊”经营性业务重组上市是改制重组与上市重组同时进行。

另外需要说明的是出版发行、有线电视、电影等行业，要确保符合媒体行业监管政策，保证意识形态的绝对控制，在国有资本绝对控股的原则下，可根据企业情况考虑整体改制上市。在广电行业“制播分离”改革中，播出、新闻类资产属于不改制范围。

（二）香港及国外上市

选择在香港上市，其流程要比国内简单，上市的速度也比国内快，如北青传媒、三三传媒、腾讯控股等选择在香港上市（见表 10-2）。

美国股票市场是全球最大、最国际化、流动性最好的股票市场，也是世界上监管最严的股票市场。在美国上市的公司在接触更大规模的资本市场的同时，也意味着须遵照更严格的法律、信息披露和其他司法要求。不过这些也有助于企业改善公司治理，表明其致力于提高企业管理水平的决心。

其中纽约证券交易所市值最高，风险介于伦敦证券交易所与纳斯达克证券交易所之间，总体上是属于求稳类型的交易所，这类企业如人人网、当当网、优酷网、巨人网络等。一般来说，创新型高速成长和持续高速成长的企业多选择在属高风险高收益市场的纳斯达克证券交易所上市。如华视传媒、博纳影业等选择在美国纳斯达克上市,不过博纳影业上市首日开盘价并未达到预期,可见纳斯达克风险程度。

买壳上市多是文化企业为了登陆国外资本市场，而采取的购买一家上市公司一定比例的股权，再注入自己的资产及有关业务，从而达到间接上市的目的。买壳上市是快速进入资本市场的有效途径之一，但壳资源木身的资产处置和人员安排可能将耗费大量精力和付出大量成本，其次也存在壳资源不干净，可能存在或有负债和潜在诉讼，另外也存在通过买壳的方式上市成本过高等问题。买壳上市的案例有橙天娱乐集团(国际)控股有限公司控股香港老牌电影公司嘉禾，成为其第一大股东，在香港上市后改名橙天嘉禾;《成都商报》买壳四川电器上市等。

对于分拆上市而言，能够实践分拆上市式的都是希望实现业务多元化的公司，而各种业务之间也具有相对独立性。分拆上市后投资标的更加明确，更有利于吸引投资，当然上市子公司必须成为独立的管理实体。如搜狐分拆旗下畅游公司在美国纳斯达克上市。盛大分拆盛大游戏、盛大科技单独上市等。

表 10-2 主要文化企业上市地点

名称	上市地点	名称	上市地点	名称	上市地点
A8 电媒音乐	香港	天威视讯	深圳	当当网	纽约
白马户外媒体	香港	天舟文化	深圳	凤凰新媒体	纽约
北青传媒	香港	威创股份	深圳	广而告之	纽约
橙天嘉禾	香港	粤传媒	深圳	巨人网络	纽约
大贺传媒	香港	中青宝	深圳	人人网	纽约
环球数码创意	香港	大地传媒	深圳	淘米网	纽约
汇星印刷	香港	ST 磁卡	上海	网秦	纽约
三三传媒	香港	百视通	上海	优酷网	纽约
腾讯	香港	北巴传媒	上海	百度	纳斯达克
新华电视	香港	博瑞传播	上海	博纳影业	纳斯达克
新华文轩	香港	出版传媒	上海	昌荣传播	纳斯达克
ST 传媒	深圳	东方明珠	上海	畅游	纳斯达克
奥飞动漫	深圳	凤凰传媒	上海	第九城市	纳斯达克
电广传媒	深圳	歌华有线	上海	分众传媒	纳斯达克
东方财富	深圳	广电网络	上海	航美传媒	纳斯达克

续　表

名称	上市地点	名称	上市地点	名称	上市地点
方直科技	深圳	吉视传媒	上海	弘成教育	纳斯达克
高乐股份	深圳	时代出版	上海	华视传媒	纳斯达克
光线传媒	深圳	首旅股份	上海	空中网	纳斯达克
华策影视	深圳	皖新传媒	上海	酷 6	纳斯达克
华录百纳	深圳	西藏旅游	上海	盛大	纳斯达克
华侨城	深圳	新华传媒	上海	盛大文学	纳斯达克
华闻传媒	深圳	新南洋	上海	盛大游戏	纳斯达克
华谊兄弟	深圳	浙报传媒	上海	搜狐	纳斯达克
佳创视讯	深圳	中国国旅	上海	土豆网	纳斯达克
蓝色光标	深圳	中南传媒	上海	完美世界	纳斯达克
乐视网	深圳	中青旅	上海	网易	纳斯达克
深圳华强	深圳	中视传媒	上海	新浪	纳斯达克
省广股份	深圳	中体产业	上海	中文传媒	上海
宋城股份	深圳				

四、主要经营指标

市值与市盈率反映了一家上市公司的整体实力和经营状况，而市值和市盈率是一个动态的概念，鉴于比较的和分析的目的，我们采用的是 2012 年 3 月 27 日财经网站的数据比较当下的文化企业发展状况（表 10-3）。

表 10-3　主要上市文化企业市盈率表[①]

名称	市盈率	名称	市盈率	名称	市盈率
西藏旅游	468.93	省广股份	39.44	淘米网	10.51
粤传媒	264.33	天威视讯	39.3	A8 电媒音乐	9.533
ST 传媒	242.34	中国国旅	38.86	大贺传媒	9.391

① 数据来源：新浪财经，2012 年 3 月 27 日。

续 表

名称	市盈率	名称	市盈率	名称	市盈率
新南洋	214.91	浙报传媒	37.96	新华文轩	9.031
百视通	169.86	宋城股份	37.66	巨人网络	8.46
中体产业	131.71	华闻传媒	36.23	北青传媒	7.763
新华电视	91.818	歌华有线	35.52	广而告之	7.42
中青宝	89.49	东方明珠	34.16	盛大游戏	7.35
乐视网	77.33	昌荣传播	33.43	畅游	6.07
奥飞动漫	73.18	高乐股份	33.08	完美世界	5.34
天舟文化	66.82	腾讯控股	32.146	汇星印刷	3.517
盛大	63.43	首旅股份	26.67	三三传媒	3.243
网秦	63.06	中南传媒	26.66	土豆网	0
中视传媒	62.09	皖新传媒	26.48	酷 6 传媒	−1.58
光线传媒	61.88	威创股份	26.24	凤凰新媒体	−2.74
人人网	53	中青旅	24.9	第九城市	−4.66
华谊兄弟	51.22	北巴传媒	24.5	华视传媒	−13.17
深圳华强	49.64	时代出版	23.35	新浪	−15.04
百度	48.11	博纳影业	22	当当网	−15.67
弘成教育	46.88	博瑞传播	21.89	航美传媒	−23.71
新华传媒	46.5	分众传媒	19.89	空中网	−32.37
方直科技	45.94	网易	15.31	优酷网	−98.8
大地传媒	44.56	搜狐	13.96	ST 磁卡	−306.09
华策影视	44	华侨城	13.54	华录百纳	/
东方财富	42.97	白马户外媒体	12.958	吉视传媒	/
蓝色光标	42.74	中文传媒	12.86	佳创视讯	/
凤凰传媒	41.98	电广传媒	12.53	盛大文学	/
广电网络	40.35	环球数码创意	11.458	橙天嘉禾	10.536
出版传媒	40.24				

通过资料可以看出：

（一）文化企业市值普遍偏小

除腾讯、百度等企业市值较大之外，大部分文化企业市值普遍较小，在市值排行榜中间的企业市值在45亿左右，也间接地反映了文化企业市值的平均值。这里面值得说明的是如上市企业广而告之的市值仅0.11亿，不得不让人唏嘘这个老牌的广告公司在如今市场竞争之下的没落。相应的例子也体现在酷6网上面，如今酷6传媒的市值仅为1亿，相比作为视频网站第一股身份的风光，在如今的视频网站烧钱如烧汽油般的连年看涨下，陈天桥犹豫和迷茫的眼神全跃然于这1亿市值上了。

（二）平台型文化企业整体实力大

同样，内容型文化企业不如平台型文化企业价值大。除了腾讯这个例子外，作为新媒体平台的盛大，开通免费网游就是“向产业链上走”的典型例子。盛大自从网络游戏免费之后，它就不再是一个提供产品的公司，而是转型为提供平台的公司，因为人人都可以在这个平台上免费玩游戏。新浪也是如此，原来以传播新闻为主，自推出名人博客后，流量大幅攀升，网络广告收入一举超过搜狐，股价更是水涨船高，自博客之后，又抢先占领了微博市场，如今新浪微博准备单独上市。再如百度，由于占据了国内大部分搜索市场的市场份额，其市值超过了多家国有上市公司市值的总和，百度平台的重要性显而易见。正如李彦宏在2012年3月百度开发者大会上所表示的那样：“云计算将引爆整个移动互联网产业，百度会持续加大对百度云的投入，开放技术、运营、流量分发等优势资源，为开发者提供更加开放、完整的生态环境，与开发者共赢移动互联网时代。”①

（三）一些文化企业在盈利模式上陷入迷茫

以视频网站为例，视频网站的主要成本包括带宽成本、内容采购成本摊销及减值、内容制作成本、广告制作费用、无线代理费等，而目前视频网站还没有找到很好的盈利模式。特别是优酷宣布与土豆合并之后，市盈率将近-100，可见良好的盈利模式对于成本摊销来说是多么重要。还有诸如酷6传媒、第九城市、空中网市盈率均小于0，盈利为负，凸显了在盈利模式上的迷茫。此外，

---

① 王春超：《百度正式发布云战略，开放四大服务体系寻共赢》，《通信信息报》，2012年3月28日。

多年没有盈利的当当网市盈率为负，在投资者对当当网热情不减的情况下，电子商务的盈利模式目前还不是很明晰。

（四）一些文化企业或出现投机性泡沫或波动较大

西藏旅游、粤传媒、ST传媒、新南洋、百视通、中体产业市盈率均在100以上，可见必然伴有投机性泡沫。在影视制作领域，华谊兄弟和华策影视不仅市盈率高，而且市盈率波动比较大，说明娱乐企业上市面临最大的问题之一就是盈利模式的稳定性。华谊兄弟过分依赖冯小刚，以及电影业务投资回报客观上有一定的周期性，使得市盈率波动比较大。

（五）一些文化企业连续盈利性不强

一些文化企业特别是影视和视频类文化企业缺乏连续盈利性，这不仅是所在行业业务性质的直接体现，也从侧面体现了财务管理中盈利指标方面的决策稳定性还需提高。如上市公司华谊兄弟，2011年实现营业收入8.92亿元，比上年同期下降16.73%，其中，电影业务的收入较上年同期相比下降67.02%。电影业务营收下降的主要原因是受到影视制作到发行放映环节的特定周期性影响，如2010年有《唐山大地震》、《狄仁杰之通天帝国》、《非诚勿扰2》等作品上映，2011年则相对暗淡。同样受投资回收周期性影响的业务还体现在影院建设方面，如华策影视2011年年报显示，院线、影院票房业务2011年贡献收入104.83万元，毛利率-49.17%。目前尚处影院投资期，影院收入较少。

在视频网站领域同样的特点也得以体现，上市公司乐视网一直采取的是版权分销的业务模式，虽然版权分销为乐视网2011财年带来了5.98亿元的营业收入，但是版权购买成本的猛涨却让乐视网不得不考虑其业务模式的下一步拓展和战略发展方向。据报道，乐视网于2010年IPO融资7.3亿元，截至2010年年底，现金与现金等价物剩余5.43亿元，但2011年前三个季度现金及现金等价物大幅减少4.32亿元，截至2011年第三季度末账上现金及现金等价物仅剩1亿多元。由此来看，乐视网现金消耗十分严重，面临着巨大的现金消耗量的挑战。[①]

---

① 张娟儿:《乐视网:货币资金骤降4.1亿，可持续性引发担忧》,《新金融观察报》，2012年03月25日。

五、主营业务与商业模式

研究企业发展莫过于研究企业的商业模式，企业如何设计商业模式决定了其未来战略及发展方式。对于文化企业的轻资产特点来说，商业模式的作用更是突显。由于文化产业存在众多商业模式，本章的商业模式仅探讨上市企业比较明显或者比较有特点的商业模式，或者说在学术探讨及书面总结方面较容易体现上市文化企业整体特点的商业模式。

表 10-4　主要上市文化企业主营业务表

名称	主要收入			主营业务
	按行业	按地域	按产品	
中文传媒	图书出版	江西	教材教辅	出版图书、电子、期刊批发
百度	互联网	全国	广告	搜索引擎平台
百视通	新媒体	上海 全国	新媒体服务	新媒体技术服务、市场营销和媒体的信息技术服务及装备工程经营业务
昌荣传播	新媒体	全国	广告	整合营销传播、品牌管理、媒介策略研究及媒介购买服务
凤凰新媒体	新媒体	全国	新媒体服务	凤凰网、手机凤凰网和凤凰视频
华录百纳	影视	华北	影视制作	电视剧、电影的投资制作
汇星印刷	印刷	国外	印刷服务	向国际书籍出版商、贸易、专业及教育出版集团以及印刷媒体公司提供印刷服务
吉视传媒	有线电视	吉林	有线电视	吉林省地区有线电视网络的规划建设、经营管理、维护等
佳创视讯	数字电视	全国	数字电视	数字电视系统整体解决方案提供商
盛大文学	数字出版	全国	数字出版	原创文学网站，图书出版
盛大游戏	网络游戏	全国	网络游戏	国内最丰富的自主知识产权网络游戏的产品线
淘米网	线上互动娱乐	全国	虚拟社区	面向 5~15 岁儿童互动娱乐产品
网秦	互联网应用	全国	安全软件	移动安全服务厂商
威创股份	电子视像	全国	电子显示设备	超高分辨率数字拼接墙系统和交互数字平台的研发、生产、销售和服务
新华传媒	图书报刊	上海	图书报刊	图书报刊、电子出版物零售（连锁经营）等
新华电视	电视	香港	电视	电视广播
时代出版	新闻出版	安徽	教材教辅	出版、印刷及相关文化传媒产业

续 表

名称	主要收入			主营业务
	按行业	按地域	按产品	
中南传媒	出版 发行	湖南	教材教辅	出版物出版、发行、报纸与新媒体经营、印刷、印刷物资销售
皖新传媒	图书 教材	安徽	图书 教材	出版物的批发、零售
出版传媒	发行 出版	辽宁	图书 教材教辅	出版业务、票据印刷业务和印刷物资供应业务
ST 传媒	存储 传媒	北京	存储 传媒	资讯、媒体、文化传播投资管理
华视传媒	广告	全国	广告	公交地铁全覆盖的户外数字移动电视广告联播网
天舟文化	图书	湖南	教辅 少儿图书	青少年读物的策划、设计、制作与发行
凤凰传媒	出版 发行	海南 江苏	出版 发行	图书出版物及音像制品的出版、发行及文化用品销售
大地传媒	出版印刷 物质销售	河南	图书 纸 教材	图书、期刊、报纸、电子出版物、音像制品、网络出版物、新兴媒体、框架媒体和其他媒介产品的编辑、印制、发行
新华文轩	出版	全国	图书 影音产品 教材教辅	经营图书及影音产品零售门市；发行教材及教辅
中视传媒	广告 影视	上海	广告 影视	影视拍摄、电视剧节目制作、销售经营
广电网络	有线电视	陕西	有线电视	广播电视网络的设计、建设、改造、运营和管理
电广传媒	广告制作 网络传输	湖南	广告制作 网络传输	策划、设计、制作、代理、发布国内外各类广告
天威视讯	有线电视	华南 深圳	有线电视	有线电视网络的规划建设、经营管理、维护和广播电视节目
华谊兄弟	电影 电视剧 艺人 经纪	华北 华东	电影 电视剧 艺人经纪	电影的制作、发行及衍生业务、电视剧、艺人经纪
华策影视	影视	国内	电视剧	制作、复制、发行、专题、专栏、综艺、动画片、广播剧、电视剧
光线传媒	影视 演艺	全国	节目制作 活动 电视剧	广播电视节目的制作、发行；经营演出及经纪业务，一般经营项目：设计、制作、代理、发布国内及外商来华广告
博纳影业	电影 广告	全国	电影	电影制作、发行、影院投资、院线管理、广告营销
橙天嘉禾	电影 院线	全国	电影 院线	电影制作、融资、发行及影院营运
奥飞动漫	动漫	全国	动漫玩具	动漫影视片制作、发行、授权以及动漫玩具和非动漫玩具的开发、生产与销售

续　表

名称	主要收入			主营业务
	按行业	按地域	按产品	
华侨城	旅游 房地产	全国	旅游 房地产	主题公园、酒店、地产及纸包装
宋城股份	旅游服务	浙江	主题公园	旅游服务，主题公园开发经营
东方明珠	旅游住宿 广告	上海	广告 旅游	广播电视传播服务，电视塔设施租赁
首旅股份	旅游酒店展览	北京 海南	酒店旅游展览	项目投资与管理；饭店经营与管理；旅游服务；旅游产品开发
中青旅	旅游 IT	全国	旅游 投资	事旅游、高科技、风险投资、证券行业的投资
中国国旅	旅游服务	全国	旅游服务	主要从事旅行社业务和免税业务
西藏旅游	景区收入 广告传媒	西藏	广告传媒	旅游服务业
中体产业	房地产 健身 体育赛事	上海 北京	房地产 健身 赛事	体育产品、体育健身、体育赛事、房地产
歌华有线	网络运营	北京	有线电视 信息业务	广播电视网络的建设开发、经营管理和维护
博瑞传播	印刷 广告	西南	印刷 广告	信息传播服务、报刊发行投递、高科技产品开发
华闻传媒	传播 燃气 能源	华南 西北	信息传播印刷 大宗商品	传播与文化产业的投资、开发、管理及咨询服务
粤传媒	印刷 广告	华南	印刷 广告	广告代理和制作、印刷、书报刊零售等
蓝色光标	高科技 汽车	北京	蓝标品牌	为企业提供品牌管理服务
乐视网	网络视频 视频平台	全国	网络高清 视频平台	互联网视频及手机电视等网络视频技术的研究、开发和应用
当当网	零售	全国	零售商品	全球最大的综合性中文网上购物商城
优酷网	新媒体 广告	全国	视频	视频、广告、自制剧
酷6传媒	新媒体 广告	全国	视频 广告	移动增值服务、广告、视频
三三传媒	广告	铁路 机场	广告	运营和提供有关铁路网络的平面媒体广告服务和音频节目，以及机场航空管制塔的广告位
盛大	游戏 广告 新媒体	全国	游戏 文学作品 移动增值	互动娱乐媒体，包括盛大游戏、盛大文学、盛大在线

续 表

名称	主要收入			主营业务
	按行业	按地域	按产品	
北青传媒	广告 活动 印刷	北京	报纸 杂志	广告版面、报章制作、印刷、印刷相关物料贸易以及大型活动的筹办
第九城市	游戏	全国	游戏 移动增值	提供互联网技术和内容服务
分众传媒	广告	全国	广告	数字化媒体平台
腾讯控股	新媒体 广告	全国	QQ 广告 游戏 移动增值	互联网增值服务、移动及电信增值服务以及网络广告服务
新浪	广告 新媒体	全国	广告 移动增值	网络广告和移动增值服务，少部分来自搜索及其他收费服务
网易	广告 新媒体	全国	广告 移动增值 游戏邮箱	电子邮箱，网上拍卖，网上聊天室，个人化的网站，即时讯息，网页主持和电子商务服务
搜狐	广告 新媒体	全国	广告 移动增值	短信，彩信，看新闻，搜索，浏览，玩游戏
A8 电媒音乐	音乐 新媒体	全国	音乐 移动增值	手机铃声、回铃音及互动语音应答音乐等形式销售音乐内容
空中网	广告 新媒体	全国	广告 移动增值	无线增值服务提供商和领先的无线互联网门户网站
航美传媒	广告	全国	广告	航空数字媒体网、机场及机载电视系统的传媒机构
ST 磁卡	磁卡 印刷	华北	磁卡 印刷	卡类产品、高档包装印刷产品
人人网	新媒体 电子商务	全国	团购 广告	网络广告、互联网增值
土豆网	新媒体 广告	全国	视频 广告	广告、在线视频、自制剧
深圳华强	电子设备 电子商务	深圳 全国	电子设备 电子商务	计算机软硬件、信息系统集成、高科技智能娱乐产品、网络通信产品
北巴传媒	广告 汽车	全国	广告 汽车	广告设计、制作、投资、媒体代理发布、汽车租赁
中青宝	网络游戏	全国	网络游戏	网络游戏的开发及运营
东方财富	信息技术 广告	全国	信息技术 广告	网络财经信息服务业、企业投资咨询、策划、会务会展咨询服务、广告
省广股份	广告 品牌管理	全国	媒介代理 品牌管理	品牌管理、媒介代理和自有媒体等业务
方直科技	教育	全国	方直金太	中小学同步教育软件的研发与销售以及提供网络在线服务
新南洋	教育	上海	教育	高新技术产品的生产和销售
弘成教育	教育 新媒体	全国	教育	网络高等教育服务、基础教育、国际教育、101 远程教育

续 表

名称	主要收入			主营业务
	按行业	按地域	按产品	
广而告之	广告	全国	广告	广告
巨人网络	游戏	全国	网络游戏	网络游戏研发、运营、销售为一体的综合性互动娱乐企业
畅游	游戏	全国	在线游戏	在线游戏开发和运营
完美世界	游戏	全国	网络游戏	网络游戏研发及运营
白马户外媒体	广告	全国	户外广告	“风神榜”户外候车亭网络
大贺传媒	广告	全国	户外广告	户外广告
环球数码创意	影视	全国	数码内容制作	以数码内容为主业，包括CG创作及制作、数码内容发行及展示，以及计算机图像培训课程
高乐股份	玩具	全球	玩具	电子电动塑胶玩具的研发、生产和销售

通过上表分析得出：

（一）广告是上市文化企业常态的盈利点

很多上市的文化企业主营业务往往并不是其主要收入，反而广告是大多数上市文化企业常态的主要盈利点。一般来讲，广告业务的盈利能力比较强，这也是主要文化上市企业目前都有的业务。

在新媒体领域，据媒体统计，2011年国内在线视频广告市场规模达54亿元人民币，预计2013年将超过131亿元人民币。其主要盈利模式是广告+视频点播+版权分销。新媒体广告主要体现在视频播放前后的插播广告、网幅广告、按钮式广告、文字链接、流媒体插入广告等形式的广告，此外还有事件赞助广告、互动广告、影视剧植入广告等形式。以门户网站为例，新浪的主要盈利模式是广告+无线增值服务；搜狐的主要盈利模式是广告+无线增值+搜索+网络游戏；网易的主要盈利模式是网络游戏+广告+收费邮箱。再如上市公司人民网，广告收入占据了其收入的半壁江山。2010年，人民网广告业务实现收入16845.42万元，同比增长62.48%，占营业收入比例为50.79%。2011年1月至6月，人民网互联网广告业务实现收入13 023.64万元，占营业收入比例为61.67%。①

在传统媒体领域，依托楼宇广告的分众传媒、依托铁路广告的三三传媒、

① 参见报道《人民网闯关IPO子公司去年无收入利润逾三千万》，《第一财经日报》，2012年1月10日。

依托航空广告的航美传媒、依托央视广告的广而告之、依托纸媒的北青传媒和粤传媒、依托户外广告的大贺传媒等均主要依靠广告业务盈利，且在各自领域基本处于垄断地位。对于分众传媒来说，其商业楼宇 LCD 屏幕总数目前将近 20 万个，拥有 75% 以上的市场占有率。分众目前营收主要来自三大方面：商业楼宇联播网、框架广告网络以及卖场终端联播网。主营业务包括了商务楼宇联播网、卖场终端联播网、公寓电梯联播网（框架）、商旅人士联播网、城市彩屏（LED）联播网、分众直效、银幕影院广告。

在影视领域，广告也是影视公司生存的第一桶金的来源，从《心理诊所》到《非诚勿扰》，植入广告被华谊兄弟用得得心应手、屡试不爽。在《心理诊所》中，我们可以看到诊所楼上立了两块中国银行、威莎（VISA）的广告牌，每集电视剧都要让镜头在这个牌子上停留几秒种，华谊兄弟因此赚得了第一桶金。此后，华谊兄弟出品的冯小刚电影把植入广告运用到了极致，从《手机》中的摩托罗拉、中国移动、美通通信和宝马，到《非诚勿扰》里的洋酒、汽车、邮轮、信用卡、手机、网站、笔记本电脑、杭州景区、房地产等，植入广告逐渐成为影视领域通用的融资手段。

（二）青少年市场是主要客户对象

文化产业的特性决定了青少年是其主要消费群体，在这些上市的文化企业里，很多企业的主要客户对象也是以青少年为主，这些业务涉及即时通信、在线游戏、影视视频、在线互动娱乐等多种方式。其中值得一提的是以互联网增值服务、移动及电信增值服务以及网络广告服务为主要业务的腾讯控股有限公司，成功缔造了一个几乎在中国青少年人群中家喻户晓的 QQ 品牌形象。

据统计显示：中国 5~15 岁的少年儿童有 1.75 亿，其中，8 960 万为网民。少年儿童占了中国网民总数的 21.3%，在 5~15 岁之间互联网用户中，有 67.7% 的用户选择互联网作为他们最喜爱的媒体，在 5~15 岁之间互联网用户中，估计有 84.2%的用户（共计 7 540 万户）上网的主要目的是玩虚拟网游或其他形式的网游，其次是观看动画片、电影和下载音乐。因此，在成立不到四年的儿童在线娱乐社区——淘米网能顺利上市也是有其特别之处的。其营收主要来源于线上道具收费和时间收费，其中产品《赛尔号》和《摩尔庄园》两款社区游戏不仅市场占有率名列前茅，而且在线下还推出了饮料、淘米童装店等衍生产品。

同样主打年轻人交际牌的中国最大的 SNS 社区——人人网，承载了青年人的太多校园回忆。在中国几乎所有的在校学生均有人人网账号，这也是陈一舟这个互联网老兵在打拼多年后所带来的微创新。不管人人网是不是实质上模仿了Facebook，但在中国这个人口大国，确实需要我们自己的社交网络。当然如果没有日本软银入股，也许其网络闲言碎语会少些。

在游戏领域同样如此，不管是在线网游还是大型单机游戏，其主要消费者仍是青少年。如巨人网络的《征途》系列，腾讯的《穿越火线》和《地下城与勇士》，网易的《梦幻西游》和《魔兽世界》，搜狐畅游的《天龙八部》系列，盛大的《传奇》系列和《龙之谷》，完美世界的《诛仙前传》等，以及第九城市的游戏代理业务无一不是这些上市的文化企业主要利润来源之一。

同样在青少年用品方面，上市企业天舟文化的青少年读物的策划、设计、制作与发行是其主要业务。四川新华文轩、中原大地传媒以出版教材、教辅为主，而这些教辅的消费对象就是青少年。生产玩具的高乐股份和奥飞动漫已经形成较强的核心竞争力，其产品远销海内外。

（三）完善产业链成为上市公司的重要战略选择

一些文化企业上市后，由于募集的资金增加，开始多元化的发展，其中，完善产业链成为上市公司重要战略选择。在这一点上，通用电气的伟大之处也莫过于如此，在保持原有产业的基础之上的多元化发展，成为衡量一个真正的文化传媒集团的标杆。这在中国的上市文化企业中也屡见不鲜。

在影视领域，影视企业上市后由于募集的资金增加，开始了多元化的发展。如华谊兄弟上市后不再单纯地局限于原电影和经纪业务，把融到的资金用于影院建设、电视剧制作；与巨人合作成立华谊巨人进入游戏领域，开发主题公园；与好莱坞传奇娱乐公司合作，借助传奇娱乐与时代华纳精良的制作渠道，将华语电影推向世界等产业链上下游业务。博纳影业依靠发行起家，上市后开始向影片投资、艺人经纪、影院建设方向发展。其新业务之一的影院票房营收可以占到公司全部营收的20%，其中投资拍摄的贺岁档电影《龙门飞甲》是国内第一部3D武侠电影。

在新媒体领域，平台和渠道公司在上市后，把资金用于内容建设，以吸引客户流量。如土豆网、优酷网、乐视网、搜狐视频等开始介入自制剧领域，并花费巨额资金购买大量版权内容。此外，视频网站还向手机移动市场进军，占领移动视频市场，如与中国移动和中国联通合作，提供视频点播服务，开发

IOS、Android 等手机操作平台的移动客户端。

（四）并购重组成为上市文化公司经营和发展的常态

上市文化企业把募集的资金用于并购，不仅是完善产业链的战略意图还是其持续发展的重要原因。从世界范围看，无论是时代华纳，还是索尼、环球，无一不是通过并购重组的方式发展壮大的。从获取战略机会角度来看，文化企业购买了未来的发展机会，持续并购不仅可以使其获得正在经营的公司，获得时间优势，避免了从零开始，而且又减少了一个竞争者，间接获得其在行业中的位置。

如橙天娱乐集团（国际）控股有限公司控股香港老牌电影公司嘉禾成为其第一大股东，在香港上市后改名橙天嘉禾，随后又收购了北京华诚美映影院有限公司及北京美林华映影院管理有限公司的两家影城，开始在内地扩张院线；华策影视上市后，收购西安佳韵社，依托佳韵社对新媒体市场的熟悉与华策内容制作的专业性相对接，共同开拓网络剧市场。

此外，还有辽宁出版集团有限公司联合并购拥有“中国动漫第一品牌”的湖南蓝猫公司。分众传媒收购手机广告商山东凯威媒体公司、中国最大的电梯平面广告公司框架媒介、网络广告公司好耶广告网等，分众传媒的成长之路便是兼并收购的成长之路。新华传媒收购了炫动卡通卫视、故事会文化传媒、东方书报刊服务、上海联市文化发展、上海久远、贝塔斯曼文化实业、东方出版交易中心、图书会展等公司部分或全部股权，形成以出版物发行为基础、以媒体产业发展为方向的传媒企业构架。

网游不仅是文化产业“走出去”的重要出口内容，也是企业上市开展并购的重要考虑行业。腾讯以 2.31 亿美元价格收购美国游戏开发商 Riot Games, 完美世界以 3 500 万欧元收购美国网络游戏工作室 Cryptic Studios Inc, 进一步参与美国及全球网络游戏市场。

（五）行业间融合发展成为未来发展趋势

由于文化产业各行业间关联度比较大，容易形成产业链的特点，在技术推动创新的今天，行业与行业间的界限越来越模糊，文化企业的业务也往往不局限于某一个细分领域。一项业务涉及多个行业，行业间的融合发展将成为未来发展的主流模式。

在游戏与影视的跨界融合方面，由于技术的进步，硬件显示性能的提高，有真人或者动画演绎的游戏故事情节，基本上可以算作是一部小电影。再加之目前视频短片、微电影的盛行，一家文化企业可以轻易打通游戏、动漫、视频、影视等领域。例如华谊兄弟上市后与巨人合作进入游戏领域，可算作是其嫁接自身优势资源的举措之一。无独有偶，将优秀的网游改编成影视剧也成为网游公司趋之若鹜的事情，例如完美时空、盛大、腾讯等企业通过收购或与影视公司合作进入影视产业。

在游戏与新媒体平台的跨界融合方面，很多新媒体平台公司介入游戏领域成为当之无愧的王者。这可以从2011年十大网游排行榜中得到印证，腾讯旗下《穿越火线》和《地下城与勇士》凭借54.6亿元和29.5亿元抢下冠、亚军，网易《梦幻西游》27.6亿元夺下季军。4~10名的产品分别为：搜狐畅游《天龙八部3》（23亿元）、盛大《传奇》系列（22.7亿元）、盛大《龙之谷》（15.8亿元）、网易《魔兽世界》（14.4亿元）、完美世界《诛仙前传》（13.5亿元）、巨人《征途2》（9.8亿元）、光宇《问道》（8.5亿元）。十大网游合计收入218.4亿元，超过国内网游总收入70%的市场份额，而单款游戏的营收排序和厂商排序也基本反映出国内网游行业日趋集中的竞争格局。[①]

众所周知，腾讯、网易、搜狐、盛大并不是传统意义上的游戏企业，但游戏业务增长迅猛已经成为该新媒体企业的主营收入，如搜狐在线游戏业务营收已在2008年第一季度超过广告业务，成为最主要的营收来源，目前在线游戏业务已占搜狐总营收一半以上。从腾讯的发展历史来看，2000年前后的腾讯还是一家纯粹的互联网公司，随后开始了即时通讯道路，依赖SP业务和广告挣钱，如今基本上是一家游戏公司，其传统的IM和QQ空间的互联网增值才是其第二大业务。同样盛大网络的主要支柱产业仍然是游戏，其全部利润有近70%的营收是来自盛大游戏。

此外，在传统出版领域，由于受到新媒体的冲击，传统出版传媒企业利润急剧下降，公司上市后，这些企业将募集的资金用于进行电子出版、网络传输等方面业务越来越多，成为上市出版企业主要发展方向。而号称“中国报业第一股”的博瑞传播以4.41亿元人民币收购成都梦工厂进军网络游戏，不得不让人玩味。

---

① 参见《中国十大收入网游排行榜》出炉，2011年12月14日，http://games.qq.com/a/20111214/000167.htm。

（六）资源垄断是一部分上市公司利润来源的主要原因

对于有线电视网络这种垄断性的资源，发行、传输的盈利能力比较稳定，不仅是其公司得以上市的主要推动力，也是公司营收的主要组成部分。例如歌华有线垄断了北京地区的有线电视业务。天威视讯垄断了深圳地区的有线电视业务。

在传媒和出版领域，由于渠道资源的垄断，形成了行业垄断，对于该文化企业盈利来说是稳定可靠的保障。这些文化企业包括但不限于：专业运营铁路网络与发行平面媒体、音频节目，及民用机场航空管制塔宣传和出售广告位的三三传媒；覆盖了全国52家主要机场和9家航空公司机载电视系统的“中国航空数字媒体网”的航美传媒；拥有中国乃至全球最大的公交地铁全覆盖的户外数字移动电视广告联播网的华视传媒。

（七）新技术趋势下，创新成为盈利的源泉

创新的社交方式Facebook风靡全球，基于同样理念，在中国以SNS社交网络著称的人人网，2010年注册用户数突破1亿，是“中国最大的实名制SNS社交网络”。其盈利模式主要包括展示广告、品牌专页、促销信息、游戏内植入广告、自助广告、品牌虚拟礼物、在线活动赞助、团购等。

这些看似众多的盈利模式背后面临着多行业的激烈竞争，在社交网络领域，人人网面临开心网、腾讯以及新浪的竞争；在团购领域，糯米网面临拉手、美团、大众点评网的竞争；在社交游戏领域，人人游戏面临着腾讯、搜狐以及淘米的竞争。因此，目前来看，人人网的盈利模式很难成为下一步人人网发展的核心竞争力，因为基于这些盈利模式的基础在于社交网络的用户黏粘性，换句话说，没有一定的用户基础，这个平台的广告价值便不是很大，所以我们自然会看到，在2011年人人网的主营业务收入竟然来自于旗下团购网站糯米网，让人唏嘘不已。

创新永远是盈利的来源，特别是在新媒体技术的支撑下。在探讨社交网站没落的同时，我们不得不提到微博。也就在一两年前，我们还在探讨社交网站如何改变生活方式，在赞叹中国的“Facebook”的同时，Facebook已经面临来自Twitter的竞争，这个趋势迅速蔓延到了中国。在这个大浪潮下，新浪网抓住了机会，迅速推出微博，三年不到，如今新浪微博的用户已经超过2.5亿，占将近一半的中国网民人数，如同2011年汪峰的新专辑《存在》仅通过其个人微博发布首发营销，微博极大地改变了中国传媒业的格局，在人人都是记者，人人都

可以成为自媒体的时代，微博在改变着中国。

再如网络游戏领域，网游的盈利模式创新，推动着网游的发展。史玉柱历来重视盈利模式的创新，从道具模式到公平游戏模式便可见一斑。2011 年 9 月，巨人集团宣布其网络游戏《征途 2》将推翻《征途》原有的道具收费模式，试行第三代网游商业模式“公平游戏模式”,即征收玩家交易手续费。“公平游戏模式”在免费基础上，取消商城，官方不再出售道具获利，玩家通过互相交易获得装备道具，游戏官方靠收取 5% 的交易手续费获利。

（八）平台企业的凸显

在中国，做平台显然比做内容实惠，平台创新远比内容创新要求低，这也是媒体公司、互联网公司都在加紧布局平台建设的主要原因之一。

以上市公司腾讯为例，作为市值最大的上市文化企业，它已不再是单纯的互联网公司，业务涉及了文化产业众多领域，其商业模式和业务组合也是令业界吃惊的。比如即时通信业务的 QQ、微博业务的腾讯微博、门户网站业务的腾讯网、输入法业务的 QQ 输入法、邮件业务的 QQ 邮箱和 Foxmail、浏览器业务的 TT 浏览器、安全软件业务的 QQ 医生、下载业务的 QQ 旋风、百科业务的 QQ 爱问、搜索业务的搜搜、视频业务的腾讯视频、游戏业务的 QQ 游戏、团购业务的 QQ 团购、电子商务业务的拍拍、网络社交业务的 QQ 等等。

无独有偶，像搜狐、网易、新浪这些传统互联网公司也在加紧走向平台型的公司布局的步伐。如今，搜狐媒体服务产品包括搜狐网、焦点网、17 173、搜狗等；互动产品包括校友录、无线、游戏、搜狐社区、chinaren 社区、博客和微博。网易包括了网络游戏、电子邮件、新闻、博客、搜索引擎、论坛、虚拟社区等服务。新浪则包括了新闻、广告、移动增值服务、微博、博客、影音流媒体、网络游戏、电子邮件、搜索、电子商务和企业电子解决方案等业务。

此外，随着智能手机的普及，移动互联是未来发展的趋势。移动终端成为下一块价值洼地，但只要一沾上这个就要与更大的平台——移动、联通、电信合作，如同俄罗斯套娃那样，一个套一个，所谓的平台型公司也小巫见大巫了。用新画面张伟平的话讲叫“躺着挣钱”，而移动互联业务还没出世，这些移动运营商就注定要赚钱了。如上市文化企业 A8 音乐，主要通过移动运营商的无线网络分销旗下音乐内容，并通过相关增值服务获取利润。

随着版权价值的增值和正版高清视频的普及，以土豆网、酷 6 网、优酷网、搜狐高清、奇艺网、乐视网为第一集团的视频网站，从影视版权收购到内容制作展开了全方位的竞争，虽然土豆与优酷的合并让这个行业显得更加寡头垄断，然而在这些视频平台的背后有着更大的平台支撑，如酷6背后的盛大，搜狐高清背后的搜狐网，奇艺网背后的百度等，群雄争霸的局面还在继续进行之中。

平台的强大也同样适用于出版发行领域，如同苹果公司的软件商店商业模式，作为原创网络文学领域的霸主，盛大文学主要通过收费阅读（在线＋无线）来获取营收，此外线上业务营收来源还包括网络广告以及版权出售（文学作品改编为游戏、电影电视剧）。在盛大文学的招股说明书中披露，其营收主要来自线上付费、无线业务、授权许可收入和第三方游戏等其他收入。2011年，这几块业务分别占到其营收的26.1%、24.8%、4.3%和2.3%，另外，作者分成占比高达70%以上，盛大文学显然做到了在线阅读领域的苹果公司。在线下图书的出版和发行方面，2009年及2010年，盛大文学线下业务营收分别为3 592万元人民币、1.85亿元人民币，增长迅猛，在总营收中占比也从27%提高至47%，使盛大一举成为了中国最大的民营出版商。

（九）文化搭台地产唱戏的互动发展

以文化旅游或者大型文化项目作为龙头，嫁接地产经营，是很多上市文化企业的重要盈利途径。这种“主题地产”形式，不仅有效地统一了品牌管理，开发了旅游，提高了地产的价值，更带动了公司整体利润的增长。

如华侨城在全国各地开建的大型主题公园，包括了深圳欢乐谷、北京欢乐谷、上海欢乐谷、成都欢乐谷、深圳东部华侨城、深圳欢乐海岸、泰州华侨城等项目。在这些主题公园背后，真正支撑华侨城这个上市公司的主营收入其实是地产，文化项目与地产的结合成为华侨城屡试不爽的商业模式。

同样的情况在体育产业中也存在，有旅游文化项目＋地产的模式，也会有体育休闲健身项目＋地产的模式，很显然，体育行业中唯一的一个上市公司——中体产业，便是一个这样的商业模式，其“奥林匹克公园”项目已经在全国布局。

不过需要说明的是，随着国家对房地产行业的一系列政策调控措施的出台，很多文化企业的地产业务相应地受到了影响。如江苏凤凰出版传媒集团控股的两家上市企业凤凰传媒（约70%的股份）和凤凰股份（约60%的股份）。凤凰传媒主营业务是出版发行，凤凰股份的主营业务是地产，而如今财报上显示凤凰股份的净利润却是负的，这不得不说文化企业在未来发展上苦练内功的重要性。

六、发展趋势与前景

国家“十二五”规划和十七届六中全会提出未来五年文化产业将发展成为国民经济的支柱产业。文化产业作为支柱型产业有一个国际标准，即文化产业最低要占到GDP总量的5%。2010年，我国GDP总量约为39万亿元，全国文化产业的增加值突破了1.1万亿元，占国内生产总值的比重为2.78%，距离5%的国际标准还有很大的差距。可以预见“十二五”期间文化产业年均增长率将会大幅超出GDP的年均增长率，这将会为众多文化企业提供新一轮的上市机遇。

根据《发行监管部首次公开发行股票申报企业基本信息情况表》显示，目前保利文化集团拟在上交所上市，思美传媒、万达电影院线、广州金逸影视传媒、美盛文化拟在深交所中小板上市，华强文化、能量影视、中文在线、炫动传播、水晶石、新文化等拟在创业板上市。这些公司已递交了IPO申请材料，或初审或落实反馈意见中，可以预料，上市公司的文化传媒类板块将迎来一场前所未有的大扩容。正如北京大学文化产业研究院副院长陈少峰在接受采访时表示，“未来10年，预计每年将有50家文化创意企业上市，今明两年文化创意企业将达到集中上市高潮期，并形成颇具规模性的板块。”①

（一）传统行业与新媒体将更加深度整合

以出版行业为例，传统出版商在竞相推出电子书的同时，三大移动运营商也开始推出其电子阅读产品。作为强势运营商，中国移动阅读基地背靠6亿庞大手机用户，尽管每个用户一般使用3元或5元包月，但手机阅读业务已形成每月上亿元收入，2012年的目标更是朝年底“月收入1.5亿”冲刺。另一个佐证就是盛大文学依靠其强大的市场占有率，不管在在线阅读领域还是线下出版领域基本上形成了强有力的核心竞争力，这也是陈天桥未来最看好的业务。

从长远来看，数字出版是出版行业的大趋势，传统出版社转制及上市过程中将剥离数字出版业务而成立子公司成为目前出版业的普遍模式。国家正在推动出版领域的航母级企业诞生，以中国出版集团为代表的传统出版商，不论在政策支持还是整体实力上，都是准备在资本市场上进行一番作为的大型文化企

① 陈杰：《文化企业有望迎来新一轮上市潮》，《北京商报文化创意产业周刊》，2012年3月9日。

业集团。据了解，中国出版集团的上市计划将分两步走：首先是成立中国出版传媒股份有限公司，将出版主业包括内容发行一起整体打包上市，接下来则是将集团旗下拥有数百年历史的荣宝斋推向资本市场。此外广东出版集团、宁波日报报业集团等近十家新闻出版企业也正积极筹备，等候上市。

（二）内容为王逐渐被重视

在渠道建设大于内容建设的今天，内容的重要性越来越凸显出来，内容不仅是传媒的出发点和归宿，更是利润的本源，因此未来文化企业做好内容生产，会比渠道建设更显实力。

在文化产品的内容生产方面，视频网站开始纷纷向内容制作领域拓展，土豆、优酷、搜狐视频等投入巨资开始走自制剧道路，对于内容的渴求程度可见一斑。以搜狐为例，搜狐视频这种新媒体平台的内容自产自销模式比光线传媒依托电视台资源互换的模式在一定程度上要有优势，未来搜狐视频独立上市也是很有可能的。在内容的核心版权方面，乐视网占据了先天优势，乐视网拥有很多影视剧版权，其他网站若要保持很丰富的内容，就需要向乐视网购买。同时，版权分销收入是乐视网最为主要的收入来源，约占主营收入的六成。据悉，2011年其版权分销收入为3.56亿元，同比增572%，占总营收的59.5%。①

在传统影视制作行业，华谊兄弟、保利博纳、华策影视的成功上市加快了影视公司上市的脚步。中影集团吸引歌华有线等8家国有企业参与发起设立中国电影股份有限公司，注册资本为14亿元，志在国内A股上市。同时，被称为“中国内地最大的民营电视剧制作公司”的海润影视，近期就在香港IPO启动上市前推介，计划募集资金1~1.5亿美元。值得一提的是，在上市环保核查进入公示期的小马奔腾，在其最后一轮高达7.5亿元的融资项目中，有超过40家PE机构参与竞投，最终由建银国际影视出版文化产业投资基金领头，开信创投、信中利、清科创投、汉理前景基金等多家跟投。此外，星美国际集团、上海电影集团公司、金英马影视、青雨影视、长城影视、慈文影视、芒果国际传媒、宏梦卡通、北京新影联院线、派格太合环球传媒、横店影视、西影集团等都在积极筹划上市。而对于《金陵十三钗》的票房分成比例风波问题，最后在电影局的干涉下最终达成一致，在随后电影局下发的《广电总局电影局关于促进制片发行放映协调

① 参见《乐视网版权分销之忧：未来或与京东合作》，《投资者报》，2012年3月26日。

发展的指导意见》文件，这个关于调整分账比例的通知，可以很明显地看到国家政策在未来走势上向内容制作商的倾斜。

在演出领域,内容的重要性更加突显。目前演出院团改制已经有了一些基础，再加上现在政策的优惠，预计未来1~2年将会迎来演出领域的上市企业。目前市场上改制成功的文艺演出院团有：北京儿童艺术剧院股份有限公司、安徽芜湖艺术剧院有限公司、宁波市歌舞团有限责任公司、西安秦腔剧院有限公司等，这些企业都有可能成为“演艺第一股”。

（三）渠道建设越来越深化多样

当前渠道建设包括了数字出版平台、电子商务网站、游戏平台、互联网平台、手机终端、电影院线、视频网站、纸质媒介等多种形式。在这些渠道中，其中又以新媒体渠道发展最为迅速，新媒体是新技术支撑体系下出现的媒体形态，主要是指互联网络和手机无线移动两类。李彦宏对互联网未来发展趋势的解读中说：互联网将渗透到各行业。其中最为明显的是宣传广告的阵地已经由传统渠道向新媒体渠道的变化。

在音乐领域，全球唱片业从7年前的7.64亿元下降到了2011年的1.13亿元营收，降幅速度31%。柯达面临破产，胶片被数字取代的趋势，也直接反映在电影院已经有越来越多的数字放映机以及3D放映机。如今，音乐行业与影视行业进一步融合，太合麦田不再签约歌手，其50%以上营收是数字音乐和移动音乐方面的收入。技术进步促进了渠道的变革，这场变革谁跟不上潮流谁就会被淘汰，也正是基于这个大趋势下，看清又看不清的宋柯选择了烤鸭生意，也许温饱才是解决一切问题的先决条件。

新技术更新了新业态，新业态催生了新企业。传统电信运营商已经成为名副其实的文化企业。据媒体报道，2011年中国移动应用及信息服务与无线音乐均呈现规模发展，收入达到221亿元人民币。从增幅较大的业务来看，其中中国移动手机阅读和手机视频增长幅度较快，分别增长了153.8%、136.0%，其次为无线邮箱、无线音乐。中国电信主要靠移动数据业务和移动语音业务得以实现增长，增长幅度分别为76%、34%。中国联通3G业务在三大运营商中，增长幅度最快，同比增长183.2%，而3G业务下的流量增速便是以TMT为代表的新兴文化企业的功劳体现。电信运营商除了对传统文化行业的嫁接外，对于终端平台的搭建也不遗余力。随着即时通信、移动社区、位置服务等沟通和信息工具的日益普及，软件商店、应用仓库等第三方应用平台也在加紧搭建，中国移动发布的 MM（Mobile Market）平台，更是提出了 100 万个开发者、1 000 万个用户使用、1 亿次下载量、产业链价值过百亿的宏伟年度目标。

在影视制作领域也是如此，未来三网融合、IPTV 等将是发展的潮流趋势之一。在以往投资一个电视剧，途径只有一条，即卖给电视台，而现在由于互联网视频的兴起，土豆、迅雷、优酷、搜狐、腾讯等开始加入电视剧的收购战之中，从而与电视台形成了全方位的竞争。在外部竞争方面，以中国网络电视台（CNTV）为代表的互联网视频媒体迅速崛起；在内部竞争方面，土豆与优酷合并，占据了视频网站 30% 多的市场份额，不仅让业界大为惊呼，也更为视频网站盈利模式的迷茫多添了一层迷雾。

在影视放映领域，影院建设如火如荼。2011 年，内地新建影院 803 家，新增银幕 3 030 块，日均增加 8.3 块银幕，银幕总数达到 9 200 多块，较 2010 年增幅超 40%。以星美国际影城为例，据媒体报道，2010 年星美国际影院在中国大约有 20 家影院，2011 年影院数量增长到 40 家。根据星美的扩张计划，2013 年，星美国际影城将布局全国 90 个城市，电影院 120 家。

（四）国有文化企业上市将成为产业发展重点

十七届六中全会确定了文化产业以公有制为主体的战略发展道路，国有大型文化企业转企改制或业务重组后上市将成为文化企业上市的重点。2011 年以来，国有文化企业上市步伐明显加快。来自北京市文化创意产业促进中心的消息表明，在文化企业集中的北京市，截至 2011 年下半年，已有上百家文化创意企业计划上市，其中 40 余家已经进入上市辅导期。① 另外，从长期来看，又有中国出版集团、中国科技出版集团、中国教育出版传媒集团三大国有文化集团组建完成，拟在“十二五”期间上市。

在影视领域，《关于促进电影产业繁荣发展的指导意见》中明确提出：“积极推动符合条件的国有和国有控股电影企业重组上市。”目前，国有电影制片单位和省级电影公司基本上已经完成转企改制。如中影集团在剥除中国电影合作制片公司、进出口公司等具有垄断权利的公司，以及电影频道 CCTV6 之外，准备打包整体上市。此外，央视网、新华网、千龙网、东方网、北方网、大众网、

---

① 郑培源：《一批传媒企业轮候 IPO，传媒板块面临大扩容》，《上海证券报》，2012 年 3 月 13 日。

华声在线、浙江在线和四川在线也准备在A股上市。

七、相关问题与对策

在文化企业上市取得辉煌成就的同时，不得不面对存在的很多问题，这些问题有技术性层面的，也有牵涉到体制机制层面的。

（一）退市危机

2011年11月，盛大发布公告宣布，将进行私有化退市，并已于2012年2月完成退市,这是赴美上市的中国互联网公司的首例私有化交易。对于盛大而言，业务链条涉及了文学、音乐、游戏、旅游、影视与视频几大领域，不过旗下盛大文学、酷6网等业务在持续亏损，反而需要游戏业务不断输血，这也是盛大网络在资本市场表现不佳的原因，华尔街需要清晰的商业战略，而陈天桥却一步步布局他的娱乐王国，退市也就可以合理解释了。据媒体报道，盛大网络未来不会再行寻求上市，退市只是盛大集团打造控股平台架构的第一步。盛大网络退市之后的资本运作计划是，将退市后的公司作为整个盛大集团的控股核心，计划最短在五年到十年之内，将旗下业务一一分别上市，使每一种上市业务更专精、单纯，期待能在资本市场上获得更高的估值认同，使各个子公司上市后的加总市值，高于目前盛大网络一家公司在纳斯达克获得的市值认同。① 也许美国人看不懂盛大文学的价值，也许华尔街不懂陈天桥的游戏，不过陈天桥对盛大业务的信心和苦练内功的决心还是很显然的。

相较于盛大退市，中国概念股特别是互联网企业在国外资本市场的境遇普遍堪忧。新浪的股价从2011年初的80美元左右一路攀升到四月最高点135美元左右，2012年1月竟然跌到50美元左右；2011年8月1日，搜狐公司公布了当年第二季度的财务报告，收入同期增长，而华尔街却并没有给这份光鲜成绩单好脸色，搜狐股票当天大跌12.16%。② 也许盛大退市的行为，告诉了那些急于上市的企业，练好内功比急于行走江湖更重要。

不过对于大多数创业企业来说，上市不仅意味着得到了市场的肯定，上市聚拢的资本也为增强企业实力提供了保障。对于目前文化企业普遍规模较小的

---

① 陈天桥：《华尔街不懂盛大，揭退市幕后》，新浪财经，2011年11月9日。

② 范晓东：《互联网企业上市：切莫利欲熏心》，《互联网周刊》，2012年3月26日。

特征，在国内主板上市是大型国有文化企业才能做到的，民营文化企业在创业板上市是普遍的最好选择。然而，登陆创业板，政策上有诸多限制，不利于互联网产业的发展。国内采取的是审核制，需要得到监管部门批准，监管部门对创业板设定了一套详尽的盈利、增长硬指标，入市门槛较高，硬指标的严厉程度远超美国。

（二）版权的竞争

版权时代不得不提及国内视频网站的内容版权竞争。随着搜狐高清、百度奇艺、腾讯视频加入正版高清视频之争，国内视频网站掀起了一波竞争高潮，致使目前的电视剧单集版权已炒至200万元天价，直接受到影响的便是以UGC模式为主的土豆、优酷等视频分享网站，这些网站的特色在于给用户主动表达的机会去分享他们的自有视频，但这样的后果是直接聚集了大量的盗版内容，于是国内视频网站版权大战由此拉开序幕。

在此版权之争下，土豆网不得不删除无版权的内容，开始购买大量的版权资源，并开始考虑与乐视网进行战略合作，以维持自己在用户和流量上的领先地位。据了解，2011年上半年，乐视网50%以上的营收来自网络版权分销，而优酷土豆等网站90%以上收入都来自广告，乐视与土豆重合的收入（广告）仅有20%。就在以版权著称的乐视网，其经营也不算十分乐观，其2011年财报显示，全年乐视网购买版权支出7.9亿余元，公司现金剧减，资产负债率大幅上升，2010年的IPO融资已几乎消耗殆尽。最后不得不在2011年11月，公告了拟非公开发行4亿元公司债券的议案,以维系短期的现金支出。好在版权的投入，看到了盈利的曙光，2011年全年净利润1.31亿元，较去年同期增长87.05%。

同样的形势下，对于优酷来说则多是坏消息，优酷近几年花费近亿元购买正版视频内容，却还是遭遇了四百多起版权诉讼纠纷，以及如华谊、迅雷竞争同行们激烈的指责，在业界引起很大的反响。不过作为视频网站第一市场份额的优酷，其战略举措也是大胆惊人的。就在视频网站被讨论的热火朝天的时候，优酷与土豆达成合并协议，合并后，土豆将在纳斯达克退市，优酷股东及美国存托凭证持有者将拥有新公司约71.5%的股份，土豆股东及美国存托凭证持有者将拥有新公司约28.5%的股份。合并之后的优酷土豆牢牢占据了视频网站30%以上的市场份额，而且不影响土豆与乐视之前的合约内容。

在民营资本无法进入传统电视领域的基本国情下，民营企业看好视频行业是必然的，这也将是未来三网融合一个有力的竞争制高点之所在，在如此诱人的趋势和前景下，版权便是核心之核心了，这也正应了文化产业内容为王的理论之正确。截至 2011 年年末，乐视网拥有电影版权超过 4 000 部，电视剧版权超过 70 000 集。并且已掌握了 2012 年热播影视剧 60% 以上的独家网络版权、2013 年热播电视剧 40%~50% 以上的独家网络版权。这也无怪乎光线传媒影业的总裁张昭为何跳槽到乐视娱乐了。

（三）相关法律的跟进

作为效力较高层次的法律来说，文化产业目前还没有上升到法律的层面。虽然诸如有《文化产业振兴规划》《文化部“十二五”时期文化产业倍增计划》等重要政策及文件出台，但现阶段这些政策及文件多见于部门规章和行业规范，即使国家通过十七届六中全会确立了文化产业的支柱产业的地位，而没有法律层面的推动，还很难说国家对一个行业在全方位上是足够重视的，这也是诸如版权问题、盗版问题、外资问题和上市问题矛盾叠出的重要原因。正如博纳影业在招股说明书风险提示中所做出的说明那样：“如果中国政府认定我们建立的中国业务运营架构的契约不符合中国法律、条例或者规范，我们可能会受到重罚。”像博纳这样的在开曼群岛注册，在国内实际经营，却选择在国外上市的文化企业比比皆是。土豆网上市后，很多机构撰文担心外资通过协议控制我国的互联网文化企业，这不能不说明我国在这方面的法律法规的不健全。

此外，对于文化产业细分行业，国家也不是都大力鼓励和发展的，故很多网络游戏企业选择在境外上市也是有其必然的。即使在国内排队等待上市的网络游戏企业也比比皆是，并由于种种原因未能通过发改委的审批，无法进入证监会审批流程，而这也是因为没有一个明文的法律法规规定。

另外，从政策保护层面上也可见一斑。2012 年 1 月 13 日，人民网 IPO 首发申请获得证监会通过，其招股说明书显示，根据财政部、国家税务总局 2011 年下发的有关通知，人民网从 2010 年 1 月 1 日至 2013 年 12 月 31 日享受企业所得税免征税收优惠。人民网 2010 年、2011 年享有的免税优惠分别占当期税前利润总额的 25.68% 和 29.93%。在 2008 年至 2011 年上半年的人民网营业收入中，分别有 29.53%、22.07%、21.71% 和 13.02% 来自政府购买服务。其中，财政部作为国家部委连续 4 年都是人民网排名第一的客户，2010 年，为了承办中国共产党新闻网服务共支付了 7 000 多万元人民币。要知道，财政部的钱是从纳税人钱包里收来的，人民网上市的主要利润现在看来主要是用纳税人的钱来补贴上市。从公布的消息看，人民网在业务上基本不存在竞争，而且客户大多是政府机构，但其子公司人民视讯、人民网（美国）、人民搜索等盈利情况均为负数或零。[①]

（朱嘉 主笔）

① 周小禾：《红色网络上市隐忧》，《经济通》，2012 年 1 月 11 日。

第十一章　文化产业集聚园与文化企业

文化产业集聚园的主要功能是促进产业的发展、获取经济效益，具体表现为吸引文化企业入驻园区，从而形成产业集聚和规模效益。国内现存的文化产业集聚园可分为数字娱乐、科技创意、动漫游戏、影视、音乐、传媒、会展艺术品交易等几大类,其运营模式有“企业总部”式、“交易平台”式和“产业集聚+体验公园”式等。当前我国文化产业园区的发展存在定位不明确、借机炒地产、同质化现象严重等问题，需要采取包括重视商业模式、规划产业链形态、实现产品和服务的差异化、注重专业化以及补足政策等措施，以此实现产业集聚和规模效益。

文化产业集聚园力图在文化企业之间建立内在联系，以发挥产业集群的优势。本章将梳理国内各省市文化产业集聚园的现状，展现园区特点、行业类别、投资经营主体、商业模式、收入结构、企业动态等，通过分析几个具体的典型案例来展现各园区发展的经验和成果，同时指出园区发展存在的问题，并尝试提出建议和对策，以期对类似园区及企业的发展有所借鉴。

一、发展概况

文化产业集聚园是产业集群现象在文化行业的体现。简言之，产业集群就是指在特定的空间内，一些独立运营的企业之间建立分工与合作的关系。产业集群效应可以降低企业的各种成本，包括生产成本、运输成本、交易成本等等，同时增强生产和销售的稳定性。文化产业集聚园主要功能是促进产业的发展、获取经济效益，具体表现为吸引文化企业入驻园区，从而形成产业集聚和产业规模。因此，它既不是一般的文化园区，也不是观光旅游区，更不是普通的商业区。

由于普遍存在的误解，有必要对文化园区与文化产业集聚园的区别加以说明。① 这两类园区都与文化相关，但文化园区的功能主要是文化交流、展示、传播等，产业的集聚程度较低，这种类型包括文化街区、文化展览区、艺术家村等。国内文化产业集聚园的兴建还处于起步状态，按照以上标准来衡量，很多园区都存在定位不清的问题。严格意义上来讲，真正发展起来的文化产业集聚园并不多。因此本章的一个目的是试图为正在发展中的园区辨别方向，以免在日后的成长中持续地处于不明确的位置，造成不必要的损失。

个别来讲，2011 年，一些优秀的文化产业集聚园继续表现良好。2011 年 11 月 23 日，文化部在北京发布了 2011 年度国家文化产业示范基地影响力评价结果，其中北京石景山数字娱乐产业基地作为出色的文化产业集聚园榜上有名，在后文关于园区的运营模式部分我们还会对此作详细介绍。

整体来讲，从数量上来看，2011 年全年，国家对于文化产业的重视催生了各地政府发展当地文化产业的各种措施，其中对于文化产业园区的认定是一大类别。因此，全国各地文化产业园区的数量继续保持快速增长，目前已逾上万家。但正如上文所述，由于国内对文化产业集聚的概念模糊不清，导致现存的文化园区大部分没有产业集聚，也达不到规模效应，真正称得上文化产业集聚园的还不到 5%。②

从产值上来看，数量上增长的势头并没有带来良好的效益收获。换言之，文化产业集聚园所创产值占整个文化产业的比重并不高，使得集聚园在数量和质量上不成正比。很多园区没有形成产业规模，只好靠租金，甚至政府补贴维持生存。例如，上海目前授牌的、未授牌的文化产业园区总共约有 300 家，数量不少，但文化创意产业园区在产值上却只占上海文化创意产业产值的十分之一还不到。③ 例如影视基地的建设，目前很多已经建成或正在建的基地投资不小然而盈利困难，据北京大学文化产业研究院影视中心调查数据显示，国内影视

---

① 参见陈少峰的访谈：《文化园区发展：先思想再行动，先内容再硬件》，http://artbank.people.com.cn/GB/209909/15166799.html，2011 年 7 月 15 日。

② 参见《万家文化园区超 9 成被指名不副实，企业圈地牟利》，《经济参考报》，2011 年 11 月 14 日。

③ 同上。

基地80%处于亏损状态，15%处于温饱，实现盈利的只有大约5%。[①]

从入驻企业上来看，形势也不甚乐观。大部分集聚园占地面积不小，但缺少整体的开发思路，因此大片土地要么闲置，要么"挂羊头卖狗肉"，打着文化产业的旗号利用国家优惠政策，却缺少真正从事文化产业的企业。总之，园区的利用效率不高。

概括来讲，我国目前文化产业集聚园的总体特征是：园区不少、产值不大、企业集聚程度较低。[②]究其原因，一方面，自从国家出台振兴文化产业的大政策，各地纷纷响应，也相应出台支持产业发展的利好政策，因此文化产业集聚园的修建是政绩的体现方式之一，在此过程中难免会有操之过急、调研不够便一味追求数量的问题；另一方面，投资者利用政府的这种心态，借助文化的名义投资兴建园区，享受了利好优惠政策，却还没有成熟的园区发展规划，导致资金和资源的浪费。

二、行业类别

从内容角度看，文化产业集聚园可以分为几大类，分别是数字娱乐、科技创意、动漫游戏、影视、音乐、传媒、会展艺术品交易等。其中数字娱乐、科技创意和文化创意是比较综合的类别，而其他几种是比较具体的行业。另外国内还普遍存在一些旅游观光园被指定为文化产业园，如上文所说，这类园区虽然有经济效益，但产业集聚度不够，因此不能成为严格意义上的文化产业集聚园。下面我们将对各省市的产业园进行梳理分类。

（一）数字娱乐产业园

随着互联网的发展，数字娱乐产业越来越受人青睐。之所以如此，主要原因是该产业可结合高新技术和文化两种重要元素，能够打破传统行业的壁垒。数字娱乐产业是运用基于计算机的互联网或者基于移动终端的无线通信网络等数字化信息处理技术来满足娱乐需求的产业。其产品内容可涉及动漫、卡通动画、网络游戏、手机游戏、视频游戏、电子竞技、数字音乐、数字电影、数字电视等。数字娱乐的产业特点决定了该产业适合纵向产业链式发展，因而在集聚园的建

① 参见《万家文化园区超9成被指名不副实，企业圈地牟利》，《经济参考报》，2011年11月14日。
② 同上。

设上很有产业优势。

作为文化产业中与时代特征紧密相连的特色产业，数字娱乐产业园的发展势头良好。随着高新技术产业稳步发展，数字娱乐产业的发展也相应有了很大的提升空间，因此这类集聚园越来越多地吸引了各类高新技术企业作为技术支持，扎实地推进了产业平台的建设。

作为国内定位比较明确的数字娱乐类文化产业集聚园的代表，北京石景山数字娱乐产业基地在影视动画、网络游戏、新媒体、专利、著作权等领域的表现都非常抢眼，我们将在后文详细介绍。另外杭州数字娱乐产业园的成绩也很喜人。该园区主要为数字娱乐产业链上的企业提供各式服务，例如技术支持、政策扶持和公共服务等，因而聚集了从网游公司到手机增值服务公司等众多企业。该园区形成了一套“设计原型——游戏制作——周边开发——销售发行”的产业链，涵盖了“娱乐网站、电子商务网络、VOD点播、增值服务等配套产业，产业内部和产业间已初步形成了良好的互动发展机制”。①

除此之外，上海徐汇数字娱乐产业园在实现资源共享、优势互补和打造产业链等方面也表现不俗。该园区建立了版权服务、资源交易和培训三大功能平台。据悉，这三大服务平台各具特色：版权服务平台，以“非线性实时加密及其数字神经密钥算法寻优”加密技术为核心，主要协助上海市版权局规范市场，做好桥梁，方便企业办理相关手续，以及运用数字版权管理DRM（Digital Rights Management）公共服务平台运营在线交易，管理、发布、保护各类数字娱乐内容的版权，达成数字娱乐行业的自律手段，形成数字娱乐内容产业的良性循环，促进上海数字娱乐中心向上游产业链发展。资源交易平台，该平台以高新技术市场界定标准产业化运作平台为内核，主要收集现代服务业很容易积聚、配置和共享的知识，以及设计、发明、制造、销售、提供服务、沟通和智力娱乐；平台不断地衍生增值服务的内容，造成思想传输、资源以及才能的有效辐射。培训平台，该平台旨在建立适应由数字化训练俱乐部的网格计算支持的可视化协同工作环境，主要使用人机对话、情景规划、场景操作等方法，由面向未来执行任务的党政干部培训系统、紧缺人才培训库、才能资源的成长库、基于下一代互联网和3G移动通信的训练俱乐部及其传递服务等知识库和智慧库构成。②

---

① 参见西湖数字娱乐产业园网，http://www.0571ci.com/park/?pid=36。

② 数字内容产业公共服务平台，“上海数字娱乐中心”，http://www.decsh.org/about_doc.asp? id=583。

（二）科技创意产业园

科技创意类园区与数字娱乐类园区相比，娱乐的成分有所减少。该产业的生产目的不再只是针对娱乐，而是与工业有所交界。例如各地的软件园，可以为生产数字娱乐产品服务，也可以生产其他功用的创意产品，如网络搜索产品、有特色的通讯产品等。

该类园区的代表——北京中关村创意产业先导基地，立足于文化与科技的结合，把文化为内容、科技为载体、创意为核心的理念贯彻到园区的整体发展中去。目前基地已经形成了互联网、软件、游戏、创意设计、动漫、数字内容、出版传媒等产业集群，已有新浪、百度、腾讯、第一视频、远景东方、华旗资讯、联众、光线传媒等近百家创意企业入驻。基地重点发展动漫游戏、创意设计、软件开发、数字媒体与出版、网络内容增值服务等产业，大力发展网络服务等现代信息服务业，依托海淀图书城特色商业街，促进图书出版、发行与经营。

（三）动漫游戏产业园

与一般的数字娱乐产业所不同的是，动漫产业的内容更加具体，以动画、漫画为核心，可以在此基础上拓展到图书、报刊、影视、演出、玩具、游戏等各领域。

例如，2008 年建起的上海动漫衍生产业园，在短短三年时间内已在业内颇有美誉，它“集聚了 200 多家动漫及衍生企业，在动漫原创、动漫出版、动漫游戏、动漫生活和动漫文化等五大领域形成了产业集聚。今日动画、千橡集团、天涯社区、磨铁图书、酷漫居、淘米动画以及日本南梦宫中国总部等领军企业纷纷在此落户”。[①] 之所以会有企业纷纷落入动漫园，是因为它“一直着力打造最适合动漫企业成长的产业生态环境：一方面从创业苗圃的孵化到引入总部企业，专注企业成长链的培育；另一方面专注产业链的培育，推进和实现作品、产品、商品的联动发展。”[②]

（四）影视产业园

作为文化产业集聚园区，影视基地的产业链建立不够完善，大多都只是作为片场，不定期地完成拍戏任务，与之相关的产品没能得到很好的开发。各地

---

① 参见《上海动漫衍生产业园动漫产业大有可为》，http://www.luodian.com/2012/0214/14420.html，2012 年 2 月 14 日。

② 同上。

的影视基地中，比较成熟的北京怀柔影视基地有九大功能中心，分别是专业技术服务中心、影视拍摄中心、影视展示与传播中心、影视版权交易中心、影视动漫制作中心、影视教育培训中心、影视制片公司集聚中心和影视旅游中心。

全国声誉最好的横店影视基地被称为“东方好莱坞”，催生了华谊兄弟，以其“宏大的基地规模，丰富的拍摄场景吸引了海内外影视导演们纷纷率剧组前来取景拍戏。同时，为影视拍摄提供各类配套服务的行业也应运而生，既能提供专业制景、设备车辆租赁、道具服装化妆等方面的服务，又有庞大的群众演员队伍。”① 并且，影视产业的崛起，也推动了横店休闲旅游业等相关行业的发展，进而推动了它的转型：由影视基地向影视旅游主题公园转变，为形成产业链做了良好的铺垫。

（五）音乐产业园

传统音乐产业已经受到了数字音乐极大的冲击，如何面对这样的境况，并结合产业集聚园有所作为，是一个崭新的命题。

国内现有的音乐类园区中，中国乐谷－首都音乐创意产业集聚区是个典范。该园区定位于“创新艺术的先导、高尚艺术的主导、大众艺术的引导”。② 园区设计“实现了以音乐展示、音乐制造、音乐教育、音乐传播、音乐养生、音乐演艺、音乐交易、音乐观光等为主体；以集约化、集成化为手段，将音乐从听觉艺术转变为视、听觉艺术，将产业从传统制造型转变为生产服务型，成为一业带百业、音乐汇百艺的创新园区。中国乐谷分为‘YUE’谷（产业集聚区）和‘LE’谷（文化休闲区）两个区域。产业集聚区以乐器加工为基础产业支撑，融合音乐发展与传承、乐器研发与制造、作品创作与交流、版权保护与交易、素质教育与培训等方面内容，主要包括音乐博览中心、乐器生产中心、歌曲创作中心、教育培训中心、会展交流中心、传媒传播中心等六大中心。其中音乐博览中心拟与中国唱片总公司合作，打造中国唱片博物馆，目前双方已达成合作意向。乐器生产中心汇集乐器及衍生品研发和制作，形成多品种、高品质的乐器产销中心。歌曲创作中心拟通过建设原创音乐基地、灵感大厦、音乐家小镇等项目，彰显青龙山优美的生态环境，在青山绿谷中汇集知名音乐人，为其提供音乐创作、公司办公的空间。教育培训中心拟与社会知名音乐人和国内外知名音乐培训学

① 百度百科，“横店影视城”，http://baike.baidu.com/view/34271.htm。

②《中国乐谷，打造首都音乐文化创意产业集聚区》，http://www.beijingtoday.com.cn/，2011 年 11 月 13 日。

校，开展音乐专业教育及短期培训。会展交流中心吸引世界顶级乐器交易博览会落户乐谷，邀请国内外顶级乐器制造商参与，打造专属乐谷的音乐版权交易平台，推出中国乐谷新歌版权交易排行榜，吸引音乐创作者将原创作品汇集于此。传媒传播中心拟通过举办各种活动，拓展传播渠道，形成完整的出版、传播、下载、评论的传播途径，集聚传媒企业和行业俱乐部，满足音乐市场的发展需求。文化休闲区以音乐主题旅游为特色，结合青龙山景区建设，强调游客的参与性、体验性、包括剧场演出、体验观光、休闲养生三大板块。其中剧场演出板块由乐谷大门及前广场、露天音乐广场、西乐宫、森林歌剧院组成。①

另外，刚刚建成的成都东区音乐主题公园也是一个发展势头强劲的音乐类文化产业集聚区，我们将在后文详细介绍。

（六）会展艺术品交易园

大型的文化产品交易中心也是文化产业集聚区的一类。这些园区通过已经成型的设计，定期组织展览和交易，形成一定规模。它与一般的文化园区的区别在于交易的环节占有重要地位，而不仅仅是展示。例如北京顺义国展产业园被划分为会展核心区和配套服务区两部分，就是为了有利于会展产业及相关配套服务产业的集聚。

（七）文化创意产业园

还有一类园区值得注意，它们不是严格意义上的文化产业集聚园，但却数量很多，所以在此做一补充说明。由于文化本身的含义复杂，所以文化创意产业的内容也相应比较复杂。这类园区在全国各地都有分布。然而从目前国内的情况来看，这类文化产业集聚园很难做到目标内容集中，进而也就很难做到生产有效、规模可观。从自身定位在文化创意产业集聚园的园区情况来看，一些园区实际上是创意展示区，或是文化交流区，停留在创意产生的初级阶段，没有进一步挖掘创意产品的产业价值。

三、投资主体与投资模式

目前的文化产业集聚园有政府主导和市场主导两种基本模式。政府主导的

---

①《中国乐谷，打造首都音乐文化创意产业集聚区》，http://www.beijingtoday.com.cn/，2011 年 11 月 13 日。

园区由政府直接管理，并有计划地推动进行，所以相关的配套政策和措施以及运作环境都比较齐全和完善。

政府主导的园区有两种模式，一种主要是以发展创意产业为目的，有计划地建设新的文化产业集聚区。随着经济发展，很多大型工业园区面临转型，各地都面临着寻求新的经济增长模式以促进产业升级的局面，由此政府推出各种优惠政策，为促进创意产业的发展提供了条件。这类园区全部由政府投入建设、监管和运作。例如，上海张江文化科技创业产业基地就是这种模式的代表。

另一种主要是以改造旧城区为目的，对一些旧厂房进行重新开发。例如广东省中山市小榄文化艺术品交易中心，是由小榄镇投资 2 000 多万元、改造旧厂房建成。这是地方政府发展当地文化产业、辅助创业和增加就业机会的举措。

在市场主导的园区中，市场拉动为主，政府推动为辅，政府只提供政策支持，不参与管理，这一类中也有两种模式。

一种是市场主体自发聚集，没有明显的投资主体。例如深圳大芬油画村，最初是由香港画商黄江于 1989 年在深圳市龙岗区管辖下的大芬村从事油画产业发展起来的，后来随着更多画家的进驻，成为具有一定影响力的文化品牌，因此是由市场自发形成。而后从 1998 年开始，地方政府试图把它当作新的经济增长点进行引导和培育，开始对大芬油画村进行环境改造，同时给予政策和媒体支持，促进了该文化集聚区的发展。

另一种是由一家或几家企业作为投资主体投资建成。例如成都东区音乐公园是由成都传媒集团投资 35 亿元建成管理。这种政府支持、拥有独立投资主体的方式，是最理想的一种模式，这与国家文化产业发展的导向也是一致的。正在进行的文化体制改革，要求有条件的文化事业单位进行转企改制，进入市场，接受市场规律的约束，寻求更好的发展模式，从而减少对政府行政和资金的依赖，在增加灵活性的同时减少不必要的政府开支，而政府扶持的方式可以由投资转变为完善法制、政策鼓励、税收支持等多种形式。

园区以及园区所在的地方政府为吸引企业入驻，形成集聚效应，大都提供一系列的优惠政策。例如，2011 年，北京市、石景山区分别为石景山的数字娱乐产业提供 5 亿元扶持资金，包括从专项申报、贴息贷款、房屋补助、创新资金扶持等方面提供帮助。在行政程序上，石景山区将石景山园管委会、区知识产权局合并，大大提高了企业办理手续的效率。所有入驻企业享受石景山区政府制定的优惠政策。[①] 对地方财政年贡献额在25万元以上的数字娱乐企业，区政府按其当年贡献额的30%提供企业技术改造和技术创新资金支持，不足25万元的，地方政府按其当年贡献额的10%提供企业孵化资金支持；对入驻基地经认定的企业，安排专项资金，予以科技经费补贴。除此之外，入驻企业还可以同时累加享受其他三类优惠政策，即北京市文化创意相关产业优惠政策、中关村国家自主创新示范区和石景山区科技园的相关优惠政策。

四、运营与商业模式

不论是政府还是市场主导，投资建成的园区都要有一个运营主体，负责园区的规划、建设、招商、运营和管理等工作。文化产业集聚园的运营模式主要有三大类,分别是“企业总部”式、“交易平台”式和“产业集聚+体验公园”式。这三种模式可以同时使用，融入某个特定的园区运作中。

（一）企业总部

企业总部是数量最多的一类文化产业园，它既可以是大型企业的集聚，也可以是中小民营企业发展的摇篮。一般来说,这类园区的内容定位不是特别明确，既可以是很广泛的文化创意集聚区，也可以是某一类别的专业集聚。前文所列举的很多文化创意和科技创意类园区大都位列此类，它们给了企业充分的时间去进行自身的培育，充当孵化器的功能。

例如，中关村创意产业先导基地意在拉动中关村经济的快速发展和园区产业结构的升级，并对北京市发展创意产业起到一定的示范和指导作用。基地拥有微软、IBM、惠普、贝尔、NEC等世界著名企业，联想、方正、同方、大唐、有研硅股和网通等国内著名IT企业，新浪、搜狐、网易、亚信等网络企业。它把文化与科技的结合作为发展创意产业的方向，形成以文化为内容、以科技为载体、以创意为核心的创意产业发展模式。在企业培育、企业融资、公共平台建设、人才培训等方面卓有成效，并成为良好的技术服务平台：基地技术中介服务机构发达，能为企业提供从融资、技术研发、技术交易、专利申请、成果转化到管理咨询的一系列服务。

① 参见新浪财经频道:《石景山园：首钢脸谱退去后》，http://finance.sina.com.cn/leadership/mroll/20111124/102610874506_2.shtml，2011年11月24日。

（二）交易平台

专业的交易平台与普通的交易会有很大区别。作为专业交易平台的文化产业集聚园可以将大型企业和众多做不同内容的小企业聚集在周围，形成产品的全产业链，真正实现产业的集聚效应。

北京石景山数字娱乐基地是国内发展较快较好的一个文化产业集聚园。该基地被文化部评为2010年“国家文化产业示范基地”和2011年“十大最具影响力国家文化产业示范基地”等多个荣誉称号。

其中，DOTMAN平台及其运营模式是北京石景山数字娱乐基地运营中颇有特色的一块。DOTMAN平台是基地产业支撑的平台，是以文化创意产业及信息通信技术为核心，并与金融产业、传媒产业、软件产业等产业相融合的新型服务平台，可进行数字娱乐交易、支付结算、音视频娱乐等活动，为数字娱乐产业发展提供端到端的全产业链服务，促进数字娱乐企业快速发展，是基地发展的动力引擎。据统计，2011年上半年，基地新引进企业330余家，注册资金过千万的企业11家，带动全区文化创意产业实现收入102亿元、税收4.8亿元，同比增长27%和35%。[①] 新浪财经统计数据显示，石景山园已经聚集2 700多家文化产业企业，文化创意产业收入年均增长30%以上。网游动漫产业继续保持良好势头，国内一线网游过半聚集于此地，例如搜狐畅游、完美时空、蓝港在线、炫耀天下、巨人征途、千橡网景、暴风网际、趣游科技等，在游戏引擎、运营平台、电子竞技、虚拟体验等领域发展势头强劲。重点文化创意企业表现抢眼，上半年完美时空公司实现收入2.9亿元，千橡网景公司实现收入3.1亿元。华录百纳、郑智光动画、盛大数位红、三浦灵狐等影视动漫企业原创能力不断增强，华录坞实现全面上线运营。绿色休闲网络游戏发展迅速，漫游谷、百游科技、奇客创想等一批企业发展迅速，占据国内超过30%网页游戏市场。

石景山的运营模式带来了丰厚的成果。[②] 在影视动画方面，基地两年制作影视、动画片33部，制作生产合计近28 267分钟。其中原创影视、动画作品23 611分钟，出口作品8 165分钟。国内影视院线发行影视、动画片11部；电视连续剧发行频道包括央视动画、央视国际以及全国三十余家省会城市卫视

① 参见中国文化传媒网：“北京数字娱乐示范基地”，http://www.ccdy.cn/zhuanti2011/whcysfjd/content/ 2011-11/23/content_1015352.htm，2011年11月23日。

② 同上。

频道。完成授权的品牌近 10 款，《劳拉圣诞》《小马奇遇记》《媳妇的美好时代》《红楼梦》《黎明之前》《岁月》和《麋鹿王》等数十部影视动画成功在海内外发行。在网络游戏方面，生产游戏 85 款，原创 82 款，上线 74 款，出口游戏 10 款。《古剑奇谭》《八仙过海》《小好奇科学探秘》《寻找梦幻岛》《十二封印》和《梦幻诛仙》等一系列以动漫动画原型为题材的舞台剧、网络游戏获得市场高度认同。《飞天西游》《猎刃》《武林外传》《赤壁》等优秀作品已经出口马来西亚、台湾、香港、泰国、越南、韩国、欧美、日本等国家和地区，为中国游戏赢得了国际市场。历时三年精心打造的《天龙八部》是一款采用全 3D 人物和场景制作的纯国产网络游戏，由搜狐畅游公司投入巨额资金，故事背景取材自武侠泰斗金庸先生的同名小说，并得到了金庸先生的正式授权。在新媒体方面，生产产品十余项，其中暴风网际公司推出的暴风影音软件支持多达 429 种格式，占国内多媒体格式的 90% 以上，日均用户超过 1 000 万人。

（三）产业集聚 + 体验公园

成都东区音乐公园是这种模式的代表。成都东区音乐公园是一家于 2011 年 9 月 29 日刚刚开园的新园区，它是国内首个集生产、体验、消费、结算等音乐全产业链于一身的文化产业园区。

园区有两大定位，分别是“数字音乐产业园”和“音乐互动体验园”。这种“产业聚集 + 体验公园”的模式是除了“企业总部”和“交易平台”之外的第三种文化产业园模式。这种清晰的定位会使得园区在未来的发展中更能集中精力、锁定目标、创造产值，并发展文化。在产业方面，已经入驻 70 家企业，组成了创作、制作、展演、经纪、版权、传媒等产业链上的各个环节。在体验方面，成都东区开拓了新的体验方式，不仅可以有传统的酒吧体验、现场音乐会、明星签售会等，还可以体验顶级视听间、小剧场、开个人演唱会、当 DJ、自己写剧本拍电影等。为满足全方位需求，园区确立了三大重点建设目标，即音乐消费商业街区、数字音乐企业集聚园和音乐人才培养基地。

采用这种模式的成都东区音乐公园在不长的时间内，已经初尝甜头。该园区由成都传媒集团投资 35 亿元建成管理，而成都传媒集团是国内中心城市首家跨媒体综合传媒集团。截至 2011 年 10 月底，集团资产总额为 125 亿元（不包括兴网公司），较成立之初增长 306%。2011 年 1 月至 10 月，集团营业收入（不包括兴网公司）同比增长 20.08%。陈少峰认为，“一方面，东区目前构建了涵盖音乐、戏剧、艺术、演艺、博物馆等多个文化行业，特色鲜明、业态复合、关联互动的集聚发展模式，将创意、活力、娱乐的成都生动呈现了出来；另一方面，成都传媒集团创造、培育、整合了海内外强势文化资源，共同打造成都东区音乐公园，并将成都东区的品牌价值提升到了全球资源成都创造这一战略高度，提升了城市的国际影响力竞争力，已经开始谱写新的历史篇章。”① 不久前，成都东区音乐公园荣获2011年中国文化创意产业最受关注的十大园区第四名的好成绩，这对于刚刚开园的成都东区来说，是一个很鼓舞人心的肯定。预计在未来三至五年内，成都传媒集团将联手中国移动，充分挖掘无线音乐基地巨大的产业辐射能力和龙头带动效应，形成音乐资源聚集、衍生产业接入、多元文化互动和新媒体产业发展的世界级、规模化数字音乐产业聚落、音乐新媒体发展基地和创意文化体验园区。

五、入驻企业

首先，作为文化产业集聚园区的入驻企业或机构，文化创意尤为关键。拿成都音乐主题公园为例，入驻该园的商家都不乏创意，以下试采撷几例。

1899个人电影厂。这是成都1899电影文化传播有限公司在园区的拍摄制作基地，集中了“创作编导、后台保障、前期拍摄、后期制作、个人电影首映、作品展示放送、片场开放观摩、体验观光”等功能，“作为全新的文化消费模式和产业模式，1899专为普罗大众拍摄爱情电影、企业领袖电影、家族电影、MV电影、圈层电影、发烧友电影、儿童电影等，实现个性化消费与工业化生产”。②

MINI LIVE音乐沙龙。这是一个“追求现场真音的器乐演奏，强调个体的视听主宰权利，培养零距离音乐现场实践价值观”的音乐体验沙龙。

玩家会。这是一个“以哈雷文化为主题的酒吧，在设计风格上可定位为现代美式风格，秉承激情、自由、享受、机车四大关键元素，为哈雷车迷提供一个休闲的交流平台”。

---

① 陈少峰:《有了东区，成都就是全国音乐文化产业之都》，http://news.chengdu.cn/content/2011-09/17/content_769731.htm，2011年9月17日。

② 成都东区音乐公园官方网站，“1899个人电影厂，每个人都是自己电影的主角”，http://www.eastcd.com/web/newsDetail.jsp?newsid=245&newstypeid=。

8点空间。这是一家落户成都东区的先锋小剧场，是成都首座“无台口”小剧场。

紫水音乐演绎沙龙。这是一个“以古典音乐、严肃音乐欣赏为主的演艺沙龙，立足于实现将古典、严肃音乐进行通俗化传播，把原来门槛较高的古典音乐欣赏，以及只能作为背景音乐演奏的古典音乐变成氧气，融入到每一个听众的血液中去，打造一个可以喝啤酒的娇子音乐厅”。①

其次，要通过引进和培育并举，促进园区内文化企业的集聚发展。在园区的文化企业集聚方面，张江文化产业园做出了很好的表率。目前该园区聚集了近300家文化企业，“在考虑园区未来发展的时候，张江文化强调促进园区企业的发展，而非扩大数量”，更多纳入考虑的是发展龙头骨干企业，不靠地产租售，而是靠产业投资。② 产业投资的入驻，对园区的运营和管理提出了一定的要求，吸引资本的一条途径是提高园区的服务水平，并在选择入驻企业时有一定的标准，这就要求“园区的经营者具有识别文创类企业成长性的能力和提高为企业服务的能力，通过提供更好的服务培育企业成长，为资本与企业的对接创造条件”，③ 这样就比单纯依赖地产租售的经营模式更进了一步。

六、基本发展趋势

首先，在如何建设园区上，需要树立建立产业链甚至是全产业链的目标。例如，“对于生产中国传统民族精品工艺的龙头企业来说，除了进行具有民族特色的精品工艺品的生产之外，需要引进拍卖公司、艺术家经纪公司、培训公司和提供网络交易公司，从而延长产业链”。这里有必要对“全产业链”做一简要说明，根据研究，文化产业集聚园的产业选择可以分为专业型和组合型两类，专业型就是某个行业的产业，例如音乐行业等；组合型就是多个行业的结合，例如影视产业等。专业型产业园需要把行业的资源要素整合好，进行纵向的深

① 参见成都东区音乐公园官方网站，“紫水古典LIVE，喝着啤酒的娇子音乐厅”，http://www.eastcd.com/web/newsDetail.jsp?newsid=240&newstypeid=。

② 参见《上海文化创意园区探索新模式》，http://www.science-art.com.cn/article.php?id=7828，2012年2月6日。

③ 同上。

化；组合型产业园需要各种经营元素的集聚和产业之间的互动，进行横向的扩展。全产业链的产业集聚指的是专业型产业集聚，例如在以艺术体验和艺术品交易的结合所组成的全产业链中，各环节有："艺术品交易的集聚；艺术品金融、艺术品传媒、艺术品物流以及艺术品鉴定等综合服务和平台支撑的艺术产业服务体系；艺术品的品牌授权、延伸产品与复制品；突出品牌驱动、企业品牌、产业品牌的无形资产和艺术品牌的结合；收藏增值与艺术教育和培训相结合；与艺术媒体和新媒体经营相结合；艺术品推介、会展以及交流的活动经济与文化旅游等。"①

其次，寻找合理的发展理念和动力机制。这就需要适当地进入前沿领域，例如数字艺术体验产业，这其中包括 3D 体验等。其他新的动力来源有：结合本地具有支柱性地位的各个门类的资源，打造金融业和会展、培训等服务业的资源；为支柱产业打造配套产业；通过反向拓展提升品牌和度假价值，如为珠宝提供设计服务，为玩具提供品牌定制，为城市打造影视节目等。

最后，人力资源的价值需要在园区经营中充分体现。人才是文化产品的创造者、经营者，是文化产业发展繁荣的重要因素。因此，企业和园区应不惜高价引进各类适用的人才，从而为园区实现高附加值增长。

七、存在问题与对策建议

在国家发展文化产业的大力号召下，近几年来，文化产业集聚园在各地纷纷出现，但由于对文化产业集聚园的定位和理解难免有偏差，再加上操之过急的求快心态，导致真正的集聚园比率较低，有违发展文化产业的良好初衷。

（一）主要存在的问题

1. 定位不明确

就像概述中所说，混淆文化园区和文化产业集聚园的现象严重。虽然两者都与文化相关，但文化园区的功能主要是文化交流、展示、传播等，产业的集聚程度较低，这种类型包括文化街区、文化展览区、艺术家村等；而文化产业集聚区的主要功能是促进产业的发展、获取经济效益，具体表现为吸引文化企业入驻园区，从而形成产业链、发展产业规模。

① 参见《提升文化产业集聚园效益的思考》，http://www.cncci.org/displaynews.php?ArticleID=3392。

2. 借机炒地产

“地产商以园区之名行圈地之实一直饱受诟病，在被曝光过的园区中，大都是借用艺术来炒热地产的，一旦房子卖完，此前营造的艺术氛围也随之消散。”①很多园区或者在目的规划上没有体现文化产业集聚，或者在实践过程中与初衷渐行渐远，造成了圈地或者通过商业地产来盈利的局面。这其中最明显的是文化旅游园区的建设，包括高尔夫球场、度假村和主题公园的不当建设，或者入驻了很多与文化创意产业无关的企业，无谓地占用和浪费了用地，产业受益很低。

3. 同质化现象严重

园区没有主题，缺少特色，重复度高，是现存文化产业集聚园的一大瓶颈。很多产业集聚园没有利用产业链的集聚形态来形成产品的专业化发展格局，而是造成了集聚园内企业经营模式和产品的同质化竞争。目前国内文化产业园数量众多，但良莠不齐，大多数规模较小，而且定位有偏差。例如，很多园区在时尚艺术设计、文化历史旅游、文化商品等处着手，难以做出创意的同时又导致同质化竞争严重。缺乏专业化是形成同质化局面的一大原因，过于偏重文化制造和低端服务，导致产品缺少较高的附加值，给跟风模仿留下了空间，造成恶性循环。例如，主题公园被简化成过山车加摩天轮，“既缺乏产品和服务的差异性，更缺乏互动性、体验性的内容涉及，没有独特性。”②

4. 政策缺失

对于文化产业集聚园，国家并没有明确制定有关的扶持政策，各省市地方政府相应动作也较少，导致园区缺乏长期稳定的支持。大都是参照当地有关高新技术产业园区的政策，采取地价、房租、水电等的优惠措施，缺乏针对性，也容易变动。

5. 管理缺失

由于文化产业和很多其他产业有交叉重叠，例如，可以隶属于文化部门管辖，同时也可以划分到发展改革、科技、信息产业、旅游等部门的职能当中，因此在管理上存在重复或者缺位的现象。

---

① 参见《上海文化创意园区探索新模式》，http://www.science-art.com.cn/article.php?id=7828，2012 年 2 月 6 日。

② 陈少峰：《文化产业同质化竞争透视》，《前线》，2011 年第 6 期。

（二）相关对策建议

针对同质化竞争的难题，分析可知，企业缺乏创新追求、缺乏专业化能力是主要的成因。要解决此问题，最重要的是提升文化企业的经营管理水平，从而加快产业升级进程。具体可以从以下几个方面着手[①]：

其一，重视商业模式。商业模式是文化企业的立身之本，企业应当对自身商业模式加以分析，避免盲目跟风，从而提高自己产品的品牌竞争力。园区的运作也不例外，拥有品牌产品的企业所在的园区，一定也避免雷同。

其二，规划产业链形态。园区应该准确定位自身的产业链，在引入文化企业之前就规划好产业链的形态，避免盲目行动。例如，成都东区音乐主题公园在对音乐全产业链进行规划和策划之后，将音乐体验和音乐产业集聚相结合，并将入园企业各自在全产业链中的产品和服务进行定位,形成了进行“产业集聚 + 体验公园”这样全新的模式。

其三，实现产品和服务的差异化。文化企业的产品和服务应当力求内容或形式的创新，从而体现市场细分的要求。一个园区之内的企业在产品和服务上的差异化，不仅能够实现不同企业自身价值的最大化，还能在整体上对园区的互补有所贡献，从而形成有效的资源整合结构。

其四，注重专业化。专业化的要点是深化资源的挖掘和形成具有竞争力的产品和服务，选择某个创意持续带动的专业化产业链经营模式，对同一种内容资源进行持续深化开发。它不是依靠多样性创意，而是将一个创意做持续和系列化的延伸。例如，对《武林外传》的延伸产品进行系统开发，通过电影、游戏、舞台剧和玩具等系列产品，形成了由一个品牌带动的产业链。

解决园区发展的诸多问题，除了文化企业自身需要有所作为之外，还需要政府的工作，政府的作为不仅对避免同质化竞争有效，对解决定位不明确、借机炒地产、政策管理缺失等问题也至关重要。具体包括：

其一，政府的合理引导。各地政府在规划文化产业集聚园的时候应该注重特色文化产业集群的打造，激励创新。石景山政府对该区数字娱乐基地的引导就是很好的例子，使得它形成了合理的产业布局，并取得了一系列的成绩。

其二，规范园区建设。地方政府需要适当控制该地园区的数量，既不能浪

---

① 参见陈少峰：《文化产业同质化竞争透视》，《前线》，2011 年第 6 期。

费发展潜力和资源，又不能有操之过急的求快心态。同时，还应当规范土地资源的使用，提高集约利用率和基础设施的共享率。此外，要协调好不同文化园区之间的关系，在总体上形成一定的梯度。

其三，相关扶持政策。只有政府才有能力在土地、房产、税收、贷款、基金补助等方面对园区或企业进行扶持，所以，制定相关的扶持政策对园区的发展至关重要。据悉，"未来文化部还将积极争取有关部门在税收减免、出口退税、贷款贴息、项目补助等方面逐步加大对国家级园区的扶持力度，积极协调国家发改委、财政部、科技部等部门关注和支持园区基地的建设"。① 此外，政府还应进一步完善园区和基地的进入和退出机制。

（安冬 主笔）

① 吴江波：《盈利堪忧——文化产业园明确退出机制》，http://cul.china.com.cn/chuangyi/2011-11/14/content_4620507.htm，2011 年 11 月 14 日。

第十二章　文化企业的国际竞争

当代国际文化竞争和文化传播主要是依靠文化企业。文化企业不仅可以提供和输出优秀的文化产品，还可以积极开展境外文化企业的跨国并购。在当前文化产业发展的良好机遇下，推动文化企业参与国际竞争主要有两个重点：一是要培育中国的文化品牌和知名文化企业；二是要拓宽国际运营渠道，通过政策支持国有和民营企业到国外去投资、收购、兼并，以各种方式在国外落地生根、开花结果。

文化企业参与国际竞争，虽然会面临很大的风险和挑战，但也是一个开拓市场、壮大自我的良好契机。适应文化产业全球化发展的趋势，需要鼓励具备条件的文化企业与产业资本、金融资本相互融合，壮大实力，积极实施“走出去”战略，参与国际竞争，打造跨国文化传媒集团。随着提升文化软实力政策的落实和促进中国文化出口优惠政策的推动，文化企业要学会关注全球市场，注重内容产品和企业自身竞争力的提升。

一、文化企业走出去的宏观环境

2011 年是文化企业参与国际竞争更加理性的一年。中国图书出版行业站在 2010 年版权贸易逆差 1∶2.9 的开端开展版权贸易，逐步走出了一条有自己特色的“走出去”道路，在多方面取得新突破：文化传媒系统有了“走出去”五年规划；打通了“走出去”的国际渠道；更多文化企业开始加紧海外布局，通过商业运作结出了累累硕果。

（一）经济危机加速世界文化竞争格局的重构

金融危机把全球经济推入“寒冬”，中国文化产业“走出去”也在这场暴风骤雨中面临着逆势崛起的机遇。2010 年中国核心文化产品进出口总额 143.9 亿美元，同比增长 15.1%；国产影片海外销售总额超过 35 亿元人民币；图书版权输出引进比从 2005 年 1∶7.2 缩小至 2010 年的 1∶2.9。2011 年北京市文化产品进出口总值达 5.7 亿美元，其中进口 4 亿美元，居据全国首位。2011 年深圳文博会交易额突破 1 200 亿元，比上年增长 20%。透过这些数字的变化，可以看出金融危机加速了世界文化产业格局重构的步伐。

任何一个国家的真正强盛，都要依靠文化的繁荣和发达。环顾当今世界，文化领域的竞争已成为各国战略发展的重中之重，整个世界都自觉或不自觉地参与其中。在当前全球经济裹足不前的大背景下，文化产业更被视为推动经济增长的新动力。文化产业同高科技产业一样，是迄今为止世界上最有前景的产业之一。美国的电影业和传媒业、日本的动漫产业、韩国的网络游戏业、德国的出版业、英国的音乐产业等都成为国际文化产业的标志性品牌。太平洋彼岸的美国，2011 年文化产业已占到国内生产总值的 25% 左右，他们还不断通过好莱坞大片和快餐文化等，让自己的形象和价值观念在全球传播。而服装、皮具、香水、化妆品、珠宝等产业，不仅让法国在国际时尚界占据重要一席，更已成为其对外交流中一张闪亮的名片。与此同时，我们的邻国也加快了文化“走出去”的脚步：日本倾力打造“酷日本”的国家形象和国家品牌；韩国在保护传统文化的同时，将其与现代工业相结合，使得“韩流”在亚洲风行强劲。因此，适应风起云涌的全球化竞争格局，是中国文化企业“走出去”面临的不二选择。

全球化成为当今文化产业发展的普遍趋势，并已部分成为现实。中国 2010 年 GDP 总量超过日本达到全球第二位，但是当年中国文化产业增加值却只占 GDP 比重的 2.75%，排在主要西方大国之后；而中国文化产品在全球市场的出口总额也明显落后于西方大国，后者多把提升国际文化贸易额作为第一优先的目标。根据国际知识产权联盟（IIPA）2011 年的报告，2010 年美国核心版权业增加值达 9 318 亿美元，占美国经济的 6.36%。全球最大的 20 家视听企业中，美国占 7 家；世界 500 强中的 10 家娱乐媒体企业，美国占 7 家。许多新媒体企业，从一开始就瞄准了海外市场。比如亚马逊公司从 1998 年开始就分批进入英、法、德、加、日和中国市场，到 2011 年其海外销售已经占总销售额的 48%。根据日本神户大学的有关研究：近几年，尽管日本对外贸易的顺差逐渐缩小，但是日本的对外文化贸易仍然坚挺，日本内容和媒体产业的国内市场规模达到 12.1 万亿日元（居全球第二位），相关产业市场规模达到 55 万亿日元，而年海外销售额为 1.6 万亿日元（居全球第三位）。

（二）国内政策支持体系持续优化

2011 年 10 月，党的十七届六中全会把推动中华文化走向世界写入《中共中央关于深化文化体制改革推动社会主义文化大发展大繁荣若干重大问题的决定》，将文化在国家发展中提高到前所未有的战略高度，增强国家文化软实力，必须推动中华文化走向世界，积极实施文化"走出去"工程，完善支持文化产品和服务"走出去"的政策措施，培育一批具有国际竞争力的外向型文化企业和中介机构，开拓国际文化市场。

全面构建支持文化"走出去"的政策体系。继"版权年""渠道年"之后，2011 年,新闻出版总署"走出去"工作迈入"政策年"。以出台《新闻出版业"十二五"时期发展规划》《新闻出版业"十二五"时期"走出去"发展规划》和制定《关于加快我国新闻出版"走出去"的若干意见》为标志，新闻出版总署以政策为突破口，大力强化"走出去"工作。这一系列政策措施，对多年来在"走出去"道路上默默奋进的新闻出版企业来说，无疑是重大利好消息。

2011 年 4 月,《新闻出版业"十二五"时期"走出去"发展规划》正式出台，这是新闻出版系统第一个"走出去"五年规划。该规划从定性和定量两个角度提出了"走出去"的具体目标、重点任务和政策举措，为今后新闻出版"走出去"工作描绘了蓝图，指明了方向。该规划在提出六项核心指标、八项重点任务后，还从加强财政金融税收支持、优化资源配置、实施重点工程、强化会展平台、加强信息服务、改进统计指标、培育中介机构、加强人才培养、完善奖励机制和加强组织领导等方面提出了切实可行的十项措施。与之相配套的另一个大动作是制定《关于加快我国新闻出版业"走出去"的若干意见》。该文件已经于 2012 年 2 月发布，这一政策文件标志着完整扶持体系的形成，必将对"走出去"工作起到极大的推动作用。与此同时，有关方面加大了表彰力度，希望通过评奖的导向作用，推动更多新闻出版单位深入开展"走出去"。

（三）政府积极搭台拓宽渠道

2011 年是新闻出版总署对外签署战略合作协议最多的一年。从 7 月与古巴共和国图书委员会签署合作谅解备忘录，推动中古两国互译经典开始，新闻出版总署分别与越南、印度、伊朗、克罗地亚、罗马尼亚、斯洛文尼亚、亚美尼亚、赞比亚等多国政府签署了合作协议。这些协议的内容，多数强调互派代表参加对方国家举办的国际书展，大力实施经典图书互译，加强人员交流等方面。协议的签署，大大扩展了中国文化"走出去"的半径，使新闻出版单位在关注欧美主流市场的同时，兼顾了周边国家和拉丁美洲主要国家、非洲地区和阿拉伯伊斯兰国家,而以实施中外图书互译计划为抓手,又使得这些协议显得更加务实。

2011 年，新闻出版总署还与国际知名出版传媒企业开展广泛的战略合作。这一年，总署与美国康泰纳什、美国国家地理学会、美国国际数据集团、美国赫斯特集团、南非 MIH 集团等签署了多项战略合作协议。与国际出版传媒企业签署的这些协议，更多侧重于借鉴其国际运作经验、充分利用其出版物渠道，使更多中国文化内容"走出去"，同时进一步拓宽合作领域、拓展合作内容。

"走出去"平台建设卓有成效。2011 年，"走出去"服务平台作用愈加凸显，版权交易平台、政府间交流协议平台、信息服务平台以及人才培训平台已构成强有力的"走出去"平台支撑体系。

国际书展是"走出去"的一个重要渠道。截至目前，中国已经担任了法国、德国、俄罗斯、埃及、希腊、韩国等国家书展的主宾国。法兰克福书展、北京国际图书博览会等国内外书展已成为了版权输出及实物出口的重要平台。2011 年 10 月在法兰克福国际书展上，中国展团在版权输出与合作出版领域再创历史新高，两项合计 2 424 项，打破中国展团参加该展的历史纪录，比上年法兰克福书展中国主宾国多了 7 项。在本届书展上，中国出版集团、中国教育出版集团、中国国际出版集团等单位都设立展台，充分展示自己的作品，扩大国际版权合作。其中，中国出版集团版权输出名列榜首，共计版权输出 314 项。北京图博会共达成中外版权贸易协议 2 953 项，比 2010 年的 2 379 项增加 574 项，为"十二五"开局之年打开了版权贸易的良好开端。2011 年，我国成功举办了第 43 届开罗国际书展中国主宾国活动，基本完成了既定的出版交流合作项目，促成多家中、埃出版单位的业务合作。每年在北京国际图书博览会和法兰克福书展上，中国出版单位的版权输出量达到全年版权输出量的 70%，此外，2012 伦敦书展期间，中国以“市场焦点”主宾国身份亮相，举办了300多场精彩活动。此次中国展团输出版权1859项，引进版权1411项。可见，2012年伦敦书展中国主宾国活动，是版权输出的一个重要平台。

实施多项工程助推“走出去”。在“走出去”的各项工程中，新闻出版总署国务院新闻办强力实施“经典中国国际出版工程”、中外图书互译计划、中国音像制品“走出去”工程、中国图书对外推广计划等重大工程，这些工程对带动版权输出起了重要作用。2011年，参与“中国图书对外推广计划”的出版机构已经增加近40多家，中国出版“走出去”也由单一的图书出口发展到版权输出、合作出版、资本输出等更为多样的形式。“十二五”期间，新闻出版总署将大力推动版权“走出去”，在扩大版权输出数量、加强数字出版产品版权输出、改进合作方式等多方面推动版权贸易“走出去”。此外，还将继续实施并完善“走出去”重点工程。

（四）国际营销网络初步形成

随着体制改革带来出版单位活力增强和经典中国国际出版工程、中国图书对外推广计划等一系列对外出版工程的扎实推进，我国积累了越来越多优秀外向型出版物。有了好产品，没有好渠道也不行。2011年，新闻出版业在贯通“走出去”渠道上取得了不错的成绩，打通了国际渠道，组建了中国出版物国际立体营销网络，国际发行网络、世界华人文化商店、国际互联网等渠道建设效果明显，为中华文化传播更广、走得更远提供了重要支撑。

开辟国际主流营销渠道。由于目前我国大多数出版企业还缺乏足够的资金与能力来构建自己的海外营销渠道，“借船出海”，积极与国际主流营销渠道合作，使产品通过跨国分销商和零售巨头旗下的配送、销售网络进入国际主流市场，成为开辟有效国际销售渠道的重要举措。2011年春节期间，上海新闻出版发展公司与拉加代尔在美国、加拿大、法国、德国、澳大利亚等10个国家的20个国际机场、100家书店同时举办了为期3周的“阅读中国”外文版中国图书全球春节联合展销活动。此外，为有效整合海外华文图书渠道资源，形成有利于中文图书海外销售的网点布局，扩大中文图书出口和重点图书海外销售，中国国际图书贸易总公司和全国地方出版对外贸易公司联合体共同举办了全球百家华文书店中国图书联展。活动联合了韩国、新加坡、越南、日本、美国、加拿大、巴西、英国、毛里求斯等27个国家的100家华文书店。据统计，我国2011年组织国内出版单位参加全球40多个国际书展，并利用大型国际书展中国主宾国活动促进版权交易，对外推广中国图书。

拓展新兴网络书店渠道。为更好地构筑我国新闻出版“走出去”的立体渠道，我国新闻出版业越来越意识到拓展新兴网络书店渠道的重要性。经过近两年的不间断磋商，亚马逊“中国书店”于2011年9月29日启动，“中国书店”成为亚马逊图书频道首页上最显著的七大特色书店之一，更是亚马逊网站上有史以来第一个以“国家”命名的主题书店。目前，“中国书店”上线品种已超13万种，每月实际销售额以翻倍的速度增长，且在线展示和销售的规模还将不断扩大，预计5年内将达到50万种。亚马逊“中国书店”的运营为中国出版物的全球传播，探索出一种新模式，开辟了一条新渠道，对于提升我国出版物在国际市场上的销售份额、增强中华文化的国际影响力意义深远。

（五）争取资金加大扶持

无论是推动中国文化“走出去”，还是去海外找市场，“走出去”的性质都决定这是一项需要较大投入的工程。为了鼓励“走出去”主体的积极性，新闻出版总署等有关部门通过各种方式，加大投入，争取各方支持，预计直接投入、争取各方支持的“走出去”扶持资金总额可达1亿元。2011年，在与政府直接资金扶持有关的项目中，仅采用项目管理方式资助外向型优秀图书选题的出版和翻译的“经典中国国际出版工程”资助资金就超过1 000万元，而中国图书对外推广计划每年的资助额也都在1 000万元以上。此外，在扶持企业参加重点国际书展方面，有关部门也在展位、展台装修等方面给予了持续的帮助。

更多的优惠和扶持来自政府在其他方面的推动。新闻出版总署密切关注各渠道有关“走出去”扶持政策性项目，积极引导企业争取利用好这些项目。2011年，为重点文化出口企业争取获奖资金超过4 000万元，占商务部该项奖励总资金的三分之一强。另有三家“走出去”企业获得财政部资助资金2 700万元。此外，总署还向商务部推荐了一批“走出去”项目，以拓展“走出去”的空间和渠道。

二、文化企业“走出去”的基本状况

中国已跻身世界贸易三强，而且对外文化贸易也有了较大幅度增长，但从总体上看，对外文化贸易仍远远落后于国家对外贸易的总体增幅。如何改变当前这种形势，实现国际文化贸易的平衡发展，对中国的文化企业而言，既是挑战也是机遇，更是时代所赋予的历史使命。

（一）基本状况及特点

2011 年至 2012 年年初，中国文化企业（及文化机构）“走出去”参与国际文化竞争情况可以概括为如下几个方面。

1. 文化贸易逆差大幅缩小

国际文化贸易逆差局面明显改观。根据《2011 年新闻出版产业分析报告》，2010 年版权贸易输出品种与引进品种比例由 2009 年 1∶3.3 缩小至 1∶2.9，进一步缩小了版权贸易逆差。除了比例的变化之外，版权输出的结构也得到了优化，输出到欧美的版权逐渐增多，对港澳台工作也取得重大突破。2011 年，通过实施青少年图书简转繁等项目，将首度实现对台版权输出顺差。

据中国海关总署统计，2011 年我国出口文化产品 187 亿美元，比 2010 年增长 22.2%，比 10 年前增长近六倍，创出新高。在文化产品出口中，视觉艺术品出口 93.3 亿美元，增长 36.4%，占同期我国文化产品出口的 49.9%，为我国文化产品最大出口品种。但我们还应看到，在目前世界文化市场上，美国占 43%，欧盟占 34%，日本约占 10%，韩国占 5%，中国仅占不到 4%，这与我们国家作为一个文明古国的历史地位和世界第二大经济体的经济规模还很不相称。

2. 出版企业加快全球布局

2011 年，文化传媒界进行国际收购、重组，到海外开办出版社、书店已经蔚然成风。通过人员、企业“走进去”，文化企业正渐渐摆脱单纯在国内发展的封闭状态，越来越融入到成熟运作、高效运转的国际新闻出版大潮中。

2011 年，包括中央媒体在内，众多新闻出版单位加快了“走进去”的步伐。据新闻出版总署的不完全统计，通过独资、合资、合作等方式，中国企业在境外办刊、办报、办社、办厂、办店的数量和规模在不断扩大，目前在境外运营的各种分支机构已达 300 余家。 比如，2011 年初新华社就在国际传媒界引起了轰动，其北美总分社搬入了美国纽约时报广场办公。此次搬迁的背后，是新华社海外分社近 3 年来的跨越式发展。目前，总数已达 162 个。随着新建分社宣传和营销工作的开展，越来越多外国人成为新华社新闻信息产品的直接受众，落地工作呈现遍地开花的局面。与此同时，主流媒体更加重视利用新媒体实施“走出去”。 2011 年 11 月，《中国日报》推出 iPad 版“即时新闻”客户端，读者可以全天候第一时间看到来自《中国日报》及其全球合作媒体的新闻资讯。同样在 11 月，人民网南非公司成立，成为人民网在海外的第四个全资子公司。该公司计划以南非本土为主要市场，面向南部非洲，通过发行手机报、开展电子商务合作等项目，不断增强在南非及整个非洲的影响力。

出版企业发挥自身优势，到海外投资办厂的运作模式在 2011 年显得更加成熟。比如，时代出版传媒股份有限公司采取“扎根”的办法，在海外设了两个点，一个是设在俄罗斯的印刷厂，已经从单纯印刷业务发展到图书出版；一个是设在波兰的出版社，2011 年出版了几十种图书。时代传媒目前在欧盟地区运作比较成熟，已经实现既赚钱又扎根。在美国和加拿大地区，针对当地需求，正进行光盘复制产业的战略转移。下一步，还希望进入墨西哥坎昆地区，通过具体的企业把中国文化逐渐渗透进去。2011 年浙江出版联合集团同样在“走出去”方面颇有成绩。在东欧，该集团与罗马尼亚与克鲁日大学出版社签订战略合作框架协议，继续成系列地推出关于中国传统文化、汉语学习以及中国文学类的图书；在非洲，该集团与内罗毕大学合作建立了首个非洲中国文化出版中心，将在与出版文化有关的领域和项目方面开展广泛合作。而另一家率先在海外走出兼并重组道路的人民卫生出版社，在 2011 年通过兼并重组国际知名医学出版公司，在美国建立了自己的分公司，大大提升了出版社的品牌知名度，使得中国作者有机会参与世界医学名著的编写，出版社也吸引了更多国际知名作者。

3. 演艺企业参与国际竞争更趋于成熟

目前，我国对外文化贸易几乎涵盖所有的艺术门类，交流的领域和渠道已大为扩展，打造了一批具有广泛影响力的国际文化产品交易平台，涌现了一批具有国际竞争力的外向型文化企业，并积累了新鲜的经验。例如，中国港中旅集团所属的天创国际演艺制作有限公司的舞台剧《功夫传奇》，自 2004 年 7 月首演至 2011 年 8 月底，在国内外演出场次已达 4 661 场，接待海内外观众 240 多万人次。2009 年年底，天创公司在美国第三大演艺中心——密苏里布兰森市购买了白宫剧场，并于 2010 年 7 月开始驻场演出《功夫传奇》，天创公司使中国演艺团体第一次在美国市场拥有了自己的剧院。这是中华文化精品走出国门的成功案例之一，该公司因此先后被文化部命名为“国家文化产品出口示范基地”和“优秀出口文化企业”，被文化部、商务部、新闻出版总署、广电总局连续 4 年评选为“国家文化出口重点企业”。

国际合作给力本土音乐剧。世界著名音乐剧《妈妈咪呀！》中文版借鉴加拿大太阳马戏团、日本宝冢歌剧团、四季剧团等的成功经验，2011年7月8日在上海大剧院盛大开演，8月12日又移师北京世纪剧院，在京沪两地两个月内演出已达60场，票房收入逾3 500万，购票观众超过10万人次，超出项目预期收益近20%，实现了阶段性营收目标。《妈妈咪呀！》中文版的推出，意味着中国已经从重金引进西方原版音乐剧演出进入到经典音乐剧版权合作的阶段。另外，作为以音乐剧为主营业务的企业，北京松雷文化集团在2011年的动作不小，包括投资6 000万元、首演于2007年的《蝶》获得了“韩国大邱音乐剧节”组委会的青睐；10月，音乐剧《爱上邓丽君》应邀参加第十六届澳门国际贸易投资洽谈会，签署了2012年在香港商演15场、在台湾商演50场的演出合同；2011年，“松雷”还创作了世界首部魔术音乐剧《王牌游戏》，该剧将魔术与戏剧、音乐、舞蹈等诸多元素完美融合，开创了魔术音乐剧独特的艺术形式，该剧计划2012年进军美国百老汇。“松雷”对于本土音乐剧走出去的运营与管理模式值得业内人士借鉴：系列化、集约化、类型化、国际化的制作和充足的资金支持，特别是其创作团队总是汇聚了国内外的顶尖制作人、音乐剧领域的大腕级人物，他们有一个共同的目的，就是打造世界一流水准的音乐剧。

跨界舞剧行销全球。2011年11月11日，上海城市演艺有限公司的原创杂技芭蕾舞剧《胡桃夹子·海上梦》在上海文化广场首度亮相即吸引了十多家海外演出商专程赶来观摩，令人震撼的舞台效果征服了全场中外观众。目前，该剧已经签订了5年欧洲巡演的合同。《胡桃夹子·海上梦》在柴可夫斯基的经典芭蕾舞剧《胡桃夹子》的基础上，融入了近30%的新创作音乐，通过魔术、杂技、芭蕾舞、现代爵士舞、街舞、踢踏舞、艺术体操等多种东西方艺术形式，实现对剧目的现代表达与全新演绎。中国杂技与俄罗斯芭蕾，看似毫不相干的两个艺术门类，在上海城市演艺有限公司和本土杂技团的努力下实现了完美融合。当一个个西方家庭仍对杂技芭蕾《天鹅湖》念念不忘时，新作《胡桃夹子·海上梦》的问世又勾起了老观众的观赏欲和新观众的好奇心。中国文化元素加上西方芭蕾艺术的形和西方经典故事的壳，《胡桃夹子·海上梦》这种跨界表演形式已成为上海城市演艺有限公司行销全球的品牌。上海城市演艺接下来所要做的就是充分利用并保持这种品牌优势。

文化企业托举本土优秀演艺作品登陆欧美著名剧院，排进他们常规的音乐季、演出季，无疑有助于中国表演艺术走入国外主流人群的文化生活和消费视野，为中华文化“走出去”进军国际市场积累了宝贵经验。2011 年 11-12 月，在中国对外文化集团“中华风韵”品牌的推动下，民族舞剧《丝路花雨》在肯尼迪表演艺术中心上演。目前，民族舞剧《牡丹亭》团队已抵达美国，正在纽约林肯表演艺术中心大卫·寇克剧院再次上演中国舞蹈艺术盛宴。中国表演艺术在美国的集中亮相，频率、水准、效果可谓空前，如此演出规模有利于中国文化在美影响的持续升温，从而形成持久的品牌效应和观赏习惯。2011 年，中国文化年首次走入亚非地区。12 月 12 日，土耳其中国文化年在安卡拉揭开序幕。继 12 月的专场演出和“彩绘丝路”大型展览亮相后，将陆续举办一系列活动，如 2012 年 1 月至 2 月“欢乐春节”系列文化活动，4 月中国电影节和土耳其国际儿童节中国主宾国活动，5 月至 7 月伊斯坦布尔国际艺术节中国主宾国活动，9 月“中国当代艺术大展”和“敦煌艺术大展”，10 月中土两国国庆日活动以及 12 月中国文化年闭幕式，这些活动将成为中国文化年的重要内容。

4. 影视企业积极开拓国际市场

文化“走出去”,关键在于“走进去”。2011 年,越来越多的文化企业认识到，文化产品“走进去”、文化企业“走进去”对推动中国文化为国际读者所熟悉、认同，进而提高中国文化的国际影响力具有重要意义。中国电影企业开始借助资本运作进入国际电影市场。除版权预售、音像、新媒体分销等方式外，2011 年电影企业更加注重资本运作。比如博纳影业公司在美国纳斯达克的上市，橙天嘉禾入股好莱坞传奇影业等行为，为中国电影“走进去”提供了新的思路，开辟了新的道路，对进一步加大电影业的融资力度、丰富融资手段、促进与金融业的广泛合作开展了有益的尝试。

电影作为重要的文化产品，是我国进行文化输出的重要手段。据统计，在 2011 年，我国共有 485 部次国产电影在境外 44 个国家和港澳台地区举办了 75 次中国电影展及专题活动；295 部次影片参加了 28 个国家及港澳台地区的 82 个电影节，有 55 部次影片在 18 个电影节上获得 82 个奖项。许多影片，无论是大制作的历史影片、爱国影片、商业影片，还是小制作的文艺影片，都得到在国外展示的机会。由于电影作品能够传播思想文化，电影人能够代表公共形象，电影将继续成为中国文化输出的重要渠道。

中国影视除了在内容生产上逐渐摸索出思路之外，在推动作品“走出去”的方式上也进行了有益的探索。国内第一家上市动漫企业广东奥飞动漫在其动画片《火力少年王》海内外热播的局面下，利用公司海外办事处直接推动产品悠悠球销往国际市场；广东原创动力与美国迪士尼公司建立了战略合作伙伴关系，借助迪士尼的海外渠道和国际化运作经验，“喜羊羊”迅速变身“国际羊”。无论是自主开发还是国际合作，都表明中国动漫不仅要继续坚持内容为王，在对外交流中练就“讲故事”的本领，也要进一步摸索海外市场运作规律，为国产动漫走出去找到更加平坦、宽阔的道路。

5. 高科技文化设备企业风生水起

这方面比较突出的代表是雅图文化科技集团。该集团注重提升国际竞争力和中国文化的输出，成为国内唯一与索尼、日立等国际知名品牌实现平等竞争的投影企业，2011 年在全球已经拥有十几家分公司、20 多个办事处以及 700 多个全球经销商。雅图在投影机、激光电视和声光电集成等领域都确立了技术和制造的领先地位，也是目前全球唯一一家同时拥有 DLP、LCD 和 LCOS 三项技术的研发和制造能力的企业。雅图致力于通过雅图投影产品的应用，以“文化 + 科技、文化 + 创意、文化 + 互动、文化 + 生活”为主题，让海内外消费者充分领略“文化 + 科技”这一内涵，从而达到推广民族品牌的目的。数字影院、读报工程等都是典型的“文化 + 科技”项目，通过大规模推广与普及，将使雅图从专业的设备制造商，发展为整合产业链的综合运营商。2011 年，雅图海外发展势头强劲，国际市场份额实现 100% 的增长率，已建立了稳固的全球销售和服务网络，产品在全球 100 多个国家被广泛应用于教育、商务、家庭、公共娱乐、监控等领域。2011 年，雅图还成为深圳大运会唯一的便携式投影设备类供应商。

6. 海外文化中心建设卓有成效

文化企业对外文化贸易展示了中国文化企业愈加自信的面貌，而政府海外文化中心的建设则传递出中国政府秉承高度的文化自觉和文化自信，重视不同文明间对话交流的信息。来自文化部的最新数字显示，截至 2011 年年底，我国正式运营的海外文化中心已有 9 个，包括毛里求斯中国文化中心、贝宁中国文化中心、开罗中国文化中心、巴黎中国文化中心、马耳他中国文化中心、首尔中国文化中心、柏林中国文化中心、东京中国文化中心和乌兰巴托中国文化中心。2011 年，海外中国文化中心在运作上突出强调“央地合作”的理念，与福建、青海、上海、内蒙古、河南、陕西、天津等地携手推出了一场又一场精彩的文化活动，吸引了众多海外参与者。海外中国文化中心将文化“走出去”的阵地进一步前移，并连点成面，织就了一张能够不间断地传播中华文化的世界性网络。这些中心不仅将中华文化送到了驻在国公众的家门口，也展现出中国和平、友好、开放、自信的国家形象。

（二）存在的主要问题

在取得成就的同时，文化企业参与国际竞争也存在明显的问题或制约因素，使中国文化“走出去”步履蹒跚。

1. 内容产品创意不足，在国际市场的文化折扣较高

当前我国文化传媒覆盖范围不大，关键是缺乏具有足够吸引力的文化内容特别是品牌化的内容。我国内容产品出口数量少，在畅销产品上的出口能力有限，文化服务贸易逆差仍然较大。其中一个比较突出的问题是，我们缺乏面向国外青少年的文化内容产品出口。

以影视产业为例。虽然国产电影出口的地域范围在不断扩大，但是除部分合拍片外，国产电影在欧美的放映范围还比较窄。以美国为例，发行的区域主要在加州、旧金山、纽约等少数华人聚集的区域，观影的主要对象为华人，安排的屏幕数也较少。2010 年 9 月至 2011 年 2 月，共有 5 部影片在美国上映，包括《唐山大地震》《非诚勿扰 2》等，这些电影均进入美国院线发行。《唐山大地震》在洛杉矶、纽约、华盛顿等地的 AMC 的 24 家剧院放映，虽然加了英文字幕，但是原版的中文对白，显然难以吸引美国观众。与中国台湾地区和东南亚国家相比，国产电视剧在欧美等发达国家的发行仍相对滞后，难以进入欧美的主流电视台，销路仅限于当地的华语电视台。目前，中国的出口电视剧经过配音或者加字幕就直接出口到海外，或是将长篇电视剧改编成短篇电视剧出口到国外。这种出口形式出口到文化相近的地区还基本可行，但如果出口到欧美地区，不同的文化、制度使得影视产品的文化折扣非常高，这也就是为什么中国产品始终无法大规模走向欧美主流市场的原因。[①] 当然，文化折扣是普遍存在的。如对于欧洲来说，其与美国的文化背景有些相似，但是即使是英国，其生产的电视连续剧也不能进入美国主流电视网放映。英国的电视剧要想在美国放映，基本上必须由美国的大牌明星来主演，按照美国人的喜好和思维来修改剧本，然后重新进行制作、播出。

---

① 参见李怀亮、万兴伟:《中国影视文化产品“走出去”的问题与对策》,《现代传播》,2011 年第 11 期。

在国际上最能够体现我们“软实力”的是文化，而最能代表中国文化的就是文化产品。中国文化产品若要真正走进国际主流市场，必须在国外观众心中产生共鸣，走进国际主流市场和受众群体才是中国文化产品从真正意义上“走出去”的唯一标志。因此，发展文化产业和推广适合于青少年的大众文化，才能较好地体现文化的亲和力和渗透性。对于外国人来说，当前我们文化走出去时，在价值观的指引上过于理想化，这是需要改进的。国外人士关注的是有亲和力的当代文化，以及未来中国怎么发展，而我们对外文化交流和文化产品输出的主要是传统内容，内容的创造力受到严重制约。

2. 产业链短小，产业带动性不强

文化产业包含影视、图书出版、游戏、演艺等核心门类，还包括外围文化产品、衍生产品和相关服务。例如，影视产品具有较强的相关产业带动能力，不仅可以带动图书出版、演艺、游戏等核心文化产业的发展，还可以带动外围产业和衍生产品的发展。美国影视产品的产业带动性极强，影片本身的放映带来外围和衍生产品热卖，其电影 80% 的收入来自非银幕营销。迪士尼的动画片带动了图书的出版、主题公园的建设、衣服饰品等纪念品的热卖。电影《变形金刚》带动了汽车的销售，汽车玩具的热销。而中国电影海外收入中 90% 以上来自电影票房，后续带动能力仍然不足。国内的许多影视产品也在尝试着开发影视产业链，以影视产业带动相关产业的发展，形成品牌优势，扩大收入来源。但是，总体而言，整个文化相关产业开发链条还没有完全形成，绝大多数内容产品的后开发和相关开发依旧是一个突出的薄弱环节。

目前，与国际比较来说，我们的文化生产技术还比较滞后。比如数字传播、移动终端、阅读终端，在数量上并不少，但是在国际上不领先。要努力突破关键技术、关键项目、关键标准，加快新闻出版业与新技术的融合，占领传播技术的制高点。

3. 文化“走出去”平台和渠道狭小

传媒的覆盖包括在国外的推广需要产生话语权，而话语方式与国外人士对此的信赖是对应的。但是，我们的大众文化不发达，市场化程度偏低，通过文化产业竞争的能力偏弱。另外，还缺乏推进“文化走出去”整体战略规划，因而统筹协调不够，信息资源不能得到充分共享，一些行业和文化单位各自为政，在“走出去”过程中未能形成整体合力，还没有建立起相对完善的对外文化贸易的政策扶持机制等。可持续的文化“走出去”，必须逐步构建起以民间为主导、以企业为主体的平台和通道。

三、文化企业参与国际竞争的基本条件

文化企业“走出去”，是通过参与国际竞争和对外文化贸易，促使中国的文化产品特别是内容产品进入国际市场，在获取文化产品出口收益的同时向世界传播中华文化，提高国家的文化软实力和影响力。文化企业参与国际竞争需要具备相应的内外部基础性条件，要积极迎接挑战、赢得机遇，使中国文化在世界范围内得到良好的展示，要在努力打造中华文化产品的创意与品牌、强化中华文化世界展示的主题及内容等方面做文章。

（一）外在条件

1. 信息与网络技术的发展

当今，高新科技已经成为社会生产力发展的火车头，它在文化产品生产领域包括从内容到形式、从生产方式到传播方式的广泛应用，必将极大地促进文化产品生产的发展和创新。比如，在高科技推动下，电影不断地冲击着我们的视觉神经。随着《阿凡达》《泰坦尼克号 3D》上映，带领第三次电影技术革命的导演詹姆斯·卡梅隆颠覆了传统电影的拍摄方法，让科技成为主导，开启了电影新时代，标志着电影 3D 特效时代真正来临。《阿凡达》的引领价值已经显现，目前好莱坞《爱丽丝梦游奇境记》《驯龙记》《史瑞克 4》《电子世界争霸赛》《丁丁历险记》等电影已经推出或正在制作 3D 版和 IMAX 版。在技术推动下，电影的生产和消费已经进入一个全新的时代。目前中国拥有世界上规模最大的移动通信市场和通信运营商。2011 年 12 月，全国移动电话用户接近 10 亿户，通过手机上网的人数近 4.5 亿，手机普及率比电脑更高，手机用户以每年 20% 的增长率递增，WAP 的用户增长率则达到 100%；中国拥有了 TD - SCDMA 这一具有民族自主知识产权的第三代移动通信技术标准，TD 作为我国在移动通信领域第一次自行提出的国际技术标准，将完全改变我国目前以市场换技术的被动局面，实现对世界移动通信市场游戏规则的再改造，走上一条内涵式发展之路。

2. 有效的政策支持

西方主要传媒集团都是以跨媒体、跨地域发展为基本特征，业务多元、实

力雄厚。2010年我国最大的中央级广电媒体资产总额约为350亿，仅为美国新闻集团资产总额的十分之一。因此，加大资源整合、行业重组和融合发展，大企业带头，转变发展方式，是文化产业做大做强、敢于参与国际竞争的必由之路。要摒弃小而全、品牌弱、小富即安和各自为战，发挥市场在文化资源配置中的积极作用，鼓励优势文化企业跨区域、跨媒体、跨行业重组及资本运营，走集团化、规模化、专业化的道路，优化文化产业布局。这就需要在政府层面进行改革，使在传播载体上变行政型为企业型和产业型，在运营方式上变外宣型为产品型和品牌型，在传播效果上变交流型为落地型和经营型，探索文化产品的国际化创意、设计和营销，切实增强文化"走出去"实效。

在国际金融危机之后，中国已经把发展文化产业、促进文化贸易提高到国家战略的层面上来，现在关键是把战略落实为有效的法规和政策。这包括：对实现"走出去"的文化企业，在资源上给予优先配置和政策倾斜；支持出版集团公司和具有一定版权输出规模的出版社成立专门针对国外文化市场的出版企业，经批准可配备相应出版资源；对列入"走出去"重点工程中的项目所需资源给予重点保障；对"走出去"成效显著的完全外向型的各类企业给予同等的特殊扶持政策；加快推广应用信息技术、数字技术等高新技术，引导新闻出版业加快内容形式创新、出版形态创新、传播手段创新、产业体系创新，鼓励和支持新闻出版企业在数字出版、数字印刷、电子纸和电子商务等方面进行自主研发；完善相关法律法规体系，为推进文化"走出去"提供法制保障；建立文化产业分类标准、数据统计体系，以及对外文化贸易数据库，为企业决策提供服务等。

要引导社会资本以多种形式投资文化产业，参与国有经营性文化单位转企改制，参与重大文化产业项目实施和文化产业园区建设。社会资本投资文化产业，可在投资核准、信用贷款、土地使用、税收优惠、上市融资、发行债券、对外贸易和申请专项资金等方面给予支持，营造公平参与市场竞争、同等受到法律保护的体制和法制环境。鼓励和引导文化企业面向资本市场融资，促进金融资本、社会资本和文化资源的对接。推动条件成熟的文化企业上市融资，鼓励已上市公司通过并购重组做大做强。

3. 形成具有国际影响力的中国模式

世界大国在国际文化贸易方面的竞争，不仅仅是技术和资本的竞争，更重要的是发展模式之争。从全球角度看，西方大国和其他新兴大国文化软实力的模式，是中国企业参与国际竞争必须面对的现实挑战。[①]美国模式的特点是集聚全球资源，倡导自由、民主、平等、竞争等观念，利用辐射全球的资本网络和信息网络，形成规模化的优势；欧盟模式的特点是弘扬欧洲的共有价值观念，倡导文化多样性，形成跨国家共同体的精神纽带，推动区域一体化的整合进程；日本模式的特点是把科技开发与时尚创意相结合，通过实施产学研结合的“彻底数字化”“泛在日本”“i-Japan”“酷日本”等多个战略，引领全球时尚消费的潮流，在内容和技术两个层面上扩大全球文化贸易优势，形成文化研发和文化贸易的领先地位；至于新兴大国印度，则是利用软件产业发达、专业人员通晓英语等优势，大力开展包括数字内容和传播在内的文化服务贸易。

文化企业参与国际竞争，要坚持在文化的原创性和市场导向上实现统一。所谓原创性，即在吸收借鉴国外优秀文化产品经验和成果的基础上，用新颖的创意，对中华民族优秀文化资源进行深度发掘和再创造。要从打造民族文化品牌出发，鼓励和尊重首创精神，突破创新创意，增加文化内涵、思想内涵、技术内涵、情感内涵，在质量上下工夫，使文化产品不胫而走、口口相传，具有国际竞争力，使中华文化得到更广泛认同。所谓市场导向，即文化“走出去”的认同感在于产品方式。作为有文化有故事有情感的中华文化，要加强方式创新，以满足市场为着眼点，以平民文化、时尚文化为切入口，以高科技为支撑，用现代声、光、电技术对传统文化再诠释，做到题材新、故事好，内容亲切、时代感强，感染人、打动人，形成风格和品牌。当前，全球华语市场与华人市场正在加速形成和扩大，华人规模超过 7 000 万，200 多所孔子学院遍布世界，4 000 万外国人在学汉语，打造“华流”恰逢其时。文化企业要坚持贴近生活情感、贴近审美方式、贴近需求实际，从上游创意策划到中游精心制作，再到终端多渠道销售，形成商业化程度高的产业链。

4. 进一步拓宽和选择合适的海外渠道

提升传媒的话语权。只有拥有传播文化的国际化传媒平台，才能形成一种文化影响力。这种传播应当不仅包含媒体覆盖，还应当包括传媒的权威性、传媒的内容吸引力等要素。现在国家正在积极建设国际话语平台，进行全球传媒

① 参见花建：《文化强国理应是文化贸易大国》，《解放日报》，2012 年 2 月 23 日。

覆盖，包括一些媒体、企业收购境外一些电视台等。我国已在非洲、欧洲和亚洲的9个国家建立了中国文化中心。目前已经在建、商建和提出希望建设中国文化中心的，还有将近40个国家，将会形成海外中国文化中心网络。

在国外建立自己的发行渠道，可以鼓励文化企业自己组建专业的海外发行公司，或收购外国人现有的发行公司，政府有关部门在市场调研、资金等方面予以支持；也可以依托其他行业有实力的跨国公司已经建立起来的国际销售网络，进行增值服务，并鼓励有条件的文化企业加盟海外中介协会。只有通过建立现代企业制度，对海外营销、发行纳入产业链加以重视，文化企业“走出去”才能有所成效。例如，可以由国内主要影视文化出口企业成立出口联合组织，共同促进影视文化产品出口。目前，中国国产影片的海外销售业务主要依靠中影集团、上影集团、香港银都机构、华谊兄弟、北京新画面、保利博纳这6家实力强劲的国有制片集团和民营公司承担，可以由这6家公司牵头，联合中国电影海外推广公司，成立中国影视产品出口联合机构，共同负责中国影视产品出口相关工作。充分利用网络平台，开设各种类别和各种语言版的“中国文化产品网上超市”，集产品展示、销售、服务为一体。目前，国内很多公司都设有自己的网站，但这些网站存在规模小、功能差等各种不足，商务部等相关部门应对之进行整合，形成规模优势。

5. 创新人才激励机制

文化产品的能量和影响力是物质产品不可替代的，文化人才的创意价值是无法估量的。在传统机制下为级别、职务追求所累的人，难有面向市场的创意激情，难有“走出去”参与国际市场竞争的眼光、魄力与勇气。要通过改革体制机制，真正尊重人才创意价值，创新并落实符合市场规律的激励办法，吸引和留住人才，特别是懂经营、会管理及熟悉传统媒体和新媒体的文化领军人才，营造人才可以大显身手的良好环境。政府必须在政策上鼓励创意人才、国际经营管理人才的成长，扶持以制作内容为主的有竞争力的文化企业，鼓励开发原创的、大制作的、在国际上有影响力的精品文化项目。

（二）内在条件

当代的国际文化竞争和文化传播主要依靠文化企业。有竞争力的文化企业不仅提供优秀的文化产品，还可以积极开展境外文化企业的跨国并购。

1. 培育“走出去”的核心竞争能力

首先要提高创意能力。在中国文化走向世界的方式选择问题上，我们赞同音乐家谭盾的观点：第一要挣钱，第二很中国，第三很世界。也就是说，用最具中国个性的方式，表达最具普遍性的人类共同理想和共同情感，并受到世界上普通民众的欢迎和接纳。如果未来我们有了被全世界广泛欢迎的文化产品，它的内容一定体现了人类共同追求、共同理想、共同情感，而它的表现形式一定是非常中国化的。例如,迪斯尼公司“功夫熊猫”的成功并非仅靠技法和故事，更在于通过电影来吸纳和展现中国文化的精髓元素，扩大其产品的受众范围。

推进“文化+科技”的融合。21世纪的文化贸易竞争，决定于谁具有文化与科技融合的创新能力。大量事实表明，创意、经济与技术的融合创新，是推动文化贸易的有力杠杆。谁的文化出口产品和服务的科技、创意含量越高，谁在国际市场上竞争的优势就越大。通过文化和科技的融合，大力推动文化资源、文化生产、文化传播和文化消费的数字化，促进文化产业跃上更高的平台，实现跨越式发展。具体来讲，要做好以下几方面工作：一是开展战略研究，做好顶层设计，制定技术发展路线图和切实有效的发展战略；二是开展科技攻关，突破一批核心关键技术，提高科技对传统文化业态的提升和对新兴文化业态的创新能力；三是大力培养人才，增强集成应用能力，加强对先进技术在文化产业领域中的转化和应用。

中国文化企业要敏锐把握国际文化贸易领域的这股新潮流，大力开发科技含量和创意含量高的新产品。推进“文化+科技”的融合,持续打造“创、研、产、销”文化科技产业链。培育和发展创意设计、数字影视、文化信息共享等具有良好发展前景的新兴数字文化产业,促进文化与科技的完美融合。推进政产学研合作,加强创意、科研、工程、管理、外贸等跨界合作，使得科技研发成为内容创意的有力载体，而融合创新又成为对外贸易的竞争优势。如入选2011年和2012年中国文化企业30强的深圳华强文化科技集团，先后自主开发的“180度环形银幕立体电影成像技术”“环幕4D影院”“全无纸化”二维动画片生产线和“方特卡通动漫园”等等，使中国成为全球第二个大型文化主题公园出口国。另外，广东顺德民营企业——孔雀廊，大胆实行“引进来、走出去”的策略，引进发行国际知名唱片公司环球、EMI、BMG、滚石、环星等节目国内总经销；同时，开始创作大批原创歌曲，培养了凤凰传奇、郑源、TRY组合、欢子、阿宝等优秀品牌，完成了从“追星”到“造星”的过程，被推荐为“国家文化出口重点企业”。

2. 创新商业模式

对于任何一个文化企业，要真正做大做强，做到“走出去”并持续盈利，根本上还是需要探索出成熟的商业模式。文化企业可能一部影片成功了，或者一个节目火了，企业赚了一笔钱，但是如何使这项业务形成一种持续长期的盈利，需要形成一个具有持续盈利的商业模式。归根到底，文化产业是一个创造内容并传播内容的行业，内容和渠道这两端都做好就可以成为一个伟大的企业。

致力于打造文化品牌，促进文化产品持续开发，带动产业链的拓展。比如，优秀的影视产品或因为导演、或因为明星演员、或因为剧情，在观众心中留下深刻的形象。由于多部作品的连续热映或播放，会在观众的心中形成品牌，自然而然地有了一部分的铁杆影迷或者电视剧迷，为续集的拍摄提供了一定的票房保证，促进了影视作品产业链的可持续开发。例如，美国电影《变形金刚》《哈利·波特》《加勒比海盗》等通过建立形象品牌，不断拍摄续集，极大地带动了电影衍生产品的开发和热销。2011 年，美国电影海外票房前十位影片中有六部是续集片。对于已经取得成功的部分影片，其在国际市场上拥有自己的忠实影迷，还未上映就有了一定的票房保证。美国电视剧也是以“季”来拍摄，形成品牌，不断地拍摄下去，如《老友记》《绝望主妇》等。中国影视产品的产业链还比较短，不能够带动上下游产业和衍生产品的开发，其主要原因就是产品尚未形成品牌，无法带动相关产品和衍生产品的开发热卖。而通过建立影视产品品牌或者形象品牌，带动图书、漫画、动画片发行，主题公园建设，文化旅游，授权开发玩具、服装饰品等，将带动大文化产业链的发展。

3. 确定目标市场

有实力的文化企业生产适销对路的产品，参与到国际文化市场的竞争中去，能够把优秀的中华文化带到世界，成为促进文化“走出去”非常重要的渠道。“走进”国际市场的区域定位要考虑市场接受能力、市场辐射能力和市场发展潜力。因为文化产品具有区别于一般商品的特殊性，中国影视产品出口首先要考虑文化因素和地缘关系。美国、西欧和日本的跨国公司首先进入的大部分是地缘上相近或者语言文化传统上相近的外国市场。文化企业要掌握目标市场，开发适销对路产品。从主要发达国家的经验看，他们的对外文化贸易策略都不是漫无目标，而是先易后难，先进入文化传统比较接近、贸易成本比较低、市场潜力比较大的国家。日本经济产业省 2010 年有关报告指出，在全球文化贸易中必须扬长避短，把握最具有竞争优势和市场潜力的贸易输出对象。从竞争优势的角度看，日本文化比较容易进入美国、西欧、俄罗斯、沙特阿拉伯、韩国、新加坡等市场，从市场潜力的角度看，日本最青睐美国、中国、巴西、西欧、印尼等大国市场。两者相加，权衡轻重，日本把美国、中国、西欧、韩国、俄罗斯等 9 个市场锁定为对外文化贸易的最重要目标。这种对文化贸易目标市场的细致分析，很值得中国借鉴。

企业的文化产品需要融入国际标准。“走出去”首先需要做出国际产品，如用符合国际市场的技术和标准来制作，大多数中国动画电影根本不能算是动画作品，虽然近两年中国动画电影的作品数量有所增长，但综合质量与海外水平难以接轨，都达不到国际入门级水平。不符合标准，就不具备对话的平台和竞争的资本，更谈不上“走出去”。由此，需要用产业的形式融入国际标准，努力在国际上形成强大的竞争力和影响力。例如，中国影视产品若想问鼎国际市场，其产品的文化“普世”原则、国际化视野是关键，比如友爱、良善、亲情等人类的普世价值、人类共同的个性情感体验，能够得到境外市场消费者的认同。这就需要编剧的国际化创作，在主题立意上寻找中国民族文化资源与人类共同终极命题的切合点，以现代语言和产业化运作思路创造能够让全世界接受的中国影视产品；导演和演员要能够深刻理解作品，将剧本中的国际化表现出来；营销人员要能完全理解影视作品中的国际化元素，做好影片在海外市场的宣传推广。

比如《功夫熊猫》《花木兰》等就是在做好中国市场调研的基础上，经过好莱坞的大制作，才在中国市场上如此受欢迎。因此，企业可以借鉴这种做法，做好国际文化市场的调研。从宏观上对海外各细分区域的观众的年龄、喜好、影视产品消费类型等进行深入细致及系统的研究，对北美、欧洲、东亚、南美等多个文化背景和审美需求不同的地区进行细分，通过定期更新报告，及时了解海外市场动态。产品在创作之初就可以找到明确的市场定位，是主攻国内还是锁定海外，是出口北美还是出口日韩，确保产品在目标国家取得较高的收入。比如多媒体梦幻剧《时空之旅》将上海元素与加拿大艺术家的创意相结合，吸引了大批海外游客，多年常演不衰，开发出“出口不出国”的对外贸易独特模式，为国家创造了大量收入；盛大文学SDL把网络世界的运营规则与开发华语原创文学相结合，发展出一套汇聚网络文学作家，吸引多样化读者群体，推动版权分销的有效模式，2011年其注册用户达到8 600万，并且成批量地向海外出售和交换版权，被誉为与亚马逊、谷歌并列的全球三大主流版权产业模式之一。

4. 注重培养人才

我国文化产品要进一步“走出去”，在文化贸易的世界舞台上，不断扩大其影响力。而如何培养跨国经营人才、如何帮助文化企业了解特定海外市场的政策法律体系和风土人情等，在很大程度上决定着文化产品能不能在海外落地生根。文化产业基本动力源是人脑，每一个环节都有人的创作力，人才是关键问题。就影视领域而言，面对国际市场，我们要培养更多具有国际化视野的编剧、导演、演员、摄影、摄像、营销等人才，将民族文化的丰富资源转化成全球共同的故事、共同关心的主题，减少中国影视文化产品进入国际市场的文化折扣。

文化企业需要各种人才集聚以及人才之间的相互配合，包括创意人才、研发人才、数字技术人才、经营管理人才、营销人才等等，特别是需要大量既懂文化又懂市场的经营管理人才来实现各种智力要素的有效衔接和化合。企业需要重点培养四大人才，即领军人才、高级专业人才、高技能人才和复合型人才，复合型人才即懂经营、会管理、懂新闻出版的人才。而只有具备良好的发展前景、广阔的个人发展平台、简单和谐的人际关系以及独特优秀的企业文化，才能吸引了国内外一大批高端专业人才的加盟。

在人才培养上，可以采取多种形式。比如通过举办影视创意人才的国际培训班，邀请北美、欧洲、日韩等主要目标市场的优秀编剧人员，让他们就本国影视消费人群的特点、剧本的创作等深入介绍，并结合具体案例进行剖析。在确定海外目标市场后，由编剧、导演和演员一起交流，让演员在表演中能够吸收目标市场的文化元素。再比如举办影视产品海外营销人员培训班，邀请细分领域的专家就各个细分市场从消费者特点、文化背景、产业环境、政策法规等方面进行深入的介绍和交流。

四、推动文化企业参与国际竞争的主要对策

在当前文化产业发展所面临的机遇下，推动文化企业参与国际竞争有两个

重点，一是要培育中国的文化品牌和知名文化企业；二是要拓宽国际运营渠道，通过政策支持国有和民营企业，到国外去投资、收购、兼并，办厂、办台、办店、办社，以各种方式在国外落地生根。为此，需要政府和文化企业双向发力。

（一）积极推进改革

中国文化产业发展遇到了瓶颈，主要是体制机制上的原因，因而深化改革当然也成为促进文化企业参与国际竞争的主旋律。

1. 快速实质性推进转企改制

深化文化体制改革，培育合格的、有竞争力的市场主体。海外传媒市场更成熟、更商业、更规范，中国文化要进入、站稳和发展，唯一的途径就是以市场主体的身份，具备参赛资格，从市场的角度切入，用企业的方式运营，建立符合市场规律和国际准则的有效机制。制约企业“走出去”的主要瓶颈是改革不到位，主体身份不对接，很多传媒上市公司是脚在市场上、头还在体制内。① 要以政府为主导，深化文化领域的改革改制，尤其深化文化传媒等国有文化事业单位改革，依托播出平台，实现重点突破，把符合市场要求的可经营性业务和资产剥离重组，按照现代企业制度，打造具有竞争力的国际传媒企业集团。

分清公益性与经营性的不同属性，将经营性新闻出版单位从事业单位改为企业，成为新闻出版单位走向市场的关键一步，亦被视为加入国际文化竞争的必由之路。国际出版市场是一个以跨国出版公司为主导的、开放的、竞争的市场，而我们这种体制、这种方式不能参与国际竞争，使得中国文化的影响力发挥不出不来，所以必须要改造我们的体制机制，确立一种新的模式来参与国际竞争。

2. 国有企业与民营企业并重

企业“走出去”的过程中，政府需要做的不是资金支持，而是政策松绑。民营文化企业（包括并购回来的国外企业），应该享受国有文化企业同等的待遇。比如民营企业北京元纯传媒有限公司 2011 年制作的高清纪录片《发现中国》已于 2012 年元旦在美国五洲电视台播出，每周五集，每年 260 集，覆盖全美 1.2 亿观众。这套节目全览中国文化、自然及非物质遗产，深入挖掘隐藏在文化现象或自然景观背后鲜为人知的故事，在美国产生了强烈反响。民营企业完全以市场为导向，通过国际化的商业运作使中国文化“走出去”，并找到了成功的营

---

① 参见欧阳常林：《中国传媒“走出去”的文化自觉与担当》，《求是》，2012 年第 2 期。

利模式。一方面，高品质的中国文化内容产品凭借其外销性属性，以及国际市场的需求环境，为我国对外经济增长带来巨大空间；另一方面，丰富的本土文化产品将对拉动内需起到推动作用，有效促进我国文化产业发展。

对于民营企业，政府应从财政税收等方面予以支持。可以通过参与股份的政府投资、贴息贷款等形式，国家的资金补贴不但有效解决了民营企业在当下融资门槛高的问题，而且国家的有力支持还将进一步提升该文化产品的权威性，为中国文化走进更多国家主流媒体提供了优势条件。此外，在政府的鼓励与帮助下，这类民营企业势必有更广阔的运作空间来展开更高效率、更高品质的文化内容产品生产，充分发挥其在国际市场中的资源优势，加速中国文化“走出去”，提升国家软实力和国际影响力，有力促进对外经济的发展。

目前，民营文化企业的文化产品和无形资产很难作为抵押向银行贷款，应尽快完善文化产业投资市场，成立独立的、权威的、公正的文化产业资产评估公司。由第三方来对企业进行评估，架起企业和银行之间的桥梁，为民营文化企业“走出去”铺路。

3. 着力培育大型内容企业

在当今全球化视野下，世界市场正在一体化。各国企业通过跨国兼并，进行横向和纵向重组，形成跨国巨头企业，文化传媒领域也是如此。从 20 世纪 90 年代开始，文化传媒领域兼并重组不断进行，形成了几个具有国际影响力的超级传媒巨头，如迪斯尼集团、时代华纳、美国新闻集团、康卡斯特集团等。相比这些跨国巨头，中国的文化企业还非常弱小，需要发展壮大。因此，对于中国整个文化产业来说，对内要形成以市场为导向、企业为主体的竞争机制，积极培育内容企业，重点支持已经有一定基础的企业，如中国国际电视总公司、中国对外文化集团公司、中国国际图书贸易集团公司、中国杂技团有限公司、中国动漫集团、中国青年出版社、人民卫生出版社、北京四达时代软件技术股份有限公司、俏佳人传媒股份有限公司、天创国际演艺制作交流有限公司、华谊兄弟传媒股份有限公司、安徽出版集团等，在内容方面做强。同时，鼓励传媒企业进行跨地区、跨部门、跨行业的联合、兼并、重组，加快新闻出版资源向优势企业集聚，建设传媒主力“舰队”。在政府和行业协会现有或者以后出台的政策法规的引导下，通过企业兼并重组等资本运作，在激烈竞争的环境中推动文化产业健康快速发展，推动内容制作发行企业变大变强，形成几个具有国际影响力的制作发行跨国巨头企业。

4. 推动文化企业上市

截至2011年年底，全国共有16家文化内容企业在境内外资本市场上市。2012年是文化产业投资年，国有文化企业将批量上市。2012年1月13日，证监会发审委通过了人民网股份有限公司首发申请。此后，一些网站及媒体也纷纷传出将上市的消息，预计2012年仅国有背景的文化企业冲刺上市就有30~40家。“十二五”期间，要选择那些真正转企改制到位，公司治理结构较为完善，有较强盈利能力的企业上市，重点推动那些数字新媒体、网络手机出版等战略性新兴产业的骨干企业上市，推动能够参与国际竞争的外向型骨干企业上市。上市为中国文化企业带来做大做强的希望，同时也促使文化企业按照现代企业制度进一步优化管理、抗击风险、做优做强，为文化企业“走出去”奠定基础。

5. 推动“文化保税区”建设

在全球化和信息化的时代，信息、金融、物流、航运等网络把世界变成了地球村，国际化大城市要适应这一变化，通过“文化保税区”推动中高端经济文化要素的集聚和辐射。“文化保税区”是新生事物。2011年11月18日位于外高桥保税区的国家对外文化贸易基地在上海揭牌，同月，位于顺义区北京天竺综合保税区内的北京国际文化贸易服务中心正式开建，“文化保税区”进入人们的视线。像货物保税区一样，“文化保税区”也要为文化“走出去”提供一个新平台；而与货物保税区不一样，“文化保税区”要为文化产业提供新服务和新内容。据上海和北京的相关人士表示，“文化保税区”将根据文化企业在“走出去”过程中遇到的各种实际困难和障碍，充分利用保税区海关特殊监管区的区域优势，争取相关政府部门的支持和帮助，寻求文化政策的有效突破与创新，为文化企业“走出去”和“引进来”提供便利渠道、节约费用成本、规避贸易风险、寻求发展空间。

例如，面对全球金融危机的不利影响，近年来上海对外文化贸易逆势上扬，连年保持顺差。2010年上海文化产品和服务国际贸易进出口总额达149.91亿美元，进口52.93亿美元，出口96.98亿美元，实现顺差44.05亿美元。事实证明：利用浦东作为国家综合配套改革试点和外高桥保税区的政策优势，建立上海国际文化服务贸易平台，是一个有利于文化“走出去“的创举。它发挥了浦东改革开放的排头兵作用和建设国际文化大都市的优势，创造了一系列鼓励文化企业“走出去”的政策和举措，共吸引国内外60多家文化企业入驻，涵盖出版印刷、产权交易、数字内容、演艺娱乐、服务贸易等领域，显示了上海对中国文化“走出去”的重要贡献。

（二）抓住机遇，顺势而为

宏观政策环境和政府的强力支持是必要的，但落脚点还是在于竞争主体——文化企业如何审时度势，善于抓住机遇，在复杂的竞争环境中锻炼自身“走出去”的内力。

1. 充分利用政策资源

随着中国国力日益强盛，特别是作为全球第二大经济体的国际地位和关注度的逐步提高，文化软实力建设迎来了新的历史机遇和文化自信。党的十七届六中全会提出了建设社会主义文化强国的战略目标，一个文化强国必然是一个全球文化贸易的大国，这是由文化软实力的本质和全球化竞争的潮流所决定的。2012年2月，《国家“十二五”时期文化改革发展规划纲要》正式对外发布，这是继十七届六中全会提出“文化强国”之后对文化发展的具体细化。作为当代中国的文化企业，加快文化产品“走出去”步伐，是推进社会主义文化大发展大繁荣的应有之义。只有走进产业之路，推动中华文化走向世界，才能更好地建设社会主义文化强国。

文化企业参与国际竞争有广阔的发展前景。2012年1月9日，新闻出版总署出台“一号文件”《关于加快我国新闻出版业走出去的若干意见》，提出力争到“十二五”期末，版权输出数量突破7000项，引进与输出比例降至2:1，力争持平；数字出版产品和服务出口金额突破10亿美元，年均增长30%以上；实物出口数量突破1 150万册，出口金额突破4 200万美元；印刷服务出口规模总量达到1 000亿元人民币；新闻出版企业海外投资额显著增长；培育一批有国际影响力的知名品牌；打造一批实力雄厚、有国际竞争力的“走出去”龙头企业。该意见中的亮点包括：支持出版传媒企业创办完全面向国际市场的外语类期刊，并配置相应出版资源；对完全针对国外外语市场开展出版业务的非公有制企业、中外合资企业给予特殊扶持政策；对版权贸易输出与引进逆差超过1:3的新闻出版企业实行重点监控，采取有效措施促使其改善版权贸易结构；鼓励和支持有条件、有实力的网络出版单位努力开拓国际市场；鼓励和支持有国际在线内容增值服务市场需求的网络出版单位建立境外服务网站；加强对出版物进出口经营单位的量化考核等。这是第一次从国家层面对新闻出版业“走出去”进行全方位布局，第一次围绕新闻出版业“走出去”出台专门文件，第一次系统梳理归纳已有的推动新闻出版业“走出去”的所有优惠政策，第一次就加快推动新闻出版业“走出去”提出资源配置10条“新政”，第一次提出把推动新闻出版业“走出去”作为各地新闻出版行政管理部门的“一把手”工程。国家将继续深化“经典中国国际出版工程”，重点实施“中国出版物国际营销渠道拓展工程”和“重点新闻出版企业海外发展扶持工程”，在产品、渠道和资本三大方面推进“走出去”工作取得新进展。

2. 自觉走向国际化经营

国际化是对商业和文化融合能力的挑战，也是一种必然的趋势。从挑战上看，只有善于把握一般人性特点和民众普遍文化娱乐需求特点的企业，才能够实现国际化经营。我国文化企业要“走出去”，可能我们的价值观和文化趋向方面应该跟西方和世界具有普世性的价值观相适应。有一句话这样说，“中国故事，世界制造”，中国的故事由世界团队来制造。比如说《花木兰》或者《功夫熊猫》在海外就取得了成功，这两个是中国的故事，但是由西方人进行了包装以后就在西方畅行无阻，这个例子应该对我们有所启迪。我们的文化产品要走向世界，在文化的血脉方面应该要有一定的认同和理解，对人家的文化起码有些包容，这样才能针对市场环境和市场需求作出非常重要的适应性调整。例如，马戏与杂技都是类似的娱乐节目，但是马戏的娱乐性更丰富，更具有互动性，更容易实现商业价值。其给予我们的启示是，可以将杂技和马戏的特点很好地结合起来，提升杂技的商业价值。再如，好莱坞商业大片之所以能够取得很高的国际票房，是因为它超越了意识形态，符合不同种族和文化人群的需求。

国际化经营是检验一个文化企业发展水平的重要指标，文化产业经营管理国际化符合市场国际化的趋势。仅仅依靠艺术家的努力是不可能提升文化产业的国际竞争力的，因为在国际化的进程中，商业发挥着至关重要的后盾作用。因此，文化交流的国际化和文化产业的国际化必须同步，才能提升文化的国际影响力。在国际化中，不仅要有企业为主体的产业化运作，还要有国际化并购，包括国际化的品牌并购。这里只有重视在竞争中脱颖而出的民营企业，才有机会实现跨文化的文化企业并购，因为国有企业是难以获得并购权利的。

文化竞争在很大程度上已经市场化，是否能够占领国际文化市场是一件大事情。由于国际文化市场中存在商业价值的空间，就需要企业深入研究文化产品的全球消费者的特点，特别是在产品设计阶段，不仅要考虑到将来文化产品在国内的销售，还应把在全球的销售作为影响产品设计的因素之一。例如，对于舞台艺术，我们的艺术家和企业家要把吸引观众作为重要的考虑因素，特别是针对剧场观众的特点，增强关于人性化戏剧性冲突的表现力，或者加强娱乐性体验性的内容，如把杂技和魔术结合，把武术和杂技结合等。为了克服国外观众语言障碍的问题，需要提高表演类的非语言交流的项目，如提高音乐剧的比重，或者结合武术表演提高音乐表达的比重等。

3. 向数字化新媒体转型

根据联合国贸发会议等的有关报告，在国际文化贸易的舞台上，发达国家的文化创意产品出口集中在科技含量高的领域，占全球视听产品和音乐出口额的89.2%，占出版和印刷出口额的82.6%，占视觉艺术出口额的70.7%，占新媒体出口额的53.8%。近年来，以数字化、网络化、智能化技术为支撑的新媒体、新业态、新产品，成为文化产业增长最快的领域，是参与国际竞争者不可忽视的战略高地。

数字化新媒体将成为文化产业发展的主要方向。随着新媒体的发展和生活方式的变动，部分传统媒体产业和曲艺表演艺术产业，包括报纸、图书、杂志、光盘、唱片、数码相机、地方戏曲等，都将受到不同程度的冲击。现在已经出现一个信息技术跟文化内容融合的趋势，即“四C合一”，包括内容产业、计算机、通信、消费者电子相融合。今后很多的IT硬件产品里面都要内置娱乐内容，如美国的苹果公司，还有索尼、诺基亚、微软等，这几年都在融合电子技术和文化设计内容。当前，随着因特网和手机等媒体平台的完善，特别是视频内容产业的发展，定制内容服务以及广告等的收入将占领媒体产业一半以上的市场份额。我国今后十年中最大的媒体就是手机，手机会成为我们最大的媒体终端，也会成为我们生活当中最大的消费终端，进军手机产业就是进军最有前途的多媒体。

从总体上看，新媒体为我们提供了更多的阅读方式，能更好地满足广大读者多样化、多层次、多方面的文化需求，壮大了整个新闻出版产业。从近期看，对报业会有些冲击，比如，减少了报纸的广告收入，分流了一部分读者。从图书出版看，则在一定程度上促进了图书的销售。未来五年，新闻出版业将呈现出传统出版和新媒体、新业态协调发展的新格局。在新技术的带动下，新媒体、新业态迅猛发展，正在极大地改变着新闻出版的传播形态和传播方式。传统媒体与新媒体互动融合，两者各有优势、相互促进、共同发展，这要求我们必须加快传统出版向现代出版转型的步伐。

随着数字化新媒体的快速发展，专业化服务成为企业竞争力的重要来源。专业化服务包括技术方面的要求、文化内容提供的能力，以及整合技术和文化内容的专门能力。例如，在制作动画电影方面，消费者不仅要求提供好的故事，还要利用最先进的技术设计手段和多媒体展示等。专业化服务就要求文化企业不断创意、并开发具有自主知识产权的核心技术，同时重视营销渠道建设，善于谋划和拓展文化产品及服务送达消费者的“通路”。应把发展数字化新媒体作为战略重点，通过科技创新，建设国家级数字出版基地、数字音乐基地，实施重大数字出版工程，加快建设现代传播体系等措施，推动传统企业战略转型，发展壮大新媒体、新业态，更好地满足人民群众对精神文化的个性化和多样化需求。

4. 重视系列化的品牌建设

品牌是文化传播的聚焦和影响力来源。因此，文化企业需要培育具有文化代表性的形象和品牌，特别是在对外品牌塑造和传播上应建立一系列的品牌，包括中华文化、中国的跨国企业、城市、文化产品或者项目、明星等系列品牌。不同层次的品牌具有不同的文化内涵和形象提升价值，应把所有层面的品牌区分开来，分别表示不同的成就和影响力层面。中国企业“走出去”，需先树立自己的品牌，从中国制造到中国智造；建立渠道，才能提升我们的国际形象，表达中国声音，影响国际话语。

总之，时代和国家赋予了文化企业大发展的机遇，文化企业一定要顺势而为，发挥自身优势，提升战略和策略的前瞻性和针对性，将创意、科技、文化完美融合，努力提升企业的国际竞争力。因为未来十年，将是中国文化企业走上国际舞台、大显身手的良机。

（张立波 主笔）

第十三章　文化企业的社会责任

文化企业的产出物，与生产和经营物质产品的企业不同，具有特殊的精神和文化的属性。文化企业应当从文化本身的属性来辨识文化产品生产和经营所对应的社会责任。

随着各类文化企业对人们生活方式影响的日益深远，其应当担负和实际担负的社会责任也成为人们考虑的一个重要问题。一般而言，企业所担负的责任便是合法经营，但因文化企业本身的特殊性，其所要担负的责任则不止于此。进一步而言，在打造文化强国的大背景下，文化产业与文化企业的蓬勃发展，要求其在追求产业做大做强的同时，也要兼顾产品对于社会的各种影响。本章在着重分析文化企业对我国文化安全的影响和青少年产品对青少年生活方式影响的同时，重点分析当今新媒体迅猛发展的前提下其社会责任的承担。

一、文化企业社会责任属性分析

文化企业是否履行社会责任意义深远，这不仅关系到企业自身的发展，也关系到我国文化体制改革的深入推进。中国青年报社会调查中心通过民意中国网和新浪网对近千人的在线调查显示，86.0% 的人关注企业的社会责任状况，其中，28.5% 的人“非常关注”。[①] 文化企业自觉担当社会责任，努力实现社会效

① 调查显示，逾七成消费者愿优先买履行好社会责任的企业产品。参见 http://finance.ifeng.com/opinion/dcj/20111101/4967020.shtml。

益和经济效益的统一发展，不仅符合社会对企业的基本要求，也是文化发展的一般规律。文化企业的社会责任承担有其一般性，即所有企业应当担负的普遍责任，如维护市场秩序、环保、禁止使用童工、最低工资标准、工作环境的安全保障、不可进行商业贿赂、保证产品安全以及禁止性别歧视等。这些责任是每个企业都必须承担的最基本的东西。当然，对企业的社会责任究竟还应当包括哪些范围的问题，各界人士都一直持有各种不同的见解。但是可以确定的一点是，企业首先是社会公民，应当遵守社会习俗，其行为不能违背社会的核心价值。随着市场经济的发展和时代的进步，人们已经认识到企业的社会责任并不仅仅是企业家为社会公益事业或慈善事业捐款等企业的“业余”活动，而且也要求企业在生产经营过程中必须协调好自身经济效益与社会效益、生态效益之间的关系。现代市场经济的社会化本性必然强烈要求企业成为出色的团体公民，要求企业活动道德化。

文化企业作为生产和经营文化产品的组织，与生产和经营物质产品的一般产业不同，具有特殊的精神和文化的属性，所以文化企业应当从文化本身的属性来辨识文化生产机构所对应的社会责任。由于文化产业对物质资源的依赖性较低，文化企业实现目的的途径主要在于增强对所占有的文化资源的转换能力。文化产业的功能是文化在自身属性基础上对社会环境的作用能力，它是文化对社会发生作用的基础和前提。

（一）对文化安全的影响

在全球化的背景下，文化的发展已经成为国家综合实力的体现指标，而作为文化的最重要载体的文化产业对于我国文化的世界影响力起着主要决定因素。从一定意义上说，谁占据了文化发展制高点，谁拥有了强大文化软实力，谁就能够在激烈的国际竞争中赢得主动。在这样的形势下，弘扬中华优秀传统文化，发展社会主义先进文化，不断扩大中华文化国际影响力，形成与我国国际地位相称的文化软实力，牢牢掌握思想文化领域国际斗争主动权，从而切实维护国家文化安全，已经成为了新形势下的新课题。

美国学者塞缪尔·亨廷顿指出，人民之间最重要的差异，不是意识形态的、政治的或经济的，而是文化的不同。事实也正是如此，美国等西方国家利用文化产品所提倡的消费主义思想越来越深地影响着中国国民的社会生活方式，很多国人或多或少地以西方社会消费理念为参照，追求奢靡、超前和身份性的消费方式，抛弃中国崇尚节俭、艰苦奋斗的传统精神以及与我国目前生产能力相协调的消费方式。这说明了我国民众在消费西方等发达国家输出的文化产品时，体验着西方社会的生活方式和价值观念，不知不觉地开始感受、接受、甚至全盘认同和向往西方文化，最终造成自下而上地冲击本国的传统文化、民族精神、意识形态。由此可见，文化产业的发展不仅关系到一个国家经济的发展，也事关国家的文化安全。然而，一个必然的现象是，文化产业发展与文化安全维护之间存在着紧张和矛盾，但是这并不意味着文化企业在我国的文化安全上不需要承担责任。文化产业的本质之一是文化的产业化，既具有产业经济功能，还具有意识形态性。在经济功能方面，文化产业安全强调产业经济系统的发展安全，一些外来要素如外商直接投资、外来文化产品等对本国文化产业不会构成威胁，本国资本拥有文化产业发展的控制权。

2011 年，我国电影票房排行榜前十位的华语电影总票房为 31.16 亿元，而进口片的总票房为 37.92 亿元，比国产电影高出 6.84 亿元。目前我国正处于经济体制深刻变革的时期，各种社会矛盾凸显，思想观念发生深刻变化，主流价值观受到强烈冲击。在这种情况下，过多地接受和吸收西方发达国家的文化显然不利于我国的主流文化和核心价值观的传播。因此，文化产业发展必须要服务于文化安全这一目的，要建立我国文化产业安全的坚实“防火墙”。

然而，从文化产业的自身特性角度而言，维护我国文化安全与文化产业的发展之间虽然存在着一致性，但也有一定程度上的冲突。对于国家而言，建立主流文化意识形态的绝对合法地位和统治地位，并通过现代文化传媒手段来实现，同时通过增强文化要素的竞争力来抵制西方有害文化的入侵，维持一个较高的文化安全系数是维护文化安全的根本方法，而这一切的实现也需依赖于文化产业的具体形态作为载体。如利用报纸杂志、影视演出、图书出版等渠道来弘扬我国的传统文化，倡导坚持主流文化价值体系。但是就文化产业自身而言，其一方面与意识形态的内容息息相关，一方面也与经济性脱不了关系。从后者的属性来看，文化产业更希望的是广阔的发展空间，也就是说，淡化意识形态的内容而以开放的姿态来参与市场竞争。如此一来，以利润追求至上为本性的资本扩张为具有消费性、娱乐性的大众文化的发展提供了广阔的空间，并且在大众社会中所占比例愈来愈大，打破了主流意识形态一统天下的局面，这就意味着在无形中构成对文化安全的挑战。

从另一个角度而言，如果文化产业受主流意识影响过深，也会在一定程度上影响文化产业多样性的发展，从而对整个产业发展产生不利影响。如果文化产业过分忽略主流意识形态的主导作用，完全按照其内在的资本扩张性自由发展而不考虑文化安全系数的高低，那么文化产业追求“经济效益”的本性将使其高度集中于那些创收快、经济效益高的行业。随着资本的增长，这些企业将会不断扩大产业规模；造就出在市场中竞争力强的大型文化产业集团，但当其整体实力达到一定规模后，如果还是忽视社会效益，那么其竞争力越强实质就意味着文化不安全的系数将会越高，从而为我国的文化安全带来隐患。而那些能够创造更多社会效益但经济收益少的文化产业将很少会有企业愿意涉及，长此以往也必将造成对文化安全的解构。

同时我们需要意识到，我国所面临的文化安全问题不仅仅是外部性的问题，也与内部发展不够成熟有关。我国近年来的文化产业发展速度有目共睹，但仍存在很多问题：第一，资本供给短缺。资本约束一直是我国文化产业发展的重要问题。近年来，国家加大了金融支持文化产业的力度，但是仍然不能满足文化产业快速发展的需要，一些中小型文化企业融资难的问题仍然没有得到解决。第二，技术落后。我国文化的产业化过多依赖于技术，包括文化产品的制造技术、传播技术、展示技术和经营管理技术等。第三，创意能力低。文化产业是内容创意产业，我国文化资源极其丰富，但得到有效产业化的文化创意却不多，大部分的文化产业仍在吃祖宗的老本，缺乏创新。第四，人才缺乏。文化产业经营管理人力资源相对匮乏，导致文化产品的市场运作能力低。具体的人力资源问题将在其他章节做专门讨论，在此不再赘述。第五，文化市场混乱。文化产业的泡沫化问题相当严重。2011 年 10 月 14 日，在天津文交所上市的《黄河咆哮》《燕塞秋》两幅画作收盘价分别跌到了 2.59 元和 2.24 元，而它们最风光的时候，其价值几乎相当于齐白石 142 幅作品价值的总和。第六，文化产品的有效提供仍不足。换言之，深受民众欢迎的文化产品仍然存在相当大的缺口，这必然给外国资本和外国文化产品的进入提供了很大的需求空间。第七，文化产品进出口比例失衡。一方面我国的文化产品进出口有着很大的贸易逆差；另一方面我国出口的大部分是与制造业和设备相关的文化产品，而进口的却是出版、表演艺术、电影电视等文化内容，这也极大地宣传了西方文化。

因此，从某种意义上而言，对于文化安全的维护则主要来自于我国文化软实力的提高。文化企业需意识到，为了其自身良性有效的可持续发展，文化产业发展天然地要服务于文化安全这一目的，建立文化产业安全“防火墙”。文化产业在构建文化软实力中承担着非常重要的支撑作用。进一步而言，文化产业的大发展必须是基于产业安全的基础之上的。通过维护文化产业安全，实现经济与文化的良性互动，提升文化的生命力与创造力，提升文化的传播力与影响力，宣传社会主流意识形态和核心价值观念，提升文化的凝聚力与感召力。文化企业需认识到，文化的市场化并不能理解为可以不顾国家利益的完全的文化产业发展自由化，市场经济的最高原则仍然是国家利益，世界上还没有哪一个跨国公司在追求利润最大化的同时会损害它所在国的根本利益，这是一种文化认同使然。

（二）对青少年生活方式的影响

1. 文化产品与青少年成长的关系

社会的各类群体中，青少年群体显然是受文化产品影响最深的，同时他们也是消费能力最强的一个群体。现在青少年的消费增长速度很快，对于文化产品市场有着十分重要的决定作用，各种创新的文化产品都能迎合其消费需求。同时，文化产品对青少年的成长也有着十分重要的影响。首先，文化产品因其种类繁多，内容丰富，往往能极大地拓宽青少年的视野，增大其信息量，很多从学校和书本上无法得到的知识和内容往往都来自于各类文化产品的传播；其次，文化产品为青少年提供了更多的渠道以沟通和交流，如新媒体的繁荣便给青少年带来了全新的娱乐方式，能极大地满足青少年多样化的文化需求。

改革开放以来，我国的经济建设突飞猛进、举世瞩目，在硬实力的提高方面取得了极大的成就，与此同时，对于文化建设的关注度却降低了，从而使得我国文化软实力的发展相对于欧美、日韩和港台等国家、地区而言，有着相当大的差距。尤其在青少年文化产品的开发上，我国与上述国家和地区的差距则更为明显，这直接造成了很多青少年对他国和地区的文化的了解和兴趣远高于对我国文化的熟悉。青少年时期往往正是人的世界观和价值观形成的关键时刻，一般而言都缺乏进行价值观选择的经验，缺乏媒体认知力，原有的价值标准在新信息的冲击下极容易发生扭曲、变形甚至错位。形式和内容瞬息万变的媒体文化使得青少年总是在不断选择，却常常迷失在内容各异甚至是相互矛盾的价值中。在这个时候，如果不对其价值进行良好的引导，很容易使其理想信念发生偏移。未成年人健康成长与否直接关系到国家的前途和命运，因此，维护青少年精神和心理健康的安全消费，成为国家和社会规范创意产业的最重要原因，也是文化企业自身所应担负的重要责任。文化创意对青少年的健康所造成的负面影响受到了社会和人民的高度关注。

青少年一般都喜欢节奏快、娱乐感强、特征鲜明以及与流行趋势密切相关的产品，他们很容易受文化产品的价值引导所影响，一方面，这可以拓宽其眼界，获取丰富多彩的信息和知识，从而加深其对于社会和世界的了解，丰富其知识和阅历，同时，现代文化娱乐产品的互动性和体验性也有益于开发青少年的参与性、创造性和主动性，有利于其全面发展；另一方面，文化产品的种类、内容和传播方式不一而足，良莠不齐，某些不良商家为了牟利而不择手段，部分文化产品过多地宣传一些外在的感官刺激和对物质的追求，而忽略了更深层次的正确价值观的宣传和引导，使得青少年沉迷于对物质生活的索取，不注重对精神生活的丰富。同时，由于文化产品具有虚拟性和超现实的一面，也使得青少年无法完全摆脱娱乐生活中虚幻性的部分，从而发生淡化甚至脱离现实的现象。例如，网瘾的存在就是因为青少年心智还没有完全成熟，缺乏自制力和判断力，加上正处于生理成长的朦胧时期，对性充满好奇，所以极容易受到色情信息的诱惑，不少青少年整天沉溺于色情网站不能自拔，导致精神颓废，身心受到极大损害，这既不利于青少年的健康成长，也危害到国家和民族的未来。在现实中，青少年由于受到网上黄色信息的污染而走上犯罪道路的现象时有发生。此外，因为沉溺于网络游戏而无法自拔的现象也不鲜见。网络游戏作为一种重要的文化创意产业，在给企业和社会带来经济效益的同时，也不可避免地带来了青少年的健康和安全问题。国际全民娱乐的隐忧数据显示，2011 年中国 5~15 岁的儿童有 1.75 亿，其中 8 960 万为网民，占了中国网民总数的 21.3%，8 960 万儿童网民中，约有 84.2% 的用户（共计 7 540 万户）上网的主要目的是玩网络游戏，其次是观看动画片、电影和下载音乐。

2011 年，我国的文化产业发展势头依然迅猛，文化产品的种类和数量都在不断丰富，但是专门针对青少年群体而开发的健康文化产品却少而又少。这种情况的形成主要有以下原因：

首先，政府对于青少年文化产品的开发重视程度不够，同时宣传内容和方法没有跟上现阶段青少年的发展步伐，文化产品的供给和需求不对等、不平衡。

譬如，在很多国家实施多年的电影分级制度在我国始终未能得到很好的操作和执行，青少年进影院仍与成年人一样无限制。国家只是在题材和内容上做了一定的硬性规定，这使得青少年或多或少地会受到只适合成年观看的题材的影响。在他们尚不具备足够的辨别能力和消化能力的情况下，受到某些影片的负面影响也是不可避免的。如当时张艺谋导演的《十面埋伏》上映的时候，就有随大人观影的孩子被剧中的血腥镜头吓哭的情况发生。

其次，市场往往忽略了青少年才是文化产品的主流消费群体这一事实，从而对于文化产品的设计过于偏向成年人，忽略了青少年的需求，也缺乏对其进行必要的价值引导的责任感。同时，在呼吁重视传统文化的同时，如何引起青少年对传统文化的兴趣，也是一个尚未得到很好解决的难题。

再次，目前我国文化产业领域普遍存在的一个现象便是人才的缺乏，更遑论针对青少年文化产品设计的专门人才。这样一来，便很难出现适合青少年的文化产品，而对此有着消费需求的青少年群体只好转而追逐欧美日韩等国家的文化产品。

最后，一部分企业唯利是图，在产品设计上投青少年之所好而忽略了产品所带来的负面影响。以淘米网为例，其运营多款面向 5~15 岁儿童的互动娱乐产品，包括国内首个儿童网络虚拟社区《摩尔庄园》、儿童太空探险虚拟社区《赛尔号》,以及《功夫派》《小花仙》《摩尔勇士》《哈奇小镇》等多款线上社区产品。2008 年至 2010 年，淘米网分别实现净营收 10 万美元、710 万美元和 3 600 万美元。2011 年第一季度淘米网营收增长 90%，至 1 240 万美元；净利润同比增长 151.8%，至 913 万美元。虽然淘米网的创始人汪海滨在接受采访时表示："淘米从创业以来，我们一直都坚持'妈妈放心、孩子欢喜'的服务原则。这样的服务原则蕴含着一个非常重要的概念，就是我们有责任对我们的用户进行一些教育，并不是大家通常理解的知识教育，而是一些素质教育方面的内容，包括亲子教育、情感教育等等。"但是这种针对儿童的商业模式还是备受争议，其公司现阶段毕竟是以网游为主，担心孩子沉迷于游戏的家长还不在少数，淘米网在商业伦理上始终存在隐忧。因此，从社会层面来看，文化企业应该深知，自己从事的经营活动会对社会所产生的巨大影响，并要意识到社会的发展也会反过来影响企业的发展空间。作为一个文化娱乐产品，网络游戏主要消费对象是青少年，而这些青少年正是未来推动社会前进的主要动力。若缺乏一个稳定和谐发展的社会，文化企业的生存显然是举步维艰的。

2. 文化产品对于青少年价值取向的正确引导

文化产品对于青少年价值取向的引导并不意味着趣味性的减少，相反地，媒体传播者和产品制造者均需以一种被青少年广为接受的方式来进行传播与宣传。以韩剧《城市猎人》为例，剧中的男女主人公都是韩国当红的明星，这本身对于青少年便具有很强的号召力。同时，剧中除了展现华衣锦食的生活，也着重宣传了青年一代对国家和民族的热爱，以及为追求正义而不折不挠的精神和毅力。其剧中的核心思想是十分正面和向上的。因此，我们需要对文化产品有正确的认识，并充分利用其对于青少年心理健康成长的积极作用。企业如何充分理解认识并履行这个责任，需要做到以下几点：

首先，作为社会公民，企业必须意识到生产和传播有利于青少年身心健康成长的文化产品是其不可推卸的责任。企业谋求利润的本质在一定程度上会使其一味地投消费者之所好，而忽略了其所生产的文化产品是否真的是青少年所需要的。很多文化产品并不利于青少年的身心健康，甚至误导了青少年，从而造成文化的异化现象。比如，按照广告来放松、娱乐、行动和消费，跟着去爱或去恨。于是，恶俗与通俗、误导与引导就成了商业文化与青少年流行文化交织在一起的冲突。在相关法律和政策尚未健全的情况下，这就要求企业履行自己的道德义务。

弗里德曼的一句名言是："企业不要奢谈什么社会责任，企业就是在合法地、不违背道德的情况下从事经营并去追求它的经济利益，这就是它的责任。"在这里，弗里德曼把企业的法律和道德责任视为企业的天然使命。而不同行业的道德责任显然是各不相同的。就文化产品行业而言，企业显然在谋求利润的同时，还要考虑到过分和不当的宣传和传播是否有害于青少年的成长。这就要求企业具有长远的眼光，而不满足于眼下的利润，因为无论从何种角度而言，一个诚信守法、自觉遵守道德义务的企业都是其长盛不衰的秘诀和法宝。而从行业层面来看，文化企业通过履行社会责任来打造健康的行业对行业的持续发展至关重要：青少年文化产品的生产作为发展前景巨大的产业，毋庸置疑地具备清晰可见的且可扩展的盈利模式以及巨大的增长空间，但是相关企业必须清醒地意识到，行业最主要的风险之一就是社会舆论压力引发的政策风险，这种风险一旦爆发，将会对行业产生非常不利的影响，而要想降低政策风险，就必须依赖相关文化企业通过履行社会责任来打造健康绿色的行业形象，促进行业可持续的发展。既履行好社会责任，又可以树立自身品牌，宣传企业形象，扩大产业影响力，是一个重要的课题。平衡社会责任与商业利益之间的关系，在履行社会责任的同时争取经济利益最大化，才是文化企业发展的根基。

其次，我们必须认识到，从成年人的角度来进行文化产品的管理和宣传，在某种程度上与青少年所需要的方式是有冲突的。也就是说，某些政府主导的、有利于青少年良好价值观形成的文化产品，并不是那么受广大青少年的欢迎，这其中的原因在于；第一，传播主旋律的文化产品往往在趣味性上不够符合青少年的要求；第二，青少年往往存在一定的叛逆心理，对这种类似于“强加性”的宣传方式有着天然的抵触情绪，企业在遵守政府所倡导的宣传方式的同时必然会在一定程度上违背青少年的实际需要。要解决这个冲突，就必须在深入了解并吸取青少年喜闻乐见的文化产品之所以受欢迎的原因的基础上，以青少年愿意接受的方式来引导其价值观。

以“绿色二人转”的传播为例，属于传统文化的二人转一直是东北人爱看的曲艺表现形式。早年二人转演员的生活并不好过，他们没有自己的舞台，虽然搭个草台班子，但更多的是在洗浴中心这样的地方演唱，加入“黄口”“粗口”成了二人转在这些地方生存的法则，这些“草台班”以大跳艳舞和说黄段子来迎合部分观众的需要。近年来，以赵本山等人为代表的艺人用“绿色二人转”的理念取代过去的“黄色二人转”，本山传媒凭借其市场号召力以及旗下艺人的实力在这一方面取得了很大的成就。目前全国已经有了八个“刘老根大舞台”，第九、第十家也正在酝酿和考察之中，这显然是对赵本山经营策略的肯定。

我们可以从 2011 年台湾和大陆同时热播的台湾青春偶像剧《我可能不会爱你》中获得一些的经验和灵感。这部偶像剧似乎与之前台湾制作的其他偶像剧没有多大差别，同样是以爱情故事为主，同样是打扮得很时尚的男女当红明星为主角，但是叫好声一片，甚至有人认为这是台湾偶像剧历史上最好看的一部。台湾大学的某位研究传统儒学的教授在谈起这部电视剧的时候也是赞不绝口，甚至认为这是台湾偶像剧的代表作和骄傲。其成功之处在于：

第一，精心制作的接地气的故事情节。剧中的故事似乎可以发生在每一个人的身边，镜头追求唯美的效果，画面清晰、温馨，音乐优雅、煽情，剧中风景秀丽、人物俊俏、服饰华丽，场景极富时代感，每一个细节都经过精心的设计和制作，吸引了年轻观众的眼球。

第二，在故事中巧妙嵌入传统文化。剧中的男女主人公并不是耍酷的街头少年，而是平凡的上班族，对父母尽孝，对朋友尽义，工作上勤勤恳恳，对待爱情也十分认真。把伦理文化和道德美感作为影视剧的文化灵魂，以人伦、爱情、友谊等作为故事结构主线，在平凡的生活故事中，渗透儒家文化中“孝道”“仁爱”“乐善好施”以及“老吾老以及人之老，幼吾幼以及人之幼”等具有普世价值的伦理观。剧中的一幕便是在台湾的孔庙欣赏“六佾舞”，用一种十分独到的形式来深入挖掘传统文化中美好的一面。青少年在欣赏剧情的同时，也充分受到这些文化因素的渲染。

第三，演员选择上符合青少年潮流要求。作为偶像剧，演员都是时下青少年热捧的俊男美女。青少年在欣赏自己的偶像的同时，也会被剧中所宣传的积极向上的价值观和人生观影响，从而增强对青少年的示范和引导作用，改变青少年的某些“偏离”行为。

最后，通过公益活动的开展树立企业自身形象。企业可以利用自身优势，鼓励和提倡青少年参加公益活动。以网游公司为例，应充分利用其可以通过互联网低成本影响大量用户的优势，协助公益组织向玩家传递公益概念，通过互联网以更低的成本开展公益活动。例如，在其官方网站甚至游戏内推广公益广告，既可以让更多的玩家深入地理解公益的概念，也可以在社会范围内树立起企业的公益形象，有利于企业进一步的发展。

现代青少年生活节奏十分明快，对于文化产品的需求相当高，围绕着青少年这些文化特性，企业需要思考如何用新技术为新产品提供手段，在此情势下，商业模式和企业发展就要做出适当的调整，在适应青少年喜好的同时，积极引导青少年正确的文化需求。只有当整个产业都健康发展，企业才能真正获得长久的经济效益和持续发展的能力。

二、新媒体企业的新责任

美国《连线》杂志对新媒体的定义是：“所有人对所有人的传播。”由此可见，新媒体是一种全民参与形式的媒体，带给我们一种实时获得信息的可能性，借此我们能够在任何时候、任何地方，使用任何的数字设备来获得信息，同时鼓励我们互动性的一些用户回馈，创造性的参与以及在媒体内容上的社区形成。

（一）新媒体发展中出现的社会责任问题

2011 年，对于中国的新媒体而言，是发展势头迅猛的一年。中国互联网络信息中心（CNNIC）2012 年 1 月 16 日发布的最新统计报告显示，截至 2011 年 12 月底，中国网民数达 5.13 亿，全年新增网民 5 580 万，互联网普及率同比提升 4 个百分点，达到 38.3%，中文已经成为互联网第二大使用语言；而手机网民规模达到 3.56 亿，同比增长 17.5%，我国整体网民规模增长进入平台期。值得关注的是，统计显示，2011 年，网络音乐、网络游戏和网络文学等娱乐应用的用户规模有小幅增长，但使用率均有下滑。相比之下，网络视频的用户规模则较上一年增加 14.6%，达到 3.25 亿人，使用率提升至 63.4%。

2011 年，我国的网民中，有 48.7% 的用户使用微博，中国微博用户数达到 2.5 亿户。凭借着与上一年底相比的 296% 的增长率，微博当之无愧地成为了过去一年中增长最快的互联网应用。在 2011 年 11 月评比的 2011 中国新媒体十大领军品牌中，新浪微博高居榜首。除了在用户数量增长方面居首，在过去的 2011 年，微博还逐步奠定了其在影响力方面的霸主地位。人民日报报道称，“微博对大学生的学习和生活方式影响越来越大，已渐渐成为其交流与获取信息资源的主流渠道”。事实上，微博的影响力远远不止于此。从普通网民通过微博分享个人琐事及心情，到社会民众通过微博围观社会新闻及公关事件；从企业用户通过微博打造自身品牌及开展商业营销，到政府机关纷纷开通政务微博帮助办公办事，微博对中国社会的作用及影响力日益凸显并愈发显得举足轻重。一系列基于“微”的应用在全民范围展开，“微动力、微聚、微评、微讲堂”等等，汇聚成 2011 年公民参与历史写作的样本，而这一样本在某种程度上具有“公共领域”的意味。这一系列的数据向我们表明，以电脑和手机为主的新媒体在以各种方式影响着越来越多的人。

同时，还有一颗不可忽视的闪亮之星，那就是一路高歌猛进、飞速发展的移动互联网。伴随国内 3G 市场的开放，一直制约发展的宽带速度问题得到解决，再加上智能手机的普及和网民使用习惯的改变，移动互联网业迎来了一个新的发展高峰期。据估计，在今后两年间，中国将新增 1 亿通过移动终端上网的网民，而目前通过移动终端上网的网民人数已达 3 亿，手机上网在农村的发展速度将会高于电脑上网。同时，央视联合中国移动在 2011 年首次推出国内第一份视频手机报，试图自主建立一条覆盖“终端—业务—内容”的产业链，这一切均表明视频产业内容与业务的深度整合。

另外一匹黑马来自于视频网站。中国网络视听产业论坛去2011年12月发布的《2011中国网络视听产业报告》显示，2011年我国在线视频用户量达3.94亿人，预计2012年达到4.45亿人，将成为最大的单一国家视频用户群体。视频用户数的整体持续增长，为视频行业发展奠定了坚实的基础。艾瑞网年终数据盘点显示，2011年中国在线视频行业市场规模达62.7亿元，同比增长99.9%。[①] 据思科公司预计，到2014年，互联网大约50%的流量将由视频占据，而在2006年，这个比例只有约12%。尼尔森与麦肯锡咨询公司共同进行的一项调研结果表明：当一个新的电视节目初次开播的前几个星期内，在18~34岁最活跃的社交媒体用户群中，社交媒体上的评论每增加9%就会相应地提高1%的收视率。艾瑞数据表明，2011年第二季度出现增长高峰，视频广告收入首次突破10亿元，增长幅度高达57. 1%，视频广告的商业价值在未来5年内可以达到150亿的市场规模。

一系列的数据和事实向我们表明，新媒体正以其特有的议程设置功能和传播内容对人们的生产、生活和思维方式产生了广泛深入的影响，甚至建构着人类社会。随着科技进步与社会现代化程度的提高，公众对媒介的依赖程度日益加剧，传媒在社会生活中的地位日益显要。人们的生活越来越离不开新媒体，透过新媒体与社会发生互动已逐渐成为人们的主流生活方式之一，迅猛发展的新媒体带给人们一个自由的传播空间。同时，以网络为代表的新媒体打破了以往信息交流中的地域限制，成为思想文化信息和社会舆论的集散地，这为主流意识形态的建设提供了丰富的信息资源，为我国先进文化的传播提供了更为广阔的空间。

公众信息传播的自由化并不意味着人们可以任意而为，自由、法律和责任是密切相关的。正如孟德斯鸠所言，“法律是公民自由的界限，一旦公民行为越过了法律，那么他的自由便不复存在。”[②] 对于新媒体而言，在享有自由的传播权利之外，更好地行使传播有益信息，有效地整合社会资源，维护环境，传承我国的文明、文化等社会功能，显得尤为重要。事实上，早在20世纪40年代，欧美一些学者便提出了媒体的社会责任论，强调权利与义务、自由与责任的统一。

① 参见 http://www.chinanews.com/cul/2012/01-21/3620671.shtml。

②［法］孟德斯鸠：《论法的精神》，申林译，北京出版社，2007年版，第67页。

这显然也是社会对于新媒体的要求。

但是，在新媒体成长和发展过程中，仍出现了许多不和谐的音符。

首先，新媒体大多有巨资投入，同时还有风险投资的引入，这就注定这个行业必然希望得到快速回报，在所难免的，快速逐利成为一些新媒体的唯一目的。因此，新媒体在发展过程中，首要考虑的是如何在激烈的市场竞争中站稳脚跟，同时尽可能地盈利，而非对自身社会责任的正视和承担，就目前而言，支持我国新媒体发展的主要内容是广告、游戏和娱乐，而新闻、民生等公共信息和问题，仍然没有得到其应有的重视。

其次，从目前来看，我国网络媒体与西方发达国家相比，无论是硬件还是软件，无论是应用普及还是技术支持，都存在较大差距。从网络信息量传播上来看，现在全球 80% 以上的网络信息都由美国提供，具有较大影响的新媒体也大多集中在美国。在此情况下，靠先进技术打造起来的西方“传媒航母”，不仅在硬件软件上都优于我国，而且很容易利用其技术优势谋求对我国进行信息覆盖。相比起来，我国的网络传播起步较慢，受各种物质、技术条件制约较大，无论从数量还是质量上而言都处于劣势，这使得我国新媒体的传播工作难度加大。

再次，在网络化时代，新媒体的功能无法取代，作为新兴的公共信息传播和交流平台，新媒体具有公共权力的特质。这是一种特殊的公共权力，其通过社会舆论形成公信力而得以实现，因而缺乏强制力。而这种“权力”的实现必须有两个要件：一是通过信息的真实传播形成公信力；二是媒体公信力形成强大的社会舆论作用于社会。如果媒体滥用手中的权力，逐渐丧失社会影响力和公信力，最终的结果便是丧失自己的“公共权力”。

（二）新媒体企业增强社会责任的对策

从以上问题出发，新媒体企业或机构的社会责任需要从以下几个方面进行改进：

1. 坚持传播的真实性，确立新媒体的公信力

媒体的传播责任不仅仅是其本身的职业道德，也是对社会的责任担当，而其具体的传播责任，则体现在“传什么”和“怎么传”两个方面。随着新媒体的发展，各种传播的渠道也在不断拓展，而难以杜绝的便是传播的不实。如“标题党”的存在，即很多报纸和网络为了吸引读者的眼球，将一句与文章内容完

全无关或者截然相反的话作为文章的标题，这显然与媒体的基本责任是背道而驰的。新闻是正在发生的、受众关心的事实的信息传播，传播信息是新闻业的最基本功能和职责，因而如实和有效的传播是媒体的第一责任。新闻传媒及其从业者要对传播的新闻信息负责、对受众负责、对传播效果负责，要遵循新闻传播规律，要讲求客观原则、真实原则、时效原则、公开原则与受众原则。此外，一个负责任的媒体，必然在传播内容上，重点关注、更多报道与社会公众利益关系较大、较密切的新闻信息与事实；在传播行为上，以公共利益为最高服务目标，肩负社会责任和人文关怀，代表公平正义和社会良知，以此赢得社会和公众的支持。

同时，新媒体还要杜绝商业化的负面影响。“有偿新闻”和“新闻寻租”实际上都是媒体不履行自身传播责任的表现，这在实质上是新媒体利用其公共权力寻租的行业表现，是新闻报道权的滥用，其目的无外乎是谋取不正当的经济、政治利益。而当作为公共权力的话语权被某些媒体从业者换成“个人好处费”“封口费”“广告费”“集体小金库”乃至“打压竞争伙伴的武器”的时候，这种在新媒体领域存在的丑陋的寻租行为蜕变了媒体的本意。对于以互联网为代表的新媒体来说，在不断完善管理机制、杜绝违法传播行为和信息的同时，正确引导受众建立合理的信息需求结构，传播社会主流价值观，应成为需要长期坚持和努力的方向。

2. 普及大众文化，提高受众媒介素养

在市场经济中，新媒体作为自由竞争存在的市场主体，合法合理的求利行为是其天性,这无可厚非,但媒体传播者在“利”字当头的时候,却不能抛弃“义”,这是由新媒体传播的主要属性决定的。其主要属性是文化属性，即给受众以视听上的愉悦感受之外，还要有正确的引导以及积极向上的精神力量和更高的精神追求，这才是新媒体文化传播的应有之意，也理应成为包括新媒体在内的所有媒体共同追求的目标和承担的社会责任。媒体应减少对世道人心的负面影响，减少对未成年人的不良刺激和诱导，但同时理应批判时弊，反映百姓的心声，创造一种良好的公共空间表达社会关怀；作为公共的媒体不但要表达强势群体的愿望，更要关注弱势群体，明确担当起对弱势群体关怀的重任，同时保证文化的多样性，在多样性中注重向弱势群体和弱势文化倾斜。

3. 净化信息环境，创造良好的舆论空间

以2011年的伦敦骚乱为例，以手机为主的新媒体在此次骚乱中起到了非常大的推波助澜的作用。在英国，以“脸谱”“推特”为代表的社交网络在年轻人中间一直非常流行。而黑莓是以邮件收发功能强大而著称的手机品牌，近来又推出了可以在同品牌手机之间的即时通信服务，这类似于网上聊天，有建立群组等功能。“黑莓通信”基本上免费，因此在英国年轻人中使用率也颇高。此次骚乱的“导火索”是警方于2011年8月4日在伦敦北部托特纳姆区射杀了一名年轻男子，此事发生后，社交网站上出现了大量讨论，其中不乏情绪性发泄、谣言和煽动言论。4日被警方射杀的29岁男子马克·达根，正是通过“黑莓通信”向女友发出了最后一条信息，而在骚乱蔓延的过程中，一些黑莓手机拥有者互相通气，商讨攻击目标和通报警方动向，还有人利用群发功能大量散布鼓动骚乱的言论。

就目前我国的新媒体发展情况而言，对于各种社会现象，媒体所起到的基本上是评论作用，而公众的参与也大部分局限于此而非建构。我国处在社会转型期，公众的利益诉求多元化，现实的各种矛盾和问题易使民众产生“仇官”“仇富”等心态，舆论产生明显的倾向性。在最近几年发生的突发事件中，一般来说，都是因为弱者的权益没有得到较好维护，在同情弱者的心理驱动下，网友对事件缺乏理性判断，从而导致舆情倾向的单一化。事实上，媒体所起的作用应该远远不止于此。换言之，媒体不仅是一个平台以供网民批评各种不和谐的现象，更要作为积极为社会献言建策的主体来参与到解决问题的过程当中去。较之于传统媒体，新媒体的舆论空间的特点在于其时效性更强，往往一个词、一句话、一首歌、一段视频就能在网上引起强烈的反响甚至轩然大波。此外，由于新媒体为人们提供了十分方便和快捷的沟通和交流平台，其互动优势体现得非常明显。而如何利用这种优势，引导正确的舆论导向则是新媒体企业的重要课题之一。新媒体可以凭借其交流优势，在网上热点问题出现之后，借助专业人士的解读、评论等，使权威声音与其他各种观点交锋、碰撞，从而主导网上舆论的正确走向。如对于2011年网上热议的是否应该扶起摔倒的老人一事，网上转载了北京大学某副校长对此事的态度并由此而风行“撑腰体”，从一个侧面也反映了正面消息在网上的传播速度和效应与负面消息是相当的。

4. 结合传统媒体，共同打造公共传播平台伴随着新媒体的出现和发展，网络成为了信息传播的重要载体和信息源，传统媒体报道的新闻题材，很多来自于网络上的公众话题。事实上，新媒体的迅速发展，让传统媒体承受着巨大的考验和压力。传统媒体受到了来自新兴媒体的各方面挑战，包括内容、传播方式、经营收入、用户等等。相对于新媒体而言，传统媒体报道消息比较严谨，更具权威性。但其劣势在于，与新媒体相比报道缺少现场感，在时效上也不如新媒体。相较于新媒体，公众不能通过传统的纸质媒体在第一时间获知与事件相关的图片、文字、视频、声音等信息，从而无法吸引公众的注意力，也形成不了民间舆论。因此，传统媒体在很多时候都需要新媒体为其提供信息源。

然而，就目前情况而言，传统媒体的存在仍有其合理性和不可取代性，新媒体不能因为其自身的迅速发展而忽略传统媒体的重要性。随着新媒体的飞速发展，博客、播客、微博等新兴媒体在我国发展尤为迅速，自由的发布信息平台和不断叠加的传播频率，使传播速度和范围得到最大程度释放。网上信息海量，而且良莠难辨，这样一来，很多人对于网上的信息表示真假难辨，从而使得新媒体在公信力方面不如传统媒体。在此情况下，新媒体一方面需通过技术提升自身的公信力，另一方面则需要与传统媒体双向良好合作。传统媒体可以弥补新媒体目前在公众心目中权威性不高、信任度较低的情况，在报道某一事件时，由传统媒体发布权威信息，新媒体负责跟进和追踪，两者可以相互配合。如 2011 年日本发生因地震引起的海啸后，由于核泄漏，网上便四处开始流传盐被污染的谣言，许多不明真相的民众便加入抢购食盐的大军，而许多不法奸商则借此“良机”肆意哄抬物价，从而带来社会骚动。但第二天所有的媒体上关于抢盐的现象报道全部消失，见诸报端的是盐业公司的储备丰足、有人高价买了大量盐难以退货等报道，从而引导市民保持正常心理购盐，舆论引导效果明显。

文化企业履行社会责任，是由文化企业的特殊性质和核心竞争力决定的。文化企业不是一般企业，其不仅要成为新的经济增长点，更要成为新的文化增长点。文化是文化企业的灵魂，文化企业是以文化资源为资本投资、以市场需求为直接目标、以文化产品服务社会，并赢得经济效益和社会效益的一种新型企业，是市场化、产业化的文化行为主体。归结起来，就文化企业而言，企业是外壳、是载体、是手段，文化是内核、是根本、是目的。由此决定了承担社会责任对于文化企业来说，不是所谓的成本或负担，而是永续发展的潜在机会；不是简单的道德约束或慈善伦理，而是提升竞争优势的重要源泉；不是装点门面、公关宣传的招数，而是其生存发展之必需、核心竞争力之所在。

（陈晓燕 主笔）

参考文献

1．文化部编：《2011 文化发展统计分析报告》，文化艺术出版社，2011 年版。

2．文化部编：《中国文化文物统计年鉴》，国家图书馆出版社，2011 年版。

3．叶朗编：《2012 中国文化产业年度发展报告》，北京大学出版社，2012 年版。

4．张晓明编：《2012 年中国文化产业发展报告》，社会科学文献出版社，2012 年版。

5．文化部编：《国家文化产业课题研究报告（2008）》，云南大学出版社，2009 年版。

6．祁述裕编，《中国文化政策研究报告》，社会科学文献出版社，2011 年版。

7．陈少峰编：《北大文化产业》，湖南文艺出版社，2006 年版。

8．殷俊等：《新媒体产业导论》，四川大学出版社，2009 年版。

9．陈少峰：《文化产业读本》，金城出版社，2009 年版。

10．罗争玉：《企业的智慧》，人民出版社，2011 年版。

11．陈少峰、张立波：《文化产业商业模式》，北京大学出版社 2011 年版。

12．[法]孟德斯鸠：《论法的精神》，申林译，北京出版社，2007 年版。

13．[美]迈克尔·波特：《国家竞争优势》，李明轩、邱如美译，华夏出版社，2002 年版。

14．厉无畏：《创意改变中国》，新华出版社，2009 年版。

15．花建：《软权利之争：全球化视野中的文化潮流》，上海社会科学院出版社，2001 年版。

16．王克修：《如何大力培养文化产业人才》，《人民日报》，2012 年 2 月 15 日。

17．余彦君：《文化产业投资达 39.78 亿，外资投资规模占比超 8 成》，《晶报》，2012 年 2 月 21 日。

18．郑洋：《视频网站烧钱令数十亿风投深套　PE 急套现》，《21 世纪经济报》，2012 年 3 月 15 日。

19．董少鹏：《进一步完善支持文化产业发展配套政策》，《证券日报》，2012 年 3 月 12 日。

20. 姜欣欣：《破解政策与制度障碍，拓宽文化产业融资市场》，《金融时报》，2011 年 12 月 26 日。
21. 兰培：《中国金融与文化产业的对接实现了新跨越》，《光明日报》，2011 年 12 月 29 日。
22. 姜旭：《版权质押贷款为中小文化企业撑腰》，《中国知识产权报》，2012 年 2 月 6 日。
23. 蔡先文：《人保财险为文化大发展提供有力支撑》，《经济日报》，2011 年 12 月 24 日。
24. 王甲：《投中观点：消费依旧最受 PE 投资人青睐，农业及文化产业增长迅速》，2012 年 2 月 20 日。
25. 沈岁：《艾瑞咨询：2011 年中国移动互联网市场规模达 393.1 亿元》，2012 年 1 月 13 日。
26. 杜平：《份额化模式或被抛弃，文交所纷纷谋求新定位》，中国经济网，2011 年 11 月 23 日。
27. 李盈：《“电影期货”：电影融资新模式》，《融资中国》，2011 年 6 月 13 日。
28. 王春超：《百度正式发布云战略，开放四大服务体系寻共赢》，《通信信息报》，2012 年 3 月 28 日。
29. 张娟儿：《乐视网：货币资金骤降 4.1 亿，可持续性引发担忧》，《新金融观察报》，2012 年 3 月 25 日。
30. 陈杰：《文化企业有望迎来新一轮上市潮》，《北京商报文化创意产业周刊》，2012 年 3 月 9 日。
31. 郑培源：《一批传媒企业轮候 IPO，传媒板块面临大扩容》，《上海证券报》，2012 年 3 月 13 日。
32. 陈天桥：《华尔街不懂盛大 揭退市幕后》，新浪财经，2011 年 11 月 9 日。
33. 范晓东：《互联网企业上市：切莫利欲熏心》，《互联网周刊》，2012 年 3 月 26 日。
34. 周小禾：《红色网络上市隐忧》，《经济通》，2012 年 1 月 11 日。
35. 张立波：《数字内容产业发展的五大趋向》，《文化产业导刊》，2011 年第 8 期。
36. 杨浩鹏：《文化企业商业模式之辩：内容为王还是渠道为王》，《中国文化报》，2011 年 11 月 2 日。
37. 张立波、陈少峰：《文化产业全产业链商业模式何以可能》，《北京联合大学学报》，2011 年第 4 期。
38. 齐勇锋、蒋多：《中国文化走出去战略的内涵和模式探讨》，《东岳论丛》，2010 年第 10 期。
39. 华宝证券：《2012 年文化传媒年度策略报告》，《证券时报》，2011 年 11 月 17 日。
40. 叶学平：《文化地产的发展及文化 MALL 商业模式探析》，《当代经济》，2011 年第 11 期。
41. 李怀亮、万兴伟：《中国影视文化产品“走出去”的问题与对策》，《现代传播》，2011 年第 11 期。
42. 王玉梅：《2011 年：中国新闻出版业阔步走向世界》，《中国新闻出版报》，2011 年 12 月 23 日。
43. 叶飞：《回望 2011 文化走出去》，《中国文化报》，2012 年 1 月 6 日。
44. 花建：《文化强国理应是文化贸易大国》，《解放日报》，2012 年 2 月 23 日。
45. 欧阳常林：《中国传媒“走出去”的文化自觉与担当》，《求是》，2012 年第 2 期。
46. 张玉玲：《2012 年文化产业的悬念》，《光明日报》，2012 年 2 月 2 日。
47. 周玮等：《中华文化“走出去”展示国家新形象》，《中国青年报》，2011 年 10 月 8 日。
48. 翁惠娟：《打造文化科技产业链提升企业国际竞争力》，《深圳特区报》，2012 年 2 月 9 日。

49. 杨联民:《加快新闻出版业民营经济发展》,《中华读书报》,2012 年 2 月 7 日。

50. 张曼西,李慧君:《博物馆新媒体应用蓄势待发》,中国文化传媒网,2012 年 1 月 5 日。

51. 杨亮:《年终盘点:2011 年中国文化产业铿锵前行》,《光明日报》,2011 年 12 月 30 日。

52. 张书乐:《2011 中国游戏业的四个转身》,中国文化传媒网,2011 年 12 月 30 日。

53. 姜辰蓉:《中国游戏产业"创新之路"还要走多远?》,新华网,2012 年 1 月 20 日。

54. 于帆:《中国动漫产业向千亿元时代迈进》,中国文化传媒网,2012 年 03 月 14 日。

55. 黄代放:《动漫人才匮乏,亟须改变培养模式》,中国文化传媒网,2012 年 3 月 13 日。

56. 王建疆:《论艺术的产业化》,《甘肃日报》,2012 年 3 月 13 日。

57. 李琤:《楚河汉界:"文化+旅游"的世界级摹本》,中国文化传媒网,2012 年 1 月 9 日。

58. 李琤:《陕西:西安曲江新区让文化渗透城市的血脉》,中国文化报,2012 年 1 月 30 日。

59. 刘妮丽:《2011 中国时尚业:分外妖娆》,中国文化传媒网,2012 年 1 月 16 日。

60. 官秀川:《文化强国需要文化发展战略》,《学习时报》,2012 年 1 月 10 日。

61. 蔡武:《全面认识六中全会提出强国之路背景》,人民网,2011 年 11 月 18 日。

62. 陈少峰:《促进文化内容产业发展的对策性思考》,《中国海洋大学学报》,2012 年第 1 期。

63. 曲晓燕:《2011,文化产业进入黄金发展期》,中国文化传媒网,2011 年 12 月 23 日。

64. 苗宁礼:《文化产业的创新之道——以深圳市福田区为例》,《人民论坛》,2012 年 1 月 12 日。

65. 刘刚,吴妙丽:《"浙报传媒"成功登陆沪市》,《浙江日报》,2011 年 9 月 30 日。

66. 王全宝:《中央全会力推"文化再造"》,《中国新闻周刊》,2011 年 10 月 21 日。

67. 郭顺姬:《解读"十二五"文化发展规划纲要》,《中国经济时报》,2012 年 2 月 20 日。

68. 毛建海:《积极推进新兴文化产业发展》,《人民日报》,2012 年 2 月 7 日。

69. 弘毅:《越来越多的企业利用微博营销平台进行扩张》,《中国文化报》,2011 年 12 月 23 日。

70. 于帆:《评价新机制,激励中国动漫再攀高峰》,《中国文化报》,2012 年 1 月 9 日。

71. 洛可可:《中国智造的"创意芯"》,中国企业家网,2011 年 8 月 30 日。

72. 邱家和:《中国超越美国成全球最大艺术市场》,新华网,2012 年 3 月 24 日。

73. 韩言铭:《邦文详解艺术品投资基金新趋势》,中国经营网,2011 年 5 月 25 日。

74. 赵金龙、闫小锋:《文化产业发展途径探析》,《市场论坛》,2011 年第 8 期。

75. 张绪旺:《2011 网络视频江湖厮杀依旧,整合大势所趋》,《北京商报》,2011 年 12 月 21 日。

76. 胡月明:《演出经纪的风险及风险规避》,《经纪人》,2003 年第 4 期。

77. 刘强德:《论我国体育中介市场的现状及对策》,《安徽体育科技》,2006 年第 1 期。

78. 贾淑云:《浅谈演出经纪机构与经纪人的重要作用》,《戏剧文学》,2003 年第 8 期。

图书在版编目（C I P）数据

中国文化企业报告．2012 / 陈少峰，张立波主编．-- 北京：华文出版社，2012.7

ISBN 978-7-5075-3802-1

Ⅰ．①中… Ⅱ．①陈… ②张… Ⅲ．①文化产业－企业发展－研究报告－中国－2012 Ⅳ．①G124

中国版本图书馆CIP数据核字(2012)第140914号

中国文化企业报告2012

主　　编：陈少峰　张立波
责任编辑：张立坤　金　璐
出版发行：華文出版社
社　　址：北京市西城区广外大街305号8区2号楼
邮政编码：100055
网　　址：http://www.hwcbs.com.cn
投稿信箱：sinoculturepress@yahoo.com
电　　话：总编室 010-58336239
市场营销部 010-58336267 58336270
责任编辑 010-63427615
经　　销：新华书店
印　　刷：北京佳顺印务有限公司
开　　本：787×1092　1/16
印　　张：22
字　　数：330千字
版　　次：2012年7月第1版
印　　次：2012年7月第1次印刷
标准书号：ISBN 978-7-5075-3802-1
定　　价：48.00元